二十四史通识课

刘凯——著

天津出版传媒集团
天津人民出版社

图书在版编目（CIP）数据

二十四史通识课 / 刘凯著 . -- 天津 : 天津人民出版社 , 2023.6
ISBN 978-7-201-19270-3

Ⅰ . ①二… Ⅱ . ①刘… Ⅲ . ①二十四史—通俗读物
Ⅳ . ① K204.1-49

中国国家版本馆 CIP 数据核字 (2023) 第 060648 号

二十四史通识课
ERSHISI SHI TONGSHI KE

出　　版　天津人民出版社
出 版 人　刘　庆
地　　址　天津市和平区西康路 35 号康岳大厦
邮政编码　300051
邮购电话　（022）23332469
电子信箱　reader@tjrmcbs.com

责任编辑：李　羚
装帧设计：李爱雪

印　　刷　固安县保利达印务有限公司
经　　销：新华书店
开　　本：710 毫米 ×960 毫米　1/16
印　　张：31.5
字　　数：416 千字
版次印次：2023 年 6 月第 1 版　2023 年 6 月第 1 次印刷
定　　价：88.00 元

前言

今天，我们为什么还要读『二十四史』

什么是“二十四史”

2005年8月27日，对于拥有五百多年历史的紫禁城来说，是一个非比寻常的日子。作为故宫百年大修的首批试点工程，位于故宫外西南角的宫殿建筑群，这一天正式宣告修缮竣工，并于同年十月——故宫博物院成立八十周年之际，正式向世界各地的游人们开放。

这就是武英殿，五百年来它第一次向世人展露出神秘的面容。

武英殿位于太和殿的西南方，太和门以西。从名字上看，武英殿似乎应该和“武”关系比较紧密；然而，事实却截然相反，武英殿在历史上，尤其是在清朝，始终扮演着国家文化重地的角色。

清朝的前几代皇帝普遍有个癖好，就是修书，而且修起来没个完，从康熙一直到乾隆，时间跨度长达一百多年。中国古代的传统，是“盛世修典”，当时号称“康乾盛世”，既然是盛世，修书编书是合乎情理的。

但是，清朝的康雍乾三代帝王却把“修典”做成了一件长达百年的文化盛事，其间耗费的人力、物力、财力不可计数。毫无疑问，这是中国文化史上的一次史诗级壮举，真算得上是一幕古今之奇观了。

今天的图书出版，离不开出版社和印刷厂，出版社负责编辑审校；印刷厂负责印刷装订。清朝亦是如此，武英殿恰恰就扮演着皇家出版社兼皇家印刷厂的角色。

这里所讲的“二十四史”，就是武英殿出版印刷的，并通过乾隆皇帝御批钦定，正式公之于世，故而也被称作“钦定二十四史”。

提起“二十四史”，恐怕没有哪个国人不知道。但是，如果让你说出

“二十四史”具体有哪些，除了攻读历史专业的人士，普通人能回答得上来的恐怕寥寥无几。

大部分人能罗列出来的，大致就是《史记》《汉书》《后汉书》《三国志》这几本。也许有的人连《三国志》和《三国演义》都傻傻分不清。

这并不难理解，我们国人对很多传统文化的了解往往都是如此，知其然而不知其所以然。就像我们非常熟悉的《三字经》和《百家姓》，绝大多数人只知道“人之初，性本善。性相近，习相远”，以及“赵钱孙李，周吴郑王”，更多的就一点也不知道了。2016年“二十四节气”申遗成功，不少小学生都会背“二十四节气歌”，反倒很多成年人说不出所以然。这种现象还有很多，在此就不列举了。

那么，“二十四史”究竟是什么呢?

首先，必须明确一个常识，那就是“二十四史”是一个集合的概念，是一套史书的合称。具体而言，“二十四史”指的就是中国古代二十四部重要的历史文献，也被称作“正史”，范围几乎涵盖了清朝以前历朝历代的中华历史。

具体而言，这二十四部史书分别是：

01.《史记》（西汉·司马迁撰）

02.《汉书》（东汉·班固撰）

03.《后汉书》（南朝宋·范晔撰）

04.《三国志》（西晋·陈寿撰）

05.《晋书》（唐·房玄龄等撰）

06.《宋书》（南朝梁·沈约撰）

07.《南齐书》（南朝梁·萧子显撰）

08.《梁书》（唐·姚思廉撰）

09.《陈书》（唐·姚思廉撰）

10.《魏书》（北齐·魏收撰）

11.《北齐书》（唐·李百药撰）

12.《周书》（唐·令狐德棻等撰）

13.《隋书》（唐·魏徵等撰）

14.《南史》（唐·李延寿撰）

15.《北史》（唐·李延寿撰）

16.《旧唐书》（后晋·刘昫等撰）

17.《新唐书》（宋·欧阳修、宋祁等撰）

18.《旧五代史》（宋·薛居正等撰）

19.《新五代史》（宋·欧阳修等撰）

20.《宋史》（元·脱脱等撰）

21.《辽史》（元·脱脱等撰）

22.《金史》（元·脱脱等撰）

23.《元史》（明·宋濂等撰）

24.《明史》（清·张廷玉等撰）

这就跟“四书五经”的概念比较类似。“四书五经”指的是先秦时期的九部儒家经典，“四书”之名始于南宋，儒学大师朱熹把《大学》《中庸》《论语》和《孟子》汇编注释，并得到了官方认可，于是便有了“四书”的概念；“五经”的形成要早于“四书”，始于汉武帝时期。从此“四书五经”就成了儒家经典的代表，并成为后世文人科考的必备教材。

事实上，“二十四史”这一概念的形成也经历了一个发展和衍变的过程。将几本史书合称，这一现象早已有之，“二十四史”不过是集大成的结果。

早在三国时期，就已有“三史”的说法，当时人们把《史记》《汉书》《东观汉记》合称为“三史”。南朝刘宋时期，范晔《后汉书》问世，取代了《东观汉记》，乃合称“三史”。

同时，又有人把《三国志》加了进去，便有了“四史”的说法，就是我们今人所说的“前四史”，“前四史”之说也是流传最广的。

时间越往后推移，史书便不断累加。到了唐代，出现了“十史”和“十三史”的合称，宋代又有“十七史”，明代又有“二十一史”，到了清朝乾隆时期，随着《明史》的编修完成，乾隆皇帝正式钦定了“二十四史”，相当于得到了官方认可，“二十四史”的概念也最终敲定了下来，并一直流传至今。[①]

然而，“二十四史”的历史并未就此结束，后来随着清朝覆灭以及民国政府建立，又出现了“二十五史”（加入《清史稿》）和“二十六史”（加入《新元史》）之称，只是就影响力而言，“二十四史”仍然是流传最广的，也是最深入人心的。

从武英殿走出来的这套“二十四史”，后世之人一般称之为“殿本二十四史”，且对其评价并不高。究其原因，主要是因为在汇编的过程中所采取的版本并不都是善本，有些是存在字句错漏问题的，严重者甚至出现了段落间的前后颠倒现象。

到了民国时期，当时的商务印书馆董事长张元济深感“殿本二十四史”版本不佳，故而决心重新编修“二十四史”，以“恢复中华全貌”。张元济亲自主持这项浩大的文化工程，成立了“二十四史”编校中心，广泛搜集各史善本，历时十八载，全新的“二十四史”终于出炉，这就是今天人们所说的“百衲本二十四史”。所谓“百衲”，就是像僧人的衣服一样，是经过反

① 关于“二十四史”形成过程及流变，可参见瞿林东主编的《20世纪二十四史研究丛书综论》中《“正史”简述》一文，北京，中国大百科全书出版社，2009，第6-18页。

复补缀而成的，这也是后世公认的“二十四史”的最佳版本。

中华人民共和国成立后，在毛泽东主席的指示下，以中华书局为前沿阵地，汇集数百名文史专家学者，又展开了新一轮的“二十四史”编修工作，这就是“点校本二十四史”。今天我们在市面上买到的“二十四史”，普遍都是这一版本，这是目前最为通行的“二十四史”版本。

《三国演义》的开篇词说：“滚滚长江东逝水，浪花淘尽英雄。”中华文明五千年，流传下来的史料文献可谓不计其数，然而经过一番大浪淘沙之后，流传到今天且真实可靠的就是这“二十四史”，也是我们常说的“正史”。

我们还有必要读“二十四史”吗

古人不像今人有如此丰富的物质文化生活，他们没有电视，没有手机，更没有互联网，“日出而作，日落而息”成了古人生活的常态。这样的生活不免有些单调和乏味，但也正因为如此，古人避免了很多外界的诱惑，更容易专注于做某事。

对于文人而言更是如此，许多文人皓首穷经，一生钻研学问，花费数十年的心血著书立说，从而为我们留下了大量而宝贵的文化遗产，“二十四史”就是这些文化遗产中的瑰宝。

中国流传至今的文献典籍可谓浩瀚无穷，这还不算大量因为改朝换代和战乱而散佚的文献。

在世界历史上，并不是每个民族都有书写和记录历史的传统。时至今日，一些中亚国家，包括东南亚国家的历史，往往都需要借助中国的历史文献来补充和还原，这不得不说是一件让国人自豪的事。

自司马迁以后，家族和个人书写历史成了一种习惯和风尚。从唐代开始，国家开始专门为前朝编撰历史，记录和传承历史从此成为一种国家行为，并持续至今。

这似乎也从某种角度解释了一个历史疑问——在世界所有古老的文明中，为何唯独中华文明一直绵延至今？当无数古人用毕生心血凝结成一卷卷史册时，这种对历史传承的执着和热忱已经融入中华民族的骨髓之中，以“二十四史”为代表的浩瀚典籍成了支撑我们民族前进的脊梁。

清末思想家龚自珍在《古史钩沉论二》中说：“灭人之国，必先去其史。”一个民族、一个国家的延续，依靠的正是这种根深蒂固的文化传统。因此，我们可以看到，在艰苦卓绝的十四年中国人民抗日战争中，在中国西南部——云南昆明的一所大学里，当时中国最优秀的知识分子云集其中，他们在此传道、授业、解惑，这所大学就是国立西南联合大学，也就是我们俗称的西南联大。而这些学者以及西南联大的使命就是，要为我们后代保留民族文化的珍贵火种，只有这样，我们的民族才能够生生不息。

有不少持“历史虚无论”和“历史无用论”的人也许会说，历史都是由胜利者书写的，“二十四史”只不过是帝王将相的家谱，因此他们认为，历史是不可信的，历史更是无用的。

诚然，历史的胜利者的确会干扰史学家的秉笔直书；但是，历史是由一个个前后连缀、环环相扣的事实环节联结而成的“文明链”，如同数学推理一般严密，篡改者只要改掉其中的某一环，就会导致其他环节出现矛盾和错乱；就如同你无法修改数学答案是一个道理，因为最终答案必然是经过层层推理而得出的。换个角度来看，历史即便是由胜利者书写的，难道胜利者不也是在历史的浪潮中被“选择”出来的吗？

称“二十四史”是帝王将相的家谱，这就更是“事后诸葛亮”式的看法了。古人受时代的局限，不可能像我们今人这样站在历史的高度来审视历史，朝代的更迭往往都是由帝王将相所推动的，况且在古代封建专制时代，普通个人几乎都要被历史的洪流所淹没，想在史册上记上一字都无比艰难，我们又怎么能苛责古人呢？

同时，这也是一种以偏概全的观点，史书里记载的人物真的就只有帝王将相吗？我们完全可以用鲁迅先生的一句名言来驳斥。鲁迅说过："我们从古以来，就有埋头苦干的人，有拼命硬干的人，有为民请命的人，有舍身求法的人……虽是等于为帝王将相作家谱的所谓'正史'，也往往掩不住他们的光耀，这就是中国的脊梁。"①

许多人会拿鲁迅的观点来抨击历史，比如鲁迅在《狂人日记》中就说，历史的每页上都写着"仁义道德"几个字，但实际上只写着"吃人"二字；但是，很多人都不知道鲁迅还说过另外一番话，"历史上都写着中国的灵魂，指示着将来的命运。"②

也许你会产生疑问，为什么鲁迅会发出这种前后相悖的言论呢？这其实很好理解，鲁迅抨击的并不是历史，而是封建礼教本身，这才是真正"吃人"的。历史非但不"吃人"，而且正如鲁迅所言，历史是一个国家和民族的灵魂。一个国家如果连历史都没有了，那国家本身也就灭亡了，因此，直到今天我们依然在强调要铭记历史。

鲁迅秉承的治学理念是，治学先治史，无论做任何学问，都要先从读史入手。这其实也是从清末到民国无数文人大师的治学理念，即使是漂泊海外，也几乎没有哪位大师是不读历史的！

我们还有理由不读历史吗？

---

① 鲁迅：《中国人失掉自信力了吗》，收录于《且介亭杂文》，北京，人民文学出版社，2006，第119页。

② 鲁迅：《忽然想到》（四），收录于《华盖集》，北京，人民文学出版社，2006，第15页。

“二十四史”，该怎么读

我们不妨来对“二十四史”算一笔账。

“二十四史”篇幅累计有3213卷，合计4000多万字。如果每天读1万字，一年可读365万字，那么需要花费11年的时间才能通读完。

这仅仅只是理论上的时间。事实上，现代人的生活节奏越来越快，试问有几个人能连续11年，无论寒暑，每天都坚持阅读，而且还得保证单日一万字的阅读量呢？

可能有人会不服，一天1万字也太小菜一碟了，一天5万字也没问题，3年就能将“二十四史”通读一遍！但我想说的是，“二十四史”可不是网络小说，而是用文言文写的，不仅言辞晦涩，还时常夹杂各种典故和专有名词，随便从中拎出一个你完全陌生的地名、年号或典章律令，都可能把你搞晕，让你对这些史书望而生畏。

对于今人而言，“二十四史”的确晦涩枯燥，而且卷帙浩繁，完全通读是非常不现实的。更何况，做历史研究的毕竟是极少数人群，绝大多数人又何必去读这晦涩难懂的“二十四史”呢？

事实上，即便是对于专业的历史研究者而言，真正通读过“二十四史”的也是凤毛麟角。通读了“二十四史”的历史文献学专家张舜徽先生曾回忆说：

想起十九岁时读《资治通鉴》，日尽一卷，有时也可二卷，经过七个月的时间，将二百九十四卷的大书读完了，并且还写了简明的札记。后来年龄稍大，又发愿要通读“二十四史”，不畏艰难，不避寒暑，坚持不懈地认真去读。从《史记》到《隋书》，都用朱笔圈点，读得很仔细；从新旧《唐书》到《明史》，也点阅了一遍。整整花了十年时间，终于读完了这部三千二百五十九卷的大书。①

张舜徽自称通读《资治通鉴》只用了7个月的时间，但是通读“二十四史”却足足耗费了10年的光阴。要知道，张舜徽先生是享誉海内外的历史文献学大家，是中国第一位历史文献学的博士生导师，文史功底自然不是常人能比的，就连这样的文史大家通读“二十四史”都要用10年时间，又遑论我们这些普通读者呢?

可见，对于专业人士而言，“二十四史”也是一块难啃的“硬骨头”。而且，现在的历史学分科越来越细，各分科之间还“老死不相往来”，他们即使要读“二十四史”，也是读和自己本专业相关和相近的史书。比如，研究秦汉史的学者，《史记》和《汉书》一定是必读书目，而且还得达到烂熟于心的程度；如果是研究明史的学者，《明史》也是必读书目，而且由于这部正史卷数繁多，很多专治明史的学者恐怕也未必都能将它们通读完。

通读“二十四史”，连专业学者都难以做到，那就更不能对普通大众提过高的要求了。对于专业的历史学者，我不予妄评，因为阅读古籍本身就是他们研究工作的一部分，是他们的分内之事。我的文章面对的是大众读者，这里也只针对大众人群来谈一些看法。

首先，“二十四史”有必要通读吗?答案是否定的，完全没必要。

“二十四史”其实是一种相对原始的史料文献，是古人用当时的语言习惯和书写方式撰写的历史。对于古人来说，阅读难度可能不是很大，但是我

① 张舜徽:《自强不息，壮心未已——略谈我在长期治学过程中的几点体会》，收录于《张舜徽学术论著选》，武汉，华中师范大学出版社，1997，第626页。

们今人的语言习惯已经发生了翻天覆地的变化，读者如果没有足够的古文基础的话，阅读起来是有不少语言困难的。

其次，“二十四史”虽然看似庞杂，但里面的无用信息和错误信息也是非常多的，其中还不乏帝王神话和谶纬之说，这些都对我们阅读历史造成了障碍。比如，“二十四史”中的《宋史》，在“二十四史”中绝对是个体量巨大的“胖子”，字数最多，卷数也最多，后人对其评价普遍认为过于“繁芜”[①]。

最后，“二十四史”的历史观也不适宜当下。古代史家撰写史书，所秉持的是“成王败寇”和“忠奸善恶”的历史观，对于许多王朝兴衰的缘由也往往归结于“君明臣贤”或“主昏臣奸”，这种历史观显然是狭隘的。

说到底，我们就是需要一道“改良”程序，即筛除冗杂无用的信息，并通过简明扼要的方式提取出“二十四史”的精华。

试问，今天的人们还会用钻木取火或者火镰来取火吗？一个打火机就能解决问题了；今天的人们还会只穿丝麻织物吗？这当然也不可能。文明的发展必然导致人们生活方式的转变，即便是某些方面上要复古，比如近几年流行的汉服复兴运动，那也必须经过改良，以适应现代人的生活习惯，才能真正得以复兴。

因此，“二十四史”有必要读，但关键在于怎么读。这就需要有人对“二十四史”进行一番“改良”。

那么，如何来“改良”呢？

实际上，今人阅读“二十四史”的最大障碍，无非就是两点：一是语言困难（主要是古文），二是如何从冗杂的史料中快速提取关键性信息。

总而言之，核心就是精简。正如文章开头算的那笔账，“二十四史”卷帙浩繁，累计字数就有4000多万字，我们必须要做精简化处理。

---

① （清）赵翼：《廿二史札记》卷二十三：“宋史繁芜，辽、金二史又多缺略，昔人多有欲重修者。”

但是，精简绝不意味着删删减减了事，市面上也有不少精简版《史记》、精简版《资治通鉴》，但是，这种精简本质上只是删减，它并不是解决阅读困难的根本办法，而且还会把史书原本的系统性丢失掉。

因此，精简也是有技术性要求的，不仅不能敷衍性地做删减，而且要把精华展现出来，更要保证一定的全面性和系统性。

笔者不才，尝试用这套书籍为“二十四史”作一个全方位的阅读攻略，或者换个通俗点的说法，就是在给“二十四史”进行全面“瘦身”，而且是“健康瘦身”。

当然，如果你对“二十四史”并不感兴趣，那么这套书籍也可以看作一部简明扼要的中国通史，一套书就可以阅遍中国史，何乐而不为呢？这其实也是笔者创作这套书籍的另一个旨趣所在，就是借用这二十四部正史串联而成一部中国古代通史。

因此，这套书籍一方面是用一种另辟蹊径的方式来对传统正史“二十四史”进行全新解读，另一方面也是一部独具个人风格和个人见解的中国通史。

历史作家张宏杰在他的《千年悖论》中说，成为作家最重要的是要有强烈的虚荣心。[①]我们经常也说，不想成为将军的士兵不是好士兵。笔者虽然还不敢称自己是个作家，但是对于写作这件事还是颇有“野心”的，希望能用这套历史书籍带给读者耳目一新的历史方面的启示。

在你阅读本书之前，笔者还有必要再申明几点。

第一，在章节编排上，“二十四史”在这套书籍中并不是均匀分布的，也不是按史书的体量大小按比例分布的，而是结合了通史的一贯著述体例。

比如，《史记》和《汉书》在“二十四史”中只是体量比较小的两部史

① 张宏杰：《千年悖论：人性的历史实验记录》自序《我的文学青年生涯》，重庆，重庆出版社，2019，第7页。

书，但是这两部史书在“二十四史”中是影响至深至远的，而且其断代年限涵盖了从上古到新莽灭亡，故而笔者把《史记》和《汉书》单独编排成本系列书籍的第一部。再比如，“二十四史”中涉及南北朝的史书多达十部[①]，占到了“二十四史”中的百分之四十，但是按照通史著述的体例，笔者并不会给予其特别大的篇幅。

第二，“二十四史”中有的内容是重合的，对重合的部分，笔者会把相关的内容结合起来讲述。

比如，《史记》和《汉书》在西汉前中期的历史叙事中存在重合，但重合之中也存在差异，笔者对此作了大量的文献对比，从而分析出司马迁和班固在史学观念上的差异。再比如，关于唐朝的正史有《旧唐书》和《新唐书》两部，五代史的正史也有《旧五代史》和《新五代史》，笔者不会分别单独去讲述，而是把“两唐书”辟为一章，相互参照着来写唐朝的历史，“两五代史”也辟为一章，相互参照着来讲五代的历史。

第三，本书绝不是单纯翻译史料和照本宣科，而是结合了“二十四史”之外的其他文献材料，以及大量最新的考古和历史的研究成果，力求使此书成为一部兼具通俗性和学术性的作品，带给读者以颠覆传统的全新历史观。

这一点在本丛书第一部中体现得尤其鲜明。比如，随着近几十年来考古学的不断发展，人们对上古和夏商周三代的历史早已有了翻天覆地的全新认识，因此笔者在讲述《史记》中的相关部分时，结合了大量考古和历史研究的新成果，从而使我们对历史的理解和认识达到与时俱进的效果。再比如，我们耳熟能详的一些历史故事，诸如“烽火戏诸侯”“赵氏孤儿”等，这些故事早已被历史学家证实是不符合史实的，还有一些历史事件，如“平王东迁”“长平之战”等，这些看似简单的事件背后隐藏着巨大的历史玄机，笔

① 包括《宋书》《南齐书》《梁书》《陈书》《魏书》《周书》《北齐书》《隋书》《南史》《北史》十部。

者会用抽丝剥茧的方式，来解读这些我们看似熟悉实则完全陌生的历史故事和历史事件。

当然，正如一千个读者眼中有一千个哈姆雷特一样，每个人阅读历史都会有不同的感悟和认识。因此，笔者的这套书籍也完全属于“一家之言”，其中不免会带有一些具有强烈主观性的论断，有些可能、甚至会被人认为是偏颇之见，这套书籍也必然不可能得到所有人的满意和认可。

但是，正如历史学家杨照所说：“学历史最重要的不是学What——历史上发生了什么，而是要探究How和Why——去了解这些事是如何发生的，为什么会发生。”[①]本丛书取名为《二十四史通识课》，其实就是想告诉读者历史上的How和Why，而不仅仅只是What，让读者可以拥有一把打开历史奥妙之门的钥匙。如果这套书能让你对中国古代的史书产生兴趣，能引导你继续深入地探究历史和思考历史，那么我写作这套书的目的也就达到了，作为一名历史写作者的“虚荣心”也就真正得以满足了。

好了，正文开始。

① 杨照：《讲给大家的中国历史》总序《重新认识中国历史》，北京，中信出版社，2019，第6页。

目　录

第一章　《史记》：千古绝唱

第一章

《史记》：千古绝唱

《史记》简史：通古今之变

《史记》，作者司马迁，记述了从传说中的黄帝到汉武帝共三千多年的历史，原名《太史公书》，位列“二十四史”之首，全书分十二本纪、三十世家、七十列传、十表、八书，共一百三十篇，五十二万余字，开创了纪传体著史的体例，被鲁迅誉为“史家之绝唱，无韵之《离骚》”。

《史记》的体例

在“二十四史”乃至古代所有的史书中，司马迁的《史记》都是最为后人所尊崇的史书之一。如果把古代浩如烟海的史学典籍比作满天星斗的话，那么《史记》毫无疑问就是群星中最耀眼的那一颗。《史记》犹如北斗，享受着众星的拱卫和膜拜。

《隋书·经籍志》说：“世有著述，皆拟班、马，以为正史。”这句话说的是，世间的撰史者，几乎都是仿照班固和司马迁的撰史体例，以此为撰述正史的范本。换句话来解释就是，司马迁的《史记》开创了纪传体撰史的先河，而班固的《汉书》又在司马迁纪传体这一体例的基础上，开创了断代史撰史的先河，后世的撰史者几乎都是站在《史记》和《汉书》这两个“巨人”的肩膀上记录历史的，可见后人对《史记》何其崇敬。

在《史记》之前，史书的编写大致有两种体例：一是编年体，即以年代为序记述历史，如《春秋》；二是国别体，即以国家为单位记述历史，如《国语》。而《史记》则首创了纪传体的撰史体例，这在中国史学史上具有划时代意义。

在具体形式上，《史记》又分本纪、世家、列传、表、书几个部分，这一结构形式也成了后世“二十四史”的体例范本。

本纪，共十二篇，是帝王的传记和朝代的大事记，按年月记述，涵盖了某一帝王或某一朝代统治时期所发生的大事，被放在史书的最前面，“二十四史”无不如此。本纪的部分，在某种程度上相当于编年体，这其实是吸取了编年体史书的精华，可以让时间线索十分清晰。同时，这也就解释了后世编修“二十四史”为何都没有采用编年体的原因，因为纪传体的本纪部分完全可以替代编年体，而纪传体的很多优点和精华却是编年体所没有的。

《史记》的本纪部分，除了收录秦汉帝王之外，其余的《五帝本纪》《夏本纪》《殷本纪》《周本纪》《秦本纪》是对先秦历史发展脉络的整体梳理。从某种程度上说，这其实反映了司马迁极具远见的历史观。在司马迁看来，从秦始皇开始，中国真正进入了帝制时代，因此本纪也只能以皇帝为叙述主体。同时，司马迁还把不属于帝王的项羽和吕后也列入本纪，这是一种极具勇气的写作方式，也是后世撰史者所不及的。

世家，共三十篇，是诸侯以及诸侯国的编年史或传记。其中，孔子作为儒学的创始人，加之汉武帝时期独尊儒术的缘故，于是有了《孔子世家》。另有《陈涉世家》，陈涉虽然出生草莽，却是反秦起义的第一人，对秦末乱世影响深远，又被汉高祖刘邦追封为隐王，故而也跻身于世家之列。

列传，共七十篇，是非王侯的重要历史人物的传记，这个范围要比世家更广，文臣、谋士、武将、策士、奸佞、酷吏、儒生、游侠、方士都可以列入。除此之外，有重要影响的游牧民族、区域也可以作为列传列入，比如《匈奴列传》《大宛列传》就是这种情况。

由于世家和列传的区别不是很大，在后世“二十四史”中，几乎所有的正史都把世家的内容归入了列传，即只有列传，而无世家。唯一的特例是

《新五代史》，它把十国的帝王列入世家，单独成篇。

表，共十篇，在《史记》中大致分为两类：一是大事年表，二是人物年表。不同于本纪、列传等以人物叙事为主体，表的内容大都是枯燥乏味的叙事纪年，如同流水账，因此，《史记》的年表部分也是最为后世所忽略的内容。

对于这十篇“表”，很多人根本看不下去，觉得枯燥无味，远没有看人物传记故事来得精彩。现代很多版本的《史记》甚至都把表的部分省略掉了，想买到含有完整年表的《史记》都是件不容易的事。因此，历史上有人（如刘知己①）就批评《史记》，说司马迁撰写年表是在做无用功。

但是，更多的人（如顾炎武②）则表示，《史记》的年表部分最大的功劳是清晰梳理了三千多年的历史脉络和人物纪年，充分吸取了编年体史书的优点，这也是纪传体史书胜过编年体史书的地方。

我个人是赞同后一种观点的，就像有很多人初看《红楼梦》的时候，往往会先找一份人物关系图表来对照着阅读，这是一个道理。

书，共八篇，主要介绍某一历史时期的典章制度，兼及天文、礼乐、历法、财政等方面。可以说，《史记》中的“书”开创了典志体的先河，后世的“二十三史”绝大部分含有这一部分，只不过名称上不再用“书”，而是普遍用“志”。

史书中的“志”，普遍被认为是史学的精华所在，一本史书修得好不

---

①（唐）刘知几：《史通·内篇》卷三《表历》：“观马迁之《史记》，天子有本纪，诸侯有世家，公卿以下有列传，至于祖孙昭穆，年月职官，各在其篇，具有其说，用相考核，居然可知。而重列之以表，成其烦费，岂非谬乎？且表次在篇第，编诸卷轴，得之为益，失之不为损。用使读者莫不先看本纪，越至世家，表在其间，缄而不视，语其无用，可胜道哉！”

②（清）顾炎武：《日知录》卷二十六：“表以纪治乱兴亡之大略，书以纪制度沿革之大端。班固改书为志，而年表视《史记》加详焉。盖表所由立，于周之谱牒，与纪传相为出入。凡列侯将相三公九卿，其功名表著者既系之以传，此外大臣无积劳亦无显过，传之不可胜书，而姓名爵里、存没盛衰之迹要不容以遽泯，则于表乎载之。又其功罪事实传中有未悉备者，亦于表乎载之，年经月纬，一览了如。作史体裁莫大于是。”

好，往往就取决于其中的“志”怎么样。比如后世的《宋书》和《隋书》，本纪、列传的部分都没什么特色，但就是由于它们含有大量弥足珍贵的“志”，而成为“二十四史”中的“佼佼者”。

《史记》的体例，无疑对古代史学的发展做出了开创性的贡献，后世之人对司马迁和《史记》的尊崇可谓无以复加。比如《汉书》的作者班固，他虽然对司马迁本人颇有微词，但却依然承袭了《史记》的体例，改动较少。

《史记》的秘密

不过，同很多古代典籍一样，《史记》在流传的过程中也遇到了诸多坎坷。司马迁在写完《史记》之后，就将其“藏之名山，副在京师，俟后世圣人君子”[①]。也就是说，司马迁去世之后，《史记》流传有两个版本，一部被藏匿在深山之中，另一部则在京师长安，以等待后世的有缘人来发现它。

究竟是有什么样的隐情，让司马迁没有将《史记》公布于世，却选择一式两份，分别藏匿起来呢？对此，《史记》《汉书》都没有记载，但是在《三国志》中却隐约透露出一点蛛丝马迹。

《三国志》记载了一段曹魏大臣王肃的话：“司马迁记事，不虚美，不隐恶……汉武帝闻其述史记，取孝景及己本纪览之，于是大怒，削而投之。于今此两纪有录无书。”[②]意思是说，司马迁秉笔直言，汉武帝听说司马迁在写《史记》之后，立刻取来《孝景本纪》和《今上本纪》两卷来看，随即勃然大怒，下令删除。

《三国志》所记述的是汉末三国的历史，但事实上，上面提到的两篇本纪早在西汉或者东汉初年就已经缺失了，而且按照班固在《汉书》里的说

---

①《史记·太史公自序》。

②《三国志·魏书·王朗传》附《王肃传》。

法，其中有十篇是“有录无书”。

如果《三国志》里这段话属实的话，那么司马迁将《史记》“藏之名山”也就可以理解了。《史记》中一定是写了对汉朝和汉武帝不好的话，或者是表达了对汉武帝某些政策的不满，这才导致司马迁不敢将《史记》公布于世，并且一式两份分别藏匿起来。

我们参看《史记·高祖本纪》就知道，司马迁是一个秉笔直书的良史。他记录了大量汉高祖刘邦非常不堪，甚至很多遭人鄙夷的经历，可见司马迁很可能也在《今上本纪》里写了一些对汉武帝不敬的话，所以才将《史记》“藏之名山，副在京师”，等待日后重见天日。直到汉武帝驾崩多年之后，汉宣帝在位时期，司马迁的外孙杨恽才将《史记》公之于世人。①

而我们现在所看到的《孝武本纪》其实是后人按照《封禅书》补写而成的，更何况，这个篇目的题目和内容都明显地“穿越”了。“武”是汉武帝的谥号，是皇帝死后才加封的，司马迁写《史记》的时候汉武帝还活得好好的，题目怎么可能是《孝武本纪》呢？而且，《孝武本纪》中还有大量司马迁身后的事情，这显然不是出自司马迁的手笔。

这就产生一个新的疑问，既然这些篇目在西汉末期就已经散失了，那我们今天看到的《史记》，除了第一作者司马迁之外，还有哪些人参与了补写呢？

首先，我们必须明确一点，《史记》是司马迁和他的父亲司马谈二人共同完成的。编撰成《史记》是司马谈一生的宏愿，然而司马谈还没有编完《史记》就因病去世了，司马迁秉承父志，在司马谈的基础上继续编完了《史记》全书。

《汉书》虽然指出了《史记》有十篇缺失，但具体是哪几篇，却并未

① 《汉书·司马迁传》：“宣帝时，迁外孙平通侯杨恽祖述其书，遂宣布焉。”

指明。后世有史家指出这十篇分别为：《孝景本纪》《孝武本纪》《礼书》《乐书》《律书》《汉兴以来将相年表》《日者列传》《三王世家》《龟策列传》《傅靳蒯成列传》。[①]

事实上，后世补写《史记》的篇目远不止这十篇，诸如《外戚世家》《田叔世家》《陈涉世家》，都能发现后人补写的证据，最明显的证据就是“褚先生”。

如果你熟读《史记》的话，对“褚先生”这三个字一定不会陌生，《史记》中多处出现了“褚先生曰”。

褚先生是何许人呢？他是汉元帝、汉成帝时期的博士（古代的学官名），是当时著名的经学家、史学家，他所生活的时代已经是汉武帝去世五十年之后了。而褚少孙在补写之处，每每都会加一句“褚先生曰”，这就是为什么《史记》中存在这么多“褚先生曰”的原因，同时，这也是后世之人补写《史记》最明显的证据。

不过，除了褚少孙留下姓名之外，更多的补写者选择了“做好事不留名”，这就让后人很难分辨《史记》中哪些是司马迁写的，哪些又是后人补写的。

究竟有多少人参与补写了《史记》呢？这个已经很难说清楚了，根据后世学者考证，参与补写的人应该至少有16人之多。[②]

但是，我们绝不能因为《史记》内容的缺失和被后世补写，而去轻易否定它的史学价值，补写的内容其实只占《史记》总篇幅的极少数，《史记》的史学价值和文学价值都是极为深远的。

---

①（南朝宋）裴骃：《史记集解》引张晏语：“迁没之后，亡《景纪》《武纪》《礼书》《乐书》《律书》《汉兴以来将相年表》《日者列传》《三王世家》《龟策列传》《傅靳蒯列传》。”

② 分别是褚少孙、刘向、刘歆、冯商、卫衡、扬雄、史岑、梁审、肆仁、晋冯、段肃、金丹、冯衍、韦融、萧奋、刘恂。参见白寿彝主编、许殿才著《中国史学史》第2卷《秦汉时期：中国古代史学的成长》，上海，上海人民出版社，2006，第154页。

《史记》的贡献和影响

笔者认为，《史记》最大的贡献，应该是给中国历史留下了史学传承的信仰。

正如历史学家张大可所说，自《史记》问世之后，“于是开了私人修史之风，《汉书》断代运用纪传体，激发了后世史家的模仿……（唐代）以后历代建国，都开局修前朝历史，中国从此有了一部洋洋大观、贯通五千年文明的‘二十六史’，《史记》居首，也取得了独尊的地位”。[①]

当埃及象形文字、苏美尔楔形文字被发现的时候，语言学家们耗费无数时间和精力才艰难破译。当古印度的哈拉帕文明被发现的时候，世人对这样一个形成于四千年前的古老文明竟然一无所知，其文字至今仍为“死文字”。究其原因，就是文明的中断。

而中华文明却几千年绵延不绝。当我们发现殷墟甲骨文的时候，短时间内就破译出大量文字，相对于破译其他古老文明的文字来说要“容易”得多。这都源于中国人对历史和文明的传承，而司马迁和他的《史记》的最大贡献就在于此。

撰述完成《史记》是父亲司马谈留给司马迁的遗愿，也是司马迁毕生的愿望。司马迁希望这部著作能“究天人之际，通古今之变，成一家之言”，事实上，司马迁不仅完全做到了，而且《史记》也成了中华文明史上的里程碑，是《史记》告诉了世人记录历史有多么重要，是《史记》告诉了世人传承历史、传承文明有多么重要。它犹如一盏明灯，指引着后人去记录历史、书写历史、传承历史。

自《史记》问世之后，后世对《史记》的研究便层出不穷。从魏晋到唐朝，对《史记》进行注疏的不下15家之多[②]，其中有三家最为出色，也影响

① 张大可：《司马迁评传》，南京，南京大学出版社，2011，第422—423页。

② 张大可：《司马迁评传》，南京，南京大学出版社，2011，第419页。

最大，分别是裴骃的《史记集解》、司马贞的《史记索隐》、张守节的《史记正义》，这就是历史上著名的“三家注”。

我们都知道，研究《红楼梦》的学问被称为“红学”。而随着《史记》影响力的与日俱增，尤其是唐朝以后《史记》正史地位的确立，“史记学”也随之应运而生了。

明清以来，《史记》研究者更是不计其数。到了近代，“史记学”甚至已经跨出国门，传到日本。20世纪30年代，日本学者泷川资言出版了《史记会注考证》，这是海外学人研究《史记》最具分量的一部著作，至今仍无人出其右者。

对一部史书的研究竟然成了一门学问，在“二十四史”中有此“殊荣”的，唯独只有《史记》和《汉书》。可以说，《史记》真正做到了流传千古，即便再过千年，《史记》的光辉将依然闪耀。

《太史公自序》：司马迁的生死抉择

《太史公自序》是《史记》最末一篇，记述了司马迁的家族世系和家学渊源，以及创作《史记》的背景和志向，同时也是《史记》全书的总括纲目。

生存还是毁灭

“生存还是毁灭，这是一个值得考虑的问题。”这是英国大文豪莎士比亚的著名悲剧《哈姆雷特》中的一句名言。

在两千多年以前，在一间狭小而幽暗的囚牢中，一位衣衫褴褛的囚者，正在用他那个时代最富有思想力的头脑，反复思索着同样的问题——是生存还是毁灭。

士可杀，不可辱，与其选择苟且的生，却不如选择壮烈的死来得痛快！

然而，壮烈的死固然显得气壮山河，但它就比屈辱的生更有意义吗？

万籁俱寂，空气似乎已经凝滞，时间也仿佛被定格。在一片寂静中，他忽然睁开了双眼，双眼射出一道锐利的光芒，所有的阴暗都在这道强光下无所遁形——他的沉思终于有了结果。

第二天，当酷吏向这个囚者行刑时，他只是泰然自若地闭上了双眼，没有惊慌，没有畏惧。他知道，当他再次睁开双眼之时，他将面临一生的屈辱，但同时也将迎来他的新生！

不知死，焉知生！死，或重于泰山，或轻于鸿毛！

从此，在他的笔下，原本生冷的历史就像被赋予了生命一般，每一个文字都充满了盎然的生机，一个个鲜活而生动的历史人物跃然纸上，演绎出一幕幕历史的悲喜剧！

他给这部历史大剧定名为《太史公书》，后世俗称之为《史记》，他就是中国古代最伟大的史学家之一——司马迁！

在这部《史记》中，司马迁还特意写了一篇自序，这就是《太史公自序》。从篇目顺序来讲，这篇自序位列《史记》的最后一篇，但我觉得应该先从这篇自序开始讲起。只有先了解司马迁的人生和创作背景，才能更深入理解这部他用血泪凝结而成的伟大历史著作。

司马迁的家族与家学

让我们来简略复原一下这位伟大史学家的生平吧。

司马迁，字子长，左冯翊夏阳人（今陕西省韩城市芝川镇），至今在韩城仍留有司马迁的纪念遗迹，以及有关司马迁的传说。由于史料的缺失，司马迁的生卒年代不是很明确，不过，晚清著名学者王国维先生进行了考证，考订司马迁生于公元前145年（汉景帝中元五年），卒于公元前86年（汉昭帝始元元年），享年60岁[①]，姑且以此作参考。

司马迁之所以能成长为一代伟大的史学家，和他的家族传承密不可分。

在《史记》的开篇，司马迁花费了不少的笔墨来记述司马家族的历史。从颛顼时代掌管天文、地理的重黎，到周宣王时期的程伯休甫，再到秦国伐蜀大将司马错，我们可以从太史公司马迁的笔下感受到他强烈的家族荣誉感和自豪感，以及他创作《史记》的强大使命感和自信力。[②]

司马错之后，司马家几代人都为秦国效力，并且长期担任军事要职，司马错的孙子司马靳还跟随大将白起参与过长平之战。因此，《史记》中关于后来长平之战白起坑杀四十万赵军的惨烈记载，绝非司马迁凭空臆测，而是有先祖亲历战争后留下的文字或者口述材料的。

司马靳的孙子叫司马昌，在秦始皇时代担任过主铁官，管理冶炼和铸铁，属于秦朝经济部门的一个重要长官。从战国中期开始，铁器开始大规模普及，推动了农业、手工业、商业的发展，铁的冶炼和铁器铸造也越发成为国家经济的命脉，也正是在这样的时代背景下，战国时代的秦国开始在咸阳设置铁官。秦始皇统一六国之后，“收天下之兵，聚之咸阳，销锋镝，铸以为金人十二”，可见对金属的管制非常严格，只允许把铁器和铜器用于铸造钱币和农业生产。因此，司马昌所担任的主铁官，和秦朝国计民生息息相

① 王国维：《太史公行年考》，收录于《观堂集林》（外二种），石家庄，河北教育出版社，2003，第245页。

②《史记·太史公自序》。

关，甚至关乎着秦朝的国运走势，是极为重要的国家职务。[①]

司马昌之子司马无泽，做过汉朝都城长安的“市长”，当然这里的“市长”绝非今天意义上的市长，而是负责管理市场的长官，掌管长安全城范围的供销的征税，相当于今天的市场监督管理系统兼税务系统的长官。可见，司马无泽对整个长安，乃至整个关中的经济贸易情况应该都了如指掌。[②]因此，司马迁后来在《史记》中说，关中之地（函谷关以西）的国土只占天下的三分之一，人口只占天下的十分之三，但财富却占到了全天下的十分之六。[③]

司马昌和司马无泽两代先祖，都先后担任秦、汉两代王朝经济和商业领域的高层长官，对国家财政和天下税赋都有深刻的认识和见解，这些都为司马迁撰写《史记》积累了经济方面深厚的家学渊源。因此，司马迁能在《史记》中开创性地写出《平准书》和《货殖列传》两篇经济学篇目，绝非偶然，而是家学积淀的必然结果。

司马无泽的儿子司马喜，是司马迁的祖父，在汉朝官至五大夫，是当时二十等官爵中的第九级，是大夫中最尊贵的一级[④]。可以看出，到了司马喜这一代，司马家族开始由国家经济官员向士大夫阶层转变。

司马喜之后，就是司马迁的父亲司马谈，他是司马家族中对司马迁史学思想影响最大的人。

从《史记》诞生的第一天起，它的作者就是两个人，司马迁和他的父亲司马谈。

《史记》中有哪些部分是司马谈写的？这个没有定论，但是根据王国维、顾颉刚、赵生群等学者的考证，《史记》中至少有十二篇是出自司马谈

① 张大可:《司马迁评传》，南京，南京大学出版社，2011，第67—68页。
② 张大可:《司马迁评传》，南京，南京大学出版社，2011，第68—69页。
③《史记·货殖列传》:“故关中之地，於天下三分之一，而人众不过什三；然量其富，什居其六。”
④《汉书·百官公卿表》。

之手，另外还有几个篇目也是司马谈、司马迁父子合著。①

当然，这些只是学者们的考证，至今并无定论，《史记》的实际创作情况我们已经无法知晓了。

目前，唯一可以百分之百明确是出自司马谈之手，并且能体现他学术思想的，就是附在《太史公自序》中的《论六家要旨》了。

《论六家要旨》在中国哲学史上有着很重要的位置，它最大的意义就在于，第一次系统梳理和分类了诸子百家。司马谈将诸子百家归类为六家，即阴阳家、儒家、墨家、名家、法家、道德家，并且极力尊崇道家之学。其中，“名家”的概念属历史上首次提出。后来，西汉学者刘歆又在司马谈的基础上继续将诸子百家归类为十家。关于这些，冯友兰先生在他的《中国哲学简史》里都有过系统的论述。②

司马谈创作《论六家要旨》之时，汉武帝已经开始推行“罢黜百家”政策，儒学成为正统官学，而司马谈则借创作《论六家要旨》大谈道家黄老思想，从某种程度上可以看作是对汉武帝尊儒政策的一种历史提醒。

实际上，司马谈的《论六家要旨》是不大可能公布于世的，按照汉武帝雷厉风行的行事风格，他一旦看到这样的文章，恐怕难免不会问罪于司马谈。

司马谈虽然尊崇道家，但却并不排斥儒家和其他四家，而是分而论之，各论其长。而且，司马谈在给司马迁的临终遗言中，反而让他尊效儒家的两位先圣——周公和孔子。

---

① 顾颉刚、王国维考订《刺客列传》《樊郦滕灌列传》《郦生陆贾列传》《张释之冯唐列传》《赵世家》为司马谈独立著述完成，可参见顾颉刚《史林杂识》和王国维《观堂集林》；赵生群考订《卫康叔世家》《陈杞世家》《殷本纪》《宋微子世家》《周本纪》《齐太公世家》《秦本纪》也是司马谈独立著述完成，可参见赵生群《司马谈作史考》；另外，属于司马谈、司马迁父子合著的有《历书》《天官书》《封禅书》《太史公自序》。

② 冯友兰：《中国哲学简史》第三章《诸子的由来》，北京，生活·读书·新知三联书店，2009，第 34—40 页。

可见，司马谈的学术思想不仅博采众长，而且兼收并蓄，他并没有因为个人的好恶而排斥其他诸子学说。司马谈这种对待学问的态度是极其难能可贵的，这一点也深刻地影响了司马迁撰述《史记》的风格。[①]

我们从司马迁的家世传承中可以看出，他的家族先后担任过天文、地理、军事、经济、政治、历史等方面的国家要职，这些都为司马迁创作《史记》提供了宝贵资源和精神动力。

虽然在我们今人看来，司马迁是一个历史学家，但是从当时的社会环境来看，司马迁绝对称得上是一个博物学家。也正因为司马迁在诸多领域都有着深厚的家学传承和学术造诣，《史记》才不仅仅只是一部历史著作，更是当时的一部百科全书。

司马迁编撰《史记》的历程

司马谈当时担任的官职是汉朝的太史令，司马谈对这份职务十分看重，因为司马家族祖上曾是“周室之太史”，如今他担任太史令也就意味着自己接续了先祖的事业。而且，司马谈立志要把这份事业传承下去，让自己的后世子孙也承袭太史令，因此他也格外看重对儿子司马迁的培养。

司马迁刚刚6岁的时候（约前140年），他就被父亲司马谈带到了西汉都城长安；10岁的时候，就开始通读经史典籍。《尚书》《左传》《世本》《国语》这些在我们今人看来晦涩难懂、佶屈聱牙的典籍，都成为年仅10岁的司马迁的必读书目。可以说，司马迁从小就耳濡目染，被父亲司马谈寄予了厚望。

根据在湖北张家山汉墓中出土的汉简《二年律令》中《史律》的记载，汉代对太史的培养是十分严苛的。只有史官的后代才有资格担任史官，而且还必须要年满17岁，才能到专门培养史学人才的“学室”去学习，成为一名

① 雷家骥：《中国古代史学观念史》，北京，北京师范大学出版社，2018，第71页。

史学童，进行为期三年的学习。更严苛的是学习的过程中，史学童必须要通过两项考核，完成才能“毕业”，才能真正具备成为一名史官的资格。[①]

哪两项考核呢？第一，必须能够读写《史籀篇》[②]五千字以上；第二，熟练使用八种字体，即“秦八体”（指大篆、小篆、刻符、虫书、摹印、署书、殳书、隶书）。

司马迁要做的不是普通的史官，而是太史令，他所要付出的要比其他人更多，因此，司马迁早在10岁的时候就开始了他的学习生涯。当司马迁17岁的时候，他必然也接受了“学室”的专业培养，并且以优异的成绩顺利“毕业”。

正所谓学海无涯，司马迁也深知纸上得来终觉浅的道理，他并不满足于三年来在“学室”中学到的专业知识，他决定去游历一番，去看看这大千世界，这一年司马迁20岁。

从此，司马迁便开始了漫长的游历，他实地考察山川风物人情，记述历史传说故事，“网罗天下放失旧闻”，足迹几乎遍及全国各地。

难怪顾炎武会说，秦汉之际，战场形势和军事线路十分曲折复杂，唯独司马迁对此了如指掌。[③]诚如顾炎武所言，如果司马迁没有这一番壮游的经历，我想他不会对纷繁复杂的山川地理和军事战争有如此清晰的把握。

司马迁在20岁时选择壮游天下，还有一个十分现实的原因——历史材料十分匮乏。

秦始皇焚书坑儒之后，由于大量书籍被焚毁，历史类书籍便首当其冲，再加上秦末汉初的动乱，以及当时的文字载体还是笨重的竹简等因素，最终导致汉朝初年的学术文化事业一度面临非常窘迫的境地。

---

① 李学勤：《试说张家山简〈史律〉》，《文物》，2002（04）。

②《史籀篇》成书于春秋战国之交，为太史籀（留）所著，故而得名，是中国最早的字书和蒙学读物。

③（清）顾炎武：《日知录》卷二十六《史记通鉴兵事》：“秦楚之际，兵所出入之途，曲折变化，唯太史公序之入指掌。”

事实上，一直到西汉末年，这种状况都没有多少改观，搜罗书籍始终都是一件很困难的事。汉成帝的叔叔东平王刘宇想阅读诸子书籍和《太史公书》（即《史记》），却始终无法得到，最终只能向朝廷上疏求取。然而，汉成帝却听信了权臣王凤的进言，怀疑东平王求取书籍是图谋不轨，最后拒绝了东平王的请求。①

可见，在西汉时期书籍是何等匮乏，搜集书籍又是何等困难。因此，司马迁就是要通过游历来“网罗天下放失旧闻”，这些“旧闻”有民间传说的口述资料，也有碑刻古迹，这些无不成为司马迁后来撰述《史记》的重要素材。

比如，司马迁前往薛地考察孟尝君的事迹，从当地人口中打听到孟尝君当年招纳门客，光是犯法之人就招揽了六万多，可见孟尝君广纳门客绝非虚言。再比如，司马迁亲自到淮阴考察韩信的早年事迹，从当地人口中得知韩信早年就有不同于常人的志向，而且极尽孝道，家中窘困，却依然为母亲寻到了宽敞的墓地，司马迁实地考察了韩信母亲的墓地，果如当地人所言。

在司马迁35岁之时，他又以郎中的身份奉旨随军征讨西南夷，并且在西南地区生活了至少半年时间。汉朝对西南少数民族的治理政策大致有两项，一是“以故俗治”，二是“毋赋税”②，司马迁的主要职责就是落实这两项国家政策，并且安抚当地的百姓。

正是这段在西南随军的经历，深刻地影响了司马迁后来的撰史理念。司马迁在《史记》中独创性地写出了《匈奴列传》《朝鲜列传》《西南夷列传》等六篇民族史传篇目，这反映了司马迁的大一统观念和天下一家的民族

---

①《汉书·宣元六王传》：“后年（东平王）来朝，上疏求诸子及《太史公书》，上以问大将军王凤，对曰：‘臣闻诸侯朝聘，考文章，正法度，非礼不言。今东平王幸得来朝，不思制节谨度，以防危失，而求诸书，非朝聘之义也……’对奏，天子如凤言，遂不与。”

②《史记·平准书》：“汉连兵三岁，诛羌，灭南越，番禺以西至蜀南者置初郡十七，且以其故俗治，毋赋税。”

思想，这在当时无疑是十分超前的先进思想。这些都与司马迁的这次随军征讨西南夷的经历密切相关。

元封元年（前110年），司马谈随同汉武帝封禅泰山。途中，司马谈因病滞留在了周南（今洛阳附近），不能参与封禅大典这样的旷世盛举，他为此愤懑不已。疾病加上情绪波动，很快就拖垮了他的身体，病重的司马谈已是气息奄奄。

恰逢此时司马迁奉旨从西南归来，他在周南见到了弥留之际的父亲司马谈，父亲眼含着热泪，留下遗言："余死，汝必为太史；为太史，无忘吾所欲论著矣。"

身为太史令的司马谈即将撒手而去，作为儿子的司马迁必然接过父亲的班，成为下一任太史令。而司马谈的遗愿就是写成一部涵盖古今的通史，这是司马谈数十年的最大心愿，如今，这一宏愿只能交给司马迁来完成了。

司马谈去世后三年（前108年），38岁的司马迁正式继任太史令，继续撰述父亲未能完成的《太史公书》。

然而，天有不测风云，天汉三年（前98年），由于司马迁在李陵事件中为李陵辩白，招致锒铛入狱，随即在第二年便被处以宫刑。对于司马迁来说，宫刑不仅是一种生理上的痛苦，更是一种精神上的羞辱，他经常"每念斯耻，汗未尝不发背沾衣也"。

在《太史公自序》中，司马迁对李陵事件只有只言片语，一笔带过，但是在另一篇《报任安书》中，司马迁却是满纸血泪，控诉着自己所遭受的屈辱和世道的不公。司马迁自始至终都保持着作为一个史学家应该有的克制和理性，在《史记》中他并不想把自己的不幸遭遇写入书中，他唯有在私下和友人的书信中才能宣泄情绪。

司马迁遭此大难，虽然身体已经饱受摧残，但他的意志却并未就此消沉。他更加坚定了撰述《史记》的志向，发愤著书，终于在他生命终结之前，完成了《史记》这部著作。

撰述完《史记》之后，司马迁似乎就从历史上消失了，他晚年生活如何，他死于何时，又死于何地，这些都成了难解的谜题。又或许，这部凝结着司马迁毕生心血的《史记》已经耗尽了他的全部精力，生死于他而言已经无足轻重，在某个寂寥无人的深夜，司马迁和这个世界做了最后的告别。

“藏之名山，传之其人，通邑大都”，传之后世，让它流传到城市的每个角落，让所有人都能看到和读到，这是司马迁对这部《史记》的最后愿望。这个愿望最终实现了，司马迁和他的《史记》闪耀了两千多年，一直流传至今。

《五帝本纪》：是传说还是史实

《五帝本纪》是《史记》的首篇，记述了中华民族远古时代的五位部落联盟首领——黄帝、颛顼、帝喾、尧、舜，后世称之为“五帝”。

历史的开端

说起中国历史的开端，很多人会想到两个典故，一是盘古开天辟地，二是女娲抟土造人。

这两个故事相信很多人在童年时就已经知道了，而且还能描述得绘声绘色，然而越是这样绘声绘色的故事，其真实性往往越是不靠谱。事实上，盘古和女娲的故事都是后来才有的。按照现有的文献记载，女娲的传说最早出现在春秋战国时期，而盘古的传说则在三国时期才出现。[1]

可见，盘古开天辟地肯定不能算作历史的开端，女娲抟土造人就更不能算，毕竟这样的神话故事实在太过离奇了。

《史记》既没有讲盘古，也没有讲女娲，《史记》的开篇是《五帝本纪》，《史记》把传说中的五帝故事作为华夏历史的开端。

人们经常把神话和传说放在一起称呼，实际上，神话和传说是截然不同的。神话带有奇幻宗教的色彩，是一种夸张的想象；而传说则是带有一定历史真实性的故事，是口耳相传的历史记忆。

《史记》的开篇选择了传说中的五帝，而不是神话中的盘古、女娲来讲述华夏历史，这就足见《史记》的严谨性，以及作者司马迁撰述历史的严肃态度。同时，这也体现了属于中国人自己的历史观——历史的起源是人，而不是神，这和西方很多历史著作形成了鲜明对比。

《史记》中的五帝及其传说

对于五帝，恐怕很多人就不那么清楚了，实际上，五帝具体指哪五位，在历史上也是众说纷纭。《史记》给出的五帝是黄帝、颛顼（音同“专”“虚”）、帝喾（音同“库”）、尧、舜，这也是关于五帝流传最广的一种说法。

五帝中名声最大，对后世影响也最深的莫过于黄帝。中华民族几千年来都把黄帝尊奉为中华人文始祖，我们也一直称自己是炎黄子孙。炎黄，就是炎帝和黄帝。

按照《史记》的记载，黄帝是当时一个叫少典部落的后代，他姓公孙，后改姓姬，名轩辕。据传，黄帝出生于轩辕之丘，故名轩辕，所以黄帝又被

---

① 盘古最早记载于三国徐整的《三五历记》中，女娲最早记载于屈原的《楚辞·天问》中，参见袁珂:《中国神话史》，北京，北京联合出版公司，2015，第4—5页。

称作轩辕氏。

黄帝一出生就表现出诸多异于常人的特点。他刚出生不久就学会了说话，聪明机灵、行事干练、诚实勤奋，任何溢美之词都可以用在黄帝身上，等到他长大成人，理所当然地就成了部落的首领。

在当时的中原大地上，除了不断发展壮大的黄帝部落之外，还有另外一个偏居西方的姜姓部落。姜姓部落的首领被称作神农氏，也就是炎帝。

据说，炎帝和黄帝同出于一族，同是少典部落之后，只不过由于分散迁徙，一支居于姬水，以姬为姓；另一支居于姜水，以姜为姓。

在那个刀耕火种的年代，土地是绝对的第一资源，出于对地盘的争夺，黄帝和炎帝在阪泉之野进行了一场大战，这场大战就叫作阪泉大战。这场大战被后世反复演绎，演绎程度不亚于后来封神演义的故事，黄帝甚至还可以呼风唤雨，招来雨神、雷神相助。当然，这些奇谈只是小说家的演绎，是不足为信的。

历经三场大战，黄帝三战皆捷，黄帝部落最终兼并了炎帝部落，也就形成了炎黄部落。“炎黄”的称谓自此定格在了历史中，成为中华民族精神和文化上的共同祖先。

在此，我想多说几句。纵观世界文明发展史，在各个文明之间相互冲撞所造成的征服和杀戮中，失败者往往身死国灭，而且也会彻底失去历史的话语权，最终湮灭在历史的尘埃中。然而，黄帝和炎帝之间的这场战争却让我们看到，失败者不一定就是死的宿命，失败者的部族也不一定会被杀戮，失败者甚至还能和胜利者一起成为历史的主角。

炎黄部落合并之后，开始逐步走向强大，势力范围也越来越大。来自东方的九黎族首领蚩尤开始虎视眈眈，于是一场新的大战又上演了，发生地在涿鹿，因此历史上将这场大战称之为涿鹿之战。

司马迁在《史记》中将这场战争的起因概括为八个字：“蚩尤作乱，不用帝命。”按照《史记》的说法，蚩尤只是一方诸侯，他发动叛乱，拒不服从黄帝诏令，作为联盟首领的黄帝便发动了对蚩尤的战争。

实际上，从现代考古学的角度来看，无论是炎黄部族，还是九黎族，他们所控制的区域都非常有限，根本不存在谁必须听命于谁的道理。《史记》之所以这么写，主要是基于一种华夏中心观的视角。在这种视角之下，黄帝是华夏共主，享受着四方诸侯的朝拜和尊崇。

就这样，涿鹿之战爆发了，这就是大家所熟知的“黄帝战蚩尤”的故事。故事后来甚至都被做成了连环画，它的知名度和传奇性都远超阪泉之战。

炎黄部落最终赢得了这场战争的胜利，而蚩尤则战败而死。为何炎帝没有死，而蚩尤的结局却是死呢？实际上，蚩尤无论在《史记》还是在其他文献中，都是以残暴的负面形象示人的，残暴者人人得而诛之；而炎帝则为中华文明做出了卓越贡献。

我们也应该知道，历史书写往往有“春秋笔法”，也就是说历史书写的过程中会加入后世的思想观念。同样是失败者的炎帝和蚩尤，结局却不同，这其实是后世儒家仁爱思想的一种体现，只有作为仁者的炎帝成了后世人们顶礼膜拜的人文始祖，残暴不仁的蚩尤注定只能埋葬在历史的尘埃里。

蚩尤虽然死了，但是蚩尤的部族却有相当一部分融入炎黄部落，这也是民族融合的必然结果。实际上，后来的华夏族乃至中华民族，都是生活在中华文明这片区域上的先人经过几千年发展融合而形成的。任何一个民族都不是一成不变的，历史上有的民族慢慢消亡了，有的民族却迎来了新生。

事实上，五帝之所以有如此之多的版本，原因就在于这些“人选”都是分散在各地的各部落的优秀首领，他们所率领的部落最后都融入了之后的华夏族。当时的实际情况很可能是，这样的远古帝王其实远远不止五位，而且这些帝王来自各个不同的部族，随着后世五行学说和五德终始说的诞生，

"五"成为一个定数，于是就形成了各种文献版本中的"五帝"。

比如，曾经有人向孔子请教何谓"五帝"，孔子便转述了老子的话："天有五行，水火金木土，分时化育，以成万物，是谓五帝。"①这其实就是在明确五行和五帝之间的对应关系。

因此，从这个角度来说，五帝的"人选"其实是为了附会五行之说而刻意"选择"出来的。司马迁在《史记·五帝本纪》篇末也承认说，他所听闻的五帝传说众说纷纭，各家学派的说法都不相同，而司马迁只是选出了他最认可的五帝版本之一，并且用血缘传承的方式强化了五帝这一系统。

炎黄部落击败蚩尤之后，从此在中华大地上稳稳地扎下了根，这个部族也渐渐地开始有了一个新的名字——华夏族。

继黄帝之后，"五帝"接下来的两位是颛顼和帝喾，然而这两位在历史上的存在感就比较低了，在《史记·五帝本纪》中也仅有百余字记述，实际上，这两位确实是被用来"凑数"的，原因就是五帝的观念是受到五行学说的影响而形成的。

春秋战国时期的诸子百家拼凑出了五位上古帝王，而且版本众多，《史记·五帝本纪》中的五帝说法只是其中的版本之一，也是最盛行的一种。因此，我们可以把颛顼和帝喾的时代看作一个从炎黄时代到尧舜时代的过渡阶段，在此就不多表述了。

再接下来，就是尧和舜的时代了，这也是《史记·五帝本纪》中除了黄帝之外司马迁最下笔墨的部分。

从社会形态的角度来看，黄帝时代和尧舜时代同属于原始社会晚期的部落联盟时期，但尧舜时代则进一步发展为禅让制，它是原始社会民主制的一种体现。

尧晚年的时候，在考虑接班人问题的时候，放弃了自己的儿子丹朱，而

① 《孔子家语·五帝》。

选择受人爱戴的舜作为部落首领继承人。尧当时说了一句名言："终不以天下之病而利一人。"意思就是，儿子丹朱不成器，如若传位给丹朱，虽然对丹朱是有利的，但对于天下人来说却是有百害而无一利，只能害了天下人，绝对不能这么做。因此，尧也就成了中国古代第一个通过禅让当上部落首领的人。

尧在位时期，也是传说中大洪水时代的开始。据说当时洪水滔天，田野被淹，百姓流离失所。在四位辅臣（当时称之为"四岳"）的举荐下，尧任命鲧来负责水患的治理工作，然而鲧治水九年最终以失败告终。

尧晚年的时候，就把政事全部交给了舜，28年后，尧去世，舜正式即位，史称虞舜。舜出生寒微，20岁时便以孝行闻名于世，后来参与政事，不仅治理有方，而且善于用人，并得到了尧的赏识，成了华夏族的新首领。

舜在位时期，洪水依然肆虐，舜巡视四方，认为鲧的治水方法主要是截堵，这是造成治水失败的主要原因。为了向民谢罪，舜将治水失败的鲧处死在了羽山，重新任命鲧的儿子禹来治理洪水，这就是大家所熟知的"大禹治水"的故事了。

舜非常善于用人，他任用"八恺"来管理土地和各种政事，任用"八元"在民间宣扬教义和伦理，同时又收服了祸害民间的"四凶"，把社会治理得井井有条。

《五帝本纪》的价值和影响

以上这些就是《史记》中关于五帝的内容，然而，需要引起注意的是，五帝的历史时代距离司马迁撰述《史记》已经过去至少两千年了，这两千年里没有纸张，书写工具也不便捷，文字也在演变和发展中，最主要的传承历史方式还是以口耳相传为主。

司马迁在撰述《五帝本纪》这一篇的时候，可供参考的资料已经非常稀缺了，主要内容都是大量参考自《五帝德》和《帝系》。因此，《史记》中所记述的五帝时代的历史传说，其真实性恐怕要打个大大的问号了。

其实，关于五帝到商周的世系传承，也存在多处矛盾和无法理解之处。比如，商朝的始祖契（音同“谢”）和周朝的始祖后稷，都是帝喾之子，从契到商汤传了十三世，从后稷到周文王却只传了十四世，而商汤和周文王两人生活的年代却差了四百多年，世系显然是有问题的。明代学者杨慎就对此提出了相同的质疑，并且说“凡史传所纪世次，皆不可信”。①

那么，我们应该如何来看待可能并非真实历史的《五帝本纪》呢？

关于上古传说时代以及之后的夏商时代，其相关历史文献都是在周朝以后才有的。随着殷墟的发现，商朝的历史被得以证明真实存在，然而五帝时代和夏朝至今还是无法被考古实物所证实的。司马迁也在《五帝本纪》中说，就算是最古老的《尚书》也只记载了尧之后的历史，尧之前的历史一直都是众说纷纭。

换句话说，我们今天所看到的记述三皇五帝时代以及夏朝的历史，其实都是周朝人写的，而周朝距离五帝时代至少也有一千多年了。而《史记·五帝本纪》这一部分主要的参考资料，就是记载春秋战国时期孔子及其弟子言论的《五帝德》和《帝系》，最后都收录在汉朝的《大戴礼记》中。

春秋战国是中华文化的童年时期，也是中华文化定型的关键时期，这很大程度上和当时的百家争鸣有着密切联系。百家争鸣的时代，诸子百家为了宣扬自己的政治主张，纷纷通过记述上古时代帝王的事迹来达到验证自己学说理论的目的，这几乎成为当时的一种“时尚”。

因此，我们今天所看到的文献上记载的五帝时代的历史，其实是包含了古人的主观政治动机的，甚至有可能是古人为了证明自己的学说而在编造史料。

①（明）杨慎：《史记题评》。

在春秋战国时代，诸子百家为了“争鸣”，自然需要一些能够支撑自己学说的依据，于是，各学派便托古喻今，用上古帝王的事迹来阐述自己的学说观点。

可能很多人都知道尧舜继位还有另外一个版本。在古本《竹书纪年》中，舜为了篡夺尧的帝位，阴谋发动政变，将尧囚禁于平阳，使得尧和儿子丹朱无法相见，舜最终登上首领之位。有些人据此认为，《史记》中所说的民主禅让都是假的，《竹书纪年》才是血淋淋的“真相”。

实际上，我们根本没必要去争论哪个版本才是历史真相。这是因为，这两个历史版本其实是反映了春秋战国时期诸子百家两种截然不同的学说主张。

尧舜禅让的版本，迎合了当时儒家和墨家学派的学说；而舜通过政变夺位的版本，则是迎合了道家和法家学派的政治学说。只不过，后来汉朝统一了天下，汉武帝将儒学奉为官方正统之学，儒家所倡导的尧舜禅让的事迹便被官方认可下来，并被司马迁在撰述《史记》时采用，最终流传于后世。

因此，《五帝本纪》其实是代表汉朝官方正统思想——儒家学说的一部著述，也被司马迁认为是最切合实际的一种历史解释。

当然，我们绝不能就此来否定《史记》，否定司马迁，更不能否定五帝的历史现实意义。

司马迁在创作《五帝本纪》的时候，他未必不知道五帝世系是有问题的，但他依然坚持用血缘传承来解释五帝的世系，这是为什么呢？

虽然说“五帝”的观念是伴随着五行学说应运而生的，但是它同时也是在春秋战国时代民族大融合和国家走向大一统的背景下产生的。

司马迁在《五帝本纪》中说：“余尝西至空桐，北过涿鹿，东渐于海，南浮江淮矣，至长老皆各往往称黄帝、尧、舜之处，风教固殊焉……”司马迁所到之处，都有关于黄帝以及五帝的传说，但是我们要知道，包括黄帝在内的五帝是不可能在如此广泛的区域里都留下足迹和传说的。并且，在这么广泛的区域内生活着的也绝不仅仅是华夏族，更有东夷、南蛮等民族系统在内。

《史记》中所记述的五帝时代，其所对应的考古学年代是新石器时代，也就是以磨制石器为主要生产工具的时代，属于石器时代的最后一个阶段，也是古代文明诞生的时代。

著名考古学家苏秉琦把中国新石器时代的文化特征概括为“满天星斗”。他认为在新石器时代，在中华这片土地上存在着六大文化区域，它们彼此之间以不同的形式在独立发展，平行发展的同时彼此间又有着缓慢而连续的交流，最后凝结为我们的中华文明。[①]换句话说，这其实就是一种从“多元”走向“一体”的文明发展模式。

用这种“多元一体”的文明发展模式，我们可以更好地来理解五帝时代和后来的夏商周时代。正是由于各区域之间彼此独立发展，所以才造成了各个区域“满天星斗”式的文明雏形，比如我们熟知的仰韶文化、龙山文化，以及刚被列入世界遗产名录的良渚文化。这些不同的区域文化，都有着各自不同的部落首领和英雄人物，都有着属于自己的“五帝”，所以这就造成了五帝传说的不同版本。从这个角度来看，《史记》中的“五帝”其实是众多“五帝”的融合版本，并且以血缘为纽带联结在一起。

相对于这种“多元一体”的文明进程，司马迁的《史记》则采用了一种“一体多元”的历史观。司马迁认为，黄帝是上古时代最伟大的圣王，基于黄帝形成了炎黄部落，进而先后出现了五帝，最后发展出了夏商周。翻阅《史记》我们会发现，商朝的始祖契和周朝的始祖后稷都是帝喾的儿子，而帝喾又是黄帝的曾孙，可见，夏商周三个朝代的祖先都可以追溯到黄帝一系。

---

① 苏秉琦:《关于考古学文化的区系类型问题》,《文物》，1981（05）。

“五帝”这一观念对后世的影响是一个逐渐累积的过程，从西周到东周，从战国到秦汉，生活在中华大地这片广袤地域内的各民族对“五帝”的认同感越来越强，无不以黄帝后裔自居。后世人言必称“炎黄”，中华儿女无不以“炎黄子孙”自称，这和司马迁对五帝时代的历史表述有着非常大的关系。

在《史记》之后，我们可以看到，后世史书中关于任何一个少数民族政权的记载，无不冠之以“黄帝之苗裔”，匈奴、鲜卑等民族都不自觉地把自己归入到以黄帝为祖先的“千古一系”中。

因此，我们可以看到，司马迁的《史记》中处处充满着大一统观念和天下一家的民族思想，司马迁还创造性地写出了《匈奴列传》《西南夷列传》等民族史传。

世界上有四大文明古国，唯有中华文明绵延至今，除了我们有几千年历史传承的传统之外，也和我们的黄帝情结有关。我们都是炎黄子孙，因此无论我们的民族经历过多少次分离和动荡，只要我们还有共同的祖先记忆，我们就是一个文明共同体，中华文明就永远不会消亡。而这种把我们民族拧成一股绳的精神动力，就是凝结在我们血脉中的黄帝情结。如果我们追根溯源的话，这种黄帝情结正是司马迁和他的《史记》带给我们的。

在司马迁所处的时代，司马迁已经掌握了当时他所能见到的最全面的史料，他无法具备现代考古学的理论，也不具备今人“居高临下”的历史眼界，他对五帝时代的记述已经是那个时代最为“正确”的历史观了，我们也绝不能苛求于司马迁。值得我们铭记的是，正是司马迁对黄帝以及五帝的历史记录，才让我们的民族不再是无源之水，才让我们有着共同的文化之根。

司马迁的思想理念深刻地影响了中国的历史进程，我们甚至可以说，中国历史每次都可以从分裂走向统一，统一多民族国家的形成和扩大，中华民族一次次浴火重生，中华文明五千年绵延不断，这些都是由司马迁和他的

《史记》所奠定的。

这正是司马迁和他的《史记》的伟大之处，也是《五帝本纪》的巨大文化价值之所在。从这个意义上来说，《五帝本纪》的真实与否已经不再那么重要了，我们也无须纠结于此。

也正因如此，今天我们每个人都可以无比自豪地称自己为炎黄子孙。

《夏本纪》：家天下的开始

《夏本纪》记述了从传说中的大禹到夏桀亡国四百多年的夏朝历史，夏朝也是中国历史上第一个有文献记载的世袭制朝代。

“消失”的夏朝

今天，当你走进任何一家博物馆，就会发现，馆中陈列的每一件文物都会有一个标识牌，上面会有文物的名称以及它所对应的朝代。

无论是秦汉魏晋，还是宋元明清，这些朝代的标识我们都能在博物馆中找到，但是，唯独有一个历史时期却是经常空缺的，这就是夏朝，也是中国历史上有文献记载的第一个王朝。

商朝之前的文物，所标注的年代一般是某某文化，比如龙山文化、仰韶文化等，却很少会有夏朝。即便有标志夏朝的文物，它所代表的也仅仅是考古意义上的夏代纪年，而非真实的夏朝。

这是为什么呢？

实际上，这几乎成为中国乃至国际考古学界和历史学界的一个共识，任何一个严肃的专业学者都不会轻易断言夏朝的存在与否。因为根据现有的考古证据，我们并不能确定夏朝的存在，对此既不能证真，也不能证伪。其实，也不光是夏朝的历史，夏朝之前三皇五帝的历史，我们至今都无法用考古学的证据去完全证明它们的存在。

大禹和夏朝的建立

翻阅《史记·夏本纪》，我们会发现一个非常有趣的现象，这篇本纪超过一多半的篇幅并不是记载夏朝的历史，而是着重记载夏朝的创建者大禹的事迹。

实际上，司马迁在撰述《夏本纪》的时候，他所能依据的材料已经非常稀缺了，最主要的记录夏朝的历史文献就是《尚书》，而《尚书》也只是着重记载了禹的历史。这也是司马迁在撰述夏朝历史时的无奈之处。因此，我们也会发现《夏本纪》和《尚书·禹贡》非常雷同。

按照《史记·夏本纪》的记载，禹的父亲鲧治水失败，最终被处死在羽山，禹很快接过了父亲留下的治水的重任，他联合益和后稷，考察河道，翻山越岭，变截堵为疏浚。大禹忙于治水，就连和家人团聚的机会都没有，这也就有了大禹“三过家门而不入”的故事，成为一桩美谈。

据说，禹的足迹几乎遍布了当时天下所能及的每一寸土地，禹按照山川地形和风俗人情将天下设置为九州，这就是《左传》中所说的“芒芒禹迹，画为九州”。后来，“禹迹”和“九州”这两个词语，也都成为指称中国和中国国土的代名词，一直沿用到今天。

无独有偶的是，在那个史前传说的时代，类似的洪水传说不仅仅出现在了中国，在古希腊、苏美尔、古印度、古玛雅也都有流传。那么，史前究竟是否发生过这样一场世界性的大洪水呢?

近些年，在土耳其发现了疑似挪亚方舟的遗迹，不过，这一发现也遭到了众多考古学家的质疑。而在中国，2002年的香港文物市场也出现了一件刻有大禹治水铭文的西周青铜器遂公盨[①]，更有研究人员发现了发生在约公元前1920年在青海省积石峡黄河上游的溃决大洪水遗迹，而这场大洪水足以引起黄河中下游地区河流的改道和一系列次生灾害。[②]

关于国外的发现姑且不论，单说国内遂公盨和积石峡大洪水的这两大发现，就几乎可以证明“大禹治水”绝非神话传说，而是真实发生过的历史。虽然考古学家们还是莫衷一是，但是我们有理由相信，那些颇具传奇色彩的传说故事是有真实原型的。

禹用了十三年的时间，成功地平息了水患。由于治水有功，禹受到舜的禅让，正式成了舜的接班人。舜在南巡途中病逝，禹为舜治丧三年，登上君位，定国号为夏，定都阳城。

中国历史上第一个王朝——夏朝正式建立，根据夏商周断代工程的研究成果，夏朝建立时间约为公元前2070年。

大禹通过治水建立了万世功勋，成为世人敬仰的英雄人物，最终建立夏朝，这对于我们每一个中国人来说，似乎已经成为家喻户晓的故事了。然而，如果把视野放到整个世界上古史来看，“大禹治水”的故事其实是非常另类和具有中国特色的。

《BBC世界史》中就这么说：

“你或许会想象，中国第一位有名可考的英雄要么是位能征惯战的国王——就像吉尔伽美什那样，要么是位长须飘飘的圣人。但你错了，他是一位公仆，一位水利工程师。这位英雄就是大禹，他恰好站在历史和神话的分界线上……但中国既没有诺亚，也没有方舟：中国的历史始于一位公仆式的英雄，一位献身国家的组织者。这个故事听起来委实太‘东方’了。几乎从

① 李学勤:《遂公盨与大禹治水传说》,《中国社会科学院院报》, 2003（01）。

② 吴庆龙团队:《公元前1920年溃决洪水为中国大洪水传说和夏王朝的存在提供依据》,《中国水利》, 2017（03）。

一开始，中国文化就极具‘中国特色’。”[①]

这其实就是西方英雄和中国英雄的区别，西方文化看重武力征服，崇尚个人英雄主义，漫威电影中的“超级英雄”其实就是西方英雄文化的具体体现，而中国文化更看重的是“立德、立功、立言”，更加务实，更注重实效。

尧和舜显然是“立德”的典型，而大禹则是“立功”的典型人物，后世的孔子则是“立言”的典型人物。这就是中国文化所推崇的英雄人物，和西方文化是截然不同的。

从“公天下”到“家天下”

夏朝建立之后十年，禹在东巡会稽的途中，突发恶疾，最终不治而亡，临终时禹将天下禅让给了伯益。三年之丧过后，伯益主动将部落首领之位又禅让给了大禹的儿子启，而他自己却躲进了深山之中。

事实上，虽然伯益一直辅佐大禹，但他的威望却非常浅，并没有取得天下人的信任。因此，天下的诸侯也都纷纷朝拜大禹的儿子启，并且一致声称，启是我们君主禹帝的儿子。于是，启就顺理成章地登上了王位，这就是夏后帝启。

从表面上看，启取代伯益继承王位，是大势所趋，是和平交接。实际上，根据另外一些史料诸如《竹书纪年》[②]等的记载，平静的背后实则是一场血雨腥风的夺权政变。

按照古本《竹书纪年》的记载：禹年老之时，认为自己的儿子启不足以承担天下的重任，因此禅位于伯益，失去继承权的启心有不甘，于是秘密集

①（英）安德鲁·玛尔（Andrew Marr）著，邢科译:《BBC世界史》(英文名《A History of the World》)，天津，天津人民出版社，2016，第35—36页。

②《竹书纪年》分古本和今本，今本一般被认为是伪书，下文如未指明，即默认古本。

结党羽，联合反叛杀掉了伯益，最终成功夺取了天下。

《史记》的观点是和平演变，古本《竹书纪年》的观点是阴谋政变。《史记》和《竹书纪年》都是严肃史料，我们到底应该相信谁呢？

实际上，之所以会有这样两个版本，和前文中尧舜继位出现的两种不同版本的原因是一样的，都是春秋战国时期诸子百家为了阐述自己的政论而“改造”的历史。

禅让一直是儒家政治的理想，这都是孔孟所推崇的。直到西汉时期，儒生们还对这一理想念念不忘。后世的王莽代汉其实就是儒家政治理想的一次实践，然而这一理想化的政治最终流于破产。

对于夏启继位这段历史，我本人更倾向于《竹书纪年》上的说法。我们只要看一下接下来所发生的历史事件，就一目了然了。

启即位以后，很多部族都对启表示不满，东夷族的有扈氏率先起兵发难。夏启自然也是不甘示弱：我是大禹的儿子，难道不应该继承天下吗？你敢反叛我，我就用武力让你听话。于是，一场大战一触即发。

在一个叫作甘的地方，夏启对有扈氏发表了宣战誓词，这篇誓词最终被收录进了《尚书》之中，这篇誓词就叫作《甘誓》。发表完宣战誓词之后，夏启和有扈氏之间的战争也随之打响了。

看到这里，我想大家也应该知道答案了。如果是和平交接的话，怎么会有这么多部族对启表示不满，又怎么会有有扈氏的举兵反叛呢？显然，《史记》中的记载是被后世儒家所粉饰过的，事实的真相或许正如《竹书纪年》中所记载的，这是一场赤裸裸的血腥政变。

这一点，我们在考古发掘中也找到了一点线索。

在山西襄汾的陶寺遗址，考古工作者发现这里曾发生过一场规模浩大的“暴力革命”。在一条倾倒废料的大沟里，发现了大量被砍切过的人骨，30多个头骨杂乱地堆砌在一起，且多为男性。在包括王墓在内的众多贵族大中型墓葬中，也出现了大规模的毁墓行为，掘墓者并不搜罗墓中宝物，却只为毁墓虐尸。种种迹象表明，在陶寺发生了一场集体性的暴动，而且绝非外族入侵所导致，而是本族群体内针对贵族阶层的“暴力革命”。①

考古学年代测定显示，陶寺文化历经四百年，即从公元前2300年—公元前1900年，这一时期大致就相当于历史上的尧舜时代到夏朝。陶寺文化被不少考古学家认为最有可能是尧都的文化遗存，而我们从《尚书》《史记》等传统历史文献中可以看到，尧舜时代是一个禅让制社会。陶寺文化出现的“暴动”虽然并不能直接推翻我们传统认识中的尧舜禅让制，但是却可以从另一方面让我们重新审视禅让制的真相——或许，禅让制下的“黄金时代”只是后世儒家学派的一种政治理想而已。

实际上，当历史从“公天下”转变为“家天下”，其过程必然不会像《史记》以及其他儒家典籍中所描述的那般和风细雨。夏启作为中国历史上第一个将君主之位私有化的人，他所面临的艰难险阻是非常大的，流血和政变或许才是历史的本来面目。

夏启经过一番苦战，终于将有扈氏打败。启用这种战争的方式确立了自己的统治地位，也将“家天下”的制度巩固了下来。

老话说，“杀敌一千，自损八百”，夏启通过战争的方式巩固了自己的地位，但是也让夏朝的国力大大衰减。而当一场更为猛烈的复仇之战降临的时候，夏朝已经完全无法招架。

从“太康失国”到“少康中兴”

启死后，其子太康即位。太康是个典型的纨绔子弟，耽于享乐，纵情声色，而他最大的爱好，就是打猎。由于太康终日游猎，这也正好给了东夷人

---

① 许宏:《何以中国：公元前2000年的中原图景》，北京，生活·读书·新知三联书店，2016，第3—5页。

以可乘之机。

就在太康一次外出游猎之时，东夷有穷国的首领后羿率兵攻占夏朝的国都阳城。而当太康悠哉悠哉地准备打道回府之时，这才发现自己的国都已经被敌人攻占了，自己成了无家可归之人。

哦！不对！这不叫无家可归，而是有家难回。面对如此窘状，太康此时的选择有且只有一个，那就是逃。然而东夷人精于骑射，后羿就是个出名的神箭手，箭术高超。太康看到后羿撒腿就跑，后羿便迅速追了上去，弯弓搭箭，利箭将太康射了一个透心凉，直接让他当场丧命。

不过，还有一种说法是太康并没有死，而是成功地逃掉了。由于太康在位时期有一系列荒唐表现，大失民心，所以各诸侯都不愿意帮他复国。走投无路的太康只能四处漂泊，最终在一个叫作阳夏的地方居住了下来，并老死在了那里。

这个故事，在历史上就被称为“太康失国”，也叫作“后羿代夏”。此时的夏朝，仅仅传了两代，就被外族人所取代了。

后羿夺取了夏朝的政权之后，并没有取而代之，而是扶持了一个傀儡做国君，这个人就是太康的弟弟——中康。中康并不甘心于做一个傀儡，他也想复国，试图谋害后羿。不过，胳膊终究扭不过大腿，中康还是被后羿软禁起来了，并最终忧郁而死。

不过，后羿的好日子也没过几天，很快他也步上了太康的后尘。后羿自恃箭术高超，自认为天下无敌手，对谁都瞧不起，同时，后羿终日声色犬马，酒色无度，很快便也大失人心。没过多久，一个叫寒浞（音同“浊”）的家臣（有的史书记载是义子），趁着后羿打猎归来，伺机刺杀了后羿，夺取了王位。至此，夏朝的政权又一次转手，落入了寒浞手中。

寒浞本身也是东夷人，妘姓，受封于伯明国，因而以伯明为氏。据说寒浞的妻子来自九黎族，是当年九黎族首领蚩尤的后代。

寒浞的好日子同样也没过几天，很快就被中康的孙子少康所打败了。少康的爷爷中康就是被后羿幽禁而死的，父亲姒相也被寒浞所杀，因此，少康从小就对后羿和寒浞有着切骨之恨。少康从小就立志报仇雪耻，他周游列国，游说各部落首领，最终建立起了一块属于自己的领地，并建立起了一支属于自己的武装队伍。少康经过多年的卧薪尝胆，联合各大部落，毕其功于一役，一举消灭了寒浞，并将寒浞一族斩尽杀绝。[①]

至此，夏朝的政权正式回归到了夏启的后代之手。少康在位时期，一改之前历代君主的奢靡之风，励精图治，发愤图强，夏朝在少康手中走向强盛。少康在位的这段历史，史称“少康中兴”。

从“太康失国”到“少康中兴”，这段历史在《史记·夏本纪》中只有寥寥几笔，主要记载在《左传》中魏绛和晋悼公的一段对话中。

由于《史记》中对这段历史的记载比较简略，所以很多人会觉得这段历史无足轻重。事实上，按照《左传》中对这段历史的描述，夏朝从寒浞开始就已经算是亡国了，古本《竹书纪年》中也将这一段历史称作“无王”的时代，随后夏朝又在少康手中复国并走向中兴。这是很多人在了解夏朝历史的过程中很容易忽略的一点。

接下来有点不可思议的是，《史记·夏本纪》开始用流水账的叙述方式，记录了少康之后七位君主的帝系传承，除此之外竟然没有只言片语。这段空白的夏朝历史至少有两百年，然而这两百年中究竟发生了什么，我们不得而知，但可以肯定的是，在司马迁的那个时代，关于夏朝的史料就已经严重残缺了。

《史记·殷本纪》中，同样也记录了大段的商族先公和商王的世系传承，具体的史事也是一片空白。王国维对此专门作了考证，对比殷墟甲骨卜辞的各种记载，并和《史记》所记录的商王世系相对照，最终确证了司马

① 以上几段均参见《左传·襄公四年》。

迁《史记》的记载是准确无误的。[①]由此，许多历史学家相信，既然《殷本纪》可以做到如此准确，《夏本纪》又何尝不能呢？

从孔甲到夏桀

此后，夏朝的历史进入中晚期，君位传到孔甲。孔甲在《史记》上留下了“好方鬼神，事淫乱”的评价，一看就不是什么好角色，典型的昏君的类型。

据说当时天降二龙，一雌一雄，孔甲专门找了一个叫刘累的豢龙人来饲养，并赐姓御龙氏。结果，刘累一不小心把其中的一条雌性的龙给养死了，然后把死龙做成食物给孔甲吃了。刘累害怕孔甲问罪，就溜之大吉了。

当然，作为一种图腾形象的龙在夏商时期就已经存在，红山文化中玉猪龙的形象，以及二里头遗址所出土的绿松石龙形铜牌饰就是早期的龙形象。[②]

我们也知道，现实世界中并不存在龙这样的生物，但是在先秦时代的文献中却存在大量豢养龙的记载。这是怎么一回事呢？

根据一些历史学者的研究发现，与夏商时期图腾形象中“无足之龙”不同，现实世界中确实存在着一种“有足之龙”，而且还经常被视作不祥之物。

那么，上古先秦时代这种现实世界中的龙究竟是什么呢？许多学者都对此作了研究，主流观点有两种——“蟒蛇说”和“鳄鱼说”。

笔者更倾向于“鳄鱼说”，具体来说就是中国的扬子鳄。孔甲所豢养的

---

① 王国维：《殷卜辞中所见先王先公考》，收录于《观堂集林》（外二种），石家庄，河北教育出版社，2003，第209页。

② 杜金鹏：《中国龙，华夏魂——试论偃师二里头遗址“龙文物”》，收录于杜金鹏、许宏主编：《二里头遗址与二里头文化研究》，北京，科学出版社，2006，第96页。

“龙”很可能就是扬子鳄。[①]

可能很多人会认为“鳄鱼说”非常离谱。因为扬子鳄是生活在热带和亚热带的水陆两栖动物，中国只有在长江流域及以南地区才适宜生存，而在上古先秦时期，中原地区才是文明的中心，扬子鳄怎么可能会成为中原文明所认为的“龙”呢?

事实上，在距今三四千年前的夏商时期，中原地区的气候要比现在温暖湿润得多，生态也远非今天可比，正月份的平均温度比现在高3℃~5℃，全年年平均气温也要比现在高2℃。[②]当时中原就生活着野生大象，甲骨文中就有不少“获象”的记录[③]，同时也发现了大象被祭祀使用的两座象坑。[④]今天的河南省简称“豫”，就可以追源于此。

同样，当时的黄河流域也广泛栖息着鳄鱼，在山西汾河流域就出土有鳄鱼的化石，被古生物学家定名为“汾河鳄”。事实上，在夏商时期的山西西南部也确实存在着一个鄂国，其族群世代以捕鳄和驯鳄为业，故而得名。西周以后，随着晋国的崛起，鄂国为晋国所兼并，鄂国遗民才南迁至今天的河南南阳一带，其后又迁至古鄂城（今湖北鄂州），最后被楚国兼并。[⑤]这也是今天湖北省简称“鄂”的由来。

同样，在陕西榆林石峁遗址的最新考古发掘中，考古人员也发现了扬子鳄的骨板，以及驯养鳄鱼的池苑。这无疑也给“鳄鱼说”提供了十分有力的证据。[⑥]

---

① 李修松:《豢龙、御龙考》，《东南文化》，1993（05）；周及徐:《上古时期的“龙”》，《四川师范大学学报》（社会科学版），2008（01）。

② 竺可桢:《中国近五千年来气象变迁的初步研究》，《考古学报》，1972（第一期）。

③ 文焕然等:《中国历史时期植物与动物变迁研究》，重庆，重庆出版社，2006，第187页。

④ 杨宝成:《殷墟文化研究》，武汉，武汉大学出版社，2002，第100页。

⑤ 岳明:《古代鄂国南迁与扬子鳄分布的关系——兼论巴人的一支鄂氏》，《民族论坛》，1985（03）。

⑥ 胡松梅、杨苗苗、孙周勇、邵晶:《2012—2013年度陕西神木石峁遗址出土动物遗存研究》，《考古与文物》，2016（04）。

当然，从最直观的外形上来看，我们也不难看出鳄鱼和后世龙的形象也有颇多相似之处，尤其是它们都擅长水性。

西周以后，随着气候变冷，尤其是春秋战国时代土地被大量开发，铁器开始大量使用于农耕，中原地区的生态环境发生了巨大改变，大象、鳄鱼以及犀牛等动物开始向南迁移。因此，春秋战国以后文献中关于豢龙的记载也随之减少乃至消失。

笔者之所以说这些，并不只是为了考据孔甲养龙的细节，更是想以此为契机，一窥上古时代龙的形象的演变历程以及环境气候的变迁状况，希望对读者有所启发。

孔甲在位时期，夏朝政治混乱，国力渐衰，这段历史史称“孔甲乱政”。孔甲乱政是夏朝走向衰落的一个标志性事件，也预示了夏朝的灭亡。孔甲之后，君位只传了三位，夏朝便走向了覆亡。

夏朝的末代君主是桀，后世史书通常称作夏桀。如果说孔甲只是个昏君的话，那么夏桀就是昏君加暴君了。史书记载夏桀暴虐无道，施虐于民，他甚至自比太阳，认为自己惠泽万民。百姓非常痛恨夏桀，诅咒道：“时日曷丧，予及汝皆亡。”[①]意思是这个太阳（指代夏桀）什么时候才能消失？我愿意与你同归于尽。

就在夏桀倒行逆施之时，商部落开始崛起，商部落的首领汤最终灭了夏朝，夏自此灭亡。

最早的中国

夏朝的历史，流传到今天的只有这些零碎的片段，但是关于夏朝的争论，从近代以来就一直没有停止过。争论的焦点就在于，历史上的夏朝是否真实存在过。

①《尚书·汤誓》。

王国维曾经提出过“二重证据法”，他认为历史研究必须要把地下出土文物和古代文献典籍相互印证，这也成为后世人们治史的一大准则。因此，要想确证文献记载的历史的真实性，就必须结合考古出土文物和遗迹，相互印证之后，才能最终得出结论。

商朝的历史遗存已经发现不少了，尤其是殷墟的发现，更是确凿无误地证明了商朝的存在，这已得到举世的公认。然而，夏朝的历史遗迹却至今未被人们所发现，即便是殷墟甲骨卜辞中也未发现关于夏朝的记录。

有人或许会说到洛阳偃师二里头遗址。因为自从1977年考古学家邹衡率先提出二里头文化是夏文化[①]以来，这一学说得到了越来越多的学者的赞同，而且从年代测定上来说，二里头遗址确实比殷墟要早很多。

二里头遗址到底是“商都”还是“夏都”？关于这个议题在20世纪后半叶学者们持续争论了数十年，但是遗憾的是，至今仍无定论。因为，想要证明二里头遗址就是夏朝遗存，除了年代之外，还有一个非常关键的因素，那就是族属问题。

比如，在殷墟甲骨中，就反复出现了“商”“大邑商”“天邑商”等文字，这就直接证明了这片文化遗存就是属于商文化的，而不是属于别的文化。而在二里头遗址中，却没有出现任何一个有关“夏”的文字或者是其他代表性的文化符号。

换句话说，二里头遗址有可能是夏的遗存，也有可能不是，对此既不能证真，也不能证伪，一切都有待于考古的后续发掘研究，才能最终解决这个疑问。

其实，我们之所以纠结于二里头是不是夏都，主要还是受“王朝史观”的影响。在“二十四史”中记录着绵延不断的中国王朝史，人们每发现一处考古遗迹，就自然而然地会与史书上的王朝对号入座，这已经成为一种历史

① 孙庆伟：《追迹三代》，上海，上海古籍出版社，2015，第133页。

习惯。然而，偏偏史书上记载的中国第一个王朝夏朝却无法在现实中找到考古印证，这就成为包括众多考古学家和历史学家在内的无数国人心中一个难以解开的心结。

事实上，我们根本没必要纠结于此，我们只需要知道，在那个遥远的年代（前1800年—前1500年），在中华大地上已经出现了一个具有广域王权性质的国家，它有最早的宫殿建筑群，最早的青铜礼器群，最早的城市中轴线，最早的“井”字形城市道路交通网，最早的“中国龙”。这些“最早”，无不证明二里头曾经是一个超大型的王朝都邑，一切尽显“王朝气象”。

可以说，二里头就是当之无愧的“最早的中国”[①]，即便它不属于夏，或许它也不属于商，但它绝对是早期华夏文明的一个客观存在，它完全可以证明中华文明发展的独立性和连续性，以及华夏文明所能达到的高度。

如今，华夏文明探源工程已经取得了一系列重大的进展和成果。这些考古新发现，虽然不能帮助我们证实传统史籍上夏文明的真实存在，但是却在潜移默化中对我们的文化认识产生了越来越强的冲击。

这种冲击就是，我们认识到华夏文明开端的标准已经不再只是史书上记录的夏朝了，而是诸如河洛文化、良渚文化等与夏朝纪年相近或者更早的文化类型了。换句话说，我们更应该把夏朝看作一个文明之后的结果，是众多如河洛文化、良渚文化等一系列文明形态之后的一个见诸史料记载的具体呈现。

以往我们的历史教科书上经常说夏朝是中国古代的第一个奴隶制王朝，夏朝的建立也标志着华夏文明的开始。但是今天的我们应该认识到，夏朝已经不再是华夏文明开端的标准，而是文明后的结果了，我们的文明史已经远远超过了夏朝的纪年。这无疑是对由“二十四史”所建立起来的传统史观

① 许宏:《最早的中国》，北京，科学出版社，2009，第15—16页。

的一个巨大的颠覆和超越，这并非在否定我们的文明史，而是一种超越和拓展。

《殷本纪》：甲骨文字上的王朝

《殷本纪》记述了从商汤灭夏到殷纣亡国约六百年的商朝历史。商朝是中国信史的开始，后世也称作殷朝、殷商，故名《殷本纪》。

《殷本纪》为何不叫《商本纪》

《史记·殷本纪》记述的是商朝的历史。或许有人会感到奇怪：既然是记述关于商朝的历史，为何不叫《商本纪》，却叫《殷本纪》呢?

按照大多数史书的说法，这和后来所发生的盘庚迁都的历史有关。史书记载，商朝中期饱受洪水（另说政治动荡）困扰，为此频繁迁都，最终在盘庚时期定都在了殷，也就是今天河南安阳殷墟遗址所在地，商朝自此走向中兴。因此，商朝也就被称作殷朝。

实际上，根据考古卜辞的研究发现，甲骨文中只有个别几处出现了“殷”字，而且这几处仅有的“殷”字明显和国号无关，而是作为衣字的替代字出现的（殷、衣互通）。包括盘庚以后的历史，商朝人一直以“商”自称，而非“殷”。可见，商朝一直是以“商”为国号，而绝非“殷”。

那么，“殷”又是从何而来的呢?

无论是文献记载，还是考古发现，将商朝称作“殷”都是从西周初年开始的。后世的儒家典籍中，也都一律称商朝为“殷”，尤其是西汉之后儒学成为正统官学，专称“殷”的现象也就越来越普遍了，司马迁也不例外。

然而到了儒学最盛的宋朝却“风向突转”，“殷”字变得很少出现，反倒是“商”字的使用频率开始占据上风，甚至有时候还刻意回避“殷”字，将儒家典籍中的“殷”字一律改作“商”。

这一现象乍看非常奇怪，但其实和古代的避讳有关。这是因为，宋朝开国皇帝赵匡胤的父亲名叫赵弘殷，赵弘殷死后被追谥为宣祖，因此“殷”也就变成了宋朝人的敏感字，宋朝之后的文献典籍中将商朝称作“商”变得越来越普遍起来。①

转回正题，商朝人自始至终都自称“商”，只有后世的人才称“殷”，“殷”只是一种他称。因此，关于商朝从盘庚迁都之后改称殷的传统说法是错误的。

商族起源

《史记·殷本纪》的开篇是一则关于商族起源的神话故事。商族人的祖先是契，契的母亲叫简狄，是帝喾的妃子。传说有一天，简狄和另外两个妃嫔野外沐浴，看到一只黑色的燕子产下鸟蛋，简狄就吃了它的蛋，结果就此怀孕，后来产下一个男婴，这就是契（音同“谢”）。

这种神话故事当然是不足为信的，但是这则传说却绝非后人虚构，司马迁也不是随意选材。在《诗经·商颂》中，就有一篇《玄鸟》，开头一句就是“天命玄鸟，降而生商”，说的就是商族的起源，这和《史记》的记载完全吻合。

传说虽然荒诞，但是传说是建立在一定历史史实基础之上的一种夸张想象，反映的是特定历史时期的历史状况。那么，简狄吞食鸟蛋，产下商人祖先契，这则传说故事能反映哪些史实呢？

① 胡阿祥:《吾国与吾名：中国历代国号与古今名称研究》，南京，江苏人民出版社，2018，第26页。

第一，它反映了“只知其母，不知其父”的母系氏族社会的特征。

第二，商人以鸟为图腾。

根据第二点，我们还可以进一步作出推论。根据考古学的发现，比如在殷墟妇好墓中就出土了非常精美的玉凤，这种以鸟为图腾的文化现象，在山东龙山文化中是一种比较常见的文化现象。而在当时，这片区域被人们称为东夷。比如我们前面讲到的蚩尤，还有取代夏朝的后羿、寒浞，他们都属于东夷人，而且这些人身上或多或少都有鸟图腾崇拜的影子。

20世纪30年代，史学家傅斯年发表了一篇非常著名的文章——《夷夏东西说》[①]。这篇文章的主要观点是：和中国后世常常出现政治上的南北对立格局不同，上古三代时期主要呈现出的是一种东西对立的政治格局。炎黄、夏朝、周朝所代表的是西方文化，而蚩尤、后羿、商朝所代表的是东方文化。

在炎黄部落的形成过程中，黄帝和蚩尤分别代表的就是西方和东方两种不同的部落文化。在夏朝的历史上，来自东方的东夷族多次侵袭夏朝，甚至篡夺了夏朝的国政。随着西方夏朝的衰落，代表东方文化的商朝人最终取而代之。商朝衰落后，来自西方的小邦周开始崛起，再次击败商朝所代表的东方势力。等到周朝建立之后，周公又率领军队出征东夷，齐国和鲁国分别在此时建立，这场东西之争自此结束。

在《博物志》中记载有“西夏东殷”，这从方位上对夏和商作了区分，即夏在西面，商在东面。夏的统治区域相对比较确定，以今天的豫西北晋西南地区为中心，而商族早期的活动区域就相对比较模糊了，有人认为在东北，有人认为在河北，也有人认为在山东区域。虽然关于商族起源地，学者们至今仍莫衷一是，但大体上都认可商族起源于东方，并且以东部区域为主

---

① 欧阳哲生主编:《傅斯年全集》第3卷，长沙，湖南教育出版社，2003，第161页。

要活动区域。[①]

在这则传说之后，《史记·殷本纪》又记录了商族先王的世系，也就是从商族的始祖契到商朝建立者成汤，共计13位商族先王先公的世系。

值得一提的是，王国维根据甲骨卜辞中记录的商族先王，对照《史记·殷本纪》的记载，写出一篇非常著名的文章——《殷墟辞中所见先王先公考》，是专门考证这份世系的。根据王国维的考证，以及后世学者们的研究发现，《史记·殷本纪》中关于商族先王先公的世系记载，除了把报丁误放在报乙之前，其余是大体无误的。这让世人更加相信《史记》作为一部信史的可靠程度。

商朝兴衰

到了成汤时代，商族人已经崛起了，而夏朝则步入了夏桀的时代。夏桀的事迹，上一节中我们已介绍过了，这是一位出了名的暴君。哪里有暴政，哪里就有反抗，原先朝贡于夏朝的商族最终发起反攻，在鸣条大败夏桀，定都于亳，建国号商。

根据夏商周断代工程的研究，商朝建立的时间在公元前1600年前后。

商汤能够打败夏朝，一个很重要的原因是来自伊尹的辅佐。伊尹算得上是中国古代历史上第一位贤相，而且他出身底层家庭，常见的说法是他原本是一名厨师，后来受到商汤的器重，辅佐商汤推翻夏朝。

商汤去世之后，两任商王连续早亡，伊尹为了稳定大局，拥立了商汤的孙子太甲继承王位。然而，可能是由于过于年少，太甲即位之后，耽于玩乐，荒淫暴虐，不思朝政，不尊祖制。伊尹几次规劝无效，于是便将太甲外逐，流放到了一个叫桐宫的地方。

① 王震中:《商族起源与先商社会变迁》，北京，中国社会科学出版社，2010，第7—8页。

从此，伊尹开始摄政当国，大会诸侯。被流放的太甲开始忏悔自己的过失，悔过自新。伊尹见太甲是真心悔过，于是又重新迎立太甲，还政于太甲，并继续辅佐他。二次上位的太甲十分注意自己的品德和言行，诸侯都非常信服他，百姓也都安居乐业。伊尹为了褒扬太甲，作《太甲训》三篇，并给太甲上了庙号——太宗。

只要想想历史上被称为太宗的有哪些人，就知道太宗是一个多么受尊崇的地位了，比如著名的汉太宗（即汉文帝刘恒）、唐太宗、宋太宗、明太宗（即明成祖朱棣，初以太宗为庙号，成祖是嘉靖时期改的）。

事实上，太甲不仅是中国历史上第一个以太宗为庙号的君主，而且他也是现有文献可考的中国历史上第一个拥有庙号的君主。

伊尹辅佐太甲的故事，和后来周公辅佐成王的故事十分相似，而且伊尹和周公都是孔子以及后世儒家信徒非常尊崇的先贤。

然而，在古本《竹书纪年》中，伊尹和太甲却有另外一个版本的故事。按照《竹书纪年》的记载，伊尹将太甲流放于桐宫之后，太甲不甘心失败，于是反叛杀害了伊尹，重新夺回了政权。

关于《竹书纪年》，前文中我们已经多次提到了，这本书本质上是反儒家的，因此在很多历史事件的记录上和儒家典籍的记载往往不尽相同，甚至是完全对立的，这一点我们务必要清楚。实际上，在很多历史事件的记载上，《竹书纪年》的记载未必就比《史记》准确，从伊尹和太甲的这件事情上同样可以体现这一点。

我们只要在甲骨文中搜寻关于伊尹的记录就可以知道事实的真相。因为在甲骨文一期到四期的卜辞中都大量记载了对伊尹的隆重祭祀仪式，祭仪规制等同于商朝的先公、先王，这直接说明伊尹在商朝历史上享受着极高的尊崇，在商人心目中的地位等同于商王。①

---

① 常玉芝：《商代宗教祭祀》，北京，中国社会科学出版社，2010，第400页。

如果伊尹真的如《竹书纪年》中记载的那样，最后被太甲所杀的话，那么伊尹不会在商朝历史上拥有如此崇高的地位。因此，《史记·殷本纪》中所记载的伊尹和太甲的事迹，显然要比《竹书纪年》更接近于历史的真相。

按照《史记》的记载，伊尹先后辅佐了四代五任商王，一直到太甲的儿子沃丁在位时期，伊尹才寿终正寝。如果《史记》记载准确的话，伊尹绝对享有很高的寿数。一直到商朝灭亡，对伊尹的祭祀六百年间从未断绝。

伊尹之后的商朝，先后经历了多次衰落和复兴，司马迁在《史记·殷本纪》中多次写到“殷衰”“殷复衰”“殷益衰”“殷复兴”。其中的很多细节，到现在已经模糊不清了。但是，将商朝的历史推向高峰的两位商王却不得不提，这就是盘庚和武丁。

这一节的开头已经提到盘庚了。盘庚登上王位之时，商朝已经经历了近百年的“九世之乱”，到他父亲阳甲在位时期，商朝已经非常衰落了。盘庚迁都之后，商朝迎来了复兴。然而，盘庚去世后，商朝再次走向衰落，经历过两位商王之后，商朝的接力棒交到了商王武丁手中。

在整个商朝历史上，拥有庙号的商王有三位，一位是前面讲过的被称作太宗的太甲，一位是知名度相对较低的太戊（商朝在位最久的君王，庙号中宗），最后一位就是这位武丁，被称作高宗。

这三位商王都是非常有作为的君王，而武丁在位时期，是商朝走向全面强盛的时代，尤其是在武功方面，商朝的疆域和影响力都是空前的。

武丁之所以在今天很出名，还和殷墟妇好墓的出土有密切关系。

妇好墓的出土，向我们展示出一位三千多年前女政治家的形象。妇好辅佐武丁开疆拓土，多次率军出征，立下赫赫战功，并且主持国家祀仪，深受武丁宠爱。妇好墓中的陪葬品之丰厚和精美令人叹为观止，出土的青铜器、玉器、骨器、海贝等合计1928件[①]。由此可见，妇好在当时的政治地位和受宠程度绝对非同一般。

武丁除了有妇好这样的贤内助，在朝中还有一位得力助手，此人名叫傅说（音同“悦”）。傅说是继伊尹之后商代最著名的贤臣，和伊尹一样，傅说也是出身底层，傅说拜相之后，天下大治。《尚书》中有一篇《说命》，讲的就是武丁和傅说的故事。

武丁之后，商朝的历史不可避免地再次步入下坡道，一直传到了末代君王帝辛。当然，他还有一个更响亮的名字，叫作纣，民间称之为商纣王。

传世文献中关于纣的记载，几乎清一色都是关于他荒淫暴虐方面的，“酒池肉林”的故事想必大家也知道，商纣王可谓穷奢极欲到了极点。和夏朝的亡国之君夏桀相比，商纣王的残暴不仅体现在对臣民百姓上，还体现在对宗室内部上。孔子说“殷有三仁”[②]，这“三仁”指的就是商纣王时期的箕子、微子和比干，他们都是殷商的王室成员，是商纣王的叔父辈。比干的结局是最惨的，以死赴谏，被商纣王剖心而死，箕子随之装疯卖傻，被囚狱中，而微子则走为上计，投奔了周武王。

这里还需要一提的是，商朝灭亡之后，箕子被释放。箕子不愿意臣服于周朝，于是带着商朝的部分遗民到了今天的朝鲜半岛（另说被周朝分封于朝鲜），对当地百姓进行礼义教化，传授种桑养蚕和耕作纺织技术，制定了禁杀、禁伤、禁盗等“犯禁八条”的法律制度。[③]箕子在这里所建立的政权，史称“箕子朝鲜”，是朝鲜历史上的第一个王朝。

虽然箕子朝鲜还没有真正被现代考古学所证实，但是大量考古材料已经表明，公元前11世纪朝鲜半岛的考古学文化属于典型的中国龙山文化，学者

① 中国社会科学院考古研究所编：《中国考古学·夏商卷》，北京，中国社会科学出版社，2003，第345页。

② 《论语·微子》。

③ 《史记·宋微子世家》《汉书·地理志》。

普遍认为它和殷商的灭亡是存在一定联系的。而且，神话和民俗学方面对此也有不少的佐证。比如殷商盛行鸟图腾崇拜和鸟文化，进入青铜时代（前10世纪—前5世纪）的朝鲜半岛也普遍存在；再比如殷商服色尚白，古代朝鲜也以白色为风尚，并且这个传统一直保持到现在。①

箕子入朝，是华夏文明对外传播的一个典型事例，也是中外文化交流史上的重大事件。箕子把以殷商文明为代表的华夏文明传播到了朝鲜半岛地区，促进了朝鲜从新石器时代向青铜时代的过渡，进而促成了这一地区的文明开化。正是因为有了箕子朝鲜，之后才有了卫氏朝鲜和汉朝四郡（乐浪郡、玄菟郡、真番郡、临屯郡）。箕子对朝鲜的开发，既是朝鲜历史的开端，也是中国东北历史乃至整个东北亚历史进入文明时代的开端，为东亚文化圈的形成奠定了基础。从这个角度来说，箕子入朝的历史文化意义是十分深远的。②

商朝整体的历史脉络大致就是这些。

商文化——好迁徙

商朝文化对于我们今人而言是相当陌生的。这主要是因为，我们今天的文化其实主要是传承自周文化，而周朝和夏朝是一脉的，唯独商朝和我们认识中的华夏文化有着比较大的区别。

前面提到，在上古三代时期的中国呈现出一种东西对立的局面，东西方两大地域势力和话语系统在中原这片沃土上争夺了上千年。最后的结果是，以周朝为代表的西方文化胜利了，而东方文化最终被同化，炎帝、蚩尤、舜帝、后羿以及商朝都被同化在了华夏文明之中，只有在后来的齐鲁文化中能

① 竺小恩：《衣冠制度，悉通中国——论箕子在中外文化交流史上的地位》，《浙江纺织服装职业技术学院学报》，2013，12（03）。

② 韩国春等：《箕子的文化地位及贡献》，《河北科技师范学院学报》（社会科学版），2013，12（03）；陈蒲清：《箕子与箕子的文化地位》，《长沙大学学报》，2004（01）。

部分地体现出这种东方文化，并且衍变出后来的神仙文化、海洋文化。

中国传统文化注重安土重迁，中国人有浓厚的“乡愁”情结，然而我们可以看到商朝文化却并非如此。商朝文化有一个特别显著的特点，就是好迁徙。后来我们把做买卖的人称作商人，因为做买卖就必须四处闯荡，买进卖出，这和商朝文化很相似，所以就有了“商人”和“商贾”的说法。

商朝的货币叫贝币，也就是贝壳，在妇好墓中就有大量出土。这些贝壳是从哪里来的呢？有人可能以为是来自北方沿海，然而事实的真相和我们的认知大相径庭。经过科学测定，这些贝壳的学名叫“子安贝”，不产于黄海和东海，只产于现在中国台湾以南的南海区域以及印度洋地区。

再比如用来记录甲骨文的龟甲，根据科学鉴定，绝大多数龟种不产于中原北方地区，而是出产于长江流域及其以南地区。在对殷墟甲骨文的研究中，考古学家也同样发现，上面记载了大量进贡龟甲的情况，常刻有“某某入多少（甲）”[①]。

这些考古发现表明，早在三千年前，商朝和南方沿海地区以及更远的南洋地区就存在着贸易往来。

再有一个至今仍存在研究争议的问题，就是关于商朝青铜器的铜料来源。众所周知，商朝的青铜器是全世界的青铜器中质量最高的，不仅制作工艺精湛，而且器型的体量在全世界都是独树一帜的。然而根据现代矿产地质分析，中原地区是典型的“贫铜区”，而制作青铜器所必需的锡，中原地区是完全没有的。于是，一个令人非常困惑的问题摆在世人面前，中原地区既缺少铜也没有锡，商朝是如何创造出如此造型精美、规模宏大的青铜器的呢？

以金正耀为代表的一批科技考古专家，经过多年的研究分析（主要是对青铜器中的铅同位素变化研究），结果发现，商代青铜器所用的铜料极有可

① （美）张光直：《商文明》，北京，生活·读书·新知三联书店，2019，第160—162页。

能来源于云南东部地区的铜矿。后来又发现，汉中以及三星堆出土的青铜器和商朝青铜器的来源是一致的。[①]

如果我们再联系子安贝的出产地，我们甚至可以作出一个大胆假想：从古印度到滇缅，从巴蜀汉中到中原，或许在当时存在着这样一条贸易线路，贝壳、龟甲、铜料这些商品都以贸易的方式被辗转输送到了商朝都城殷墟。当然，在没有找到确凿的考古学证据之前，这些都只是假想。

以上这些研究成果，虽然还没有得到完全确证，但却可以从一定程度上证明，商朝人确实是喜欢迁徙的，而且非常注重商贸往来。我们可以看到，在殷商时期，无数条“丝绸之路”已经被开辟了出来，只不过输送的商品不是丝绸，而是龟甲、贝壳、玉石和铜料。

这样回过头来看，商朝的先人以鸟为图腾就很容易理解了。鸟飞得高，看得远，可以翱翔于天际，无拘无束，自由自在，这不就和商朝人喜好迁徙的文化完全吻合了吗?

商文化——重鬼神

商朝文化的另一特点是重鬼神。

商朝人不管遇到什么事都会占卜一下。现在出土的甲骨文，它原本的用途就是占卜。

我们现在发现的商代墓葬普遍很深，规模也很大，陪葬品种多，而且墓葬规制越高，陪葬品也越丰富。其中，殷墟大墓中还存在大量人殉和人祭的现象。比如1976年在对武官村北地王陵区的考古发掘中，就发现了用于人殉和人祭的骨骸1178具[②]，甚为可怖。另外，有学者对甲骨卜辞中的人殉现象

① 金正耀:《中国铅同位素考古》，合肥，中国科学技术大学出版社，2008，第48—49页、第67—71页。

② 杨锡璋，杨宝成:《从商代祭祀坑看商代奴隶社会的人牲》,《考古》，1977（01）。

作了统计，其中有关人祭内容的甲骨有1350片，卜辞1992条，用人量一次最多达到300~500人。仅仅是对甲骨卜辞中有明确记载人殉数量的甲骨进行统计，从盘庚迁都到商朝灭亡的两百多年时间里，用于人殉的人数多达13052人，这还不包括甲骨卜辞中没有明确记载的人殉数量。[①]

可见，商人非常看重占卜和祭祀，特别看重死亡。

实际上，商朝这种重鬼神的文化传统对后世的中国文化也留下了不可磨灭的印记。后来中国的神仙文化，就是基于殷商的发源地山东而产生的。比如齐国的邹衍，就是阴阳学派的代表人物，他创立了影响后世的“五德终始说”。还有后来同样出生在齐国的徐福，也把山东地区流传的神仙思想传递给秦始皇，秦始皇为之心驰神往，最终派徐福出海寻找长生之术。

“天命玄鸟，降而生商”，商朝的历史确实如同一只凤凰，光彩夺目，却又转瞬翱翔而去。它既留下了光辉灿烂的青铜文化，也留下了森冷可怖的祭祀文化。但不管怎么说，在历史这片天空中，商朝的文化为我们中华文明增添了一抹别样的亮色。

《周本纪》（上）：周虽旧邦，其命维新

《周本纪》记述了周人发迹以及周朝约八百年的历史，周朝分西周（前1046年—前771年）和东周（前771年—前256年），东周大体相当于春秋战国。周朝是中华文明奠基和扩大的时期，其所创建的一系列政治、经济、文化制度对后世影响深远。

① 胡厚宣:《中国奴隶社会的人殉和人祭》(下篇),《文物》, 1974 (08)。

夏、商、周并非更迭式发展

按照传统史学的看法，夏、商、周是三个连续更迭的朝代，夏朝灭亡，商朝建立，商朝灭亡，周朝建立。这就和后世的元、明、清类似，一个朝代灭亡之后另一个朝代接着诞生，彼此之间是相互承接的，呈现出一种线性的历史发展轨迹。

随着《史记·殷本纪》中关于商代先公先王的记载被甲骨文所证实，以及众多三代考古遗存的发现，我们可以看出，这种“王朝循环”式的线性历史发展轨迹并不适用于上古三代。实际上，在特定时间段内，夏、商、周是三个同时存在的古代文化，它们之间既相互独立又相互影响。

我们就拿夏和商的历史来说。在夏朝的发展过程中，商族人就已经在自己的土地上建立起邦国了，而到夏朝衰微之时，商汤灭夏，建立了商王朝。可见，夏和商其实是同时共存的两种文化。实际上，这里的“灭”也是不够精确的，因为无论是夏朝灭亡还是商朝灭亡，他们都只是失去了天下共主的地位，随后又以臣属的身份在新的地方继续生活，他们的文化、子嗣、祭祀都没有断绝。

因此，从这个角度来理解三代历史的话，我们会发现，至少从二里头时代开始，华夏文明就已经告别了“满天星斗”的存在方式，而是开始呈现出一种“月明星稀”的新的存在方式。[①]夏、商、周的王朝更替，其实就是各个王朝在争夺天下共主的地位，也就是争夺那个“月亮”。

周文化也是如此。周最早只是一颗很微弱的“星辰”，在夏商的时代，周一直扮演着陪衬“月亮”的角色，最后在击败商朝之后，周从“星辰”跃升为“月亮”。

① 许宏、刘国忠等:《中国通史大师课1》，长沙，岳麓书社，2019，第30页。

“小邦周”的崛起

周是如何发展起来的呢?

根据《史记·周本纪》的记载，周族人的先祖是弃。弃的母亲叫姜嫄，是帝喾的妃子，姜嫄一次外出，踩在一个巨大的脚印上，回去后就怀孕了，生下来的就是弃。姜嫄认为这个孩子是个不祥之物，于是几次想把孩子丢弃掉，结果都没能成功。姜嫄隐约觉得，这个孩子非同一般，是个神物，于是就留下养育了。正是因为多次丢弃，所以这个孩子也就名弃，这颇有点黑色幽默的意味。

和商人先祖契的出生一样，弃的出生也反映出当时的“只知其母，不知其父”的母系社会特征。而这种弃子的行为，表面看似残酷无情，实际上也是当时原始宗教文化的一种反映，“弃子”很可能是当时的一种宗教仪式。

童年时期的弃就表现出异于常人的特点，最特别的就是他喜欢种植各种谷物，而且他喜欢钻研和农业有关的所有事情。弃长大之后，就成了农业领域的专家。

很快，弃被尧看中，成了当时的农官，被称为后稷（稷，是一种谷物，指代农官或谷神）。而且后稷不只是指弃一个人，弃和他的后代继承人在很长一段时间内都被称作后稷。在《史记·周本纪》中，我们可以看到，后稷生活的时代涵盖了尧、舜、夏朝的时代，时间跨度有二三百年，这显然不可能是弃一个人被称作后稷。唯一的解释是，弃和他的后代继承人都被称作后稷，显而易见，弃和他的后世族人是有很深的农业传统的。

不过，随着夏朝国政的衰败（指太康失国），后稷的职务也就此没有了，周人的首领带着周人来到西北之地，与戎狄杂居。后来到了公刘的时代，公刘作为周人的首领，带领周人开始重新务农、耕种，周人逐渐找回了根植于其血液中的农业传统。《史记》对公刘时代评价很高，认为“周道之兴自此始”。

正是由于《周本纪》中记载了周人早期和戎狄杂居的历史，因此很多人便想当然地认为早期的周人或许是一个游牧部落，有些人甚至推论夏、商、周早期阶段都是游牧社会。

关于这一问题，现代民族学和人类学给出了几乎完全否定的答案。实际上，游牧文明的出现要比农业文明晚得多，农业文明在距今一万年前就已产生，然而游牧文明到公元前1000年——青铜文明的晚期才徐徐产生。

比如，作为坐骑的马在公元前2000年以前还尚未形成，驯化马匹以及与游牧相关的技术在公元前1500年左右才走向成熟，而游牧经济至少要到公元前1000年甚至更晚一点才真正产生。①

在商代甲骨文中，商人对周边民族和邦国一般都称为“某方”“某伯”，虽然甲骨文中有“夷”字，但无“戎狄”二字的文字记录。而且，甲骨文中的“夷”是指东部的“尸方”（也作“人方”），和我们后世所理解的“夷”也并不相同。

很显然，商朝以及商朝之前的历史时期并不存在“东夷、西戎、南蛮、北狄”这样的民族概念。事实上，这种观念要到西周以后才逐渐形成。

西周以后，“族群自我意识”和“异族意识”开始逐步产生，到春秋战国时期最终形成。也正是在这一时期，“戎狄”才作为华夏族群对西北异族的指称出现在历史中，但是这并不代表“戎狄”就是野蛮民族或是游牧民族。②

一个很显然的例子就是，周人也把商朝称作“戎殷”③。商人当然不是游牧民族了，周人之所以把商朝称作“戎殷”，主要是在表达周人和商人之间政治上的敌对。

---

① 王明珂：《游牧者的抉择：面对汉帝国的北亚游牧部族》，上海，上海人民出版社，2018，第95—100页。

② 王明珂：《华夏边缘：历史记忆与族群认同》，上海，上海人民出版社，2020，第246—250页。

③《尚书·康诰》《逸周书·世俘》。

事实上，游牧经济是由于农业资源的匮乏而产生的一种经济形式，是在农牧混合经济的基础上产生的，其根源还是农业文明。因此，周人早期所面对的“戎狄”其实也是农耕民族，抑或是农牧混合经济族群，而绝非单纯的游牧民族。

公刘之后，周人迁到了更接近于中原的豳（音同“滨”），一般认为是今天的陕西省彬州，并在此建国，从此周真正成为一个国家。而周人建国的时间，大致也就是夏朝中后期的时代。可见，周作为一个国家是和夏、商同时存在的。

又过了几百年，周的历史进入古公亶父的时代，这也是整个先周最为关键的时间节点。古公亶父作出了一个非常重要的决策——迁都，将国都由豳迁到岐山下的周原。这不只是简单的人口迁徙，豳在黄土高原，而周原在关中盆地，迁徙之后，周族人的历史从此开启了新的篇章，具有非常重大的历史意义。

第一，有效避免了被戎狄等周边民族长期侵袭骚扰；第二，周原为周族人发展农业提供了良好的自然环境条件；第三，地理上更接近于中原文明，有利于和中原文明的交流。

史书记载，古公亶父有着超强的个人魅力，“积德行义，国人皆戴之”，而且倡导以德立国，以至于周边其他诸侯小国都纷纷归附，周人的势力迅速崛起。事实上，古公亶父“以德治国”的国策不仅仅是为自己赢得了一众拥趸，而且对后来的周文化的形成起到了奠基作用，因为周文化的核心之一就在于“德”。

古公亶父临终，传位于第三子季历。季历在位期间，秉承古公亶父的遗训治理国家，越来越多的诸侯继续向周国归附。此时的周国虽然还号称小邦，但是已经具备非常强大的影响力了，这迅速引起了商朝的警惕。当时的商王名叫文丁（《史记》作太丁），文丁索性将季历囚入监狱，随后将其杀害，这就是《竹书纪年》中所说的“文丁杀季历”。

“文丁杀季历”一事只记载于《竹书纪年》中，《史记》并无记载，但是，“文丁杀季历”的具体原因却隐约可以从《史记》中找到答案。据《殷本纪》记载，文丁（太丁）的父亲是武乙，武乙昏庸无道，他曾经到很远的渭河平原一带狩猎，结果遇到暴雷，被雷击而死。渭河流域属于周人的势力范围，而武乙就是在周人的地盘上死的，很难说他的儿子文丁不会对周人产生仇恨。同时，周人的势力越发强大，文丁想方设法杀死周人的首领季历也是大有可能的。

我们通过对甲骨文的释读和研究可以发现，从商王武丁开始，周就属于商的属国，并被称作“周方”，商与周之间虽然保持着表面的和平，但是商王却经常占卜周地的情况，商王甚至赶到周地田猎。①因此，历史学家夏含夷认为，早期的商周关系是“一种不很稳定的联盟关系”②。

除了殷墟甲骨文之外，在周原出土的甲骨文中，也有不少甲骨卜辞透露出商周之间的紧张关系。其中，有一条甲骨卜辞记载：“衣王田，至于帛，王隻田。”衣王就是殷王，帛在周原附近，隻就是获。大意是，殷王田猎，到达帛地，大有所获。③

在殷墟和周原两地出土的甲骨卜辞中，都有关于商王到渭河流域田猎的记录。可见《殷本纪》中所记载的武乙到渭河狩猎一事绝非虚言，商王到周人属地狩猎也绝非一次两次，而是经常性的，其目的很有可能是监控和打压周人。

由此可见，商朝后期的商周关系确实一度胶着，《史记》和《竹书纪年》中的记载也绝非捕风捉影。

① 郭静云：《殷周王家关系研究》，《考古与文物》，2013（02）。

② （美）夏含夷：《早期商周关系及其对武丁以后殷商王室势力范围的意义》，收录于《古史异观》，上海，上海古籍出版社，2005，第1—18页。

③ 田昌五：《周原出土甲骨中反映的商周关系》，《文物》，1989（10）。

如果“文丁杀季历”是真，那么这一事件无疑在周人心中埋下了对商人仇恨的种子，这也很可能就是后来武王伐商的原因之一。

“翦商”大计

季历之后，就是历史上大名鼎鼎的周文王姬昌。姬昌在位时期，周的影响力继续扩大，姬昌成为当时的“西伯”。可别小看这个“西伯”，“西伯”意味着西方诸国之首，可以统御一方诸侯。

这里就涉及商朝当时的方伯制度了，商王将某片区域的最高统治者称作“某某方”或“某某伯”，而“西伯”其实就是西方之伯，也就是西方的最高统治者。

当时商朝在位的正是最后一任商王——商纣王，而姬昌这位西伯也早就成为纣王的眼中钉、肉中刺了。纣王身边正好有一个名叫崇侯虎的人诋毁姬昌，纣王索性就把姬昌投入狱中，周人只能进献贡品，姬昌才得以被释放。获释后的姬昌，一面在私底下继续扩张自己的势力，相继消灭了犬戎、耆国等，一面又夹起尾巴做人，渐渐地让商纣王放松了对自己的警惕。

姬昌驾崩后，武王姬发即位。姬发手下有太公望（后世称姜子牙）、周公旦、召公等人，可谓人才济济。而按照孔子后来的说法，此时的周国已经是“三分天下有其二”了[①]，周对商的战争已经是“万事俱备、只欠东风”了。武王姬发即位第九年，率兵东至孟津（今河南洛阳孟津区一带），与八百诸侯会盟，一致认为“纣可伐矣”。武王姬发认为“天命”还未到，于是又蛰伏了两年，等到商纣王杀害比干、囚禁箕子后，武王姬发最终发起了对商朝的讨伐战争，几代人蛰伏的“翦商”大业自此发起。

公元前1046年农历二月的甲子日，天还将亮未亮，在商都郊外的牧野，武王姬发所率领的四万五千人的诸侯联军集结完毕，在经过短暂而激昂的

①《论语·泰伯》。

动员宣誓之后，朝着纣王所在的朝歌发起了进攻。商纣王也临时组织起了七十万人的军队，以拒周军。商军根本无心应战，纷纷倒戈，周军一路势如破竹，商纣王见大势已去，便自焚而死。这就是历史上著名的牧野之战。

然而，真实的牧野之战真的如此简单而顺利吗？

我们不妨看看《史记》之外其他史书中的记载。比如《左传》中就透露了一个非常重要的历史细节，书中说“纣克东夷而陨其身”。意思是，纣王对东夷大范围用兵并取得胜利，但最终却丢了国家，自己的性命也不保。

这是一个十分耐人寻味的历史细节，有人就据此推测，纣王其实绝非传统意义上的昏君。当然，本书并无兴趣为商纣王翻案，这里想明确的一点是，当牧野之战发生之时，商朝的主力军队极有可能是在对东夷作战，换句话说，武王伐纣很可能是一场偷袭之战。

再回顾这场战争的整个过程，我们会发现，周武王在两年前突然撤军或许另有玄机。当时周武王已经集结军队完毕，而且得到八百诸侯的响应，在黄河边的孟津整装待发，周武王却突然认为“天命”未到，诸侯联军全部打道回府，这不是相当于另一出“烽火戏诸侯”吗？诸侯联军长途跋涉纷纷赶到，有些甚至是从巴蜀之地赶来的，而周武王却突然撂挑子不干了，诸侯会没有怨言吗？

事实上，如果结合《左传》上“纣克东夷而陨其身”的这条记载，我们可以推测，周武王很可能是认为自身实力不足故而不敢贸然发起战争，而他所说的“天命”未到，很可能就是想等商朝兵力空虚的时候再乘虚而入。

而到了两年之后的正式东征，周武王率领诸侯联军竟然可以一路如入无人之境，渡过黄河，径直深入到商朝腹地的别都朝歌，几乎没有遇到任何军事阻拦，这似乎也非常令人不可思议。

如果我们再结合《左传》上的这条记载来看，这一异乎寻常的现象似乎也得到了合理的解释。此时商朝的主力军队都陷入征讨东夷的战争泥潭中，根本无暇西顾，留守在朝歌的军事力量也非常薄弱。这或许才是周武王两年来所等待的“天命”吧。

先秦时代有个不成文的传统，就是“冬夏不兴师”[①]，然而武王伐纣的时间恰恰就是隆冬时节，这在当时来说显然是不合常理的。最好的解释就是，周武王是明知常理，却偏偏要打破常理出牌，目的显然就是出其不意，打商朝一个措手不及，好让商朝猝不及防、难以招架。

因此，武王伐纣的真实面目，可能并非一场讨伐暴君的正义之战，而是一场偷袭之战。

按照《史记》中的记载，牧野之战中双方的军力对比是，周武王的四万五千人对商朝的七十万人。这个数字显然是被夸大了，因为按照当时商朝都城的配置和规模，是不可能拥有这么多兵力的，即便是老幼妇孺全民皆兵，也是绝对达不到七十万的。即便后世学者提出商朝兵力应是十七万（七十万乃是十七万的误写），我觉得也是有水分的，因为牧野之战仅仅一天就结束了，一天的时间纣王无论如何都不可能从远处调动太多的兵力。唯一的解释是，这十几万的商朝军队中有大量的战俘和奴隶，正规军是绝对不可能有十几万数量的。

因此，在我看来，商朝在牧野之战中投入的兵力不会超过十万。

按照儒家典籍上的说法，周武王之所以能取得这场战争的胜利，主要原因是他宅心仁厚，民心所向，“三分天下有其二”，所以商朝的士兵纷纷倒戈向了周军。事实上，周武王当时凭他的影响力能做到“三分天下有其一”就相当不容易了，“有其二”不过是后世儒家的美化，而且牧野之战包含了太多的偶然因素，这场战争绝不是兵不血刃就能取胜的。历史的真相不仅是“血流漂杵”般惨烈，而且赢得胜利后的周武王整夜整夜地辗转反侧睡不着觉，哪怕是班师回到周原，他依然夜夜难眠。

---

①《司马法·仁本》。

武王为何整夜辗转反侧睡不着觉呢？并非是因为战胜后的激动和狂喜，而是因为深深的忧虑。

周国终究只是一个小邦，商朝的王都虽然被攻破，纣王已死，但是商朝的影响力和残存势力还非常强大。周武王非常清楚，牧野之战的胜利带有非常强烈的侥幸因素，面对偌大的商朝国土，要用什么样的方式来治理这片疆土？如何才能巩固自己的胜利果实？这些都是让周武王所担心和忧虑的。

《周本纪》中记载，失眠的周武王被周公旦（周武王的弟弟）看到了，周公便问："大王为何不睡？"

周武王答道："我不知道上天是否会保佑我们，我怎么能安睡呢？"随即周武王开始慷慨陈词，决心要励精图治、安抚百姓，以得到上天的保佑，要让周朝的德行光照天下。

光喊口号是没用的，还要有实际行动，然而还没等到周武王大展宏图，他就英年早逝了。按照《史记》的说法，周武王在位仅仅三年，而按照夏商周断代工程的研究成果，周武王是在位四年。不管哪种说法，周武王过世实在是有点太匆忙了，他还没来得及和这个崭新的时代好好道别，就这样永远离开了。

三监之乱

年轻的周王朝刚刚失去他的最高统治者，一些别有用心之人便开始蠢蠢欲动起来。

究竟是怎么回事呢？这还得从武王伐纣的善后处置说起。

商纣王虽然葬身于火海，但是商朝的王室还在，纣王的遗孤也在，商朝的军队和遗民也都在。如何对待这些战败者，成为当时摆在周武王面前的一道难题。

在当时，"灭国不绝祀"也是一个老传统，也就是说一个国家消亡了，但对这个国家的祭祀不能断绝。比如，商汤灭夏之后，夏朝的国祀就被商汤设在了夏朝旧都斟鄩（音同“真”“寻”，在今河南洛阳盆地巩义一带）。

为了统治商朝遗民，为了维系商朝的国祀，周武王将商纣王的儿子武庚以及商朝的贵族和遗民全都迁徙到了邶（商朝都城朝歌以北），商朝臣民都由武庚来统率，武庚继续享受王室待遇，以续商朝国祀。

当然，周武王也多留了个心眼，他将自家的三个弟弟分封在商朝旧都周边。这三个弟弟就是后来俗称的管叔、蔡叔和霍叔，他们的职责就是监视武庚和殷商遗民。

这可以看作周武王的安抚人心之举，包括商朝的军队，周武王也没有赶尽杀绝，而是主要采取了收编的办法，于是就有了后来驻守在东都洛邑的殷八师。周武王又释放被囚禁的箕子，将纣王鹿台内的财宝全部分发给百姓，这些都是周武王争取人心的政治举措。

然而，天有不测风云，谁都没有想到周武王会突然一病不起，并骤然离世。周朝很快迎来了他的第二任君主，这就是周武王的儿子周成王姬诵。成王即位之时，非常年幼，年方10岁，朝政便由周公姬旦主持。

面对周朝王室中突如其来的变故，武庚的心中燃起了复国的希望，他迅速派人对管叔、蔡叔和霍叔加以游说，撺掇他们起兵反叛。其实，管叔、蔡叔和霍叔也都不是省油的灯，他们都对周公摄政非常不满。他们都是周武王一母同胞的亲弟弟，凭什么朝政就由周公主持呢？于是，他们迅速联手，举起了反叛的大旗，这场叛乱在历史上称为“三监之乱”。

面对来势汹汹的叛军，周公却从容不迫，他亲自率兵东征，用了三年时间彻底平定了这场叛乱。在这次东征的最后，周公还不忘收服东夷人。东夷经过商纣王的征伐之后，已是强弩之末，周公采取恩威并施、剿抚并用的策略，同时又命令东夷人西迁，从而基本解决了东夷的历史问题，周朝的疆域也随之向东得到极大扩展。后来，齐国又获得了周成王授予的征伐之权，继续将东至沿海的区域全部占领下来。

《周本纪》（下）：从礼乐之邦到礼崩乐坏

周公与周制

《周本纪》的内容相对较多，因此我分两节来讲述，这一节我们继续来说周公。

周公东征其实只是一件很小的历史插曲。事实上，这件事只算周公很小的一项历史功绩，周公真正伟大的历史功绩在于他对周朝的制度设计上。

周公对周朝的制度设计，大致分四个方面。

第一，封建制。

许多人所理解的封建制，或许都来源于中学历史和政治课本。封建制作为社会形态的一种，从战国时期开始一直延续到第一次鸦片战争爆发。这是中学历史和政治课本的一致观点，也是传统意义上的封建制。在这里，封建制是一种社会形态，还代表一种守旧主义，甚至还和迷信联系在一起，有了“封建迷信”这样的词语。

实际上，封建制的本意绝非如此。封建，确切地说就是封邦建国，也就是俗称的分封制。分封制的原型是氏族分封制，夏商时期就有了，前面讲到周人和商王朝之间的关系，其实就是这种氏族分封关系。分封制真正定型是在西周初年，也就是我们这里要讲的封建制。

周公在平定三监之乱后，正式实行起“封建亲戚，以蕃屏周”的分封制。分封的对象主要有王室子弟、贵族、异姓功臣，但主要以同姓王室成员为主。《荀子》中记载：“周公兼制天下，立七十一国，姬姓独居五十一人。”可见当时的分封数量非常之多，而且主要以姬姓王室贵族为主。

以封建制为核心，周王朝建立起的一套邦国制度为周朝的统治奠定了基础。周天子用“授民授疆土”的方式，与诸侯共治天下；诸侯们以血缘为纽带结成网状，以“拱卫周室”为共同的职责，共同守护周天子。因此，从统治结构而言，西周时代的分封制，我们完全可以看作邦国制，这和秦汉以后的郡县制形成了明显的区别。

中国台湾学者杨照甚至还把西周的封建制形容为殖民扩张，他认为西周封建制的“封”只是次要的，是一种手段和方法，而“建”才是重点，是西周真正要达到的战略目的。建什么？建立邦国，建立殖民。换句话说，就是周天子把诸侯分封到各地，通过这种分封的方式，让诸侯们为自己开疆拓土，从而达到“普天之下，莫非王土”的政治目的。①

就西周初年的统治范围而言，整个东方地区对新兴的周王朝来说都是崭新而陌生的，而且是不稳定的，尤其是对于刚刚平定的殷商这片统治区域，周武王也只能采取收编和监视的办法来进行统治。其实，所谓的“三监”绝不仅仅是监视武庚，更重要的职能是监视和管理整个殷商旧地。因此，周公大力推行的分封制对于西周疆域的稳固和进一步扩大有着十分重要的意义，杨照把封建制形容为殖民扩张是十分准确的。

如果把周公推行封建制看作殖民扩张的话，它的整体战略就是稳定西北，开发东南。由于有前代对西北的经营，周初分封的重点并不在西北，而是在东部和南部两个方向，尤其以东部最为众多，且最为成功。②

作为东部分封的前哨，齐、鲁、燕、卫这四个大国在东方大地上扎下了根，从燕冀到徐淮，广袤的东方大地从此成为周朝的“王土”。但是，周朝对于南方各诸侯国的分封就曲折得多了，可谓一波三折，周天子多次征

① 杨照：《讲给大家的中国历史 2：文明的基因》，北京，中信出版社，2018，第 22 页。
② 钟伦纳：《华夏历史的重构》，长沙，岳麓书社，2015，第 83 页。

讨南方都以失败告终。因此，在周公之后的西周时代，分封和征伐的重点主要集中在南方地区。其中，楚国所做出的贡献尤为巨大，后文中我们会继续讲解。

从后来的历史中我们可以看到，西周的封建制对后世中原王朝疆域版图的形成具有无可争议的奠基作用，具有十分伟大的历史意义。同时，西周封建制也让周朝享有了近八百年的国祚，这让后世王朝十分艳羡，后世的汉朝、晋朝、明朝都曾效仿实施过。但是需要明确的是，真正意义上的封建制只在周朝实行过，后世的封建制和周朝的封建制有着本质上的不同。

第二，宗法制。

宗法制和封建制其实是相辅相成、互为补充的。封建制得以实行，所依赖的基础就是宗法制，而宗法制得以彰显则重点体现在封建制上。可以说，封建制就是周朝政治的“面子”，而宗法制则是周朝政治的“里子”，二者共同构成了周朝的政治体制。

西周宗法制，其核心是嫡长子继承制，即正妻所生的长子具备最高继承权。从权力的本质来看，这其实就是一套关于亲疏等级和世袭权力的制度。亲疏怎么分？看嫡庶。权力如何交接？看嫡长子。这也就把王室成员内部的权力界限全部划清了，谁也别争，谁也别抢，每个人都有属于自己的位置，该是谁继承的就归谁。

宗法制还存在一个“大宗”和“小宗”的关系。周天子的嫡长子，即太子，地位最为尊贵，是未来的王位继承人，也是未来的宗庙之主，相对于其余诸子而言就是“大宗”，而诸子相对于嫡长子而言则是“小宗”。太子以降的诸子则被分封为诸侯，在其诸侯国内同样奉行宗法，以嫡长子为“大宗”，其余诸子则为“小宗”。以此类推，诸侯以下的大夫之间同样也是这种关系。

“大宗”和“小宗”是相对而言的，诸侯在其国内是为“大宗”，而对于周天子则是“小宗”。周天子是“普天之下”的“大宗”，享有最尊崇的宗庙地位，故而西周都城镐京所在的王畿之地就被称作“宗周”，相对应的新都洛邑则被称作“成周”。

这种以血缘为纽带结成的宗族关系，也深刻影响到了后世的中国社会。其中，留给后世最大的一笔遗产就是我们的姓氏文化。我们看世界历史会发现，很多古代民族是没有姓氏观念的，或者很晚才出现姓氏。而且直到现在，世界上绝大多数国家都是把名放在前，姓放在后，和中国姓氏文化截然相反，这客观上也说明世界上绝大多数国家和地区对姓氏并不是特别重视。可以说，中国的姓氏文化在世界民族之林是独树一帜的。

中国的姓氏文化早在上古时期就已有雏形，但真正形成和确立则是在西周，但是西周时期的姓氏制度和后世的姓氏文化又是截然不同的。在秦汉以后的历史中，姓和氏是不作区分的，但是在周朝时期，姓和氏是两个完全不同的概念。

姓产生于母系氏族社会时期，因此姓多和女性有关，诸如姬姓、姜姓、姒姓、妘姓之类，而且姓的数量相对较少。氏则是在进入父系氏族社会之后才开始有的，随着社会族群的分解和迁徙，族群越分越多，氏也越来越多。氏是如何命名的呢？可能是根据其担任某一官职或从事某种职务来命名，也可能是根据其被分封或者生活在某个地方的地名来命名，再有种可能是为了某种纪念，总之，出于各种原因，不同的族群便有了自己的氏。简单来说，氏大致可以看作姓的分支，从姓到氏是一个逐步裂变的过程，而氏最早的功用主要是用来区分社会族群和集团的。

姓，强调的是一种家族血缘关系，从父姓，自始至终是不会改变的。而氏，则强调的是一种社会关系，从属于哪个社会阶层，是身份和等级的象征。因此，庶民和奴隶阶层是不配拥有氏的，他们有姓而无氏，而贵族阶层既有姓又有氏，氏是贵族的专属。

当时还有一种传统，即“男子称氏，女子称姓”。男子为何要称氏？就是“别贵贱”，是为了体现自己的家族和身份。那女子为何称姓呢？一是女性社会地位低下，不足以称氏，二是为了辨别“同姓不婚”。[①]

“同姓不婚”又是怎么回事呢？这又牵涉当时的婚姻制度，周天子以姬为姓，但凡姬姓男女，百世不得通婚。这样做的目的，并非周人已经意识到了近亲结婚的危害，其根本目的在于，让姬姓血脉去笼络更多的异姓族群，从而扩大周王朝的统治。这种观念一直流传到后世，所以我们会发现古人有个特别奇怪的现象，就是堂兄妹是不能结婚的，而表兄妹却可以婚配，原因就在于此。

秦统一天下之后，这种姓和氏的区分开始淡化，最终姓和氏合流。举个简单的例子，比如后来的西楚霸王项羽，如果按照先秦的姓氏观念来说，项羽的“项”只是他的氏，而非姓，项羽的姓应该是楚国贵族之姓“芈”（音同“米”）。但是，楚汉时期姓和氏已经在合流中了，所以我们说项羽姓项，也不算错。

第三，周礼制度。

周朝是礼制国家，以礼乐文明著称于世。孔子就对西周的时代无比神往，他说：“郁郁乎文哉，吾从周。”意思是，西周的政治文明是何等繁盛，我愿意遵从周的制度。

周礼的内容是非常繁杂的，几乎渗透到了当时周人生活的方方面面。站要怎么站，坐要怎么坐，出门坐什么交通工具，结婚怎么结，办丧怎么办，这些都是周礼中的内容。同时，人的身份等级不同，周礼的要求也不同，周礼本身也是周朝等级制度的体现。

就拿出行来说，天子出行乘坐的马车是用六匹马拉的，这就是“天子

① 张淑一：《先秦姓氏制度考索》，福州，福建人民出版社，2008，第40页。

驾六”[①]，而诸侯乘坐的马车用四匹马拉，大夫乘坐的马车用三匹马拉，士乘坐的马车用两匹马拉。再举个例子，古人对死有着不同的叫法，天子逝世叫“崩”，诸侯逝世叫“薨”，卿和大夫逝世叫“卒”，士逝世叫“不禄”[②]，这也是周礼中的内容，体现了尊卑和等级差别。

周礼在其制定之初，主要还是针对贵族阶层的礼仪规范，但是周礼真正的历史意义在于这套礼仪制度后来逐渐渗透到了平民阶层，而且影响中国长达两千多年。中国至今还有“礼仪之邦”之称，这和周礼是密不可分的。

周公这三大功绩，让他成为中国进入信史时期以来的第一位圣人，成为后世人们顶礼膜拜的先圣、先师。在周公之前，不是没有圣人，比如黄帝、炎帝，还有商汤、周文王，但这些人或多或少都带有半神话半史实的色彩。只有从周公开始，中国的历史人物才开始摆脱神话色彩，变得真实而丰满，变得有血有肉起来。因此，中国台湾学者杨照把周公看作中国历史上的第一个“历史人物”[③]，笔者对此也深以为然。

在中国思想文化史上，孔子算得上是头号人物，但在历史上周公的地位其实并不比孔子低多少，而且曾一度超越孔子。创立儒学的孔子虽然被人们奉为万世师表，在历史上的影响也更大，但追根溯源来说，孔子的思想之源就是周公的思想，孔子的精神导师也是周公，孔子无数次梦中惦念的仍是周公。可以说，没有周公，也就不会有后世的孔子和儒学，周公称得上是儒学的启蒙者。

总而言之，周公制礼作乐，让中国成了一个法统的社会，一个伦理的社会，一个讲规矩的社会。

---

①《礼记·檀弓上第三》引《逸礼·王度记》。

②《礼记·曲礼下第二》。

③ 杨照：《讲给大家的中国历史 2：文明的基因》，北京，中信出版社，2018，第 167 页。

西周的兴衰

按照《史记》的说法，周公辅政七年之后，归政于成王，成王驾崩后，又传位于康王。周成王和周康王这两代君主在位时期，继续巩固和完善着周公设计的制度，周朝的社会在这几十年间呈现出一派井然有序的景象，用《史记·周本纪》上面的话来说就是“天下安宁，刑措四十余年不用”。至此，西周的历史迎来了全盛时期，史称“成康之治”。

成康之后，周朝又经历了昭、穆、共、懿、孝、夷、厉、宣、幽九王，到周幽王末期，西周正式宣告灭亡。目前我们对西周的认识，相对比较清晰的是西周早期和晚期的历史，而对西周中期的历史认识就比较模糊了，关键因素还是史料十分稀缺。

昭穆时期，周朝开始对外进行大规模的武力征伐。昭王南征楚蛮，最后溺水于汉江，而穆王则西巡边陲，四处游历，后世流传有《穆天子传》，讲的就是穆王巡游之事。由于昭王、穆王长期在外征伐和巡游，财力消耗巨大，国力空虚，周王室的权威也随之动摇，诸侯纷纷不来朝觐，周朝渐趋衰落。

昭穆之后的几代周王，虽然也做过一些努力，但周朝国力还是不可避免地在进一步衰败。这其中还发生了一件特别匪夷所思的事件。

周懿王驾崩之后，按照嫡长子继承制的原则，理应由嫡长子继位，然而最终继位的却是周懿王的叔叔，即周孝王。在等级森严的西周宗法制社会中，周孝王是唯一一个违背宗法制原则继位的周王，而在现存的所有文献史料中，却找不到关于周孝王继位原因的任何一条记载，《史记》也仅仅记载了王位传承关系而已，对周孝王的非正常继位没有作只言片语的解释。

这就不得不让人怀疑，周孝王有可能是通过篡位来夺取王位的，当然在没有史料支撑的条件下，这也只是一种假想而已。但是不管怎么说，周孝王这种违背宗法制原则继位的现象，毫无疑问是西周王室衰落的一个重要体现。

周孝王之后，王位回归到周懿王一脉，由嫡长子周夷王继位，嫡长子继承制也得以恢复。周夷王之后，历史就开始进入西周晚期。西周晚期有两个非常著名的君主，一个是暴君周厉王，一个是亡国之君周幽王。

周厉王以“专利”治天下（这应该也是“专利”一词的最早出处），将山川渔泽之利，尽归于己，而且不许百姓议论，百姓走在路上只能道路以目，相互使眼色。召公劝谏周厉王“防民之口甚于防川”，然而周厉王不听劝谏，依然我行我素。

周厉王实行“专利”，让百姓失去了生计之本；周厉王堵塞言论，让百姓敢怒不敢言。“哪里有压迫，哪里就有反抗”，最终一场暴乱发生了，这就是历史上著名的“国人暴动”。

这就涉及西周时代的一个重要制度——国野制。

我们知道，上古时期，邦国林立，大禹的时代就有“万国”，这个时代的“国”还处于国家形成的早期阶段，绝大多数都是一城一国。随着城市的发展，人口的增加，以及国与国之间的战争兼并，国家必然要建立新的城邑。一些比较小的国家可能只有几座城邑，一些比较大的国家则有十几、二十座城邑。这些点状分布的城邑就是“国”，而在这些城邑之间的广大区域则被称作“野”。

那么，是不是居住在国都的人就是“国人”了呢？其实也不尽然，居住在国中的既有贵族，也有平民，还有工商业者、被征服者、农民等，“国人”的准确性质是指在国中拥有特殊政治权力的人，并不包括国中所有的居民，奴隶和被征服者是不属于国人的。相对应的，所谓“野人”其实就是非国人，国人之外的群体都是野人，主要居住于与国相对应的野外。

国人的主体是士。这里的士，也并非我们后世所理解的士人、士族，而是更多指战士。士一方面与君或大夫阶层有较近的血缘关系，另一方面也是基层的家族长，可以支配其子弟，是国人中举足轻重的一个阶层，可以左右国人的政治倾向，更能在贵族斗争中起到十分关键的作用。因此，士这一阶层常常使国君感到不安，为国君所忌惮。①

如果理解清楚国野制的内涵的话，那么“国人暴动”的性质也就清晰明确了。它绝不是一场阶级革命，而是贵族权力和王权的一次交锋，最终贵族的力量战胜了王权，也可以说这是“王权重建的一次失败”。②

倒行逆施的周厉王被赶出了都城，落荒而逃的周厉王最终逃到了彘（今山西霍州），并死在了那里。没有了周王的周朝，进入了一段扑朔迷离的“共和行政”时期，这一年也叫“共和元年”。

“共和行政”的传统解释是，当时的周公（周定公）和召公（召穆公）共同主持朝政，因此被称为“共和”，也叫“周召共和”。这种意义上的“共和”深合儒家的大同思想，因此这种解释是流传最广的，同时也被《史记》所采用。

然而，根据古本《竹书纪年》以及近年人们整理成的清华简《系年》中的说法，“共和行政”应该是一个名叫“和”的共国诸侯（即共伯和）摄政，这里的“共和”应是指人，而非现代意义上的共和理念。③目前，这种说法已经得到了绝大多数历史学者的认同。

事实上，“共和行政”很可能是一个美丽的错误，让我们误以为早在西周时代就产生了共和的超前思想，真正的“共和行政”可能只是“共伯和”把持了当时的周朝国政。

“国人暴动”和“共和行政”，是中国历史上的两件大事，重要之处不在于事件本身，而在于这两件事所发生的年份——公元前841年是准确可

① 赵世超:《周代国野制度研究》，陕西，陕西人民教育出版社，1991年，第33、56-60页。

② 李峰:《西周的灭亡：中国早期国家的地理和政治危机》，上海，上海古籍出版社，2016，第144页。

③ 许倬云:《西周史》（增补版），北京，生活·读书·新知三联书店，2018，第319页。

靠的。

公元前841年成了中国有明确历史纪年的开端，这一年犹如一座分水岭，在此之前的历史都是年代模糊的，在此之后的历史都有着确切的年代记录。传统史学有个说法叫“东周以上无信史”，就是说东周以前的历史都是靠不住的，其主要依据就是公元前841年这个年份。

为何中国的历史偏偏在公元前841年这个年份节点之前模糊不清呢？司马迁在《史记·三代世表》中给出了解释。他说从黄帝以来，即流传有谍记，都有具体年数记录，但是这些记录彼此不同，又相互冲突，无法把它们统一起来，因此他只能存而不论，只有从共和元年开始，所有的历史材料才有了统一的年份记录。

这是司马迁的解释。可见在司马迁所在的西汉时代，对上古三代的历史记录就已经搞不清楚了，年份更是没办法搞清楚。司马迁作为一个史学家，他宁可让历史缺失，也不给后世留下错误的历史记录，这种做法是无比正确的，司马迁不愧为良史。

那么，为什么会出现这种现象呢？在我看来，原因不外乎三点：一是文字在秦以前尚未统一；二是书写工具的简陋（主要以刀笔和简牍为主）；三是秦始皇时期全国范围内都在焚烧书籍，史书是焚烧的重点，直接导致大量先秦文献资料的丢失。

话题转回到“共和行政”。这段历史长达十四年，周朝国政重归于周厉王的太子，这就是周宣王。周宣王当政时间长达四十五年，在位时间非常久，要知道在整个中国历史上，在位时间超过四十五年的帝王都是屈指可数的。

周宣王统治时期，周朝国力得到恢复，开创了一段中兴局面，史称“宣王中兴”。不过，这只是一场回光返照式的“中兴”，周宣王晚年便开始昏聩不堪，他的继承人更是历史上著名的昏君——周幽王。

从西周到东周

说到周幽王，我们就不得不提一下著名的“烽火戏诸侯”。据说，周幽王为了博取美人褒姒一笑，不惜点起烽烟，诸侯以为有敌情，率军前来勤王，然而却扑了一场空，褒姒因此发笑。周幽王如是者再三，连番哄骗诸侯，最终失去诸侯的信任。当申侯联合犬戎进攻都城镐京，周幽王点起烽烟求援之时，诸侯们却无一赶来救援，西周遂灭亡。

“烽火戏诸侯”是典型的“狼来了”的故事模型，戏剧性非常强烈，而且被司马迁载入《史记》中，因此这个故事长期以来被人们津津乐道，流传甚广。然而越是被人津津乐道的历史故事，越是可能存在疑问。就像我们小时候经常听到的杨家将的故事、隋唐英雄的故事，以及诸葛亮借东风、唱空城计的故事，这些故事的共同特点就是人物脸谱化，故事性很强，真实性不足。

事实上，“烽火戏诸侯”可能真的只是一出戏剧而已。根据学者的考证，“烽火戏诸侯”的故事原型出自《吕氏春秋》。《吕氏春秋》中有一个和“烽火戏诸侯”相似的故事，故事的主角人物也一样，最大的区别是烽火台变成了碉堡，点烽火换成了敲大鼓，也就成了“大鼓戏诸侯”。[①]“大鼓戏诸侯”更像是有一出民间杂耍戏剧，有强烈的表演成分。因此，“烽火戏诸侯”本身很可能就是战国时期的戏剧剧本，和真实历史无关。

而且，点烽烟报军情的事情最早出现在西汉，西周时期根本不可能出现，而且褒姒每次看到诸侯大军纷至沓来，看到他们被戏耍的样子就忍不住大笑起来，这笑点未免太低了吧？笑点这么低的话，周幽王又何至于兴师动众非得用点烽烟的方式取悦褒姒呢？钱穆在《国史大纲》中便持此观点，近年来清华简的发现和整理也再次证实了这一点，“烽火戏诸侯”断不可信。

那么，真实的历史究竟如何呢？《诗经》中有言：“赫赫宗周，褒姒灭

①《吕氏春秋·疑似》。

之！”把褒姒看作西周灭亡的罪魁祸首，这是典型的“女祸论”，是男权阶级不负责任的体现，国家兴衰又怎是一个女子所能左右的呢？但是从史实的角度来看，在西周灭亡的过程中，褒姒确实是一个非常重要的历史角色，或者说在西周灭亡的过程中，褒姒确实起到了导火索的作用。

我们结合古本《竹书纪年》和清华简《系年》的相关信息，西周的灭亡过程大致是这样的——周幽王宠爱褒姒，于是废黜了申后和太子宜臼，改立褒姒为后，立褒姒之子伯服（伯盘）为太子，同时迫害宜臼，申后和宜臼就逃到了申国（西申国），申侯（申后的父亲）就把他们保护了起来。周幽王为了将申后和宜臼赶尽杀绝，便向申国发兵攻打，申国联合缯国（鄫国）和犬戎，双方在骊山发生激战，周幽王最终兵败被杀，西周遂灭亡。

可以看出，清华简《系年》所还原出的西周灭亡的情况，和《史记》所记载传统历史有非常大的区别。其一是，“烽火戏诸侯”根本不存在；其二是，申侯来自西申国，位于宗周以西（这点曾长期困扰历史学界）；其三是，周幽王不是被申侯和犬戎联合进攻的，而是周幽王主动出击兵败被杀的。

但是如果上述观点是历史真相的话，那么就会出现另一个巨大的历史漏洞。既然犬戎和申侯一起杀死了周幽王，那么犬戎和申侯就应该算是周平王（太子宜臼）的支持者，周平王何必要避犬戎之祸而东迁呢？

传统的历史课本讲到这段历史，一般都说，公元前771年犬戎攻破镐京，西周灭亡；公元前770年周平王东迁，历史进入东周。然而，历史的真相远比我们所想象的要复杂得多。甚至后世的苏东坡对平王东迁的历史大加指责，认为周平王东迁是舍弃祖宗基业，东迁直接导致了周王室的衰落以及春秋战国的混战局面。[①]

事实上，当时还存在一个“二王并立”的历史局面。除了周平王宜臼

---

①（北宋）苏轼《平王论》。

之外，周幽王的弟弟余臣也被拥立为周王，史称周携王，二者之间分庭抗礼了二十多年，这段“二王并立”的历史最终以周携王被杀宣告结束。这是包括《史记》在内的很多历史文献所缺载的，就连苏东坡都不知道这段历史的真相。

很显然，申侯是周平王的舅舅，周平王是属于申侯阵营的，不然他也不必为了躲避父亲的迫害而逃至西申国。因此周平王就有了弑君弑父的嫌疑，即便他是嫡长子，很多诸侯也是不认可的，尤其是关东诸侯。于是关东诸侯便拥立了周幽王的弟弟余臣，是为周携王，从而出现了另一个周天子。

然而，在关东诸侯内部也是存在分歧和斗争的。周携王政权威信不足，以晋文侯为首的几个诸侯对携王政权就非常不满，他们重新迎立周平王，杀死了周携王。

镐京早已破败不堪，同时关东又有大批诸侯蠢蠢欲动，周平王想要重建周朝的统治，想要获取诸侯的拥戴，东迁就成了他不得不迈出的一步，而且也是唯一的出路。由此可见，看似简单的平王东迁的背后，其实蕴藏着这个时代诸多的无奈和叹息。①

按照传统历史观点，公元前770年周平王东迁，历史进入东周，平王东迁这一历史事件也成为东周历史开始的标志。但严格来说，周平王从即位到东迁是一个长达几十年的漫长过程，平王东迁的具体年代也绝非周平王元年，即公元前770年。

这就带来另一个新的问题：平王东迁究竟发生于哪一年？

清华简《系年》对平王东迁有一段相关记载，完全颠覆了以《史记》为代表的传统史书的看法，但是由于文本释读存在诸多争议，平王东迁的准确年份至今仍未有定论。目前来说，历史学家们依据清华简《系年》对平王

① 晁福林：《清华简〈系年〉与两周之际史事的重构》，《历史研究》，2013（06）；王红亮：《清华简〈系年〉中周平王东迁的相关年代考》，《史学史研究》，2012（04）。

东迁的具体年代做了大量考证工作，得出了公元前750年、前747年、前738年等几种说法。当然，也有观点认为清华简《系年》的记载不足以推翻《史记》的记载，平王东迁就是公元前770年。

但是，不管哪一种说法为真，平王东迁的年代问题已经成为一桩难以回避的历史公案，如果搞不清其发生年代，两周之际的很多史实都将成为历史疑案。

比如，我们后文中要讲的《秦本纪》，《秦本纪》记载秦襄公曾护送周平王东迁至洛邑，因而被周平王封为诸侯，秦襄公得以立国封侯，秦国自此建立，秦襄公自然也成为秦国的始封之君。但是，历史上的秦襄公是死于公元前766年，而如果按照清华简《系年》中的记载，平王东迁的年代是公元前750年、前747年、前738年这几个年代的话，秦襄公护送平王东迁都是不可能的，要么是平王东迁的年代不对，要么是秦襄公的死亡时间不对，再或者是《秦本纪》把人物搞错了，护送平王东迁的应是秦襄公的儿子秦文公，以及其他多种可能。

事实上，两周之际的很多史事由于受《史记》的影响，长期以来让历史研究者如坠云雾之中，也正是清华简的发现和整理，使得两周之际的很多历史事件逐渐清晰起来。但是我们不能因此而归咎于司马迁，这只能证明，在司马迁撰述《史记》的汉武帝时代，关于两周之际的文献材料已经十分匮乏和混乱了。

当历史进入东周以后，就是后世常言的春秋战国时代。小时候我们学历史都背过一首朝代歌——“夏商与西周，东周分两段，春秋和战国，一统秦两汉”。一般来说，大家都会认为东周就等于春秋和战国，即“东周=春秋+战国”。但实际上，历史不是简单的“1+1=2”，东周和春秋战国并不能完全画等号。

这是因为，东周有广义和狭义之分。从狭义的角度来说，东周是一个国家，即周天子作为宗主国所拥有的领土和人民，从周平王元年开始（前770年），止于秦灭东周（前256年），这是东周作为国家概念的年代范围。而从广义的角度来说，东周是一个时期，东周也就等于春秋战国，从周平王元年开始（前770年），止于秦灭六国（前221年）。

东周的时代，可以说是一个礼崩乐坏的时代，用孔子的话来说，西周时代是“礼乐征伐自天子出”，而东周时代则是“礼乐征伐自诸侯出”。《史记·周本纪》在记述到东周部分，就很少再记述有关周王室的内容了，而是大量记载诸侯史事。这并非意味着东周王室的历史无事可叙，而是因为到了东周的时代，历史的主角已经不再是周天子了，历史的主角换成了春秋五霸、战国七雄。

换句话说，东周是一个“天下无主”的时代，是一个你方唱罢我登场的时代，是一个大鱼吃小鱼、小鱼吃虾米的时代，更是一个社会剧烈变革和思想空前解放的伟大时代。

《齐太公世家》《田敬仲完世家》：争霸从这里开始

《齐太公世家》主要记述了西周和春秋时代姜齐的历史，《田敬仲完世家》主要记述了田氏代齐和战国时代齐国的历史，把这两篇结合起来可以看作齐国八百余年的兴衰史。

齐国之兴

在明代传奇小说《封神演义》中，有一位非常古怪又神机妙算的老者，人称姜太公，也就是我们所熟知的姜子牙。而在真实的历史上，姜子牙的原型就是我们这里要讲到的齐太公。

事实上，《史记》从头到尾都没有出现过姜子牙这个名字，姜子牙是小说家杜撰出来的名字。在真实的历史上，姜太公叫姜尚，也叫吕尚。这里就涉及前文中所说的先秦时代的姓氏文化了，姜是姓，而吕是氏，尚是名。如果按照先秦姓氏文化“男子称氏，女子称姓”的原则，姜太公应该叫吕尚。

周朝初定天下，吕尚被分封到了营丘，从此齐国建立，因此姜太公也叫齐太公。据《齐太公世家》记载，姜太公“因其俗，简其礼，通商工之业，便鱼盐之利”，并将这一原则定为国策，使得齐国迅速发展壮大起来，成为东方的第一大国。

由于姜太公的一生充满传奇，又作出了巨大的历史贡献，因而在后世的历史中，姜太公的形象不断被神化，这与后世的诸葛亮、刘伯温非常相似。

进入春秋时期，齐桓公即位为齐国之君，“九合诸侯，一匡天下”，率先建立霸业，成为春秋五霸之首。

孔子曾经对春秋五霸中的齐桓公和晋文公作过对比，他说齐桓公是“正而不谲”，而晋文公则是“谲而不正”。意思就是，齐桓公这个人比较正派不欺诈，而晋文公则擅长欺诈不正派。

对此，孔子的学生子路提出质疑，他认为齐桓公也曾做过不地道的事情，比如齐桓公就逼死了他的兄长公子纠及其家臣召（音同“哨”）忽。孔子解释说，齐桓公能够称霸，不是依靠武力征伐，而是依靠“管仲之力”，因此可见其仁德。[①]

在孔子眼中，齐桓公能够称霸，能够成为仁德之君，最主要的原因就是依靠管仲的辅佐。那么，管仲到底为齐桓公做了什么呢？

今天，我们都知道这样一句话，叫作“仓廪实而知礼节，衣食足而知

---

①《论语·宪问》。

荣辱”。[1]这句话就是出自管仲之口，可见管仲是一个非常注重经济建设的人。

管仲为齐国制定了三项大政方针：

第一，大力发展经济建设，利用川泽渔盐之利，发展渔业和盐业，积极发展工商业，同时还发展服务业。

第二，建立军制，发展军队，实行军政合一。

第三，提出“尊王攘夷”的口号，组织葵丘会盟，奠定霸业。

管仲推行的改革非常有效，他改革的目的就是富国强兵，显然这个目的最后达到了。经过姜太公和管仲的经营，齐国成了真正的经济强国。

那么，当时的齐国究竟有多繁荣呢？我们只要来看一看《战国策·齐策》中记载的齐国都城临淄的情况，自然也就一目了然了：

临淄之中七万户，臣窃度之，下户三男子，三七二十一万，不待发于远县，而临淄之卒固以二十一万矣。临淄甚富而实，其民无不吹竽、鼓瑟、击筑、弹琴、斗鸡、走犬、六博、踏鞠者。临淄之途，车毂击，人肩摩，连衽成帷，举袂成幕，挥汗成雨，家敦而富，志高而扬。

齐桓公之后，齐国迅速衰落了，但是齐国由于有大海之利，在经济上始终位居诸侯前列。齐国在经济上的繁荣，直接造就了齐国在文化上的昌盛，最典型的成就就是战国时期稷下学宫的创建。

在说稷下学宫之前，我们先来说一件在齐国历史上具有转折性影响的大事，这就是“田氏代齐”。实际上，《齐太公世家》主要记载的就是“田氏代齐”之前的齐国的历史，而《田敬仲完世家》主要记载的则是“田氏代齐”之后的齐国的历史。

① 《管子·牧民》。

与此同时，在晋国也发生了一件和齐国类似的事件，史称“三家分晋”，这两起事件被历史学界认为是春秋和战国的分水岭。我们先来说“田氏代齐”，“三家分晋”会在《魏世家》一节再讲到。

田齐兴衰

前面讲过，齐国是以吕为氏，但最后齐国怎么又成了田氏的呢？

这要从一个人讲起，此人名叫陈完。陈完本是陈国公子，为避祸投奔齐国，受到当时齐桓公的封赏，便留在了齐国，并且从此改氏为田。经过几代人的努力奋斗，田氏逐渐发展壮大起来，在齐国扎下了根，成为齐国一个非常强势的大家族。到了齐景公时期，田氏在齐国已经深得民心，成为尾大不掉的家族势力，当时齐国名相晏婴就断言“齐国之政卒归於田氏”。结果，从齐景公死后开始，田氏就开始把持朝政，行君主废立之事，最后在田和执政时期取代吕氏，并受到天子册封，真正成为齐国之君。

通过“田氏代齐”的事件，我们可以看到，中国历史从春秋进入战国后，周朝礼制已经彻底崩溃了。齐桓公称霸的时候，打出的旗号是“尊王攘夷”，“尊王”就是尊崇周天子和周朝的宗法礼制，“攘夷”就是以周天子的旗号来讨伐不服从自己的人。汉末枭雄曹操“挟天子以令诸侯”，其实就是齐桓公“尊王攘夷”的升级版。

“田氏代齐”和“三家分晋”这两起历史事件，从性质上来说，就是以下犯上、篡权夺位，是严重违背周朝礼制的恶性事件。然而，周天子还是先后承认了韩氏、赵氏、魏氏以及田氏的诸侯地位，这就等同于宣告天下，谁的拳头硬，谁就可以称王称霸，即便是弑君篡位也没事。

田氏掌握齐国政权之后，齐国就出现了一位霸主——齐威王。齐威王任用邹忌为相国，孙膑为军师，励精图治，实行军政改革，成功实现了霸业。于是，他便和当时的魏惠王一起会盟于徐州，相互称王，史称“徐州相王”。

我们可以看到一个现象，春秋时期诸侯一般都被称为“某某公”或“某某侯”，只有周天子才可以称王，除了被视作蛮夷的楚国和吴国、越国率先称王之外，中原诸侯无人敢僭越礼制称王。而当历史进入战国时代，齐威王和魏惠王率先称王，其他中原诸侯也随之蠢蠢欲动，后来又发生了著名的“五国相王”，七雄陆续称王，丝毫没有顾及周天子的颜面，对周天子视若无睹。

也正是在齐威王统治时期，稷下学宫迎来了大发展时期。准确地说，稷下学宫是齐威王之父齐桓公创建的，但是将稷下学宫发展壮大的则是齐威王。

这里还需要说明的一点是，此齐桓公非彼齐桓公。齐国历史上有两位齐桓公，一位就是春秋五霸之首的齐桓公，另一位则是齐桓公田午，也就是齐威王之父。

战国时代，养士之风盛行，列国都十分注重建设“人才强国”，纷纷延揽和吸纳人才。最早实现“人才强国”的是魏国，魏文侯也成为战国时代的第一位霸主。从魏国兴起的这股养士之风很快便刮到了齐国，于是便有了稷下学宫的创建，目的就在于吸引人才。由于稷下学宫是建在齐国都城稷门附近，故而得名。

稷下学宫不仅是当时齐国的最高等级的学府，而且也成为战国时期百家争鸣的学术中心，儒家、墨家、法家、阴阳家、纵横家、名家、兵家等学派思想在这里交汇和碰撞，让齐国成为当时的第一文化强国，同时迎来了中国历史上的“轴心时代”①。

因此，我将齐国的文化特点总结为以下三点。

---

① “轴心时代”的命题由德国哲学家雅斯贝尔斯提出，他在1949年出版的《历史的起源与目标》中说，公元前800年至公元前200年是人类文明的“轴心时代”，是人类文明精神的重大突破时期。

第一，开放性。稷下学宫已经逐渐发展成为当时天下学术汇集之地，吸引着全天下的学人纷沓而来，无论你是哪家学派，都可以来此畅所欲言。

第二，兼容性。稷下学宫的设置并没有将某一家学说斥之于门外，而是对其兼收并蓄。因此，虽然这里每天都在上演着唇枪舌剑的辩论战，但是大家却都秉承着“求同存异”的原则，用伏尔泰的名言来说，就是“我不同意你说的每一句话，但我誓死捍卫你说话的权利”。

第三，变革性。诸多的学术流派都发端于齐地，包括孟子、荀子的学术，因此这里也可以看作思想革新之地，在思想的碰撞之中，孕育出新的思想火花。

齐威王之后，齐宣王即位。齐宣王是个典型的文艺青年，尤其喜欢和文人打交道。因此，在齐宣王统治时期稷下学宫的人才是最多的，稷下学宫也达到了鼎盛，齐国的国力也达到鼎盛。

然而，齐国在发展过程中却有一个非常大的劣势，并且严重制约着齐国的长期发展，这就是齐国的地理条件。在我看来，齐国的地理条件对它的后续发展有两点影响。

第一，齐国位于今天的山东半岛，三面环海，只有西面有山。到了战争时期，齐国只能依靠西面的群山之险进行防御，而如果西线一旦被攻破，齐国腹地便是一马平川，根本无险可守。

第二，齐国三面环海，如果想要向外发展。只能向西发展，而秦国、赵国、楚国都有着大量未开发的土地可供扩张，这对于齐国来说是非常不利的，而且一旦向西发展，势必遭到六国的反扑。

后来发生的历史“完美”地验证了上述两点。

齐宣王之后，齐湣王即位。齐湣王当政之时，心态已然膨胀，拉拢秦国互相称帝，时称“东西二帝”，引来诸侯侧目。公元前286年，齐国吞并了西面的宋国，之后又侵占楚国淮北之地，西侵三晋，齐国疆土大大拓展。但同时，齐湣王无休止的肆意征伐令中原诸侯无不惊惧，由此直接导致了由燕国主导的“五国伐齐”。

战国时期，盛行合纵、连横之术，秦、齐两国最为强大，于是中原诸侯纷纷组成联军抗衡秦齐。战国历史上一共发生了五次“五国伐秦”，最终都被秦国一一化解；然而“五国伐齐”仅仅发生了一次，齐国就几乎到了崩溃亡国的地步，这很大程度上和齐国在地理条件上的劣势密切相关。

公元前284年，由上将军乐毅所统率的燕、秦、韩、赵、魏五国联军讨伐齐国，战争开始后，楚国也参与进来，形成“六国伐齐”的局面。乐毅率领军队，深入齐境，连战连捷，连克七十余城，国都临淄也被攻破，齐国最终只剩下两座城池，几乎就要亡国，齐湣王也死于楚军将领淖（音同“闹”）齿之手。

虽然齐国最终在名将田单的带领下成功复国，但是齐国的国力从此一蹶不振，齐国称雄的时代也如过眼云烟，一去不复返了。在秦灭六国的战争烽烟中，齐国更是以不战而降的方式结束了自己东方霸主的地位，而亡国之君齐王建则被活活饿死，实在是莫大的讽刺。

《楚世家》：问鼎中原

《楚世家》记述了楚人的发迹过程以及楚国八百年的兴衰史。楚国对先秦时代中国南方的开发具有重大推动作用。

楚人建国

有个成语叫作“筚路蓝缕”，说的是驾着破旧的柴车，穿着破烂的衣服，形容创业之艰难。其实，“筚路蓝缕”的原意就是在描述楚人创业的艰辛。

事实上，在东周各部族之中，楚人的创业也可以算得上是最为艰辛的，其创业故事也是最为励志的。楚人从山林蛮夷，一路称王称霸，建立起一个扩地千里的大国，这是其他中原诸侯国无法与之相比的。可以说，“筚路蓝缕，以启山林”是对楚人艰难创业历程的最好形容。

早在新石器时代，长江中游地区就已经呈现出文明的曙光，最具代表性的就是屈家岭文化，也是“满天星斗”中的一部分。到了夏商时期，由屈家岭文化承袭而来的原住民族文化，与夏文化、商文化不断交融，于是便形成了早期的先楚文化，而楚人就是这一时期迁徙于此。

根据传说和文献中的记载，楚人的祖先是上古时代的颛顼高阳，这和屈原《离骚》中说的“帝高阳之苗裔兮”是相互印证的。颛顼之后，楚人的先祖是火神祝融。祝融之后，又有祝融八姓，楚人就出自其中的芈姓季连部落。

前些年，随着电视剧《芈月传》的热播，“芈”这个生僻的上古姓氏开始被大众所熟知。今天我们几乎看不到芈这个姓了，但是在上古先秦时期，芈是非常久远的一个姓。楚人以芈为姓，到后世又分出几个大家族，有屈、景、昭、若敖、伍、彭等几支，其中楚国王室以熊为氏，这是为了纪念楚人的先祖鬻（音同“玉”）熊。

关于楚人的发迹，史书记载语焉不详，即便是在最新发现的清华简中，关于楚人发迹的相关文献也十分有限。但是有一点可以确认，楚人一直徘徊于华夏和蛮夷之间，正如《楚世家》中所言，“或在中国，或在蛮夷”。

事实上，楚人早期的历史发展轨迹不仅非常模糊，而且存在诸多矛盾之处。比如，楚人曾交好于商王盘庚，却又和商王武丁发生过战争①；楚人曾与周文王交好，但是周初分封的诸侯名单之中却没有楚国的一席之地，只有到了周成王时代，楚国才得到周朝的正式册封，之后的周昭王又对楚人发起

① 李学勤：《论清华简〈楚居〉中的古史传说》，《中国史研究》，2011（01）。

了大规模南征。

本书不想对此做过多考据，但是笔者认为，在这些看似矛盾又混乱的史料中，其实隐藏着楚人自身内心的矛盾以及傲娇的心理。楚人经常被中原国家贬称作蛮夷、南蛮，尽管有些时候楚人口头上也自称蛮夷，但是他们内心深处其实从不以蛮夷自居。他们是黄帝一脉，是颛顼之后，他们一路筚路蓝缕，骨子里充满着骄傲，用一片热忱开垦着这片“南土”（商周时期将江汉地区称作南土）。

用一个故事可以体现楚人筚路蓝缕的艰辛，这个故事出自清华简中的《楚居》一篇。楚国第一位国君熊绎，被周天子册封为诸侯，建造了一座用于祭祀的庙堂，然而却没有祭品可用，于是只好从邻国鄀（音同“若”）国偷了一只还没长角的小牛，连夜宰杀献祭。[①]

从这个小故事中可以看出，楚人在建国之时，连个像样的祭品都拿不出来，经济状态堪称一穷二白。当然，光脚不怕穿鞋的，楚人正是在这样艰苦的条件下，最终建立了一个带甲百万的泱泱大国。

楚国兴衰

楚人建国之后，一直游离于周朝统治之外，而且多次以“我是蛮夷”为由，不服从周朝的管制，不断吞并周边小国。后来国君熊通索性自己称王，完全无视周天子这个“王”。今天湖北还流传有一句方言，叫作“不服周”，其实就是源自楚人这种傲娇的心态。

楚国从建国开始，就一直受到周朝的瞩目。为了遏制楚国的发展，周朝采取了两种措施：一是出兵南下征伐，其中最著名的就要数周昭王南征伐楚了，周昭王最终死于汉江，周朝军队损失惨重；二是在今天的南阳和汉阳地

① 李学勤:《论清华简〈楚居〉中的古史传说》,《中国史研究》, 2011（01）。

区分封诸侯，以限制楚国向北扩张。[①]

然而，周朝为遏制楚国发展所采取的这些措施最终都没取得什么效果。到了周夷王的时代，周王室开始衰落，楚国却在国君熊渠的带领下，“甚得江汉间民和”，楚国疆域得到了极大扩展。

熊通是楚国第一位楚王，是为楚武王，这也是历史进入东周时期第一个称王的诸侯。仅仅过了两代，也就是楚武王的孙子楚成王的时代，楚国就成为当时可以和齐国相抗衡的霸主之国了。楚国之所以可以快速称霸，这和楚国对外征伐的国策有着莫大关系。楚成王大范围征讨南方诸国，最终创建了“楚地千里”的伟业。

在楚成王时期，发生了历史上著名的城濮之战，楚国大败于晋国，晋文公从此称霸，楚国对外征伐的势头就此被打断。不过，楚国的接力棒很快就交到了楚成王的孙子楚庄王的手中。

楚庄王初即位三年，不理朝政，不问政事，不发号令。然而他“三年不鸣，一鸣惊人”，观兵于宗周王畿，在邲（音同“必”）之战中重创中原霸主晋国，楚庄王一战称霸，就此成为中原的新霸主。

和齐国、晋国称霸不同，楚国是蛮夷之国，楚庄王的霸业无法得到周天子的支持，楚庄王的霸业很大程度上是依靠武力以及个人魅力而取得的。因此，楚庄王的称霸要更为艰难，所付出的代价也比其他霸主要高。

同时，楚国要继续维持霸业，就必须在武力上继续消耗，这也是楚国霸业的最大软肋。因此我们可以看到，楚庄王称霸后不遗余力地对外进行征伐。在讨伐萧国的路上，士兵甚至冻得瑟瑟发抖，楚庄王最终凭借其个人魅力激励士兵，才取得战争的胜利。楚庄王还两度讨伐宋国，最后几乎“弹尽粮绝”，才勉强取得对宋的胜利。

因此，当楚庄王去世之后，楚国就迅速失去了中原争霸的优势，从此

① 杨宽：《西周时代的楚国》，《江汉论坛》，1981（05）。

走上衰落之路。楚国本身的经济基础就不是很优越，这种人力财力的消耗比拼，必然维持不了太久。即便楚庄王不去世，楚国的霸业也不可能支撑太久。

楚庄王的儿子楚共王在位时期，晋楚之间再次发生了鄢陵之战，楚国一败涂地，楚共王还被射瞎了一只眼睛。自此，楚国彻底失去了中原霸主之位。

楚共王之后，楚国局面也并没有得到多少改善，相反，楚国内部的矛盾变得越来越突出。其一，贵族势力强大，楚国国内的几大家族势力轮番争权夺位，贵族势力的强大削弱了王权。其二，楚王室骨肉相残，王位争夺激烈，楚共王之后的楚灵王、楚平王都是非正常继位。

也正是在这种内耗下，楚国国力进一步衰退。在楚昭王时期，叛楚奔吴的伍子胥率领吴军，在柏举之战中大败楚军，一举攻破了楚国都城郢，楚国几乎到了亡国的边缘。

进入战国时代，楚国迎来了再次崛起的契机——楚悼王任用吴起，推行变法，也就是历史上著名的吴起变法。吴起变法是在总结魏国李悝变法经验的基础上推行的，主张法治，并且成效非常显著。然而，其中的多项重要改革措施严重侵害了楚国贵族的利益，尤其是废除世卿世禄制，引起了家族势力的极度不满。

前面也说过，楚国自楚庄王之后走向衰落的一大原因，就是内部家族势力的强大，而这种家族势力对王室的威胁远比其他中原列国要严峻得多。因此，吴起变法受到阻挠也是必然的，所遇到的困难也是最大的。事实上，吴起变法能够得以推行，完全是依赖于楚悼王的支持，楚悼王一旦去世，家族势力必然会反扑。最终的结果也正是如此，吴起被贵族们乱箭射杀在楚悼王的尸体旁，愤怒的贵族们甚至不惜毁坏先王的遗体也要杀掉推行变法的“罪人”吴起。

吴起为推行变法而殉命，但是势力强大的贵族势力，也就此被狠狠地打压了下去。之后继位的楚肃王，以损伤先王遗体为由，集体捕杀贵族，将他们夷灭三族，最终共计七十余家被灭门。

可以说，吴起变法很大一部分成果被保留了下来，楚国也因此得以二次崛起。之后的楚威王时代，楚国灭掉了越国，并且占有巴渝之地，疆土可谓空前辽阔。

因此，当时流传一句话，叫作“纵成则楚王，横成则秦帝”[①]，意思是如果合纵成功的话，楚国国君就能称王，天下就是楚国的，而如果连横成功的话，秦国国君就能称帝，天下就是秦国的。可见，在当时天下人的心目中，天下的归属者，非秦即楚。然而，楚国在战国时代却留给世人一种懦弱的形象，这主要是拜后来的楚怀王所赐，也就是令屈原又爱又恨的那个楚怀王。

说起楚怀王，大多数人只记住了他的昏庸，被张仪骗得团团转，最后客死秦国。然而，很多人也许不知道，秦国胁迫楚怀王割让楚国土地以保全其性命，却遭到了楚怀王的严词拒绝，楚怀王至死都在维护楚国的尊严，守住了一国之君所该有的气节。也正因为如此，楚国的百姓自始至终都没有过分苛责楚怀王，反而对他无比怀念。《楚辞》中有一篇《招魂》就是楚人为楚怀王所作，词句凄婉动人，表达了楚人对楚怀王的深切悲悯和怀念。

自楚怀王之后，楚国便一蹶不振，走上了衰败之路。不过，瘦死的骆驼终究还是比马大，秦在翦灭六国的过程中，在楚国遇到的抵抗也是最激烈的。名将王翦甚至提出，攻打楚国必须有六十万兵力。而且王翦采取的是以静制动、以逸待劳的作战方式，通过打持久战将楚国兵力拖入战争泥潭，最终战胜楚军。

在很多人的印象中，到战国末期，秦国已经是一家独大，东方六国已

①《史记·苏秦列传》。

是强弩之末，秦灭六国如同摧枯拉朽一般，似乎并没有溅起太多的浪花。然而，相比于秦国对其余五国的吞并战争，我们会发现，楚国的抵抗是最顽强的，秦国在楚国所遇到的困难也是最大的，而且最终是通过打持久战才获得了最后的胜利，这也是秦国在征伐其余五国时从未用到的战术。

纵观楚国八百年的历史，楚国从一个默默无闻的蛮夷小国跃升为一个威震四方的中原文明大国，这是非常了不起的。楚国人性格中的倔强和不服输，导致他们在群雄争霸的春秋战国时代，从来都不会默默无声，甚至还经常充当“出头鸟”的角色。事实上，到了秦朝末年，最后将秦朝送入坟墓的刘邦和项羽都是楚人出身，汉朝的开国功臣中绝大多数也是楚人，楚人从未屈服过秦的统治，楚人血液中的野性也从未被历史消磨掉。可见，楚人不仅“不服周”，他们也“不服秦”，他们不屈服于一切正统势力。

楚人这种倔强和不屈服的精神，进一步又表现在他们的开拓进取上。在文化领域，楚国创作出了《楚辞》；在政治上，楚国最先实行县制；在军事上，楚国“开地千里”；在经济上，最早开辟了海上丝绸之路；民族上，楚国吞并“群蛮”，为南方的民族融合做出了巨大贡献。楚人所做的这些，促进了古代南方中国的早期开发，也为秦汉时代南方经济的发展和魏晋南北朝时代北方人口的南迁打下了坚实的基础。

《晋世家》：三晋霸业

《晋世家》记述了晋国从叔虞封唐到三家分晋六百多年的兴衰史。晋国和楚国的争霸是春秋争霸的主旋律，三家分晋也标志着战国七雄格局的正式形成。

唐叔虞与晋国的建立

说起晋国的历史，我们要先从一个故事说起。

据说，在周成王年幼的时候，成王和他的同胞弟弟姬虞玩游戏。成王把一片梧桐树叶剪成了圭的形状，递给弟弟姬虞，说道："我用这个来封你做诸侯。"旁边的史官随即记录下了这件事，并请求成王择日册封。

成王突然就傻了眼，说道："我只是开个玩笑而已，不能当真。"史官却一本正经地说道："天子无戏言，天子说的话，史官就要如实记录下来，并按照礼节来完成它。"成王只好按照礼节，将弟弟姬虞封到了唐地。

这就是记载在《史记·晋世家》中"桐叶封弟"的故事。姬虞由于被封到唐地做了诸侯，后世就称他为唐叔虞，也就是晋国的开创者，晋国的历史也是从他开始的。今天山西太原还有一处著名的风景名胜，叫作晋祠，晋祠其实就是后世人为了纪念唐叔虞而修建的。

不过，如果仔细推敲的话，"桐叶封弟"的故事未必靠谱。这是因为按照当时宗法制的要求，无论是否发生过"桐叶封弟"的事情，姬虞都是要被分封的。而且，"桐叶封弟"的故事最早记载在《吕氏春秋》中，故事的内容和《晋世家》中记载的差不多，最大的区别就是故事中推动成王分封的人物不是史官，而是周公旦。

《吕氏春秋》属于杂家之说，并非严谨史书，同时期的《国语》《左传》都未有相关记载，只有后来刘向的《说苑》和司马迁的《史记》转述了这一故事。

到了近代，随着一段青铜铭文的发现，让"桐叶封弟"的历史真相更加迷雾重重。《晋公午奠皿铭》记载："我皇祖唐公，膺受大命，左右武王……"这里的"唐公"即唐叔虞。"唐公"曾辅佐武王，建立功业，绝非因为一句玩笑话而受封的。

历史学家童书业先生据此推断，唐叔虞如果能在周武王的时代建功立业，年龄必然不可能比成王年幼，很有可能是武王弟弟、成王的叔叔。[①]许多历史研究者也都持此观点。

看到这里，我们也就大致明白了。所谓的“桐叶封弟”可能只是一则儒家寓言故事，教导世人要重信，这深合儒家的“五常”之说[②]，但是故事本身极有可能是虚构的。

唐叔虞所受封的唐国是个历史非常久远的古国，传说尧就曾定都于此，这里世代居住的都是帝尧的旧民和后裔。后来由李渊所建立的唐朝，其国号也是来源于此，唐朝就给开国皇帝李渊拟了一个“神尧皇帝”的尊号。[③]事实上，此时的唐国就是之后晋国的前身。

唐国在哪里？按照《晋世家》中的记载是在“河、汾之东”，也就是黄河和汾河以东，具体在何处，历代学者莫衷一是，但可以肯定的是，就在汾河谷地一带。

自20世纪80年代以来，考古学家在山西翼城和曲沃交界的地带进行了持续的考古发掘，发现了西周时期历代晋侯和夫人的墓地，以及多座车马坑，这就是震惊中外的天马曲村晋侯遗址，如今这里也被建成了晋国博物馆。这一重大考古发现，让人们相信此地即为晋侯始封的唐地，同时也是晋国早期都城所在地。[④]

唐叔虞来到唐地之后，教化百姓，抚慰唐民。《左传》将唐叔虞的治国方针概括为“启以夏政，疆以戎索”，意思是用夏朝的制度来管理唐地（因为古唐国被认为是夏墟所在地），风俗习惯上则采用戎狄的习俗。

前文提到过，夏商西周时期的“戎”其实并不等同于游牧部落。这里的“戎”主要是指商周之际居住在唐地周围的少数民族和毗邻的西北方

① 童书业:《春秋史》，上海，上海人民出版社，2019，第116页。

② 五常即仁、义、礼、智、信。

③ 胡阿祥:《吾国与吾名：中国历代国号与古今名称研究》，南京，江苏人民出版社，2018，第59—65页。

④ 邹衡:《论早期晋都》，《文物》，1994（01）。

国，“疆以戎索”其实本质上就是因地制宜，按照当地的风俗民情来治理百姓。[①]

其实，“夏政”和“戎索”并不冲突。唐地相对于中原文明区域而言，是一个相对边缘的存在，无论是经济还是文化都相对落后，而且在自然地理条件上和中原地区也有着迥然的差异，这就导致唐地无法完全照搬中原的社会模式。比如，西周所推行的井田制，在以山地地形为主的唐地显然不太实际。

因此，唐叔虞对于唐地的治理，只能采用因地制宜的办法，有选择性、有针对性地来推行周朝的制度，主要就是政治制度，这就是“启以夏政”。实际上，周朝一直把自己看作夏朝的继承人，故而“夏政”其实就是“周政”，也就是分封制、宗法制等内容。

唐叔虞之后，其子燮即位，也称作燮父。燮父迁都于晋水，国号也由唐改为晋，他也是晋国历史上的第一位晋侯。因此，严格地说唐叔虞并非晋国的开国者，燮父才是晋国的始封之君。

晋国内乱之始

关于西周时期的晋国历史，《晋世家》中记载得非常简略，而且存在着明显的纪年错误。根据传世文献和天马曲村晋侯遗址的考古研究，史学界基本判定，《晋世家》和《十二诸侯年表》中关于西周末期晋靖侯到晋文侯的纪年均存在差错。[②]当然，具体的纪年情况学者们还没有达成一致，还有待进一步研究和讨论。

这也不能全怪司马迁，他在写《晋世家》的时候所能依据的西周时代的文献材料本身就很匮乏。同时他也在《晋世家》中说道：“靖侯已来，年

① 邱文选、范全红:《从“启以夏政，疆以戎索”看周初唐国社会》,《晋阳学刊》, 1996（04）。
② 程平山:《西周时期晋侯世次与系年考》,《晋阳学刊》, 2007（05）。

纪可推。自唐叔至靖侯五世，无其年数。”可见，关于靖侯之后几位晋侯的纪年很可能是司马迁自己考证和推理而得出的，并非根据文献材料记录得出的。当然，也有其他学者认为是后世传抄讹误所致。[①]

晋国的第八任[②]国君是晋穆侯，他跟随周宣王征讨盘踞在中条山一带的条戎，结果却遭遇惨败。战后不久，晋穆侯的嫡长子诞生了，出于对战争的愤恨和不悦，他给这个儿子取名为“仇”。

三年之后，晋穆侯再次跟随周宣王出征，在千亩之战中取得大胜。在这场战役后不久，他的小儿子诞生了，由于胜利的喜悦，他便为小儿子取名为“成师”。

西周讲求宗法制，讲长幼尊卑，给嫡长子取了寓意不好的“仇”字，却给幼子取了“成师”的美称，这显然是有悖于宗法制的。当时，一个被史书称作师服的大臣也注意到了“嫡庶名反逆”的问题，并预言这是祸乱的征兆。

十七年后，晋穆侯去世。兄弟阋墙的悲剧倒是没有发生，但晋国的朝堂上却发生了另外一出悲剧——晋穆侯的弟弟篡位自立，这就是晋殇叔。太子仇为躲避杀身之祸，只能逃离晋国。四年之后，太子仇反攻回晋国，杀死殇叔，抢回了君位，这就是晋文侯。

这一历史事件虽然并不太出名，但是却极具象征意义。在整个春秋时代，要说哪个诸侯国最乱，政治斗争最激烈，篡位夺权的事情最多，那么非晋国莫属了。晋殇叔篡位夺权，不仅意味着晋国的宗法制度被打破，更意味着晋国此后将长期上演流血政变。

即位的晋文侯同样是位狠角色，在之后的“平王东迁”的历史事件中，晋文侯不仅参与迎立周平王，而且亲手杀死了周携王余臣。就王位合法性而

① 程平山:《唐叔虞至晋武公年代事迹考》,《文史》, 2015（03）。

② 不算始封君唐叔虞是第八任，算上唐叔虞则是第九任。

言，周携王自然不及周平王，但是晋文侯杀死周携王同样是一件挑战周王室权威的“壮举”。

正是因为有了晋殇叔和晋文侯的“榜样”效应，从此以后，晋国朝堂上的政治斗争就一刻没有停息过，不断有人试图挑战君权。

从“曲沃代翼”到“骊姬之乱”

关于晋国的政治内乱，主要有两件大事，一是“曲沃代翼”，二是“骊姬之乱”。尤其是后者，司马迁在《晋世家》中不惜花费大量笔墨来叙述此事。

先来说说“曲沃代翼”。

晋文侯去世之后，他的儿子晋昭侯继位，并将叔叔（晋文侯的同母弟）成师分封到了曲沃。因此，成师在历史上一般也被称作曲沃桓叔。从曲沃桓叔开始，曲沃的势力越来越强，随即便生出了非分之想，开始了对晋国君位的争夺。

被分封在曲沃的桓叔一系是“小宗”，而晋文侯一系则是“大宗”，如今“小宗”开始对“大宗”发起挑衅，意图侵犯和夺取“大宗”的位置，这是典型的礼崩乐坏的体现。因此，到了这个时候，当年师服的预言终于应验了，晋国的祸乱真正来临了。

从曲沃桓叔开始，到曲沃庄伯，再到曲沃武公，前后三代人，不断地以阴谋和武力的方式持续地争夺着晋国的君权。经过六十七年的不懈努力，到了武公一世，曲沃“小宗”成功灭晋，代表“大宗”的晋文侯一系惨遭屠戮，“小宗”上位为“大宗”，从此执掌晋国大权。

这就是发生在晋国历史上的“曲沃代翼”，也称作“曲沃代晋”。从性质上来说，这是晋国公室内部旁支势力取代宗主势力的一次政变。但是从整个春秋时代来看，这其实也是历史进入东周以后“礼崩乐坏”的一个重要体现。

其实，还有一个诸侯国也发生了和晋国颇为相似的一幕，只是最终的结果不同，这就是郑国。

在周平王东迁的过程中，晋国和郑国的助力最大，其中尤以郑国和周王室的关系最好，且最为亲密。事实上，郑国是西周时代周王室分封的最后一个诸侯，郑国的始封之君是郑桓公姬友，他是周宣王的弟弟，也是周幽王的叔叔。从宗法制的角度来说，郑国和东周王室是血缘关系最近、最亲密的。

然而，郑国和周王室的“蜜月期”并没有维持多久，随即就发生了“周郑交质”和“周郑交恶”两起事件。周平王对郑国开始不信任，双方交换太子作为人质。周平王之后的周桓公为了打压郑国，和郑国交恶，和当时的郑庄公爆发了繻葛之战，最终战败。自此以后，郑庄公开始称霸，也是东周时代第一霸（早于齐桓公），而东周王室则开始渐渐失去了对诸侯的掌控，春秋争霸自此而始。

我们在中学学过《郑伯克段于鄢》[①]这篇古文，这里的“郑伯”就是郑庄公，“段”就是郑庄公的弟弟。作为“小宗”的段开始觊觎郑国的君位，于是便发起反叛，郑庄公最终平定叛乱，段也流落到了共国，故而后世称之为共叔段。这就是发生在郑国的“共叔段之乱”。

可以说，晋国“曲沃代翼”和郑国“共叔段之乱”本质上是相似的，都是“小宗”对“大宗”的反叛，而且几乎同时发生。二者唯一的区别是结果不同，一成一败而已。可见，东周时代宗法制的破坏已不单单是一国之现象，而是历史之大势、时代之必然。

其实，在“曲沃代翼”这一事件过程中，还有一个细节非常值得注意。曲沃一系曾经两次用贿赂的方式收买周王室，一次是曲沃庄伯贿赂周王室派兵讨伐翼都，另一次是曲沃武公贿赂周王室册命自己为晋君。我们可以看

①《左传·鲁公元年》。

到，此时的周王室已经完全没有了尊严和立场，在贿赂面前，本来最应该捍卫宗法礼制的周天子已经沦落为诸侯手中的工具，周天子的威严已经荡然无存。

正是通过这种贿赂的方式，曲沃武公获得了周天子的任命，堂而皇之地成了晋国之君，成了晋武公。然而若干年之后，公元前403年，同样的一幕再次在晋国上演，周天子正式任命赵氏、魏氏、韩氏为诸侯，晋国遂灭亡，这就是历史上著名的“三家分晋”。可以说，在“三家分晋”的两百多年前，晋国的国土上就已经有过一次周天子任命诸侯的预演了，这或许就叫作天道轮回吧。

“曲沃代翼”对晋国之后的历史有着极为深远的影响。晋武公死后，其子晋献公即位，晋献公害怕重蹈“曲沃代翼”的覆辙，便大肆杀戮公族群公子。从此，晋国的公族势力彻底衰落，取而代之的则是异姓贵族，也就是公卿势力。从后来发生的历史来看，晋献公依靠公卿势力确实让晋国走向了强大，但是晋国最后的灭亡，恰恰也是公卿势力畸形膨胀之后所造成的。换句话说，晋国灭亡的祸根在晋献公时代就已埋下，而其根源就是“曲沃代翼”。

说完“曲沃代翼”，我们再来说“骊姬之乱”。

晋献公时代是晋国强势扩张和崛起的时代。据统计，晋献公时期兼并的诸侯国有二十国之多，晋国也迅速跻身于齐、晋、楚、秦四大国之列。[①]也正是在一次讨伐骊戎的过程中，晋献公得到了两个美女——骊姬和她的妹妹，“骊姬之乱”自此而始。

晋献公得到骊姬之后，十分宠爱，于是便想立骊姬为夫人，立骊姬的儿子奚齐为太子。晋献公原本的夫人是齐桓公之女，被称为齐姜，生下了太子申生，然而齐姜早逝，这也正好给了他改立骊姬为夫人的机会。另外，晋献

---

① 李尚师：《晋国通史》，太原，山西人民出版社，2014，第616—634页。

公还有两个儿子也是比较出名的，分别是公子重耳和公子夷吾。

晋献公不仅想立骊姬为夫人，还想立奚齐为太子，这招致了不少公卿大夫的激烈反对，但最终晋献公还是将骊姬立为了夫人。骊姬也不是盏省油的灯，她贿赂晋献公身边的宠臣，让他们向晋献公进谗言，最终成功离间了晋献公和三个儿子的关系，这三个儿子被调离了国都，而骊姬的儿子奚齐则留在了国都。

其后，骊姬继续诬陷太子申生，太子申生无力辩解，自杀而死，重耳和夷吾也被迫逃离晋国。往哪里逃呢？重耳的母家在狄，他索性就逃到了狄，夷吾也逃到了梁国。

就这样，奚齐被晋献公立为太子，然而骊姬并没有高兴多久，她的如意算盘就落空了。不久晋献公去世，以里克为首的公卿大夫先后杀死了奚齐和卓子（骊姬妹妹之子）。

国不可一日无主，里克便想拥立重耳为新君，然而重耳却拒绝了。重耳给出的理由是自己从没有好好侍奉过父亲，没有颜面回国。实际上，他的真实想法是晋国现在正处于内外交困、水深火热之中，这个时候回国当君主，无异于刀头舐血。最终，公子夷吾回国成为新君，这就是晋惠公。

这就是"骊姬之乱"，但是这一事件的后续影响却在继续。

晋惠公能够登上晋国国君宝座，全赖里克和秦穆公的支持。然而他上台之后，很快就背弃了和秦穆公订立的割让晋国河西之地给秦国的约定，而且杀死了里克。为了稳固自己的君主之位，他还派杀手去刺杀重耳，重耳只能离开狄，开始了他的流亡生涯。

重耳先后流亡于卫、齐、曹、宋、郑、楚、秦等国，最终在秦穆公的帮助下，他被护送回晋国，杀掉了晋惠公之子晋怀公，即位为晋君，这就是春秋五霸之一的晋文公。

晋文公在位期间，先是帮助周襄王平定了王子带之乱，然后又对曾经对自己无礼的卫国和曹国进行讨伐，之后又和楚国发生了著名的城濮之战，大败楚军，最后在践土举行会盟（史称“践土之盟”），从而正式确定了自己的中原霸主地位。

晋国的霸业及其衰亡

对晋文公称霸的过程，笔者不作过多叙述，主要来分析一下晋文公称霸的一点原因。

晋文公能够得以重返晋国，虽然表面上是因为晋惠公不得人心，以及来自秦穆公的协助，但实际上这背后还隐藏着一个很重要的原因，那就是晋国在历经“骊姬之乱”后，晋献公的嫡系子孙只剩晋文公一人而已。而导致这一切的根源，其实还得归结于晋献公大杀公族，这直接导致了“晋无公族”[①]的局面。

公族有广义和狭义之分，广义上的公族是指历代国君后裔，不限于血缘亲疏，而狭义上的公族是国君的叔伯、兄弟、子侄这类近亲。晋献公大杀公族以及“晋无公族”，所指的都是狭义的公族。

晋文公执政之后，厉行改革，其中非常重要的一点就是做出了一系列的人事安排。

首先，晋文公对随从自己流亡和拥护自己的功臣大行封赏，“大者封邑，小者尊爵”。[②]

其次，晋文公大力启用和昭雪了一批“旧族”以及公卿贵族。这里的“旧族”所指的就是旧公族的支系，准确地说就是晋献公以上历代国君子弟的支系。

综合来说，晋文公擢拔和启用的家族主要有十一家，分别是胥氏、

---

①《左传·宣公二年》。

②《史记·晋世家》。

籍氏、狐氏、箕氏、栾氏、郤（音同“希”）氏、柏氏、先氏、羊舌氏、董氏、韩氏。此外，随从晋文公流亡的赵衰（音同“崔”）、魏犨（音同“抽”）也在启用之列。

同时，晋文公选拔出这些家族中的优秀人才委以官职，让“诸姬之良”担任中官，让“异姓之能”担任远官。所谓“诸姬之良”，也就是旧公族后裔中的优秀人才，因为晋国宗室以姬为姓，这些旧公族就是姬姓同宗；所谓“异姓之能”，也就是非姬姓的公卿贵族中的能人贤士。[①]

这些旧族公卿被任用之初，势单力薄，政治实力相对偏低，对于晋文公的封赏和启用无不深怀感激。为了获得更好的发展机会，为了报效晋文公的知遇之恩，这些旧族公卿便团结在晋文公的麾下，为晋文公的称霸献策献力，为晋国的发展和壮大做出了突出贡献。[②]

可见，晋文公擢拔和启用旧族公卿是他之所以能够称霸中原的一个重要原因。

正所谓“祸兮福之所倚，福兮祸之所伏”，晋文公的这一举措也为晋国此后的历史埋下了隐患。我们可以看到，后来瓜分晋国的赵、魏、韩三家都在晋文公的启用之列，赵、魏、韩三家也的确是在晋文公时期开始崛起的。

在晋文公之后，这些旧族公卿角逐于晋国朝堂之上，共同谱写了晋文公之后春秋时代晋国后半段的历史，甚至屡屡出现公卿弑君的现象。尤其是在晋悼公之后，由于晋国始终执行不任公族的国策，旧族公卿势力越发壮大，晋国的朝堂上出现了六卿[③]轮番执掌晋国朝政的局面，晋国最终也亡于公卿之手。

虽然晋文公之后公卿贵族始终左右着晋国政治，晋国也曾一度衰落，但

①《国语·晋语四》。

② 杨秋梅:《春秋时期的晋国公族及其特点》,《安徽史学》, 2011（03）。

③ 六卿有广义和狭义之分。广义上的六卿是指晋文公建立三军，每军设置将、佐各一名，分别是中军将、中军佐、上军将、上军佐、下军将、下军佐，这就是六卿。而狭义上的六卿是指范氏、中行氏、智氏、韩氏、赵氏、魏氏六个世袭卿族。此处指狭义的六卿。

是晋国的霸业却持续了很久，一直到晋悼公时期，晋国的霸主地位始终未能动摇。其间，在晋厉公时期晋楚两国爆发了鄢陵之战，楚国大败，楚共王还被射瞎了一只眼睛。

事实上，晋国在军事上的强大，也和晋国不任公族的国策密切相关。晋文公启用的公卿贵族有十几家之多，这些卿族彼此间既密切配合也相互竞争，最有力的竞争方式就是军功竞争，因为军功不仅可以获得政治地位的提升，而且可以获得土地的封赏。

因此，从春秋时代晋国后半段的历史来看，公卿诸家无不在积极经营着各自的根据地，对于土地的争夺越演越烈，不断地发动兼并战争，获胜方总是迫不及待地将失败方的土地和城邑瓜分一空。可以说，每一次公卿攻伐和吞并的背后，都意味着晋国土地的重新分配和易主。[①]

随着晋国土地的一次次再分配，晋国国君和公族所掌控的土地则越来越少，土地越来越集中掌控在公卿贵族的手中，进一步削弱了晋国公族的势力。如此，晋国君权被公卿取代已经成为历史的必然结果，"三家分晋"的历史结局在冥冥中就早已注定了。

最后，我还想再谈一下晋楚两国在整个中国历史上的地位和影响。

站在整个春秋史的角度来看，当时的天下格局是一种典型的"两极"格局，一"极"是楚国，另一"极"就是我们这一节要讲的晋国了。而且在三百年的春秋争霸史上，晋楚争霸始终是主旋律，几乎贯穿了整个春秋史，其中又以晋国称霸时间最久。可以说，晋楚两国的争霸左右着整个春秋时代的历史走向。

如果再把视野放诸整个先秦时代，我们也会发现，晋国和楚国一个处于华夏文化圈的北缘，一个处于华夏文化圈的南缘，他们都在不断地同化着华夏族之外的其他族群，同时也都共同承担着扩张和奠定华夏版图的历史使

---

① 马保春：《晋国历史地理研究》，北京，文物出版社，2007，第188页。

命。这也是晋、楚两个国家对华夏文明的独特贡献之所在。

《魏世家》：战国时代的变法图强

《魏世家》记述了战国七雄之一魏国的兴衰史。魏国也是进入战国时代第一个称雄的国家。

三家分晋

拉开战国历史序幕的两起标志性历史事件，一是“田氏代齐”，二是“三家分晋”。其中，尤其是“三家分晋”这一历史事件，真正奠定了战国时代七雄并立的历史格局。

接下来我们就来讲述关于“三家分晋”的历史。

晋悼公十四年（前544年），吴国的延陵季子出使列国，他来到晋国，见到了当时执政的赵文子（赵武）、韩宣子（韩起）、魏献子（魏舒），在了解了晋国的政治状况后，他预言道：“晋国的政权最终要落在赵氏、韩氏、魏氏这三家手中。”临走之时，他又对晋国执政叔向告诫道：“晋国国君奢侈，优秀的臣子太多，晋国的政权迟早要落在这三家之手，你言行正直，务必要顾虑自己的安危。”[①]

仅仅三十年之后，也就是晋顷公十二年（前514年），延陵季子的预言就部分地应验了。晋国的祁氏和羊舌氏被灭，国政落入六卿之手。叔向就出自羊舌氏，他的家族最终没能逃过此劫，在这一年被彻底灭亡。

又过了十七年，即晋定公十五年（前497年），晋国发生了“范氏、中

①《史记·吴太伯世家》。

行氏之乱”，晋国六卿之间酝酿已久的矛盾全面爆发，兼并斗争持续了八年，最终以范氏、中行氏出奔而结束。

随着范氏和中行氏的出奔和被废，晋国六卿顿时变成了“四卿”，即智伯（智瑶）为首的智氏、韩康子（韩虎）为首的韩氏、赵襄子（赵毋恤）为首的赵氏、魏桓子（魏驹）为首的魏氏四家。其中，以智氏实力最强，野心也最大。

智伯刚愎自用、利令智昏，他要求赵、魏、韩三家出让土地，赵襄子不同意，智伯便联合韩、魏两家发起了对赵氏的进攻。赵襄子利用韩、魏两家对智伯的不满，派使者暗中游说，最终说服韩、魏两家，三家联合起来对智伯发起反击。智伯毫无防备，被打了个措手不及，最终战败被杀，智氏也就此退出了晋国政坛，这一年是公元前453年。

赵、魏、韩三家灭智伯之后，开始了对智氏的瓜分和清算。赵氏占据了晋国的中北部，韩氏占据了晋国的东南部，魏氏占据了晋国的西南部，并且进一步削夺晋君的领地，最后晋君只剩下了曲沃和绛两地。

这就是历史上著名的“三家分晋”。

虽然此时赵、魏、韩三家已经和诸侯无异，但是名义上的“三家分晋”还要再过五十年。到了公元前403年，周威烈王正式册命赵、魏、韩三家为诸侯，三家正式跻身于七雄之列。自此，历史进入了战国时代，司马光的《资治通鉴》也是从这一年开始记述历史的。

不过，春秋和战国的时间分界线十分模糊，史学界对此莫衷一是，至今也没有一个公认的定论。

比如，通用的教科书所采用的分界时间是公元前475年，而将公元前476年作为春秋结束之年。这一年是周元王元年，也是《史记·六国年表》中所说的战国起始之年，这代表了司马迁的观点，即战国起始之年是公元前475年。后世因循司马迁的观点，郭沫若也持此说，这也是流传最广的一种观点。

再比如，春秋作为一个时代的名称，其实是来自鲁史《春秋》，而《春秋》中所说的春秋截止之年是公元前481年，以此作为春秋和战国的时间分界线也十分合理，钱穆和吕思勉都持此说。

再有，就是司马光的看法。《资治通鉴》开篇就讲公元前403年赵、魏、韩三家被周天子册命为诸侯，从“三家分晋”开始记述历史。“三家分晋”代表着“七雄并立”格局的奠定，因此，这是一个最为讨巧也是最为简明的划分方法。

除了以上三种看法之外，还有其他几种看法，在此我就不多作介绍了。

不管春秋和战国分界时间的划分方法有多少种，但把“三家分晋”作为战国开始的标志，绝大多数的史学家都不会有什么异议，这也是相对而言比较公认的看法。

魏文侯的霸业与战国的变法之风

进入战国时代之后，最先在七雄中称霸的就是魏国。而魏国得以称霸，和魏国所实行的变革息息相关，这就是李悝变法。而魏国的这场变法，更是直接拉开了战国时代的变法之风。

在晋国时代，魏氏家族在众多公卿贵族中是比较低调的一家，不显山不露水，不太为人所注意。但就是这样一个略显跑龙套的角色，最终却逆袭成功，成了诸侯。可见，有时候低调未必是件坏事，强出头反而更容易招致灾祸。

在“三家分晋”的过程中，赵氏是得利最多的，领土也最多，魏氏和韩氏都相对少一些，然而魏国却成了战国首霸，这离不开魏国的开国之君魏文侯的努力。

“三家分晋”之后不久，魏桓子去世，其子魏斯继位[①]，这就是魏文侯。

魏文侯继位伊始，赵、魏、韩三家仍暗中内斗，他不断地调停三家之间的争斗，联合赵、韩一致对外。也正因如此，魏文侯成了三晋的盟主，成为晋国的正卿。

与此同时，魏文侯开始了他的强国之路。他的强国之路主要是两个方面，一是变法，二是养士。

就之后的整个战国时代来看，无论是变法还是养士都成了一种时代风尚。而其开创者正是魏文侯，他开创了列国变法和养士之风的先河。

如何变法呢？魏文侯任用李悝为相，主持了一系列变法活动。

首先是在经济方面，李悝主张“尽地力之教”，推行“平籴法”。

“尽地力”主要就是最大限度地提高土地利用率，保证单位面积粮食产量的增加。如何增加土地利用率呢？就当时的历史条件而言，一种办法就是大规模推广铁器工具，这是从春秋到战国的一个历史大趋势；另一种办法就是鼓励农耕，提高百姓的生产积极性。而“平籴法”则是国家在丰收之年采购粮食，以备不时之需和防止谷价大跌，到了灾年则开仓放粮，平抑粮价，避免不法商贩囤积居奇、哄抬粮价，这可以看作国家在经济上的一种宏观调整。

其次是在法制方面，制定出一套严密的法律制度，最具代表性的就是《法经》。《法经》分《盗》《贼》《网》《捕》《杂》《具》六篇，主要是维护国家统治和社会稳定。《法经》在中国法制史上是一部里程碑式的法典，也是我国第一部系统完备的成文法典，它的问世，为后世法典的制定提

① 《史记·魏世家》记载“桓子之孙文侯都”，认为魏文侯名都，是魏桓子之孙。裴骃《史记集解》和司马贞《史记索隐》中引用先秦典籍《世本》，认为魏文侯名斯，是魏桓子之子。钱穆在《先秦诸子系年》中考证认为魏文侯是魏桓子之子，从其说。

供了蓝本，它标志着中国古代的立法技术开始走向成熟。[1]而从之后的历史来看，李悝的《法经》也成为之后吴起在楚国变法和商鞅在秦国变法的效仿对象，李悝也堪称先秦法家思想的鼻祖。

还有就是政治方面，废除了世卿世禄制度，废除贵族特权，任用有治国才能的优秀人才。魏文侯十分注重对人才的吸纳，后文中对此会有详述。

魏文侯除了任用李悝进行变法之外，还任用吴起进行军事上的改革。魏国处于韩赵之间，西接秦国，南邻楚国，是真正的“四战之地”。而要在乱世之中立国，最关键的就是要拥有强大的军事力量，这也就是“枪杆子里出政权”的道理。

吴起被魏文侯启用之后，在魏国推行“武卒制”。“武卒制”的精髓其实就是精兵战略，为魏国打造出一支超级兵，故而其选拔标准、训练强度、纪律要求以及武器装备上，都比普通士兵要高出很多，同时配以极为优厚的待遇赏赐，作战能力自然非同一般。

吴起在魏国效忠了三十年，“武卒制”被发挥得淋漓尽致，魏国自此拥有了一支极为凶悍的“特种部队”，史称“魏武卒”。这支武装部队也一度成了秦国的噩梦，在吴起主持军事改革的三十年间，秦国丧失了函谷关以及黄河以西五百里的“西河之地”。吴起夺取西河之后，魏国再次设置了西河郡，吴起也被任命为西河郡守，挡住了秦国的东进步伐。

中国古代的儒家理念，对君主的德行是有非常高的要求的，其中有一点非常关键，就是礼贤下士。在儒家典籍中，我们可以看到尧舜得到皋陶的辅佐，商汤得到伊尹的辅佐，周文王得到吕尚的辅佐，齐桓公得到管仲的辅佐，这些君王都是因为做到了礼贤下士才成了有为之君。而战国时代的第一个霸主魏文侯，也是礼贤下士的典范。

魏文侯的手下，可谓人才济济，光是见诸《史记》中记载的就不下九

① 曾宪义，赵晓耕:《中国法制史》，北京，中国人民大学出版社，2013，第48页。

人。除了刚提到的李悝和吴起之外，还有包括子夏、田子方、段干木、魏成子、翟璜、西门豹、乐羊等人。

其中，子夏是孔子的门生，田子方是子贡的学生[①]，段干木是子夏的学生[②]，吴起既是曾子的学生[③]，同时也授学于子夏，而主持变法的李悝也授学于子夏。

可以看出，魏文侯手下的贤臣超过一半都是孔门弟子，而魏文侯本人其实也是子夏的门徒。换句话说，子夏可以算作魏国的国师了。反观孔门的其他弟子，乃至孔子本人，都从未享受过如此高规格的礼遇。

事实上，子夏作为孔子的经传弟子，来到魏国西河之后，就在此讲学授徒，他的门下学子遍布整个西河和魏国。后世将子夏和他的门徒称作“西河学派”，这里俨然成了儒学的圣地。

对此，梁启超说道：“儒教始大行于西河。”[④]可以说，这是儒学第一次成为显学。

魏文侯虽然尊崇儒学，但他却绝非单纯地以儒治国，而是采取了“王道”和“霸道”并重的治国理念。这和后来汉朝所实行的“以霸王道杂之”[⑤]的国策非常相似，魏文侯也堪称王霸政治的先驱者。[⑥]

我们可以看看魏文侯所重用的这些贤臣。李悝虽受学于子夏，但他的思想其实代表了之后的法家一派，他也是法家思想的鼻祖；吴起和乐羊都是兵家思想的践行者，吴起还著有兵法《吴起兵法》流传于世；魏成子和翟璜是政事型人才，魏成子被任命为相国，翟璜则为魏文侯举荐了一大批人才，二人共同参政议政，为魏文侯出谋划策；西门豹代表的是实干型人才，他把邺

---

①《吕氏春秋·当染》。

②《史记·儒生列传》。

③《史记·吴起列传》记载吴起“事曾子”，此“曾子”应为孔子学生曾参之子曾申。

④ 梁启超：《论中国学术思想变迁之大势》，上海，上海古籍出版社，2006，第44页。

⑤《汉书·元帝纪》。

⑥ 高培华：《卜子夏考论》，北京，社会科学文献出版社，2012，第197页。

城治理得井井有条，使得“民不敢欺”而天下闻名。[①]

可见，魏文侯采取的是多元化的人才观，外儒内法，兼收并蓄，不拘一格吸纳人才。

魏文侯尊儒重礼，礼贤下士，广纳贤才，这让当时的魏国成了人才汇聚之地。《史记·魏世家》借秦人之口说道：“魏君贤人是礼，国人称仁，上下和合，未可图也”，然后又说“文侯由此得誉於诸侯”。

魏文侯是历史上第一个通过变法走上强国之路的国君，他无意中为后世的统治者设计出了一套极具典范的政治文明的框架，用句时髦的话来说，就是“顶层设计”。可以说，后世很多变法者和改革者基本都是照着魏文侯的这套模板来进行改革的。

有了魏文侯这第一个“吃螃蟹”的人，战国时代效仿变法者便络绎不绝，但是基本都脱离不开魏文侯的变法框架。我们分别来简要说明一下：

逃难到楚国的吴起在楚国也推行了变法，除了侧重军事改革外，其他变法内容都和李悝变法大致相似；前文中提过的齐国的齐威王改革，他的变法核心其实主要是在纳贤上，广揽贤才；韩国的申不害变法，主要侧重法家的刑名之学，有点剑走偏锋，但仍属于法家思想的变法；还有最成功也让人印象最深刻的秦国的商鞅变法，商鞅变法以法家思想为核心，奖励耕战，实行军功爵，也是在魏国变法基础上进一步拓展出来的；赵国首先有公仲连变法，比较简单，核心还是纳贤和举荐贤人；唯一比较另类的是赵国的赵武灵王改革，改革的重点是发展骑兵和改革服饰，也就是常说的“胡服骑射”。

我们可以看到，除了赵武灵王改革比较特别之外，其余诸国的一系列变法基本上都脱离不了魏文侯变法留下的这套“顶层设计”。这套“顶层设计”也反映了战国时代所发生的深刻的社会变革，即从公田到私田、从分封制到郡县制、从世卿世禄制到军功制的转变。

①《史记·滑稽列传》。

虽然有很多变法的主张并非魏文侯第一个提出的，有些后世的变法内容在魏文侯变法中也未曾涉及，但是从系统性和精神内核上来说，魏文侯绝对算得上是后世变法的先驱者。

因此，我们完全可以说，魏文侯的变法对后世政治文明的建设有着莫大的奠基作用。

魏国的衰亡

经过魏文侯的变法，魏国的霸业前后持续了近一百年。历经魏文侯和魏武侯，魏国到了第三代国君梁惠王时期就开始走向衰落了。可能有人会感到好奇：魏国的国君怎么会叫梁惠王呢？这是因为梁惠王时期把魏国的都城从黄河以北迁到了黄河以南的大梁（今河南开封），所以当时魏国也被称作梁国，魏惠王也被称作梁惠王。

魏国的衰落和魏惠王时期的两起战争有关，一是桂陵之战，二是马陵之战。

魏惠王时期，魏国仍然是七国中的第一强国。魏惠王一改魏文侯时期和赵、韩联盟的国策，重新燃起了统一三晋的念头，于是先后对赵国和韩国发起了战争。就在赵、魏、韩三家开战的时候，齐国在齐威王的统治下开始壮大，并任用孙膑为军师。在孙膑的建议下，齐国先后驰援赵国和韩国，也就是在这个过程中先后发生了桂陵之战和马陵之战。两次大战都是以齐国大胜、魏国惨败而告终，魏国大将庞涓也被孙膑擒杀。

这两场战争的背后还有一个我们从小就耳熟能详的故事，这就是“孙膑斗庞涓”。据说他们二人同是鬼谷子的门生，庞涓后来到了魏国，他嫉贤妒能，设计陷害孙膑，孙膑被挖去了髌骨流落齐国，开始对庞涓实施报复。不过，故事虽然精彩，但很多细节其实都经不起推敲，尤其是马陵之战的不少细节至今还存在很大争议，在此就不赘述了。

这两场战争之后，魏国彻底失去了其中原霸主的地位，却成就了齐国的霸业和孙膑的大名。

魏国的衰落，直接给了秦国崛起的机会。由于魏文侯、魏武侯时代任用吴起为西河郡守，挡住了秦国东进的步伐，秦国一直没在魏国身上占到什么便宜。但是从魏惠王开始，秦国就加速了东进的步伐，西河之地也落在了秦国手中，这令东方六国十分胆寒，历史也进入了合纵连横的时代。

到了公元前225年，秦国大军水淹大梁，魏国自此灭亡。

颇具讽刺意味的是，魏文侯以纳贤而闻名，但是魏国衰落和灭亡的一个重要原因就是人才的流失。比如，担任西河郡守的吴起，他正是遭到了魏武侯的猜忌，才被迫投奔楚国。再比如，后来在秦国推行变法的商鞅，他曾被公叔痤推荐给魏惠王，但魏惠王却并未重视，不被重用的商鞅最终投奔了秦国。

而且即便是近在咫尺的贤才，在魏国也郁郁不得志，最具代表性的就是后来被称为“战国四公子”之一的信陵君。信陵君“窃符救赵”，却得罪了魏国的君王，在赵国滞留了十年不敢回国。后来即便信陵君回到魏国，他也无法得到君王的信任，无法施展一腔抱负，结果只能日日与宾客宴饮，沉溺酒色，郁郁寡欢而死。

在战国时代，“士”这一阶层崛起，他们经常周游列国，游说诸侯，社会思想十分活跃，人才流动非常频繁，“朝秦暮楚”的现象也很普遍。但是，魏国的人才流失却是列国之中最为严重的，它原本拥有雄厚的人才资源，最终却落得人才凋零终至亡国的局面，这实在令人唏嘘。

《赵世家》：赵武灵王和“胡服骑射”

《赵世家》记述了战国七雄之一赵国的兴衰史。赵国是战国中后期六国中唯一可以和秦国相抗衡的国家，尤其是赵武灵王推行的“胡服骑射”改革为赵国奠定了强大的军事基础，在中国古代军事史上具有重要意义。《赵世家》内容丰富，史料翔实，是《史记》三十世家中篇幅最长的，对研究战国历史具有重要的史料参考价值。

赵氏之兴

秦和赵的起源有着非常大的渊源。

前面介绍过先秦时代的姓氏文化，姓和氏是有严格区分的，姓代表血缘，氏代表族群。我们都知道，秦人以嬴为姓，秦始皇的本名就叫嬴政，但是很多人恐怕不知道的是，赵人同样也以嬴为姓。

姓代表血缘，如果说两个不同的族群都以嬴为姓，那么是不是可以说这两个族群是同根同源呢？

《史记·赵世家》的开篇说道：“赵氏之先，与秦共祖。”可见，从《史记》中的记载来看，秦、赵同源是毋庸置疑的。

还是根据《赵世家》中的记载，秦、赵最后一位共同的先祖是生活在商朝后期的飞廉（也作蜚廉），秦、赵也是从他之后开始分支的。飞廉有两个儿子，一个叫恶来，其后代为秦人；另一个叫季胜，其后代为赵人。

秦人的早期历史，我们在后面会再讲，这里我们先说赵人。

赵氏的名称来源于祖先造父。造父是季胜的曾孙，擅于驾车，是当时周穆王的车夫，载着周穆王向西巡游，见到了西王母。然而，徐偃王突然作乱，造父载着周穆王日行千里，赶回到了中原，并且平息了战乱。造父因功被周穆王封到了赵城，并“由此为赵氏”，后代也以赵为氏。

这个故事被记载在《赵世家》和《秦本纪》中，《赵世家》相对比较简略，《秦本纪》则比较详细。故事虽然很神奇，但是除去夸张的成分，基本的史实还是准确的，这也得到了青铜铭文的证实。①

造父被封于赵城，后代以赵为氏，这是典型的以封地为氏，这在先秦时代是非常普遍的现象。但是也有另外一种观点认为，造、赵二字音义相同，二者最初实为一字，赵城恐怕是因为造父本人而得名的，进而才有了赵氏。②

赵城在什么地方？在今天的山西洪洞一带，这里离当时的晋国非常近。在西周将要灭亡之时，周王室衰落，赵氏一族便举族投奔了晋国，从此在晋国扎根和发展。

之后，赵衰因为对晋文公有辅弼之功，是晋文公手下的“五贤士”之一，赵衰位列晋卿，赵氏从此成为晋国的执政卿之一。

从赵衰开始，赵氏宗族成为晋国此后历史上一支极具影响力的公卿家族。赵氏历经两百余年，九代十位宗主，最终在赵烈侯时期，被周王室册命为诸侯。赵国自此建立，赵烈侯既是晋国最后一任赵氏宗主，也是赵国的开国之君。

千古谜案

在这两百余年的发展史中，赵氏虽然成功笑到了最后，但也历经劫难。其中最重要的有两次，一次是赵襄子被智氏、魏氏、韩氏围攻于晋阳，另一

① 唐兰：《西周青铜器铭文分代史徵》，上海，上海古籍出版社，2016，第349—355页。

② 沈长云：《赵国史稿》，北京，中华书局，2000，第44页。

次则和一桩千古公案有关，这就是著名的“赵氏孤儿”。赵襄子被围攻于晋阳的事前文已叙，这里着重来说一下“赵氏孤儿”案。

按照《赵世家》中的记载，晋景公身边有一个宠臣，也是奸臣，叫屠岸贾（音同“鼓”），他一心想灭亡赵氏。随后，屠岸贾在没有任何指令的情况下，纠集将士把赵氏宗族围攻在下宫（赵氏的宫室），诛杀赵氏，史称“下宫之难”。事后，赵氏家族的封邑也被全部剥夺。

在这场政变当中，赵氏成年男子无一幸免，只有赵氏宗主赵朔的夫人赵庄姬因为是国君晋景公的姑姑才得以逃过一劫。当时的赵庄姬怀有身孕，不久之后诞下一名男婴，取名赵武，他也是赵氏宗族唯一的血脉。为了躲避屠岸贾的追杀，为了保护赵氏血脉，赵朔曾经的门客公孙杵臼挺身而出，他联合好友程婴将赵武救出，并用李代桃僵之计，换了个男婴替赵武受死，骗过了屠岸贾的追杀。

程婴带着赵武藏匿在深山之中，一直到十五年之后，赵武才走出深山，重新走入了晋国的朝堂，并对屠岸贾实施了反攻，将屠岸氏灭族。同时，赵武成为新一任的赵氏宗主，并且夺回了原本属于赵氏的封邑。这就是《赵世家》中“赵氏孤儿”的故事。

从宋代开始，“赵氏孤儿”的故事就开始走入寻常大众的视野。元代纪君祥创作的杂剧《赵氏孤儿大报仇》更是“赵氏孤儿”故事的集大成者，在明清时代已成为一出著名的戏曲曲目被反复演绎。同时，它还走出了国门，被翻译成多国语言传播到了欧洲。法国文豪伏尔泰偶然间看到了“赵氏孤儿”的故事，被其曲折跌宕的故事情节和它所反映的中国文化深深吸引，于是将这一故事改编成为五幕三十二场的舞台剧《中国孤儿》，并在法国巴黎上演，风靡一时。①

然而可惜的是，这个悲壮的复仇故事很可能是假的。“赵氏孤儿”的故

① 范希衡：《〈赵氏孤儿〉与〈中国孤儿〉》，上海，上海古籍出版社，2010，第14—41页。

事从唐代开始，就不断受到历代学者的质疑。比如，最先提出质疑的唐代学者孔颖达就说这则故事是“马迁妄说，不可从也”[①]；清代学者赵翼同样也赞同此说，认为司马迁是“采摭荒诞不足凭也”[②]。如今历史学家们对此也基本达成共识，《赵世家》中所记载的“赵氏孤儿”的故事是不可靠的。

“赵氏孤儿”的故事有着非常大的历史漏洞，最主要的证据有三点：第一，下宫之难发生时，赵武已经是少年，而绝非未出生的遗腹子；第二，“赵氏孤儿”中三个重要人物屠岸贾、公孙杵臼、程婴，都不见于《左传》《国语》等先秦史料中，尤其是屠岸贾并非晋国大族，如何能有擅自调兵之权；第三，《赵世家》中“下宫之难”发生的时间比《左传》中的记载早了十四年。此外还有种种证据，就不详细列举了。

与《赵世家》中“赵氏孤儿”的故事版本不同，《左传》中还有另外一个版本。《左传》也记载了赵氏宗族这一次劫难，但核心人物却不是屠岸贾，而是一个女人，她就是赵庄姬。

按照《左传》的记载，在赵朔死后，赵庄姬却和赵朔的叔叔赵婴齐乱伦通奸，奸情很快就被曝光了。赵氏宗族的领袖同时也是赵婴齐的两个哥哥，赵同、赵括两人对赵婴齐本就心怀不满，便借奸情一事将赵婴齐治罪，将他放逐到了齐国。赵庄姬心怀怨恨，就在晋景公面前告发赵氏宗族意图谋反。与此同时又有其他几位公卿在晋景公面前诋毁赵氏，晋景公这才下定决心诛杀赵氏，随后赵同和赵括被族灭，赵氏只剩下了赵武一根独苗。后来赵氏被平反，赵武重新成为赵氏宗主，并且夺回了原本属于赵氏的封邑，赵氏也得以复兴。

我们可以看到，在《赵世家》中“赵氏孤儿”的故事充满了悲壮气息，赵氏宗族被奸臣所害含冤而死，赵武复仇也显得大义凛然。而在《左传》

---

①（唐）孔颖达：《春秋左传正义》。

②（清）赵翼：《陔余丛考》。

中，“赵氏孤儿”的故事则是由一桩乱伦丑闻而引发的“连锁反应”，赵氏宗族被杀很大程度上是因为晋国君权和公卿贵族之间政治斗争的结果。

我们或许要问，司马迁为何要在《赵世家》中加入这样一段虚构而离奇的故事呢？我觉得，要回答这个问题，就必须结合《赵世家》的作者和史料来源来解答。

如果你阅读细心的话，应该还记得在本章第二节中，我们提到过《史记》其实是司马谈和司马迁父子共同完成的。而《赵世家》这一篇根据顾颉刚和王国维的考证，其作者很可能就是司马谈独立撰述完成的，可能并非司马迁的本意。

司马迁是继承了父亲的遗志来撰述《史记》的，因此他肯定非常尊重父亲的创作成果。他或许也知道“赵氏孤儿”的故事并不可信，但是出于尊重父亲的想法，他还是保留了《赵世家》的原稿内容，对“赵氏孤儿”的故事也没有完全摒弃。

这或许可以解释为什么会在正史《赵世家》中穿插了一段离奇的“赵氏孤儿”的故事。不过，相比于司马迁出于“私心”的原因，还有一个更为重要的现实原因也是必须要考虑的。

司马迁在《史记·六国年表》中，透露了他撰述《史记》所遇到的史料严重匮乏的问题。秦始皇曾下令焚书坑儒，诸侯史书都被付之一炬，很多诸侯国史又是孤本，唯独只有秦国国史《秦记》被保留了下来。

司马迁在撰述《史记》的时候，很多官方档案史料都没办法获取到了，除了参考《秦记》《左传》《国语》这些信史之外，他就只能参考一些不是很靠谱的民间文献材料了，有些甚至是小说家言。最典型的例子就是由不知名的策士和史臣共同书写的《战国策》，比如司马迁就把《战国策》中著名的“触龙说赵太后”一事原封不动地载入《赵世家》中。而司马迁撰述“赵氏孤儿”故事的蓝本，很可能就来自类似于《战国策》这样的小说家言。

司马迁有一个很突出的撰史特点：对于有争议的历史事件，他往往会采取存而不论的办法来处理，把对同一历史事件的不同说法分别记载下来，留待后人继续研究和分析。比如著名的秦始皇生父之谜，司马迁就把两种说法都记载了下来，而且孰对孰错，他不作评判。

司马迁的这一撰史特点也体现在对“赵氏孤儿”这一问题的处理上。我们可以看到，“赵氏孤儿”这一故事主要被记载于《赵世家》和《韩世家》中，而在《晋世家》中却只字未提，并且依从《左传》的说法。因此，司马迁可能也注意到了“赵氏孤儿”故事的不可信，他也肯定是参考过《左传》的，故而他采取了把两种文献说辞分别记载在不同的篇目中的做法。

另外，我们综合来看《魏世家》《韩世家》《赵世家》，同样是三晋之后，但是这三篇在篇幅字数上却是不对等的。其中，《韩世家》最简略，《魏世家》也相对比较简略，《赵世家》则篇幅最长也最为翔实。而且《赵世家》是《史记》三十世家中篇幅最长的，其篇幅字数甚至比《魏世家》和《韩世家》加起来的字数都要多出很多。

这就让人深感疑惑了，赵、魏、韩三家的历史年限其实差不多，但为什么唯独《赵世家》的篇幅如此之多呢？这其实和司马迁时代的史料留存情况有关。

日本学者藤田胜久对此作过研究。他认为，秦始皇焚书坑儒虽然导致六国国史湮灭，但是由于秦始皇和他的父亲秦庄襄王都曾长期流落于赵国，秦始皇的母家是赵氏“豪家”，极有可能是赵国宗室的远支，故而秦、赵两国有着很深的历史渊源，赵国的国史可能在一定程度上被当作《秦记》的一部分保存了下来，这也为司马迁撰述《史记》提供了丰富的赵国史料。[①]因此，《赵世家》才会显得篇幅很长。

① （日）藤田胜久著，曹峰，（日）广濑薰雄译：《〈史记〉战国史料研究》，上海古籍出版社，2008，第 287—292 页。

如果从赵国国史这个角度来分析的话，“赵氏孤儿”的故事很可能也是赵国官方故意编造的。因为“赵氏孤儿”是一个极具正义感的复仇故事，故事中赵氏宗族是被奸臣陷害的，它完全可以掩盖赵氏家族乱伦的丑闻，以及淡化赵氏先祖弑君的恶名，博取世人的好感和同情心。

综合以上分析，我们可以得出结论，《赵世家》中之所以保留有“赵氏孤儿”这样的虚构故事，不外乎三点原因：其一，司马迁是为了尊重父亲的创作成果；其二，战国史料匮乏，史料运用上可能采用了非信史的文献材料；其三，赵国执政者蓄意编造史料。

赵国的发展之路，不可谓不崎岖曲折，前后历经两次灭顶之灾，都差点导致赵氏灭亡。但是，赵氏最终还是化险为夷，并且在“三家分晋”中笑到了最后。赵国如此曲折的发展历程，在晋国各公卿家族中也是独此一家的。

赵国的发展困境与战略转型

进入战国时代，魏国率先成为中原霸主。然而，在“三家分晋”中获益最大的赵国却只是个不太起眼的小国，这一切都和赵国所处的周边环境密切相关。

赵国东有齐国，西有秦国，南有强大的魏国，北方又有不断崛起的胡人民族，其腹心还有一个由白狄人建立的中山国，将赵国分割为南北两部，被称作“国中之国”。

这一切都使得赵国成了不折不扣的“四战之地”，周边环境对它的发展十分不利。尤其是中山国的存在，这不仅让赵国如鲠在喉，更使得赵国国土破碎，无法充分调动全国的力量来对外发展。

赵国早期还发生了一件饶有趣味的事。魏文侯曾派出乐羊和吴起分兵合击中山国，然而魏国和中山并不接壤，中间还隔了赵国，但是强大的魏国完全无视地域的阻隔。乐羊和吴起率领的魏国军队深入赵国国土，一路北上去攻打中山国，最终历经三年鏖战灭掉了中山国。战后，魏文侯又封太子击为中山君，驻守中山国旧境。

通过这件事，我们可以看出两点信息：其一，中山国军事力量非常强大，当时号称“千乘之国”，即便是当时中原第一霸主的魏国，在拥有名将乐羊、吴起的情况下，也要花三年时间才能将中山国彻底攻灭；其二，在面对魏国这样的中原霸主的时候，赵国没有任何话语权，只能让魏国军队肆意穿越国土。

到了战国中期，魏国走向衰落，齐国和秦国开始崛起。但是齐国的强盛并没有维持多久，转眼间齐国就衰落了，秦国成了七雄中的第一强国。赵国是继齐国之后崛起的又一个中原强国，也成为东方六国之中唯一能和秦国较量的国家。而这一切都得益于发生在赵国的一场改革，这就是赵武灵王的“胡服骑射”。

公元前326年，赵国的第四任国君[①]赵肃侯去世，赵国迎来了一位年轻的君主，这就是赵武灵王赵雍。

此时的赵武灵王年仅16岁，然而就在赵国举办国丧之时，遭遇了一场前所未有的政治考验。以魏惠王为首的魏、楚、秦、燕、齐五国联军，以“会葬”为名，奔袭赵国而来。明眼人都能看得出，这哪是什么会葬，分明是想趁赵国易主之机伺机图赵。面对来势汹汹的五国联军，初登大宝的赵武灵王迅速地平息了这一场危机。不过，史书对“五国会葬”的过程并无详细记载，我们也无从得知16岁的赵武灵王是用什么办法让五国退军的，但可以肯定的是，赵武灵王自他即位的那一刻起就在世人面前展现出了他非凡的政治

---

① 不算赵武侯是第四任，算上赵武侯则是第五任。《赵世家》中记载赵国君主世系中有赵武侯（亦称赵武公）一人，但是赵武侯在位时期的史事皆不可靠。杨宽在《战国史料编年辑证》中结合古本《竹书纪年》和《世本》考证认为，赵武侯实为中山武公，中山国是赵国邻国，最后被赵国所灭，“因而中山之事常附见于赵之记载中”，今从此说。可参见杨宽《战国史料编年辑证》，上海，上海人民出版社，2016，第218—219页。

才能。

当然，“五国会葬”事件也再一次反映出，在赵武灵王即位之时赵国的国力非常羸弱。

另外，由于赵武灵王继位之时年纪尚幼，赵国国政被国相阳文君赵豹所把持，赵武灵王手中并没有多少实权，直到他及冠成年之后才得以亲政。赵武灵王亲政后大力提拔了前朝重臣肥义，这才稳固了自己的统治，掌握了赵国的实权。赵武灵王的上位过程，可以说非常坎坷。

赵武灵王继位后的几年时间里，赵国一直保持着低调的姿态，最典型的事例就是拒绝参与当时的“五国相王”。

在“徐州相王”事件中，魏惠王和齐威王率先称王，并结为联盟。之后，秦、韩、中山（被灭后不久复国）等国也接连称王。奉行合纵之术的公孙衍力劝魏、韩、齐、赵、中山结为同盟，相互称王，共同对付秦国。这其中，唯独赵武灵王拒绝称王，并且十分谦卑地说：“无其实，敢处其名乎！”意思是，我们没有那个本事，又怎么敢担当王的名分呢！而且，赵武灵王还“自贬身价”，让大家称自己为“君”。不过，后来赵国真正强大时，赵武灵王还是接受了“王”这一称号，不然我们今天又怎么会称呼他为“赵武灵王”呢？

事实上，从赵武灵王的父亲赵肃侯在位后期开始，赵国的国策就发生了转变。赵国放弃了向中原地区发展的策略，对中原列国也由战略进攻转为战略防御，对外也一直保持着低调的姿态。

这是一个非常现实的战略转变，当时魏国和齐国都先后崛起，赵国在中原地区不仅无法发展而且随时面临着被反攻的危险。比如赵国曾经发兵攻打卫国，结果却招致魏国的反击，魏国发兵围攻赵国都城邯郸，这就是赵国历史上的“邯郸之难”，也是“围魏救赵”这一成语典故的出处。

于是，赵肃侯开始在赵国南部边境线上修筑起了长城。历史学家沈长云在《赵国史稿》中说道："此长城的修造，标志着赵国在南部边疆开始由进攻转为防御，赵国南进以向中原发展的战略自此结束……到赵武灵王时期，赵国转而向北方发展，很快成为东方最强国。"①

可以说，从赵肃侯到赵武灵王的十余年间，赵国发生了巨大的战略转向，结束了对中原地区的发展扩张，转变为向北方戎狄民族的发展扩张。之后赵武灵王所推行的"胡服骑射"改革，其实就是在这个战略转型的大背景下应运而生的。

胡服改革

为了改变赵国被动挨打等种种不利的局面，为了顺应战略转型，赵武灵王决定要做两件大事：一是推行改革，二是消灭中山国。当然，这两件大事也可以统一起来，因为"胡服骑射"的根本目的就是富国强兵，是为向北部边境开疆拓土而服务的，而中山国正是赵武灵王对外开疆拓土的重中之重。

"胡服骑射"改革主要就是两个方面，一是"胡服"，二是"骑射"。下面我们分别来讲述。

先说胡服改革。

与胡服相对应的是中原华夏民族的传统服饰，也就是汉服。不过，这里"汉服"的说法其实并不准确，因为战国时期还没有"汉服"这样的说法，而且汉服的真正定型也要到汉朝以后。但是，从整个服饰发展史的角度来看，春秋战国时代也是汉服发展的一个重要阶段，历朝历代的汉服的设计理念也是一脉相承的，因此为了行文的方便，这里姑且以汉服称之。

我们有必要先来了解一下当时的汉服和胡服到底有怎样的区别，区别大致有五个方面：

① 沈长云：《赵国史稿》，北京，中华书局，2000，第151—152页。

第一，汉服是“上衣下裳”，胡服是“上衣下裤”。

当时人们的衣服形制是“上衣下裳”，我们今天说的“衣裳”就是源自这时。“衣”就是上衣，“裳”指的就是围裙。这样的服装看着好看，但是却不利于战场作战，也不太利于劳动。而胡人的衣服则是“上衣下裤”，下身穿裤子，和今天比较类似，非常方便骑马打仗。

从生活的角度来说，生活在气候相对温暖的中原地区的人，对于衣服取暖的功用并不太讲究，加之先秦时代面料纺织技术还不够精细，这就导致人们下身穿围裙更为实用。同时，中原地区的礼乐制度也对人们的行为举止有着强大的约束力，当时的人其实也不必担心走光的问题。因此，中原地区就形成了下身穿围裙的穿衣习俗。

相反，在塞北草原地区，气候相对寒冷，裤子也要比围裙更具保暖性。而且由于骑马的需要，只有裤子才能避免走光的问题，围裙不仅累赘还容易走光。因此，塞北草原地区就形成了人们下身穿裤子的习俗。

第二，汉服是右衽，胡服是左衽。

孔子曾说过：“微管仲，吾披发左衽矣。”[①]意思是说，如果没有管仲辅佐齐桓公“尊王攘夷”的话，我们恐怕要披发左衽了。左衽就是把右边的衣襟向左遮起来，它所代表的就是胡人的服饰，而中原服饰则是右衽，就是把左边的衣襟向右遮起来，另外还有死去的人会给穿上左衽衣襟。[②]在我们今人看来，这两者其实并没什么区别，给死者穿左衽衣襟也没任何科学道理，但是，这却是古人长期以来“华夷之辩”的一个重要体现方式。

有人从生活的便利性角度对此作了分析。古代汉族人是农耕民族，主要从事农业生产，右手干活多，所以习惯右衽，这样可以让右臂更灵活；而古代的胡人民族，大多是游牧民族，经常骑马射箭，因为射箭这个动作往往需

①《论语·宪问》。

②《礼记·丧大记》。

要左手开工右手射箭，左臂开弓需要的力量更大，所以习惯左衽，这样可以让左臂更灵活。

还有人从中国古代哲学的角度对此作了分析。古代阴阳理论讲究左为阳，右为阴，右衽就是左襟压着右襟，阳在上，阴在下，这就叫“阳包阴”；而左衽是右襟压着左襟，阴在上，阳在下，这就叫“阴包阳”，阴阳倒转，这只能是给死人穿。

第三，汉服是长衣宽袖，胡服是短衣窄袖。

第四，汉服是布制的腰带，胡服是皮质、革质腰带。

第五，汉服是草鞋和布鞋，胡服是皮靴。①

“胡服”的改革其实是最难的，因为它和赵国的文化完全相悖。赵国虽然处于中华文化圈的北缘，但它是晋国之后，是“三晋”之一，从始至终遵守的都是中原礼乐文化，而“上衣下裳”则是中原礼乐文化的重要组成部分。

文化的转变非常困难，这从后来清朝入主中原后所推行的“剃发易服”就能看得出来，其中甚至不乏流血牺牲。而就战国时代而言，“华夷之辩”的思想已经形成，改变文化习俗就等于是悖逆祖先，就是违背礼制。因此，“胡服”改革时遭遇到的阻力是相当巨大的，不少王公大臣都站出来极力反对。

赵武灵王非常有耐心，他对一波又一波的反对者进行着苦口婆心的劝说，动之以情，晓之以理，最终说服了众人。《赵世家》中对于赵武灵王的劝说作了大段的记载，他没有在人们最敏感的“华夷之辩”问题上进行解释和劝说，而是从赵国的发展困境、圣贤之道、宗法礼制等角度进行阐说。总而言之，他就是想告诉人们，人绝不能被规矩限定死，规矩是死的，人是活的，是人穿衣服，而不是衣服穿人。从这番劝说中，我们可以看到，赵武灵

① 李任飞:《中国衣裳》，北京，中国青年出版社，2017，第129—131页。

王口才绝佳，所展现的思想也十分超前，有兴趣的读者可以翻阅《史记·赵世家》查看，在此不作赘述。

听过赵武灵王一番掷地有声的高论，赵国的王公大臣们都心悦诚服，赵武灵王正式颁布“胡服令”。其中，就连一些原来的反对派（如赵武灵王的叔叔公子成）也积极拥护改革，率先在朝堂上穿上了胡服。

按照《赵世家》和《战国策·赵策》的记载来看，胡服改革的对象是赵国的所有民众，王公和平民都要改穿胡服。不过，按照古本《竹书纪年》中的记载来看，胡服改革的对象主要是将军、大夫、适子、戍吏四类人。将军和大夫是作战机构的首脑，适子是异姓公卿子弟，是国君身边最亲近的戍卫力量，戍吏则是戍边的吏卒。①

这两说法哪种正确呢？笔者认为，把两种记载结合起来可能就是历史的真相。胡服改革主要是为建立军事强国做准备的，并不需要搞得“全民皆兵”，而且想要扭转整个社会的穿衣习惯，也不太现实，更没必要。因此，胡服改革的开始阶段肯定是以军队、戍卫为主的，也就是古本《竹书纪年》上所记载的四类人员。随着胡服改革的深化，胡服才有可能进一步向全国推广，才能让民众都能接受，文化转变需要循序渐进，而非一蹴而就。

其实，从中国古代服饰发展史的角度来说，服饰的变化和发展本来就是相互借鉴的结果。赵武灵王的胡服改革相当于是给中原服饰文化注入了一股新鲜血液，是对中原服饰文化元素的极大补充，给中华服饰带来了不一样的色彩，更是春秋战国时代民族大融合的一大体现。

骑射改革与中国古代早期骑兵技术的发展

再来说骑射改革。

骑射，就是进行军事改革，尤其是发展骑兵部队。那么，骑兵对战国时

① 缪文远：《战国制度通考》，成都，巴蜀书社，1998，第256—257页。

代的战争有着怎样的历史意义呢？

在商周到春秋，中原地区战争的主要形式一直都是车战，由马匹拉着战车，人在战车上，战车之间相互冲撞和搏杀。我们今天发掘出土了很多那个时代的车马坑，数量众多，规模宏大。比如，山西曲沃天马曲村晋侯墓地就出土了商周时期规模最大的车马坑；再比如，陕西西安秦始皇陵区附近也出土了青铜车马，结构精细而复杂。

但是，战车只适用于在平原地区作战，在晋国这些以山地丘陵为地貌的地区，车战其实并不太适用，因此当时也有发展步兵。当然，总体而言步兵是作为战车的补充而存在的。

到了春秋战国之交，随着战争规模的扩大，诸侯之间的争战已经不再以争霸为目的，而是以兼并为目的，这也是从春秋到战国历史发展的一大特征。随着战争形势的转变，战车已经越来越不适用于战争，步兵的规模越来越大，到了春秋末期，步兵已经超越战车成为最主要的兵种。①

我们前面提到，吴起在魏国进行军事改革时建立了一支强悍的兵种“魏武卒”，后来秦国也效仿魏国训练出了一支“秦锐士”，这些其实就是步兵中的精锐部队。再比如，孙武在吴国训练军队时留下的“吴宫教战”和“三令五申”的故事，就是当时步兵作战开始盛行的例证。可见，就当时的战争而言，步兵已经成为战争中最核心，也最重要的兵种了。

同样也是从战国时代开始，骑兵也跟着应运而生了。根据现有文献记载来看，赵武灵王无疑是中国历史上第一个大规模发展骑兵部队的人，骑兵大规模应用于战争似乎也是从赵武灵王开始的。但是，任何事物都不会突然出现，必然有一个形成和发展的过程，骑兵的发展也是如此。可以肯定的是，在赵武灵王之前，骑兵也曾小规模地应用于战争中。比如成书于战国初期的

① 李硕：《南北战争三百年：中国4—6世纪的军事与政权》，上海，上海人民出版社，2018，第24页。

《吴起兵法》和《墨子》中都有关于骑兵的记录。

很多人可能会觉得，骑马是一件很自然而然的事，有马就会骑，这算得上是什么先进技术吗？为什么骑兵要到这么晚才出现呢？事实上，骑马要先学会驯马，驯马需要有马衔、马缰等，而这些技术装备的发明和使用都经历了一个很漫长的过程。现代考古学已经表明，从马匹驯化到骑马，是花费了数千年时间才完成的，绝非一蹴而就的事情。

而且，即便人们学会了骑马，也并不代表着骑兵的出现，从骑马到骑兵的出现是一个需要长期技术积累的发展过程。现代考古学和历史学普遍认为，商周时期骑马现象就已出现。比如，《诗经·大雅》中就说“古公亶父，来朝走马”，古公亶父是周文王的祖父，是商朝时期的人，走马就是骑乘，可见殷商时期已有骑马的习俗。[①]但是，这一历史时期骑兵并未出现。

现代考古学已经基本勾勒出了骑兵技术的传播路线。骑兵技术最早出现于西亚游牧民族，其后逐渐向东传播，传播至东亚北方草原，然后又经由秦、赵、燕传至中原地区。还有研究者认为，骑兵技术的快速东传和当时的马其顿国王亚历山大大帝东征密切相关，因为亚历山大东征的队伍中就包含有骑兵部队，而且亚历山大东征的时间也只比赵武灵王早二十年时间。[②]

1995年，陕西咸阳塔尔坡墓地出土了两件灰陶骑马俑，年代为战国中晚期，骑马装备非常简陋，没有铠甲，也没有马鞍，骑俑几乎是裸骑在马上。而从外貌上观看，这两个骑俑都带有鲜明的胡人特征，很有可能是秦国边境游牧区的“胡骑”形象。[③]这两件骑马俑也从侧面印证了骑兵技术是由游牧民族传入中原地区的这一历史事实。

骑兵的诞生也和先秦时代北方游牧民族的发展历史相吻合。前面讲《周

---

① 谢成侠:《中国养马史》，北京，农业出版社，1991，第86页。

② （日）宫崎市定著，焦堃，瞿柘如译:《宫崎市定中国史》，杭州，浙江人民出版社，2015，第87页。

③ 咸阳市文物考古研究所:《咸阳石油钢管钢绳厂秦墓清理简报》，《考古与文物》，1996（05）。

本纪》的时候提到过，夏商西周时代并不存在真正意义上的游牧民族，被中原称作戎狄的北方民族主要还是以农耕经济为主，或者是农牧混合经济，单纯的游牧经济出现的时间不会早于公元前1000年，甚至更晚。

经济基础决定上层建筑，有了大范围的游牧经济，我们才能谈游牧民族的出现。对此，历史学家王明珂和美国汉学家狄宇宙都认为，中国北方的游牧民族真正形成于春秋战国时代。当然，具体形成于何时，学界普遍还存有争议，尚无定论，有的学者认为是春秋晚期，也有学者认为是战国晚期，但基本不会脱离于春秋战国这个时代范围，这也是争议中的一个共识。①

因此，中国北方地区的骑射技术和游牧民族基本是在同时期出现的，可能其中一个出现的时间稍早或稍晚，但大致不会间隔太久，这也是符合人类学和民族学发展特点的。

另外，战国时代尚处于骑兵发展的早期阶段，骑兵技术还处于相对落后的状态，它在战场上的军事意义其实还非常有限。骑兵在当时的主要功用还是以侦查、骚扰为主，作战武器主要是弓箭和弩，后世常见的骑兵军团化作战和大规模冲击战术在战国时代是完全不存在的。②当然，这无法抹杀赵武灵王的胡服骑射改革的意义，胡服骑射改革在中国古代军事发展史上具有里程碑式的意义。

胡服骑射改革之后，赵武灵王便把目光投向了当时与赵国相邻的中山国。公元前296年，赵灭中山，赵国完成了地区统一。不过，这个时候当政的已经不是赵武灵王了，而是他的儿子赵惠文王，赵武灵王禅让退位后被称作主父。

---

① 王明珂:《游牧者的抉择：面对汉帝国的北亚游牧部族》，上海，上海人民出版社，2018，第95—100页；(美)狄宇宙著，贺严，高书文译:《古代中国与其强邻：东亚历史上游牧力量的兴起》，北京，中国社会科学出版社，2010，第68—69页。

② 李硕:《南北战争三百年：中国4—6世纪的军事与政权》，上海，上海人民出版社，2018，第24—27页。

自毁长城

“赵武灵王”这一称呼其实是后世人这么叫的。“武”和“灵”都是他死后的谥号。“武”还算是一个不错的美谥，和他胡服骑射、开疆拓土的功绩也很匹配，但是“灵”就是个很不好的恶谥了，所谓“乱而不损曰灵”[①]，这也是他在位期间前明后昏的一个真实写照。

和周幽王一样，赵武灵王因为宠爱吴娃，做了废长立幼的政治蠢事，最终酿成了叛乱，他被困于沙丘宫三个月，不得饮食而死。《赵世家》对于赵武灵王之死充满了感叹，说道：“以至父子俱死，为天下笑，岂不痛乎！”

赵武灵王之死虽然让后人感叹，但是他的改革成果被完好地保留下来，赵国的国政也并未受到太大影响。之后继位的赵惠文王和赵孝成王虽都是守成之君，但基本在一定时期内维持了赵国强盛的国力，秦国和赵国之间也展开了一轮又一轮的军事和外交的博弈，这也是战国末期历史的一大精彩看点。比如，蔺相如完璧归赵的故事，廉颇和蔺相如“将相和”的故事，还有纸上谈兵的赵括，以及让赵国彻底走向衰败、秦国成为天下第一强国的秦赵长平之战。

赵国强大的军事实力其实也为它培养了一大批军事人才，除了我们熟知的廉颇之外，赵国当时还有一位名将，这就是李牧。战国后期，赵国除了与秦交战最多之外，还与北方游牧民族频繁交战，尤其是和匈奴的交战。这是中国古代中原王朝和游牧民族的第一次大规模交锋，而主持对匈奴作战的赵国将领就是李牧。

赵国经过长平之战后，虽然衰败，但是在李牧的带领下，赵国还是取得了对匈奴、燕国多次战争的胜利。这一方面是因为赵国军事余威尚存，另一方面则和李牧密切相关。

---

①《逸周书·谥法解》。

战国有“四大名将”之说[1]，赵国就占了两位，分别是廉颇和李牧。然而这两个人的结局都不好，廉颇远走楚国，李牧则被谗臣所害，而这一切都是赵国君王昏庸和政治腐败所导致的。值得讽刺的是，李牧被杀后三个月，赵国也为秦国所灭，故而后世有“李牧死而赵亡”的感叹。

赵国多次修筑过长城，今天在内蒙古包头尚有遗存。然而，相比于夯土的城墙而言，赵国真正能倚仗的“长城”其实就是其坚实的军事基础和廉颇、李牧等军事人才。然而赵国一再自毁长城，终至亡国，真是咎由自取。

《秦本纪》：帝国崛起

《秦本纪》记述了秦国从边陲小国发展成为当时天下第一强国的七百年的历史。这既是一部秦国的发展史，也是一部秦人的奋斗史。

秦人东来

众所周知，秦朝是中国历史上第一个统一的多民族国家，是中国两千年帝制的开始阶段。然而，正如罗马城不是一天建成的，秦帝国也绝非一朝一夕就能建成。

贾谊在《过秦论》中说，秦始皇统一六国、建立秦朝是“奋六世之余烈”，也就是说秦始皇是继承和发扬了秦国六代祖辈的功业，才建立起大秦帝国的。

事实上，秦国从立国到统一天下，前后历经近六百年时间，秦始皇所继

① 战国四大名将指白起、王翦、廉颇、李牧。语出《千字文》:“起翦颇牧，用军最精。宣威沙漠，驰誉丹青。”

承的先辈功业也绝不只是六代人，而是无数代人。

秦史从哪里讲起呢？我们先从秦人的起源说起。

前文中我们说到秦人和赵人有着共同的祖先，他们最后一位共同的祖先的商朝的飞廉，秦、赵两族也是从他之后开始分支的。

根据《秦本纪》的记载，飞廉和儿子恶来都是商纣王的重臣，在武王伐纣的过程中，飞廉受命在北方办事，当他回来之时，商朝已经灭亡了，同时也发现他的儿子恶来也死于战祸。面对国破家亡的悲剧，飞廉也没有办法，他登上了霍太山，在山上设坛祭奠纣王。就在飞廉祭祀纣王的时候，天降一口石棺，棺上刻着铭文，大意是说飞廉没有身陷商周之乱，这是天命，上天特意把这口石棺赐给飞廉，可以庇佑他的后代享受荣华富贵。飞廉最后也死在了霍太山，并埋葬于此。

这则故事充满了传奇色彩，“天降石棺”的异象更是不足为信，这显然是后人的附会之作。这是因为飞廉的后人秦、赵两族都成了周朝的诸侯，并且还在秦始皇的手中完成了天下一统，其后代的确享受了无尽的荣华富贵。

司马迁写《秦本纪》主要参考的是秦朝的官方史书《秦记》，秦人对先祖刻意神话也理所当然。而在《孟子》等其他文献中，飞廉的结局并没有《秦本纪》中所记载的这么好，飞廉并没有逃过武王伐纣之役，飞廉和恶来后来都参与了反叛周朝的“三监之乱”，并且最终都死于周公东征的战斗中。①

随着近年清华简《系年》的发现和整理，飞廉死于三监之乱的历史真相得到了进一步的确证，从而也基本上推翻了《史记》中关于飞廉的记载。事实上，司马迁所撰述的《史记》缺载此事，不仅掩盖了飞廉的真实历史情况，同时也给后世人带来了另外一个巨大的困扰，那就是秦人的起源问题。

我们都知道，后世秦人的活动范围主要是在今天的陕西、甘肃一带，但

---

①《孟子·滕文公章句下》。

是关于秦人的起源问题，史学界却长期没有定论。这其实主要就是由于《史记》对此记载不清造成的。

以王国维、蒙文通为代表的一批学者认为秦人出自戎狄，此即秦人“西来说”；后来也有如林剑鸣等不少学者认为，秦人来自东方，是商朝亡国后西迁过去的，此即秦人“东来说”。

这两种观点针锋相对，争执许久。一直到清华简《系年》以及帛书《战国纵横家书》的发现，关于秦人起源的争议才逐渐有了定论，秦人“东来说”最终被坐实，也得到了绝大多数学者的普遍认可。

按照清华简《系年》以及《战国纵横家书》中的记载，秦人出自奄，即今天的鲁西、豫东一带，是商朝的重要方国力量之一，后世也称之为商奄。武丁征伐南土时就曾动用了商奄的军事力量。①

在考古发掘方面，西周时期青铜器询簋和师酉簋的铭文中有“秦夷”“戍秦人”的记载。②前面文章中说过，“夷”是当时对东方民族的统称，商人就是来自东夷，这也就从侧面印证了秦人来自东方和西迁的历史事实。

另外，秦人也有和商人类似的祖先传说。前面在《殷本纪》的部分笔者提到过，商人的祖先契是帝喾的妃子简狄吞食鸟蛋之后生下来的，而《秦本纪》中也记载秦人的祖先大业同样是女修吞食鸟蛋之后生下来的。

两则传说可以说是一个模子里刻出来的，这当然有可能是秦人模仿商人的祖先传说杜撰出来的。但更大的可能则是秦人和商人有着极为密切的关系，他们同出于信仰鸟图腾崇拜的东夷集团，都来自东方。

如果说秦人“东来说”成立的话，那么，秦人又是因何原因而西迁的呢？

① 齐韶花：《关于秦先人与商代商奄族群关系的思考》，《东方博物》，2018（03）。
② 李学勤：《清华简关于秦人始源的重要发现》，《光明日报》，2011（011）。

同样是根据清华简《系年》中的记载，周公东征杀掉飞廉之后，将商奄之民迁徙到“邾”这个地方，“邾”就是《尚书·禹贡》中的“朱圉”，迁徙的目的是抵御戎人。这是因为，飞廉的父亲中潏（音同“玉”）就曾经为商朝戍守西戎，保护西垂，并且和西戎保持着一定的姻亲关系，周王室选择让秦人去戍守西垂也就不足为奇了。

不过，《史记·秦本纪》中记载，西周秦人最早发迹的地方是在一个叫“犬丘”的地方。那么，秦人西迁的地方到底是“朱圉”还是“犬丘”呢？

其实，这两种说法并不矛盾，“朱圉”和“犬丘”所指的是同一个地方，就是今天的甘肃礼县西北和甘谷县西南的区域，这也得到了现代考古学的证实。从20世纪90年代到21世纪初，在甘肃礼县西北大堡子山附近就发现历代秦公大墓和三座周代城市遗址，这些考古发掘都确证了此地即为秦人早期的居住地。

就当时的情形而言，当时西迁的“商奄之民”包括了众多的族群，并非秦人一家。比如，飞廉的小儿子季胜的后代就被迁徙到了今天的山西，季胜的曾孙造父因功被封于赵城，其后代就以赵为氏。

而飞廉的大儿子恶来在三监之乱中被杀，其族人就被迁徙到了更为偏远的甘肃去抵御西戎，这一支就是秦人的先祖，而且明显不如赵氏族人发达。尤其是造父发迹之后，造父一族以赵为氏，赵氏族人一时风光无限，秦人先祖便开始攀附造父，也跟着以赵为氏。

《秦本纪》中记载，秦人先祖“以造父之宠，皆蒙赵城，姓赵氏。”可见，秦人早期并不叫秦人，当时也没有“秦”的说法，他们普遍攀附赵氏，自称赵人，以赵为氏。这也就可以理解为什么后来的秦始皇一度以赵为氏，史书也称之为“赵政”，这和秦人早期攀附赵氏有着莫大关系。

总之，在西周中前期很长一段历史时期，秦、赵之间还没有泾渭分明的族属之分。秦人之所以叫秦人，其实要到周朝的第八代天子周孝王的时代了。

立足关中

在周孝王的时代，秦人中出现了一位非常重要的领袖人物，此人叫作非子。非子非常擅于驯马和畜牧，他被周孝王任命到汧（音同“千”）水和渭水之间主管马匹，负责马匹的驯化和喂养。换句话说，非子所担任的就是类似于“弼马温”这样的职务，负责给周天子养马的。

虽然养马只是个不大不小的职务，但是非子却干出了不小的成绩，他把马匹养得又膘又壮，马匹繁殖很快，这一下就赢得了周孝王的赏识。周孝王不仅钦定非子为秦人的首领，将申侯之女许配给非子，而且把非子封到了秦[①]，以秦为采邑，正式成为周朝的附庸。

从此，秦人真正成了秦人，秦人的地位得到了巨大提升。他们不再是周朝的谪戍之民，也不再依附于赵氏，他们是周朝的附庸，正儿八经地成了周朝大家庭中的一员。

非子被封于秦之后，其族人“复续嬴氏祀”，非子本人也“号曰秦嬴”。但是需要明确的一点是，非子食邑秦，并不完全等同于位列诸侯，非子的地位还只是附庸。

什么是附庸呢？按照《礼记·王制》的解释，附庸是指附属于大国的小国，东汉学者郑玄又指出，附庸本意是指小城。因此，秦作为周朝的附庸，其实就是指秦是附属于周天子的小国之城。通俗地说，此时的秦就是个弹丸之国，完全无法和诸侯列国的地位和规模相比，而且政治上受周天子的统辖，对周天子的依赖程度很高。

先秦时代的诸侯国，一般都以国为氏，秦也不例外，非子之后，秦人的

① 地名，一般认为在今甘肃省天水市清水县秦亭附近，可参见林剑鸣:《秦史稿》，北京，中国人民大学出版社，2009，第20页。

首领便开始以秦为氏。

讲到这里，我们还要再补充说明一下秦人的姓氏问题。可能很多人都知道，后世秦国国君都以嬴为姓，比如著名的秦始皇就叫嬴政。按照《秦本纪》中的记载，秦人以嬴为姓可以追溯到上古时代的伯益，伯益被大舜赐姓嬴，其后人便以嬴为姓。实际上，这种近似于传说的记载其实并不靠谱。现代历史学基本认定，中国早期的姓氏制度真正奠定于西周大分封时代，而秦人得姓嬴其实很可能也是从非子开始的，非子之前并没有确凿证据证明秦人已得姓嬴，而《秦本纪》中的记载则很可能是后人附会编造的。

非子之后，周王室日渐衰落，其与周边民族的关系也日趋紧张，宗周王畿之地时常受到戎人的侵扰。而周王室甚至还主动出击攻打戎人，比如周夷王就出兵攻打太原戎。[①]

正是在这种特殊的环境和局势之下，秦人与周王室的关系愈发紧密。秦人正好处于周王室和西戎之间，秦人便担当起了抵御西戎的重任，周王室必须依靠秦人这支力量来保护自己，同时秦人也需要依靠周王室来提升自己的政治地位。可以说，周王室和秦人之间形成了相互依靠的利益共同体关系，这也为秦人的崛起提供了一大历史机遇。

非子的玄孙史称秦仲，秦仲生活的时代正值周厉王和周宣王的时代，周厉王的暴政引起了西戎的反叛。在这种危急情况之下，秦仲被继位的周宣王任命为大夫，负责征讨西戎，结果秦仲兵败战死。

秦仲死后，他的五个儿子继续扛起了征伐西戎的重任，他们率领着周宣王赐予的七千兵马，最终战胜了西戎。战功最大的是秦仲的大儿子，名叫其，他被周宣王封为西垂大夫，后世也将他追封为秦庄公。

我们知道，诸侯国的国君往往被称为“公”或者“侯”，而秦人首领其在位时期，秦还没有位列诸侯，但却被后世追封为庄公，同时他也是秦人历

①《后汉书·西羌传》。

代首领中第一个被称为“公”的。这表明两点：第一，庄公对秦国的崛起和发展做出了巨大贡献；第二，在庄公的时代，秦距离成为真正的诸侯只有一步之遥了。

秦庄公之后，继位的是秦襄公，也正是在秦襄公的时代，秦完成了从大夫到诸侯的华丽蜕变。

基于秦仲和秦庄公时代打下的基础，秦襄公继位之时，秦的政治地位已经得到了极大的提升。而与此同时，周宣王的中兴局面只是昙花一现，周朝的接力棒很快就传到了昏庸的周幽王手中，周王室的力量日益衰落，已是江河日下。也正是在这种特殊的形势之下，历史把秦人的首领秦襄公推向了时代的前台。

根据《秦本纪》中的记载，秦襄公的时代正好也是西周灭亡、平王东迁的时代。周幽王在骊山之战中被犬戎所杀，秦襄公曾派出军队救援周王室，后来在周平王东迁的过程中，秦襄公又派兵护送周平王到洛邑。正因为在两周之际秦襄公数次助力于周王室，周平王便把岐山以西的土地封赏给了秦襄公，并封其为诸侯。

这次封赏在秦国的发展史上至关重要，它标志着秦自此立国，成为周朝分封大家庭中的一员，获得了和其他诸侯国名义上的平等的政治地位，秦襄公也成为秦国历史上的第一位国君。

这是《秦本纪》中的记载，但是随着近年清华简《系年》的发现和整理，秦襄公立国的这段历史瞬间成为一桩历史悬案。

最明显的“破绽”在于年代问题。

秦襄公于公元前766年去世，而学者们对周平王东迁年代的考证很多都是在公元前766年之后，如此一来秦襄公护送周平王东迁并且受封的历史就成了一桩迷案。这里面有很多种可能，可能是司马迁把秦襄公的卒年记错了，也可能是司马迁把人物搞错了，护送周平王东迁的应是秦襄公的儿子秦文公，还有学者认为根本就没有秦襄公护送周平王东迁的事情，周平王是为了躲避秦、晋、郑的胁迫才东迁洛邑的。[①]

但不管怎么样，秦襄公立国的历史应该是准确的，而且秦国的历史也是从秦襄公开始有明确纪年的，秦襄公在秦国发展史上具有承上启下的奠基作用。

虽然从后来的历史发展来看，秦国成了春秋战国时代最大的赢家，但是秦国在立国之初，即秦国前两代国君秦襄公和秦文公在位时期，却面临着极其严峻的生存危机。

按照《秦本纪》记载，周平王封秦襄公为诸侯，并将岐山以西的土地封给秦襄公。这则史料虽然存在疑问，但是秦襄公（或秦文公）获得周王室授予的岐西之地应该不存在疑问。问题的症结在于，西周灭亡之后岐西之地被戎人占据，秦襄公（或秦文公）即便获得了周王室的封赏，也只是一张无法兑现的“空头支票”。

秦国立国之初不可谓不艰辛。虽然秦国拥有周朝正式册封的诸侯国地位，名义上地位等同于诸侯列国，并且“与诸侯通使聘享之礼”，但是秦国的大本营还是西垂故地，所谓的岐西之地只是周平王许下的“空头支票”，秦国根本没有立足之地。

秦国要想解决生存问题，就得想办法兑现周平王的这张“空头支票”，想办法驱逐戎人获取岐西之地。为了解决秦国的生存问题，秦国的开国之君秦襄公数次率领秦人与戎人作战，并最终死在了岐山与戎人的战斗中。

秦襄公死后，其子秦文公即位。秦文公继承了秦襄公的遗志，以西垂为大本营，继续向东推进和发展，与戎人争夺岐西之地。文公四年（前762年），秦文公终于获得了对戎人的巨大胜利，并将国都由西垂迁都到了汧水

① 王玉哲：《周平王东迁乃避秦非避犬戎说》，《天津社会科学》，1986（03）；王雷生：《平王东迁原因新论》，《人文杂志》，1998（01）。

和渭水之间，这也是当年非子替周孝王养马的地方，是秦人发迹的地方。

秦文公将秦国国都定在了“汧渭之会”，这意味着秦人第一次涉足关中，秦人从此开始掌控关中，秦国的政治中心正式从西垂转移到了关中，关中从此成了秦国发展的根据地和大本营。

从后来的历史发展来看，关中乃四塞之地，秦汉隋唐王朝皆发迹于此，是不折不扣的王朝建都之所，后来的长安也成为十三朝古都。清朝地理学家顾祖禹在其《读史方舆纪要》中，盛赞关中之地是“名山耸峙，大川环流，凭高据深，雄于天下”。西汉贾谊也说秦是“据崤函之固，拥雍州之地，君臣固守以窥周室”。

从古代军事战略的角度来说，关中的战略地位极为重要。关中的地理优势绝不仅仅在于它是“四塞之地”，从关中向西可以宰制陇右，沿河西走廊经略西域；向南可以南并巴蜀（巴蜀号称“天府之国”），完全可以充当关中盆地的大粮仓；向东可以凭高据险，相对关东享有高屋建瓴的军事优势，进可攻，退可守。

关中之地对日后中国两千年的历史具有极为深远的影响。秦文公虽然只是因继承父志而入主关中，他也未必知道迁都关中的历史意义所在，但是秦文公所迈出的这一步却是秦国发展史上的关键一步，也是后来秦汉帝国的根基所在，更是中国古代都城史和军事史上具有开创性的一步。

战国时代的苏秦和西汉时代的娄敬（改名刘敬）、贾谊都注意到了这一点。

苏秦曾对秦惠文王说：“秦四塞之国，被山带渭，东有关河，西有汉中，南有巴蜀，北有代马，此天府也。以秦士民之众，兵法之教，可以吞天下，称帝而治。”[1]苏秦向秦惠文王描述了关中之地的险要，认为秦国完全可以据此吞并天下。

---

①《史记·苏秦列传》。

汉朝建立之时，刘邦不知该定都洛阳还是长安，娄敬对刘邦说："秦地被山带河，四塞以为固，卒然有急，百万之众可具也。因秦之故，资甚美膏腴之地，此所谓天府者也。"[①]娄敬同样也是向刘邦描述了关中之地的险要和富庶。

事实上，秦能从一个西陲小国发展成大一统的秦帝国，不仅是无数秦人几百年努力和奋进的结果，同时还和它所占据的关中这片战略要地息息相关。

对此，《哈佛中国史》写道："秦国控制着关中平原和在战国中期占领的四川盆地。因而，秦国于公元前221年征服其他诸侯国完成统一，标志着关中地区对关东平原和长江流域的胜利。"[②]

从秦文公四年秦人迁都于"汧渭之会"，到秦文公十六年"戎败走"，秦人终于获得自己梦寐以求的岐西之地，收拢了原属于周朝的百姓，并且为了表示对周王室的感谢，将岐东之地归还于周王室。

在秦文公的时代，秦人终于立足于关中。但是，秦人虽入主关中，此时的关中却还是一片乱局，不仅仍有大批戎人出没，而且还有其他大大小小的邦国政权，这让秦文公之后的几代国君都深感困扰。

秦文公之后，秦国大约经历了一百年对关中平原的经营历程，一直到秦穆公的时代，秦国才又获得了一次巨大的发展。

穆公东进

秦国自立国以来，在春秋时代诸侯列国中的存在感就非常弱。但是自从秦穆公继位以来，秦国就开始对外强势扩张，秦国的国力得到了显著提升，一跃而成为西方大国，秦穆公也成为春秋五霸之一。

---

①《史记·刘敬叔孙通列传》。

②（美）陆威仪著，王兴亮译：《早期中华帝国：秦与汉》（《哈佛中国史》系列第一卷），北京，中信出版社，2016，第17页。

秦穆公毕生致力于向东扩张，在历代秦国君主中，秦穆公也是第一位参与到中原争霸之中的。

秦穆公为了东进，就必须跨越晋国这道门槛。晋献公后期，晋国一度发生内乱，秦穆公就想趁着晋国发生内乱时进行一笔政治投资，以图掌控晋国内政，于是便有了历史上著名的典故“秦晋之好”。同时，秦穆公还先后参与扶立了晋国的三位国君（晋惠公、晋怀公、晋文公）。然而，人算不如天算，秦穆公对晋国政治的苦心经营并没有为他带来任何实际成果，反倒是他所扶立的晋文公成了当时的中原霸主。

秦穆公在位三十九年，他花在对外扩张上的时间就有三十六年[①]。其中，尤其以向东扩张最耗时耗力，但却屡屡受挫。到了秦穆公在位后期，他只得转而对西戎地区进行强势武力扩张，成果显著，史称“益国十二，开地千里，遂霸西戎”[②]，这也成为秦穆公在位时期最大的历史功绩。

学者马非百把秦穆公时期秦国的对外扩张概括为东进、西进和南进三大政策：在秦穆公在位的大部分时间里，秦国都力行东进之策；东进受挫于晋国，便转而推行西进；西进获得成功后，转而南进。同时，他也认为秦国日后统一中国之根基，就在于秦穆公开疆拓土的功业。[③]

不过，秦穆公下葬之时，秦国却大行人殉之风，殉葬者合计177人。一般来说，先秦时代的人殉主要是奴隶、战俘和侍妾这些地位卑贱之人。但是，秦穆公在他下葬时却安排了朝中的三位“良人”随他殉葬。秦人对此十分痛心，作《黄鸟》以示哀悼和愤怒。也正因如此，秦穆公死后在秦人中间留下了恶评，得了个“缪”的谥号。[④]

秦国首开人殉制度之先河的是秦武公（秦国第五代国君），秦武公下葬

① 从秦穆公四年到秦穆公三十九年去世。

②《史记·秦本纪》。

③ 马非百:《秦集史》，北京，中华书局，1982，第21—23页。

④ 李开元:《秦崩：从秦始皇到刘邦》，北京，生活·读书·新知三联书店，2015，第123页。

时就用了66个活人陪葬。到了秦穆公下葬时，把人殉数量推向了顶峰，达到177人。

事实上，在先秦时代人殉制度一直存在，人殉现象也并不少见。但是随着时代的推移，尤其是春秋中期以后，节葬思想在社会上广泛流传，人殉的现象就越来越少了[①]。然而，秦国却反其道而行之，人殉现象不仅未曾减少，反而愈演愈烈。

这其实也间接反映了当时秦国的文明程度。虽然秦穆公位列春秋五霸，也确实做出了不俗的功绩，但是相对于中原诸侯国而言，秦国的文明开化程度仍然处于比较低的水平。

秦国的人殉制度一直到秦穆公之后两百多年，也就是战国时代秦献公时期才被正式废除。而在这两百多年间，中原文明异常活跃，历史进入了百家争鸣时代，而秦国却仍然大行人殉之风，秦国的文化也几乎是一片荒漠。

文化上如此，政治上也好不到哪里去，秦穆公之后这两百多年间，秦国经历了十四代国君，历代国君都无甚作为，内乱频仍，秦国的发展陷入了停滞。

“奋六世之余烈”

重新将秦国的发展拉回到快车道的人，是秦献公的儿子秦孝公，也就是他主持了历史上著名的商鞅变法。

西汉文学家贾谊有一篇著名的政论文，我们在中学时代都学过，这就是著名的《过秦论》。这篇《过秦论》后来又被司马迁全文引入《史记·秦始皇本纪》中，这就让它和《史记》成为密不可分的统一体。至于司马迁为何会在《史记》中全篇录入《过秦论》，我在后文中还会有详细解释。

---

① 李伯森主编，于海广等著：《中国殡葬史·第1卷：史前·先秦》，北京，社会科学文献出版社，2017，第363—364页。

贾谊的《过秦论》中说，秦国是“奋六世之余烈”，也就是说秦国历史上连续六代君主都奋发图强，这才让原本地处西垂的秦国，得以从战国七雄中崛起，并最终完成了统一中国的大业。

这“六世”中的第一位正是秦孝公。

说起秦孝公的功业，最大的莫过于任用商鞅主持变法。正是商鞅变法迅速将秦国推向了强国之列，同时商鞅变法也是六国变法中最为成功的。在军事上，秦国先后多次击败当时头号军事强国——魏国，秦国的势力开始让东方六国瞩目。

“六世”中的第二位是秦惠文王。

秦惠文王是秦孝公之子，他继位后做的第一件事，就是车裂商鞅。虽然商鞅被车裂，但是商鞅之法却没有废弃，秦国的崛起之路也未曾中断。另外，他任用纵横家张仪游说列国，瓦解六国合纵之策，同时还派出大将司马错（司马迁的祖先）出兵巴蜀，扩大了秦的版图。

“六世”中的第三位是秦武王。

秦武王是秦惠文王之子，虽然他在秦国历史上存在感相对较低，在位时间也很短，只有三年，但是他对秦国的崛起同样功不可没。

秦武王最大的历史功绩，就在于任用甘茂，攻占了军事重镇宜阳，并在此设置三川郡。这一军事胜利不仅打开了韩国的西大门，同时也奠定了秦国东进的基础。从此，秦国的军事力量不再被限制于关中之地，可以兵出函谷关，向中原挺进。因此，秦武王虽然在位仅三年，但是他为秦国的东进做出了不可磨灭的贡献。

“六世”中的第四位是秦昭襄王。

《秦本纪》中记载，秦武王最终是因与人比赛举鼎，结果气力不支，大鼎脱手，“绝膑而死”。秦武王无子，故而只能传位于异母弟，这就是秦昭襄王。

秦昭襄王在位五十六年，是秦国历代国君中在位最久的一位。他在位期间，秦国进一步向东扩张，尤其是在长平之战中将六国中最强的赵国彻底打垮，赵国从此一蹶不振。这场战争奠定了战国后期的历史格局，也使秦灭六国成为历史大势。同时，他还任用范雎，创造性地制定了“远交近攻”的外交策略，进一步加速了秦国统一中国的步伐。

历史学家王子今即认为，秦昭襄王时代是“秦人东向扩张的全盛时代”，当时的秦国已经“有充沛的实力能够实现统一”[①]。

“六世”中的第五位是秦孝文王。

秦孝文王在秦国历史上的存在感非常低。由于秦昭襄王在位长达五十六年，他的儿子秦孝文王继承君位时也已经年过半百了。结果秦孝文王在位仅仅三天就去世了。因此，我们对于这位秦王很难作出评价，无功亦无过，姑且忽略他吧。

“六世”中的最后一位是秦庄襄王。

秦庄襄王就是秦始皇的父亲异人，他重用吕不韦，任命吕不韦为丞相，并进一步打击六国。他在位时期秦国统一之势已成，秦灭六国已经是时间早晚的事了。

我们把秦国六世国君结合起来看，从秦孝公到秦庄襄王，其实真正对秦国发展做出贡献的只有五位（除秦孝文王），做出明显贡献的只有三位（秦孝公、秦惠文王、秦昭襄王），“六世余烈”之说其实言过其实。

我们从另一个角度看，秦国这六世国君虽然功绩有大有小，有的甚至难论功绩，但是他们却无一是昏君。放眼整个古代中国，任何一个王朝连续六代以上没有出现昏君，这种现象是极为少见的。

其实，我们完全可以摒弃明君和昏君的传统史观。我们真正要看到的

---

① 黎东方著，陈文豪整理，王子今补编：《黎东方讲史之续：细说秦汉》，上海，上海人民出版社，2019，第 61 页。

是，从秦孝公到秦庄襄王这一百年多年间，秦国的根本大法没有变，秦国选贤任能的用人政策没有变，秦国没有让任何开历史倒车的事件发生，秦国一直在变强，一直在进步，从未倒退。

而反观东方六国，到了战国后期，六国昏招迭出，利令智昏，不思进取，人才外流，自毁长城。从秦国的进步和东方六国的倒退的鲜明对比中，我们能发现，秦国的崛起其实不单单是其自身奋进和努力的结果，六国同样也做出了自己的巨大“贡献”。

《孔子世家》：天不生仲尼，万古如长夜

《孔子世家》记述了儒家创始人孔子的生平活动和学术成就，是历代研究孔子生平和思想的重要文献。

孔子与《孔子世家》

在先秦诸子中，孔子是唯一一个被《史记》列为“世家”的，这在《史记》三十“世家”中也是一个独特的存在。

首先要明确一点，什么是“世家”。前文中简单介绍过，“世家”主要是指诸侯以及诸侯国的编年史或传记。如《楚世家》《赵世家》就是诸侯国编年史，如《留侯世家》《萧相国世家》就是诸侯的传记和家世。但是，在《史记》三十“世家”中有两个特例却不属于这两种情况，分别是《孔子世家》和《陈涉世家》。

作为一个没落的贵族，孔子却能忝列“世家”之中，其实不外乎两个

原因。一是司马迁的时代，儒学被定为官方学说；二是司马迁个人对孔子的尊崇。

司马迁将孔子列入“世家”无疑是非常有远见的。在他所处的时代，儒学刚刚成为国家的正统学说，但是他已经意识到了孔子和儒学的深远影响。虽然说司马迁写的是过去和当代的历史，但实际上他也是极具超前意识的，从他把孔子列入“世家”就能看出这一点。

对后世之人来说，想要了解孔子的学说和思想，《论语》是首选读物。但如果是想了解孔子的生平和历史影响，《史记·孔子世家》同样也是不二之选。

的确，关于孔子的生平，我们今人最主要的了解依据并非世人熟知的《论语》，而是《史记·孔子世家》。换句话说，《论语》只是一本孔子和孔子弟子的语录集，而《孔子世家》则相当于一份详细的孔子年谱。

因此，中国台湾学者杨照也在《史记的读法》中说：“他（司马迁）让《论语》里面的绝大部分字句都有了来历，记述了孔子在什么时间、什么生命节点、什么环境中遭遇什么样的事情，才说出《论语》中的那些话。从这个角度来看，《孔子世家》的重要的贡献之一，就是提供了《论语》内容的脉络，让我们知道孔子说的很多话并不是空谈。”①

梁启超在其《儒学六讲》中，依据《孔子世家》对孔子的生平作了一个简要的概括②：

周灵王二十年，即鲁襄公二十一年（公元前551年），孔子生。

孔子本宋国人，其曾祖始迁于鲁。

孔子少孤，其母与其父非正式结婚。

---

① 杨照：《史记的读法》，桂林，广西师范大学出版社，2019，第218—219页。

② 梁启超：《儒学六讲》，天津，天津人民出版社，2018，第120—121页。

孔子二十岁左右为贫而仕，尝为季氏之委吏乘田等官。

孔子二十四岁丧母，有门人助葬。

孔子三十六岁鲁季氏逐昭公，孔子避乱适齐。

孔子三十八岁自齐返鲁，门人益进。

孔子四十八岁阳虎囚季氏，欲用孔子，孔子不仕。

孔子五十一岁见老子。

孔子五十二岁初仕为中都宰。

孔子五十三岁相鲁定公，会齐侯于夹谷。

孔子五十五岁为鲁司寇，堕三都。

孔子五十六岁去鲁适卫。

孔子五十六岁至六十九岁历游卫、曹、陈、宋、蔡、郑、楚诸国，居卫最久，陈次之。

孔子六十九岁自卫返鲁，修《诗》《书》，定《礼》《乐》，作《易传》。

孔子七十二岁作《春秋》。

孔子七十四岁卒，时鲁哀公十四年、周敬王四十一年（前479年）。

我们可以看到，孔子的一生充满了曲折和艰辛，他最主要的经历是仕宦和游历，这也是《孔子世家》的主要内容。

孔子的贡献

孔子对于中国历史最重要的贡献在于对六经的整理。

六经是指《诗经》《尚书》《礼记》《周易》《乐经》《春秋》。其中，由于《乐经》失传，后世只留下五本经书，这就是被后世称作“四书五经”的“五经”。

中国传统的蒙学读本《三字经》中有言：“诗书易，礼春秋。号六经，当讲求。”很多人看到这里或许都会有不解：《诗》《书》《易》《礼》《春秋》明明是五本书，怎么就“号六经”了呢？其实，问题的症结就在《乐经》上，这本书失传了，因此，不管称“五经”还是“六经”，实际所指都是一样的。

孔子有句名言：“述而不作，信而好古。”[①]很多人从字面意思来理解会认为，孔子只喜欢讲课，而不喜欢写作，只对古旧的东西充满爱好。因此，孔子只留下了由弟子及再传弟子们编辑而成的语录集《论语》，孔子本人却从未有任何个人著作。

这种解释表面上看似顺理成章，但实际上是种误读。

“述”字在《说文解字》中的解释是“循也”，“循”就是遵循、因循的意思。如果再结合后半句“信而好古”来理解的话，“述”其实就是遵循和继承上古三代以来的文化、制度、礼仪等等。

而“作”也绝不仅仅是指写作。虽然孔子没有留下自己的作品，但是孔子作为当时的大学者，他不太可能一点写作的东西都没有。这里的“作”应该理解为，孔子主张传承周朝的文化和制度，而不愿意去“再创作”，去增加任何属于个人思想性质的东西。也就是说，孔子主张恢复周礼，但他并不想对周礼作任何创新性的“改造”。

孔子整理和编辑“六经”的原则正是“述而不作”。那么，孔子对“六经”的整理和编辑对中国历史而言到底意义何在呢？

孔子整理“六经”，其实就是分六个主题收集和编订当时所能见到的全部的文献资料。当时还没有印刷术，纸张也没有发明，书籍的整理和汇编工作全是靠抄书人一刀一笔在竹简上刻画而完成的。这不仅是一项脑力劳动，更是一项艰巨的体力劳动。事实上，“六经”的整理工作也绝不可能是孔子

---

①《论语·述而》。

一个人能做的事，这样的工作难度和工作量至少是一个团队才能够完成的。

而且，“手抄书时代”的社会文盲率要比后来“印刷时代”的社会文盲率更高，能够识文断字的人在当时就算得上是学者级人物了。这些书生们往往皓首穷经，这在今天看来是以效率非常低的工作方式来维持着文明的灯火，这才为我们今人留下了无比珍贵的上古先秦时代的文化典籍。

另外，孔子对“六经”的整理，实际上也是对上古先秦时代文献资料的汇编。如果没有孔子对“六经”的整理，上古先秦时代的这些文献资料必然是无序的、散乱的，被保存在不同的人的手中。而在孔子之后，历史进入了战国争霸时代，进入了长达几百年无休止的兼并战争之中，再之后又是秦朝的“焚书坑儒”以及秦末农民战争，这些散乱的文献篇章必然会在战乱中散佚、失传，关于战国之前的中国历史的记载恐怕会成为一片空白。[①]

因此，从文明的角度来说，如果没有“六经”，现代人可能无法准确了解上古先秦时代的中国历史，也无法获知中国早期文明时代的文化和历史信息。

事实上，在我看来，孔子对“六经”的整理工作比他的儒家学说本身更有历史意义和价值，如果没有孔子，中华文明恐怕真的会成为无源之水。

孔子一辈子都在追求一个“礼”字。

从地域的角度来说，孔子生于鲁国，长于鲁国，而鲁国是周公长子伯禽受封之国，可谓名副其实的姬姓宗邦。周公“制礼作乐”，伯禽是周礼的制定者和颁行者，鲁国无疑就成了周礼保存得最完好的诸侯国。因此，当时就流传有“周礼尽在鲁”[②]的说法。

孔子后来一直在周游列国，但是我们要知道，他所游历的地域基本上不超出今天的山东省和河南省的范围。实际上，孔子之所以要周游列国，完全

① 李硕：《孔子大历史：初民、贵族与寡头们的早期华夏》，上海，上海人民出版社，2019，第305—307页。

②《左传·昭公二年》。

是因为他在鲁国政坛落败，难以容身。在孔子的内心深处，他始终以鲁国这块地域作为实现自己政治抱负的舞台，他始终挂念着鲁国的政局，他最终的归宿依旧是鲁国这片故土。

孔子在政治上是个失败者，在他活着的时候，他的学说没有得到执政者的重视，孔子在政治上的成就甚至还不如自己的几个弟子。但是，在孔子的身后，他的学说逐渐成了国家意志的象征，汉武帝独尊儒术之后，儒学真正成了官方的正统学说。可以说，孔子也算是失之东隅、收之桑榆了。

宋朝以后，国家对孔子的推崇与日俱增。北宋时期就流传有一句话——“天不生仲尼，万古如长夜”，后来南宋的朱熹也引用了这句话，这句话从此广为流传。①

《老子韩非列传》：政治的哲学

《老子韩非列传》是道家和法家学派代表人物老子、庄子、申不害、韩非四人的合传，重点论述了道家和法家学派的学术渊源和传承关系。

在先秦诸子学说之中，影响力最大的主要有儒、墨、道、法四大流派。

在《史记》中，司马迁花费笔墨最多的是儒家，有关于儒家学派创始人孔子的《孔子世家》，有关于孔子学生和弟子的《仲尼弟子列传》，还有关于儒家学派的继承发扬者孟子和荀子的《孟子荀卿列传》。而关于儒家之外的其他学派代表人物的记载就相对比较少了，道家和法家的代表人物主要记载于《老子韩非列传》之中，而墨家、阴阳家、名家等学派代表人物的记载

①《朱子语类》卷九十三。

就更少了，主要附载于《孟子荀卿列传》之中。

这一节，我们就围绕《老子韩非列传》，对道家和法家的代表人物与学派思想作一个简单的概述。

《史记》的这一篇虽然名为《老子韩非列传》，但这一篇章所叙述的历史人物却是四个人，在老子和韩非中间，还插入了庄子和申不害。

我们会产生这样一个疑问：司马迁为何要把代表道家学派的老子、庄子和代表法家学派的申不害、韩非合为一传呢？

在回答这个问题之前，我们其实可以先思考另外一个问题：我们今天关于先秦诸子百家的划分是从什么时代形成的，是先秦时期本就有这样的划分，还是在后来的历史上被人为地强行划分了呢？

《庄子·天下篇》是迄今为止我们所能看到的最早的先秦学术史著作，通过这篇文献我们或许可以窥探到先秦时代学术体系的原始面貌。

在《庄子·天下篇》中，并没有我们后世常言的儒家、墨家、道家、法家这些学派概念，它只是将天下学术分为六类。并且，老子和庄子是分属不同的思想体系的，而非后世将老庄统一归于道家。

在先秦时代的另外一篇学术著作《荀子·非十二子》中，荀子本人竟然把子思（孔子的孙子）和孟子一同排斥在孔门之外，更没有把自己和孟子看作孔子的后学门生。

通过《庄子·天下篇》和《荀子·非十二子》，我们大致可以看出，先秦时代学术体系远比后世认为的要复杂得多，而且当时并没有严格意义上的学派之分，更多的则是就某个具体的人来探讨他的学说。

那么，是从什么时候才开始有了儒、墨、道、法这样的学派划分了呢？从《史记》开始。

前文中我们其实已经谈到了这个问题，《史记》中收录了司马迁的父亲司马谈的一篇学术文章，叫《论六家要旨》。《论六家要旨》第一次系统梳理和分类了诸子百家，后世关于先秦学术派别的认识正是从这篇文章开始的。

可见，儒、墨、道、法这样的学派划分其实是从西汉中期才出现的，在春秋战国百家争鸣的那个时代，是不存在这样的学派划分的。

另外，《论六家要旨》虽然作了学派划分，但是并没有确定各个学派的代表人物。一直到汉成帝时期，刘向、刘歆父子才把先秦诸子百家归纳为“十家九流”，并明确了各家学派的代表人物。

在弄清楚这个问题之后，我们回过头来再看前文中提出的这个问题，我们就会发现，问题的关键点不应该是为何道家学派人物会和法家学派人物合为一传，而应该是老子、庄子、申不害、韩非这四人之间究竟有怎样的关联，会让司马迁把他们四人合为一传。换句话说，这个问题的关注点不应该是在学派上，而应该是在具体的人身上。

那么，老子、庄子、申不害、韩非之间究竟有着怎样的关联呢?

司马迁在《老子韩非列传》中分别记述了庄子、申不害和韩非的学术渊源。他认为，庄子“其学无所不窥，然其要本归于老子之言”，申不害“本于黄老而主刑名”，而韩非则“喜刑名法术之学，而其归本于黄老”。

按照司马迁的观点，老子的学说分别被庄子、申不害、韩非所继承，其中庄子自成一派，而申不害和韩非则独立成为法家学派。

老子学说的核心是“道”，“道”字在《老子》一书中出现了有73次之多。正所谓“道法自然”，而庄子、申不害、韩非的学说思想都是源自“道”。

《老子韩非列传》最后总结道：“皆原于道德之意，而老子深远矣。”意思是，老、庄、申、韩四家学说都是源于“道”，其中以老子的学说思想影响最为深远。

老子主张“无为而治”，其中“无为”是手段，而“治”是根本目的。

因此，老子的“无为”是一种政治哲学，其最终目的还是“有所为”，“无为”只是实现“有为”的一个手段。因此，老子“无为”的政治哲学也得到了汉初统治者的尊崇，这种“无为”政治的最终目的其实是要实现“大有所为”。

相比于老子的“假无为”，庄子则是纯粹的“真无为”，而且庄子对政治兴味索然，他更多关注的是人生的境界。也正因为如此，《老子》一书喜欢讲权谋，而《庄子》一书则充满灵慧。①

如果我们把老子的思想总结一下的话，他的思想其实无非就是两个方面，一是“道”，二是“术”。而且在老子的思想中，“道”是为“术”服务的。

庄子继承了老子对“道”的理解，更注重精神层面的研究，他喜欢探讨人生的终极哲学，崇尚自由，崇尚清净。而申不害和韩非则继承了老子对“术”的理解，即国家的统治之术、君王驭民之术，后来班固在其《汉书·艺文志》中就把道家的哲学思想总结为“君人南面之术”。

有人可能会说，《老子》中并没有出现过“术”这个字啊，怎么可以说《老子》主张“术”呢？的确，《老子》一书中没有“术”字，但是在无形中却处处都在谈“术”。《老子》一书中处处都在宣扬“以弱胜强”“以柔克刚”“后发制人”这样的思想，他所有的哲学思想归根结底是为了运用于政治，服务于政治，是一种纯粹的政治哲学，这可不就是“术”吗？

另外，在《韩非子》这本书中有专门解释《老子》的两个篇章，分别是《解老》篇和《喻老》篇，集中阐释了韩非对《老子》内容的理解。同时，在《韩非子》其他篇章中也多有论及老子思想的地方。

可见，韩非的思想渊源的确和老子学说有莫大关系。

但是我们也应该注意一点，韩非不仅是法家学派的集大成者，而且也是

① 易中天：《先秦诸子》，上海，上海文艺出版社，2018，第156—160页。

诸子百家学派的集大成者，韩非的思想受到了当时许多流派的影响，儒家、墨家、道家、名家等都不同程度地影响着韩非的哲学思想。

作为中国进入封建专制时代前夜最著名也是影响最大的一位思想家，韩非的思想可谓海纳百川，而非单一源自某一家或某一派之思想。其中，对韩非思想影响最大的，除了道家老子学说之外，还有儒家学说。韩非继承了当时儒家学派代表人物荀子关于“礼治”的思想，进而发展出了“法治”，他和李斯也都同出于荀子的门下。

事实上，老子和韩非的哲学思想虽然有着共同的渊源，但是他们的思想却是迥然相异的。到了韩非的时代，道家清静无为的境界已经荡然无存，转而形成一种以法、术、势为核心的君主驭民之术和国家政治哲学。换句话说，韩非时代的法家思想只是徒具道家“无为”的外在形式，其思想带有强烈的专制色彩，并成为中国历史进入专制时代的统治之术。

《孟子荀卿列传》（上）：从孟荀到“谈天衍”

《孟子荀卿列传》是一篇战国中后期诸子百家的群像合传，涵盖的学派和人物众多，是研究战国时代诸子百家学术思想的重要文献。

《孟子荀卿列传》背后的深意

《史记》中的人物传记，不论是单传还是合传，基本都以篇名所提的人物为主要记述对象。在一些合传篇目中，虽然偶尔会出现所记述的人物要比篇名所提的人物要多的现象，但是这些多出来的人物往往是以次要人物出现在附传中的，记述的重点仍然是篇名所示人物。

比如上一篇所讲的《老子韩非列传》，篇名显示是老子和韩非的二人合传，但实际上还有庄子和申不害的附传，共记述了四个人的生平事迹，老子和韩非仍是该篇最主要的记述对象。

然而，《孟子荀卿列传》在《史记》所有篇目中却是个另类的存在，它和《史记》中其他众多人物传记在写法上有着非常明显的不同。

从篇名上看，《孟子荀卿列传》貌似是儒家代表人物孟子和荀子的合传，但实际上，在该篇中出现的人物包含孟子和荀子在内竟然有17位之多，而且篇名中所示的孟子、荀子的相关记述所占篇幅甚少，孟、荀二人几乎沦为“配角”，其他一些人物，如邹衍，更像是真正的“主角”。

在《孟子荀卿列传》中，涉及孟子的部分有137字，其中又有40字是记述战国时期历史背景的，真正描述孟子生平的仅有97字。

这97字主要记述了孟子生平的三点：第一，他是孔子的孙子子思的门生；第二，他先后向齐宣王和梁惠王宣扬自己的政治理念，却都不被接受；第三，孟子的政治主张不被统治者采纳，他只能退而求其次，从事教育和著述工作，和门徒万章编辑整理了《诗经》和《尚书》，并共同写出了《孟子》七篇。

《孟子荀卿列传》中涉及荀子的部分要比孟子略多，有192字。这192字主要记述了荀子生平的三点：第一，荀子游学于齐国，并“三为祭酒”；第二，荀子因在齐国遭遇谗言，不得已离开齐国前往楚国，受到春申君的赏识，被封为兰陵令；第三，荀子在兰陵居住期间，收李斯为门徒，李斯后来成为秦国丞相。

此外，司马迁还从学术的角度对荀子一生的学术思想作了精要的概括。他说荀子痛恨污浊世道里的黑暗政治，这个时代昏君迭出，他们都迷信鬼神之说，却不愿走正道，儒家门生常常拘泥于琐碎的礼节，而庄周之流则能言巧辩、伤风败俗。因此，荀子详细考察了儒家、墨家、道家的学术理念和成败得失，最终编成了几万字的著述流传后世，死后葬于兰陵。

这就是《孟子荀卿列传》这篇文章对篇名所提的人物孟子和荀子的记述内容，合计329字，而《孟子荀卿列传》全文字数有1443字，孟子和荀子的传记部分加起来也只占全篇篇幅的五分之一。

可见，孟子和荀子在这篇传记中确实有点“配角”的意思，很难把他们称为真正的传主。

那么，《孟子荀卿列传》中除孟子和荀子之外还记载了哪些人物呢？我们按照文章中出现的先后顺序罗列一下，分别是邹忌、邹衍、淳于髡(音同“坤”)、慎到、环渊、接子、田骈、邹奭（音同“试”）、公孙龙、剧子、李悝、尸子、长卢、吁子和墨翟（音同“狄”），合计15位。

在一篇1400余字的文章中，要全面而细致地介绍清楚17位学术人物，这显然是不太实际的。虽然本篇写作人物众多，但没有哪个人物的生平事迹是清楚完整的，更像是一个大杂烩。因此，这篇列传读下来明显给人一种零散拉杂之感。

孤立地看，本篇中所记人物零散拉杂，但是如果从全篇布局来看，司马迁为我们勾画出了一幅战国中后期诸子百家的群像，描述了诸子学派产生的背景、核心思想、代表人物、社会地位及影响，人物之间其实是环环相扣的。因此，本篇虽为人物列传，但却可以看作一部关于战国中后期诸子学派简明扼要的学术史。[①]

我们不妨对这17位诸子人物按照学术流派作一下分类：

儒家：孟子、荀子、吁子

道家:田骈、长卢、环渊、接子

阴阳家:邹衍、邹奭

① 肖振宇:《〈史记·孟子荀卿列传〉的撰写方式》,《咸阳师范学院学报》，2009，24（01）。

法家:慎到、李悝

名家:公孙龙

墨家:墨翟

杂家:尸子

学无所主及流派无可考者:淳于髡、邹忌、剧子[①]

事实上，本篇列传所记人物还有两个显著的特点：一是都有著作传世（传至西汉）；二是绝大多数人物都和齐国稷下学宫有关。

因此，有人（如清朝学者汤谐）便据此认为，司马迁之所以写这篇涵盖17人的人物合传，其实是为了突显战国中后期齐国浓厚的学术氛围[②]；还有人（如清朝学者汪之昌）认为，司马迁是结合当时他所能看到的诸子著述，进而为这些著书者编写合传。[③]

司马迁的用意真的如此吗？其实，司马迁的用意在篇首就道明了。

《史记》中有大量的“太史公曰”，这些“太史公曰”往往出现在文章的篇末，但是在《孟子荀卿列传》中，司马迁却把“太史公曰”放在了篇首。

司马迁在《孟子荀卿列传》开篇写道：“太史公曰：余读孟子书，至梁惠王问‘何以利吾国’，未尝不废书而叹也。曰：嗟乎，利诚乱之始也！夫子罕言利者，常防其原也。故曰‘放于利而行，多怨’。自天子至于庶人，好利之弊何以异哉！”

这段“太史公曰”是说，司马迁在读《孟子》的时候，每当读到梁惠王问孟子“怎样才对我的国家有利”时，总是不免放下书本而有所感叹。什么

---

① 杨昊鸥:《〈史记·孟子荀卿列传〉文体、书法疑义研究》,《暨南学报》(哲学社会科学版),2013，35(10)。

②(清)汤谐:《史记半解》。

③(清)汪之昌:《青学斋集》(第五册)。

感叹呢？司马迁接着说，“利”真是天下祸乱的根源啊！然后，司马迁又举了孔子的例子，他说孔子就极少讲“利”的问题，其原因就是要防备祸乱，所以孔子才说“放任谋利之心而做事情，往往会招致怨恨”。最后，司马迁再次总结说，上自天子下至平民，好利的弊病哪里都存在，天子和平民没有任何不同。

司马迁在《史记·货殖列传》中也有一段关于“利”的名言：“天下熙熙，皆为利来；天下攘攘，皆为利往。”可以说，司马迁在《孟子荀卿列传》和《货殖列传》中对“利”的感叹是一致的，他认为天下人都是追逐利益的，“利”是驱动人类社会不断变化的原动力。

司马迁在说完这番关于“利”的感慨后，才下笔写孟子、荀子以及其他诸子的生平事迹。

而在整篇《孟子荀卿列传》中，儒家学派的代表人物孟子和荀子是坚守伦理道义的典型，他们没有把“利”放在第一位，而是倡导礼仪和为君之道，不屈从于世俗政治，他们是典型的“弃利主义者”，也是“不合于时者”。

相比于孟子和荀子对道义的坚守，在这样一个天下人都在谈“利”的时代里，更多的人则是“言利主义者”。因为只有“言利”，他们才能受到君王的青睐，才能受到世人的追捧，他们才是真正的“合于时者”。

因此，从道义和个人情感上来说，司马迁可能更加尊崇孟子和荀子，他更钦佩于孟子和荀子对道义的坚守。同时，司马迁也深刻地明白，在现实政治中，孟子和荀子注定不会被这个时代所接受，真正能成为时代宠儿的是那些向君王兜售“成功学”政治的学派人物。

这或许才是司马迁写作本篇传记的真实用意。他推崇孟子和荀子这样的“弃利主义者”（“不合于时者”），但同时他也清楚现实政治的残酷和黑暗，因此他用更多的篇幅来记述那些“言利主义者”（“合于时者”），来突显战国时代的世态炎凉以及孟子和荀子的可贵精神。

司马迁的价值取向总是那么异于常人，他更愿意去关注人性背后的闪光点。哪怕有些人是历史的“失败者”，他也要付诸笔墨，比如伯夷、叔齐，比如屈原、贾生，比如项羽。

由此我们也可以看出司马迁的个人价值取向，司马迁是一个真正的理想主义者，他尊崇那些在时代洪流之下不屈从于世俗的人。

邹衍和他的“五德终始”说

除了讲述孟子和荀子之外，笔者还想再讲述本篇列传中涉及的三个人物。

第一个要讲的是邹衍。

在整篇《孟子荀卿列传》中，司马迁下笔墨最多的人就是邹衍，而且大有喧宾夺主之意。孟子和荀子在本篇列传中的篇幅字数合计有329字，而记述邹衍事迹的篇幅却洋洋洒洒有560字，成为本篇列传诸子中所占篇幅之首。

相比于孟子和荀子在政治上的落寞，邹衍却堪称战国时代的“网红”级人物。他喜欢谈天论地，经常讲一些虚无缥缈的东西，荒诞不经，话题总是无边无垠，世人称他为“谈天衍”。

很多人第一次听到邹衍的宏大理论都被震住了，也正因如此，他得到了无数人的追捧。在魏国，梁惠王亲自出城迎接邹衍；在赵国，平原君侧着身子为邹衍拂去席子上的灰尘；在燕国，燕昭王拿着扫帚为邹衍开路，并请求拜邹衍为师。

对此，司马迁说道：“其游诸侯见尊礼如此，岂与仲尼菜色陈蔡，孟轲困于齐梁同乎哉！”意思是，邹衍周游列国受到诸侯如此高规格的礼遇，这和孔子当年游说陈国和蔡国却面有菜色，孟子受困于齐、魏两国，岂可同日而语啊！

可见，司马迁对邹衍和孔子、孟子的不同境遇充满感慨。身怀壮志的人终不得志，而有的人却可以靠着奇谈怪论享受世人的礼赞，世道就是如此残酷。

这一对比，更加映衬出了司马迁写作《孟子荀卿列传》的本意，他就是对这个不公的世道满怀嘲讽和不忿。其实，只要我们再结合司马迁个人的不幸遭遇，我们就更能理解司马迁心中的激愤之情了。

邹衍留给后世的有两大理论，分别是“五德终始”说和“大九州”说。

先来说“五德终始”说。

要解释“五德终始”说，那就要先了解一下五行。下面罗列一下五行与颜色和方位的一一对应关系：

木，主青，主东方

火，主赤，主南方

土，主黄，主中央

金，主白，主西方

水，主黑，主北方

五行学说的诞生时间非常古老。五行最早见于文字记载是在《尚书·洪范》中，因而五行的产生时间绝对要比《尚书》更加古老和久远。

而且，五行之间相生相克，古人便利用五行的这一特点来解释世间万物变化的规律。用今天的唯物辩证法来看，这就是一种古代的朴素唯物主义。

邹衍将五行理论运用到政治领域，用以解释历史变迁和王朝盛衰更迭的原因，于是就诞生了“五德终始”说。

五德所指的就是木、火、土、金、水五种德性。邹衍将五行的相生相克的关系，应用到了王朝兴衰更迭的规律上，每一个王朝都代表着一种德性，朝代的更迭，也就意味着五德的一次相生或者相克的过程，这也就成了后世王朝证明自己合法性的一种理论依据。

当然，这套理论是荒谬的，它不仅掩盖了历史发展的真正原因，而且还给历史披上了一件神秘的迷信外衣。汉代大儒董仲舒充分吸收了这一理论，让它成为其“天人感应”理论中的一部分，从而让世人以为王朝更迭都是出自“天意”，“天意不可违”，进而使他的理论成为统治者统驭和愚弄万民的思想武器。①

因而我们可以看到，从明朝朱元璋开始，皇帝诏书开头就是“奉天承运，皇帝诏曰”。“奉天”，自然是说秉承上天的意志，而“承运”，则是指承继“五德终始”说中的某一“德运”。

另外，历朝历代开国都会搞一套“改正朔，易服色”的运动，“正朔”和“服色”其实就是确定新王朝的“德运”与其所对应的尚色，而这一切的理论依据就是“五德终始”说。统治者借此便证明了新兴王朝的合法性和正统性，从而稳固了自己的统治。

极具想象力的“大九州”说

我们再说“大九州”说。

我们今天经常用“九州”这个词语来指称中国，“九州”一词最早来源于《尚书·禹贡》。据说，大禹治水时足迹遍布天下，他按照山川地貌和民情风俗将天下划为九州，因此《左传》中也有“芒芒禹迹，画为九州”的说法。

事实上，根据现有的历史材料和考古研究可以确定，大禹是不可能走遍天下的，大禹时期也不存在“九州”之说。且不论当时是否已经出现国家的

① 朱森溥：《试论阴阳五行家邹衍及其学说》，《贵州社会科学》，1980（03）。

形态，即便已有国家，也不可能对如此广阔的区域实行真正有效的管理和统治。对此，学界一般认为，“九州”应为战国时期一些学者对上古时代政区地理的想象。

同时，战国时期已经出现了大一统的思想和理念，战国七雄之间的兼并战争也日趋激烈。在这样的社会背景下，战国时代的一些学者或许也认识到从分裂走向统一是种历史大趋势，感知到大一统局面即将来临，于是便结合实际发挥想象，对未来的大一统政权设计出一份政区蓝图。

而在邹衍的理论中，大禹所创立的九州只是“小九州”，也就是儒家所说的中国，又叫赤县神州，只占到天下的八十一分之一；而在中国之外，像赤县神州这样的州还有八个，这就是“裨海环之”的九州，占到了天下的九分之一，姑且称作“中九州”；“中九州”之外，又有八个这样的州，“大瀛海环其外”，这就是“大九州”，也就是真正的天下。

如果我们把古人所说的天下看作地球的话，邹衍的理论其实不无可取之处。我们今天地球是“五大洲”和“四大洋”，大洲之外也是被海洋环抱。海洋占了地球表面积的71%，邹衍所说的“大瀛海”就相当于今天的大洋，“裨海”就相当于今天的近海或浅海区。而今天中国的领域面积也只是地球面积的1.88%，确实也和邹衍所说的八十一分之一近似。

当然，邹衍的时代距离地理大发现还很远，邹衍一生的足迹基本没有超出过中原地区，他连“小九州”都没有全部踏足，也就更没有周游世界的可能了。那么，邹衍怎么会提出“大九州”说呢?

历史学家丁山在其著作《古代神话与民族》中给出了三点解释。[①]

第一，“得于战国时代之域外交通知识”。

战国时代，东南海上交通已经初具规模，齐国、吴国、越国、楚国均有所发展；而在西北内陆地区，西域和中原已经存在贸易交往，虽然到了汉武

① 丁山：《古代神话与民族》，北京，商务印书馆，2017，第538—550页。

帝时代才开辟出丝绸之路，但是在汉代之前，就已经存在一条玉石之路，大量的于阗玉经河西走廊被输送到中原。丁山先生甚至考证认为，著名的和氏璧其实就是产自于阗。

据此，丁山先生认为，战国时代的人们对中原九州之外的地理认识已经非常丰富，当时的人们已经沿着海岸线向南到达了交阯（今越南），而西北内陆则与西域相联通。当时中国人的视野已经大大超出了《禹贡》中所谓九州的地理范畴，这就需要另一种新的地理学说来代替旧有的“九州”说。于是，新的“大九州”说便应运而生了。

第二，“根据天文之测算”。

这涉及阴阳学派的起源。《汉书·艺文志》中说：“阴阳家者流，盖出于羲和之官。”羲和是上古时代掌管天文历法的官职，这一学问在当时被称作“天官学”，是中国古代早期的天文学。可以说，邹衍的学说涵盖了当时天文历象的诸多方面，而天文历象本身也是邹衍阴阳五行学说的根本。

丁山考究了战国秦汉时代诸多天文星象记录，认为战国时代的中国人基于对日月星象的认识，已经对今天的北极地区和赤道地区有所涉足。当然，这种推论过于牵强，笔者亦不甚认可。但是，天文学确实可以影响古人的世界观和地理观，并且推动古人对地理的探索和认知，这是毋庸置疑的，基于对日月星象的认知来推论世界地理，这在当时是有一定合理性的。

第三，“受印度四大部洲说影响”。

《西游记》的开篇说世界存在四大部洲，分别是东胜神洲、西牛贺洲、南赡部洲、北俱芦洲，而《西游记》的这一世界观则来源于印度佛教传说。

在印度早期佛教，也就是婆罗门教的传说中，在世界的中心有一座弥楼山（也作须弥山），山的四方有四洲，东为弗婆提，西为瞿陀尼，南为阎浮提，北为郁单越，其所对应的正是《西游记》中所说的四大部洲。而这一传说正是在公元前六世纪左右诞生，时间跨度和中国的战国时代相近，故而丁山认为邹衍的“大九州”说一定程度上受到了古印度“四大部洲”说的影响，而东胜神洲实则是弗婆提的初译。

丁山的观点比较天马行空，虽然极具想象力，但是缺乏有力的实证，尤其是后两种观点，姑且只能看作一种历史假说。因此，笔者更赞同其第一点的论证，即战国时代中国人地理认知的拓展，也正是这种地理认知的逐步拓展，促使“大九州”说在战国时代诞生。

另外，邹衍所生活的齐地靠近大海，拥有渔盐之利，齐地特有的海洋文化极大地激发了世人向海外发展的热情，拓展了世人的地理观。也正是因为毗邻大海，齐地拥有相当多的神仙传说。后来秦始皇之所以派徐福出海，正是因为齐地流传着海上有三神山的传说。

正如十三世纪西方出版的《马可·波罗行纪》一书激发了欧洲人对东方世界遍地黄金的幻想，从而促成了新航路开辟一样，源自齐地的这些神仙传说，也极大程度激发了世人向海外探索的热情。我们可以看到，在邹衍的“大九州”说中，世界被“裨海”和“大瀛海”环绕，这其实正体现了当时生活在齐地的人们对海洋的认知，而且这种认知是基于当时对海洋的探索之上的。

正是在这种历史大背景之下，从来没有踏出过中原半步的邹衍创造性地提出了“大九州”说。

邹衍“大九州”说对中国历史的最大贡献，在于为后世帝王的开疆拓土提供了认知基础。

《盐铁论》中有一篇名为《论邹》，是专门讨论邹衍思想的，其中就有关于“大九州”说的论述，并称这一学说使得“秦欲达九州而方瀛海，牧胡而朝万国”。也就是说，后来统一六国的秦王朝根据邹衍的理论，为了试图到达邹衍所说的天下九州（指“大九州”）而扬帆出海，统治殊方异族而使万国来朝。

从之后发生的史实来看，秦朝确实发展过航海事业，其疆域也确实超出了儒家所设定的九州的范围。因此，邹衍的“大九州”说在推进秦汉大一统国家开疆拓土的过程中，的确发挥过实实在在的作用；进而言之，邹衍的“大九州”学说对于海外世界的描述，也为中国古代帝王开疆拓土提供了精神上的动力。①

另外，邹衍的“大九州”说不只是打破了儒家的旧“九州”说，同时也打破了儒家的“中国中心论”。在传统的儒家天下观中，洛邑是中国的中心，中国是天下的中心，而中国之外都是蛮夷戎狄，属化外之地。而邹衍的“大九州”说则认为，大禹划分的九州只是“小九州”“不得为州数”，中国名为赤县神州，只是天下的八十一分之一，而且位于天下“大九州”的东南。

这一思想不仅在当时是超前的，即便是在两千年之后的明清时代也是极具超前意识的。然而，相比于“五德终始”说为后世历代王朝所重视，“大九州”说却被丢进了历史的故纸堆，并被指斥为“荧惑诸侯”之说。我们反观清朝时期“闭关锁国”的国策和“天朝上国”的倨傲姿态就会发现，邹衍之后的两千年来，中国人的视野不仅没有扩大，反而愈发缩小，并最终沉浸在“天朝上国”的迷梦之中。

也正因如此，意大利传教士利玛窦拿着当时最新的世界地图给中国人看的时候，因为地图没把中国放到世界的中心，中国的文人士大夫们将其指斥为“邪说”；也正因如此，当英国使臣马戛尔尼访华时，带来了西方最先进的科技成果，乾隆皇帝对大英帝国的一切都选择了熟视无睹，中国也就此丧失了与工业文明相交流的一次绝佳机会；也正因如此，当英国人的坚船利炮叩开中国大门的时候，道光皇帝还不知英吉利“地方周围几许”，竟问出

① 胡阿祥：《吾国与吾名：中国历代国号与古今名称研究》，南京，江苏人民出版社，2018，第397—398页。

“英吉利到回疆各部有无旱路可通”“与俄罗斯是否接壤”等无知之问！

虽然说邹衍的“大九州”说在今天看来并不科学，但是邹衍所提出的海陆架构、大洲分布以及中国的方位判断，已经总体接近真实了，我们绝对可以说邹衍的“大九州”说是先进的、超前的世界地理观念。后世对邹衍理论的漠视，中国人对世界地理认知的停滞，不得不说是一个巨大的历史遗憾。

《孟子荀卿列传》（下）：失落的学说

“白马非马”

说完邹衍，我们再来说另外两个要讲的人物，这就是名家学派的代表人物公孙龙和墨家学派的代表人物墨子。

先来说名家学派的代表人物公孙龙。

名家是先秦诸子百家中一个非常特别的存在，也是一个非常引人瞩目的学派。而且，先秦时代是不存在“名家”这一称呼的，“名家”真正被提出是在司马谈的《论六家要旨》一文中，而在百家争鸣的时代，名家这一学派往往被称作“辩者”或“形名家”。

这一学派的代表人物有邓析、惠施、公孙龙，本篇主要来讲公孙龙。

公孙龙是战国中期赵国人，曾做过赵国平原君的门客，主张“以正名实而化天下”，现存《公孙龙子》六篇。他最著名的理论就是他的“白马非马”论，这同时也是名家学派最具代表性的一个命题。

白马为何不是马？在公孙龙看来，“马”之名是表示形体的，“白”之名是表示颜色的，而“白马”则同时包括了两个因素，故而“白马”不是“马”。

为了进一步论证这一观点，公孙龙还专门举了例子。当有人需要马的时候，各种颜色的马都可以给他，有黄马，有黑马，但是如果他只需要白马的话，那么黄马和黑马就不符合要求了，也就不能给他了。所以，白马不是马。

其实，用今天辩证法的思维来看，白马和马之间其实就是个性与共性、个别与一般的关系。公孙龙的理论其实是在重点强调个别和一般之间的排斥关系，并且刻意夸大，从而割裂了个别与一般之间的联系。因此，公孙龙的“白马非马”是有一定诡辩的味道的。

这种理论在很多人看来是没有意义的，颇有强词夺理的味道，但是却难以辩驳。因此，《庄子·天下篇》就评价名家是“饰人之心，易人之意，能胜人之口，不能服人之心，辩者之囿也”。

“饰人之心，易人之意”就是指名家善于诡辩，通过貌似正确的名实之论来歪曲别人的意思，从而使与之辩者无话可说，辩者可以取得辩论的胜利，但是其理论却无法令人心悦诚服。也就是说，名家的理论无法真正让人“口服心服”，人们只是“口服心不服”。

这就是名家的理论，别人说东，他们偏说西；别人说火是热的，他们非说“火不热”；别人说白狗是白色的，他们非说“白狗黑”。

总而言之，名家就是为了辩而辩，他们没有自己的原则和立场，就喜欢标新立异，就喜欢颠覆人们的认知常识，从而实现辩论的胜利。

有人说中国古代没有逻辑学，这话虽然并不错，但是我认为中国古代早期是有逻辑思想的，名家的思想理论就是代表。但是我们也知道，名家的思想在秦朝以后就彻底消失了，名家的思想并没有延续下去，也没有获得更进一步的突破，没能发展出真正的逻辑学，这不得不说是中国思想史的一大遗憾。

司马迁因何对墨子记述如此简略

接下来，我们还要讲的最后一个人物是墨子。

墨子在《孟子荀卿列传》中是被最后提及的一位学派人物，而且是个极为特殊的存在。

韩非子有言：“世之显学，儒墨也。儒之所至，孔丘也；墨之所至，墨翟也。”[①]也就是说，在战国时代，儒家和墨家并列为当世“显学”，也正因如此，当时流传有“非儒即墨”的说法。

按理来说，墨家作为和儒家并列齐名的一大显学，《史记》应该给予足够的重视和足够的篇幅才对，然而《孟子荀卿列传》中关于墨子的部分却排在最末，而且仅有24个字的篇幅。

《孟子荀卿列传》对墨子记载道：“盖墨翟，宋之大夫，善守御，为节用。或曰并孔子时，或曰在其后。”

这段简短的文字主要记录了墨子的三方面信息：第一，墨子的身份，墨子本名墨翟，是宋国的大夫；第二，墨子的思想，擅长防御之术，提倡节俭；第三，墨子的生卒年，司马迁对此并不确定，可能和孔子同时，也可能在孔子之后。

墨家的学说虽然在战国时代影响巨大，但是在进入秦汉时代之后就彻底走向衰落了，甚至消亡，墨家对后世的影响可以说是微乎其微的。这或许是《史记》对墨子记述寥寥的一个原因。

但是我们也知道，司马迁是一个不拘泥于世俗之见的历史学家，他甚至愿意为一些不知名的小人物作传，又怎么会对一个在春秋战国时代影响巨大的人物吝啬笔墨呢？

《史记·太史公自序》中有言：“猎儒墨之遗文，明礼义之统纪，绝惠王利端，列往世兴衰，作《孟子荀卿列传》第十四。”从这段话可以看出，

---

①《韩非子·显学》。

司马迁写作《孟子荀卿列传》的一大目的是要“猎儒墨之遗文”，然而本篇列传却只给了墨子寥寥24字的笔墨，这明显有悖于司马迁创作本篇列传的宗旨。

因此，墨家在后世影响力固然衰微，但这未必是司马迁在其《史记》中对墨子生平事迹记载寥寥的主要原因，或许还另有隐因。

一种说法认为，当时关于墨子的史料稀缺，不足以为墨子作传。

在秦始皇发起的“焚书坑儒”运动中，儒家和墨家的著述都在禁毁之列，加上进入秦汉时代以来墨家学派政治影响力的渐次衰微，墨家史料不足似乎可以解释这一切。梁启超在其《中国历史研究法》中就说：“《史记》关于墨子之记述，仅得二十四字……此史料可谓枯竭极矣。”①

但是在司马迁之后的汉昭帝时代，曾经举行过一次重要的会议，这就是历史上著名的“盐铁会议”。而盐铁会议上的很多讨论都被桓宽记载在了《盐铁论》中。而在《盐铁论》中，论述墨家和引用墨家之处合计11处。到了东汉时代，在班固所著的《汉书》中也论述和引用墨家共18处。

可见，两汉时代的学者们对墨子和墨家学派的思想理论还是比较了解的，墨家的史料在西汉中期虽然未必丰富，但还绝不至于“枯竭”到只能记录24字的程度。

另一种说法认为，墨家学说包含了大量平民主义思想，是与汉代统治阶层相对立的，这才导致了司马迁在《史记》中对墨子生平事迹的记载只有寥寥几笔。

有人认为，墨子其实并非姓墨名翟，“墨”字很可能只是一种称号，来自他曾经受到过墨刑。所谓墨刑，也叫黥刑，是指在罪犯的脸上刺字，然后涂抹黑炭，从而使得罪犯脸上的刺字无法擦洗，且终生无法消除。比如，楚汉时期有一位著名的军事将领本名叫英布，出身平民，但是由于在秦朝受到

① 梁启超:《中国历史研究法》，上海，上海古籍出版社，2006，第66页。

过黥刑的惩罚，脸上的刺字常常被人讥笑，于是人们也把他称作黥布。

如果这个说法成立的话，墨子的出身必然不会是贵族阶层，而是下层平民阶层。也正因为墨子出身底层，他很可能本就没有姓和氏，故而被冠以“墨”字作为称号，甚至以墨为姓。[①]

事实上，《孟子荀卿列传》称墨子是“宋之大夫”的说法也是十分可疑的。因为在先秦文献中找不到任何关于墨子担任过宋国大夫的记载，也无法确认他是宋国人，更无法证明他是贵族出身。

而追随墨子的人被称作墨者，他们有着严密的管理和组织，统一于领袖人物“巨子”的领导之下。这些人基本都出身于底层农民和手工业生产者家庭，他们破衣烂衫，脚穿木屐草鞋，注重劳动生产，并且极尽节俭，清心寡欲，不参加任何娱乐活动，以参与劳动和受苦为最高价值追求。这些都深合底层平民阶层的特征，也真实反映了战国时代农民和小生产者阶层的生活和生存面貌。

因此，墨子出身底层平民阶层是极有可能的，他所代表和维护的阶层也是社会的底层民众。

这也就解释了为何《墨子》一书中会有大量有关自然科学的内容——第一，墨家代表了底层劳动人民的立场；第二，墨家具有强烈的实践精神。

《墨子》一书中涉及的自然科学有数学、力学、光学、机械工程，等等。比如“小孔成像”实验在《墨子》一书中就有详细记述，并且提出了光沿直线传播这一光学原理，这也是世界科技史上第一次有明确记录的“小孔成像”实验。

墨家的科学实验精神是非常值得肯定和赞赏的，然而随着后世墨家学说的衰落，这种科学实验精神也最终淹没在历史的尘埃里，并被当作“奇技淫巧”为世人所鄙夷。

---

① 杨照：《墨子：庶民社会的主张》，桂林，广西师范大学出版社，2016，第9页。

因此，当我们今天自豪于以“四大发明”为代表的中国古代科技文化的时候，我们也必须认识到，尽管中国古代科技成果斐然，但是它的发展同时也具有明显的实用性和经验性。第一，中国古代的科技是讲求实用的，必须能够为农业生产、手工业生产和医疗健康等服务，并间接服务于皇权统治；第二，中国古代科技是在大量社会生产中通过累积经验总结出来的。

这也就注定了中国古代科技不具备近代实验主义精神。换句话说，中国的古人面对一些根据社会生产经验总结出来的科技成果的时候，是“只知其然，而不知其所以然”，没有进一步探究的欲望，也就更难以形成真正的科学了。

可以说，中国古代科技是先天不足的，而这种“先天不足”从墨家学说开始被世人轻视和遗忘的时候就已经显露端倪了。不少人都说中国古代没有实验科学，这话无疑是正确的。

言归正传，正是由于墨家学说中包含大量平民主义精神，并站在底层劳动人民的立场，而这与西汉统治者的政治立场是相对立的，故此有观点认为《史记》中对墨子记载简略的原因即在于此。

这种观点表面上看似很有道理，但是我认为这和司马迁创作《史记》的宗旨并不抵牾，因为司马迁在《史记》中也为大量的平民阶层立传。

比如，被认为继承了墨家理念主张“以武犯禁”的游侠阶层，司马迁就专门为这个群体立传，这就是《游侠列传》。再比如，被认为是社会阶层末流的商人阶层，他们比农民和手工业生产者的地位还要低下，但是也被司马迁大胆立传，这就是《货殖列传》。

而且司马迁的人才观是立德、立言、立功，司马迁在其一封给友人的书信中就说：“迁闻君子所贵乎道者三，太上立德，其次立言，其次立功。”[1]在司马迁看来，只要能符合这三点，不论贫富，不论贵贱，皆为君

① 司马迁:《与挚伯陵书》，载于皇甫谧《高士传》。

子。司马迁的这种对人才一视同仁的态度，和墨家学派所主张的贤人治国的“尚贤”理论可谓不谋而合。

可见，按照司马迁的撰史理念和人才观，他绝不会因为墨家学说的平民立场和平民属性而放弃为墨子作传。而且墨子是先秦诸子百家中立言的典型，司马迁也在《太史公自序》中明确表明自己要为墨家搜罗遗留下来的学说文章，他又怎么可能会因为墨家学派的平民立场和平民属性而对墨子不予立传呢？

当然，还有人说司马迁所代表的是儒家立场，儒墨两家也是相互对立的，这或许也是司马迁在《史记》中简略记载墨子生平事迹的原因。

这种说法显然更加站不住脚，且不说司马迁修史纯属个人行为，并非为汉朝官方修史，单单从《史记》内容来看，司马迁对道家、法家等与儒家对立的学派均有详尽论述，又怎么会单独对墨家如此轻视呢？

而且司马迁是秉承父亲司马谈的遗志撰述《史记》的，司马谈专门在《论六家要旨》中将墨家列为诸子六家中的一家，司马迁又怎么会违背父志对墨家区别对待呢？

综上所述，史料和立场问题都不能成为阻碍司马迁为墨子立传的原因，那么，导致《史记》对墨子记载寥寥的主要原因是什么呢？

事实上，从传世资料的角度来看，墨家学派的著述虽有一定程度上的散佚，但是至少在西汉前中期关于墨家的资料还是非常可观的。正如前面所提到的汉宣帝时代的盐铁会议中关于墨家的讨论，汉代学者对墨家是非常关注并且熟悉的。

对于这一问题，墨学研究学者郑杰文提出了“残篇说”。他认为，《史记·孟子荀卿列传》之所以对墨子记载如此简略，根本原因在于今人所看到的这篇列传已非原貌，而为残篇。

不论是从《论六家要旨》中对墨家的纲领性总结，还是从司马迁在自序中自言要“猎儒墨之遗文”的写作目的来看，司马迁都是有计划要为墨家立传的。而且，经过前面的论述，西汉时代有关墨家的资料也是足够丰富的，完全可以支撑司马迁为墨家立传，更何况司马迁在当时担任太史令，相当于掌握了国家档案馆的全部资料。

如此，答案或许很可能就是《史记》中关于墨子的部分残缺散失了。

在两汉时代，书籍都是被记载在简牍之上的，并且用编绳编联，经过长时间的翻阅之后，再结实的编绳都难免散断，所以孔子才会由于勤读《易经》而导致“韦编三绝”。而《史记》中墨子的部分正好位于《孟子荀卿列传》的篇末，假设如果真的是编绳散断的话，那么篇末的部分确实也是最容易丢失的，这或许是造成《史记》中司马迁对墨子记载寥寥的最合理的解释。

我们通过其他一些蛛丝马迹也能间接佐证“残篇说”的观点。

第一，《孟子荀卿列传》的篇末没有其他篇目惯有的“太史公曰”。

司马迁自称要“成一家之言”，而“太史公曰”正是体现司马迁“一家之言”的重要方面。作为提纲挈领的总结和评论性文字，“太史公曰”几乎在《史记》的每篇中都有，有的篇章中甚至还不止一处“太史公曰”。

虽然《孟子荀卿列传》中开头也有“太史公曰”，但这段“太史公曰”主要是为了引出话题，而非总结性评论。参考《史记》中的其他篇目，我们可以获知，“太史公曰”是司马迁创作《史记》的惯例性总结，也是其个人撰史风格的体现，本篇列传篇末“太史公曰”的缺失显然是不合常理的，这也成为佐证“残篇说”的最重要的论据。

第二，从行文结构和语气上看，篇末明显有继续长篇论述的迹象。《孟子荀卿列传》的最后用寥寥数语介绍了墨子的生平之后，便用一句“或曰并孔子时，或曰在其后”收尾，这明显有一种话犹未了、意犹未尽之感。

第三，司马迁在本篇列传中记述墨子生平事迹之前，写有这样一句话：“自如孟子至于吁子，世多有其书，故不论其传云。”意思是，战国时代的这些学者，从孟子到吁子都流传有丰富的著述，所以就不详述这些著述的内容了。这句话的语气明显带有转折的意味，言下之意似乎是要告诉读者，以上这些学派人物的著述就不多讲了，接下来要详述另外一个学者（墨子）的著述了。

按照行文中体现出来的这些语气，我们有理由相信，司马迁接下来是有意要花较大篇幅来记述墨子著述的，然而文章最后却只以24字收尾，这怎能不让人心生疑窦呢？这篇列传如果不是残缺散失，又怎会对墨子仅仅记述24字便戛然而止了呢？①

如此，《孟子荀卿列传》对墨子轻描淡写的真正原因似乎就找到了，这也直接导致了后世对墨子生平的认识不足。

当然，即便《孟子荀卿列传》的篇末真的是残缺散失掉了，也还存在其他疑问有待探讨。比如，墨子部分的缺失到底是自然散佚还是人为删除的？再比如，有关墨子的部分是全部缺失还是只剩了这24字的残篇，而这24字究竟是墨子部分的残篇文字还是后人重新辑补的？这些问题就都留给历史学家们去研究和考证吧，也留给读者来思考吧。

《商君列传》：开万世之法

《商君列传》记述了先秦时代改革家商鞅的生平和变法始末。商鞅变法是先秦时代最彻底的一场改革运动，它奠定了秦国走向强盛的基础。本篇是研究商鞅及商鞅变法的重要文献。

① 郑杰文：《〈史记·孟子荀卿列传〉载墨子传记为残篇说》，《中国文化研究》，2005（01）；陈林：《兼爱天下：悦读〈墨子〉》，南京，江苏人民出版社，2018，第2—6页。

商鞅变法的内容

在前面《秦本纪》的部分里，已经简要记述了秦国的崛起历程。而在秦国崛起的历程中，有一关键性的历史节点，也可以说是历史事件，这就是秦孝公时期所发生的“商鞅变法”。

贾谊讲秦国之所以强大，是“奋六世之余烈”，而这“六世”中的第一世恰恰就是秦孝公。正是因为有了商鞅变法，秦孝公时期才成为秦国从弱小走向强盛的转折点；也正是因为有了商鞅变法，秦国不仅成为战国首强，而且最终完成了统一天下的使命。

对于商鞅变法，张分田所著的《秦始皇传》中说：“秦始皇的帝业之基开创于此，秦始皇的政治模式肇始于此。”[①]这句话如果进一步延伸的话，还可以这么说，后世中国两千年的政治体制亦脱胎于商鞅变法。

秦始皇统一中国后所采取的那些巩固中央集权的措施，其实都不是开创性的，许多措施都能在商鞅变法中找到渊源。下面我逐一来作分析。

先来说政治上所推行的郡县制。

县制其实早在春秋时代就出现了。顾颉刚认为最早实行县制的是楚国[②]，阴法鲁则认为最早实行县制的是晋国[③]。不管哪种说法，县制的起源都远远早于秦始皇的时代。秦国在春秋时代同样出现了县制，但发展缓慢，一直到秦孝公时期商鞅主持变法，他把小的乡邑聚合为大的县，全国设立三十一个县，郡县制才算在秦国真正确立下来。

郡的出现要比县稍晚，郡起初和县并无统属关系，郡一般设置在边境地广人稀的地区，以区别于内地人口稠密地区的县，郡的地位也要低于县。到了战国时代，尤其是商鞅变法以后，郡才开始统县，郡县制的雏形才基本确立下来。

---

① 张分田:《秦始皇传》，北京，人民出版社，2015，第41页。

② 顾颉刚:《顾颉刚全集：顾颉刚古史论文集》卷5，北京，中华书局，2011，第231-239页。

③ 阴法鲁:《中国古代文化史》，北京，北京大学出版社，2008，第40页。

郡县制取代了西周以来的封建制，这就意味着两点：第一，打破分裂割据而实现统一，加强中央集权；第二，打破权力、财富、名位的世袭制而建立一种人员流动的官僚体制。[①]

与推行郡县制相辅相成的是废除世卿世禄制。从西周到东周，上至诸侯，下至卿大夫和士，其爵位和官职都是长期世袭的。而随着郡县制的推行，官员的任免不再是一成不变的世袭制，一种新的适应中央集权的官僚制度逐渐形成。废除世卿世禄制，也就意味着可以不断地从社会底层中引入人才。事实上，后来活跃在秦国政坛上的很多名臣名将，他们大多都没有深厚的政治背景，有些人甚至是平民出身，比如白起、吕不韦、李斯等等。

世卿世禄制还会导致一个很严重的后果，那就是产生了一大批尾大不掉的卿士，他们把持朝政，独断专行，乃至架空君权，分裂国家。比如晋国的六卿，鲁国的三桓，楚国的若敖氏。而商鞅变法废除了世卿世禄制之后，这种世袭相承的卿士家族就没有了生存的土壤，秦国的君权自然不会落入卿士之手。

取代世卿世禄制的是军功爵制。军功爵制共二十级，凡行伍中人不论出身，一律按功勋授爵，而如果没有功勋却身为宗室的人不得享受任何宗室特权，也没有爵位和品秩，并且不得列入公族的簿籍。总之，实行军功爵制的目的就是要使得“有功者显荣，无功者虽富无所芬华”。[②]

军功爵制的改革直接导致了“利出一孔”的局面，摆在所有臣民面前能够获得爵位俸禄和荣华富贵的唯一途径，就是为国家建立功勋，而建立功勋的手段就是“耕战”。这不仅调动了广大臣民参战的积极性，使秦国军队很快成为一支“虎狼之师”，而且导致了世卿世禄制的彻底瓦解和官僚体制的发展。[③]

再来说商鞅变法在经济上所采取的废井田、开阡陌、重农抑商、统一度

---

① 何怀宏：《世袭社会：西周到春秋社会形态研究》，北京，北京大学出版社，2017，第23页。

②《史记·商君列传》。

③ 张分田：《秦始皇传》，北京，人民出版社，2015，第49页。

量衡等政策。

废井田相当于宣告了井田制的瓦解，而开阡陌相当于承认了土地私有。商鞅根据秦国地多人少的状况，将田制定为240步为一亩，每一户享有100亩土地，从而实现了“尽地力之教”。

商鞅推行重农抑商的政策，奖励耕织。为此，他还制定了奖惩制度，规定奴隶从事耕织送交粮食布帛多者，免除其徭役，而从事工商末利以及因为懒惰而贫困者，全部收捕，没入官府为奴。

在统一度量衡方面，最具代表性的例子就是现收藏于上海博物馆的商鞅方升。公元前344年，商鞅亲自督造并颁布了度量衡的标准器，这就是商鞅方升，并以此为标准推行全国。除此之外，还有丈、尺、权、衡，都确定了各自的标准并推行全国。根据上海市标准计量管理局对商鞅方升的测定，秦一升的容积为205.15立方厘米。又根据这个升的铭文内容，确定容积是当时尺度的16.2立方寸，以此推算，每立方寸的容积为12.257立方厘米。再由此推算，当时秦的一寸为2.305厘米，一尺是23.05厘米。①

这些就是商鞅变法的主要内容，变法的终极目的就是富国强兵，可以说，所有的变法举措都是为了实现富国强兵这个目标。

商鞅变法成功的原因及其成就

商鞅变法的效果是有目共睹的，并且直接将秦国推上了战国第一强国的宝座，有力推动了战国时代分裂的各国走向统一的历史进程。据统计，从商鞅变法（前356年）到秦始皇即位前一年（前248年），前后经过109年时间，秦除了同若干残存的小诸侯国和西戎、巴、蜀少数民族作战以外，同六国共作战65次，获全胜的共58次，斩首129万，拔城147座，攻占的领土共建

① 杨宽:《战国史》，上海，上海人民出版社，2016，第223页。

立了14个郡，未获全胜或互有胜负的仅5次，败北仅4次。[①]

战国时代是一个变革的时代，战国七雄无不拉起变法的大旗。魏文侯率先通过变法走上强国之路，韩昭侯任用申不害变法，楚悼王任用吴起变法，还有齐威王改革和赵武灵王的胡服骑射。

本书重点讲述了魏文侯变法、赵武灵王改革和秦国商鞅变法。魏文侯变法为战国变法提供了一个政治蓝图和框架，之后的许多变法都是在魏文侯变法的框架下进行的；赵武灵王则另辟蹊径，主要通过改革服饰和发展骑兵实现了军事上的富国强兵；而商鞅变法是战国各国变法中最为成功和深刻的，甚至可以说，商鞅变法是中国古代最为成功的变法之一。

或许有人要问，战国时期如火如荼的变法运动，为何最后只有秦国的商鞅变法真正成功了呢？

我认为最重要的因素有两点。

第一是秦国的变法范围广，程度深。

商鞅变法首先从经济领域开始，后扩展到政治领域，改革范围逐步扩大，并且涉及国家的方方面面。而六国的变法每次都像是在隔靴搔痒，往往无法触及改革的"深水区"，改革具有明显的片面性和局限性，很少有像商鞅变法这样从经济、政治、军事多层面、多维度深化改革的。比如，齐威王的改革主要是从吸纳人才的角度进行的，这就注定改革不会深入，而燕昭王的改革则玩起了禅让的把戏，企图让贤人来治理国家，反而招致了国家的动乱。

第二是秦国的变法没有出现断层。

秦孝公为商鞅变法扫除了一切障碍，让商鞅得以大展拳脚，这也让秦国迅速品尝到了变法的甜头。秦国在与魏国进行的战争中先后俘虏了公子卬和魏错，力挫当时还是第一强国的魏国，并且夺取了魏国的河西之地。秦孝

① 栗劲：《秦律通论》，济南，山东人民出版社，1985，第46—47页。

公死后，秦惠文王即位，他看到了商鞅变法所取得的巨大成果，尽管他最终车裂了商鞅，但是也完整保留了商鞅变法的所有成果，并在此基础上继续深化，使得秦国得以在秦惠文王时代大范围地开疆拓土。

而六国统治者在推行变法的过程中总是瞻前顾后，他们要么顾虑变法的风险成本，要么担心利益阶层的反噬。因此，六国的变法往往开始阶段搞得轰轰烈烈，推行不久之后就进入了疲惫期和倦怠期，甚至“二代而亡”“人亡政息”，变法被彻底推翻。

此外，还有其他一些因素的影响，比如秦国的地理环境造就了秦人剽悍的民风，秦国所面对的周边环境相对平稳，等等。

主持变法的商鞅最终落得一个作法自毙的凄惨下场。据《商君列传》记载，秦孝公死后，商鞅被公子虔等诬告谋反，只能趁机逃亡。当他逃至秦国边境想投宿旅店时，结果因为没有身份证明而遭到了旅店老板的拒绝。身为逃犯的商鞅自然也无法出示自己的身份证明，只能喟然长叹道：“嗟乎，为法之敝一至此哉！”意思是：唉！法治的弊端竟然到了这种地步！这也是“作法自毙”这一成语的出处。

在司马迁看来，商鞅的悲剧是其性格使然，他指斥商鞅“天资刻薄”，但对商鞅变法的成果也是持肯定意见的。商鞅推行变法之后，“行之十年，秦民大说，道不拾遗，山无盗贼，家给人足。民勇于公战，怯於私斗，乡邑大治”“居五年，秦人富强，天子致胙于孝公，诸侯毕贺”。这些无不是司马迁对商鞅变法所取得的成就的肯定。

事实上，商鞅虽然被以谋反罪处死，但是后世秦人对商鞅变法的成就及商鞅本人是非常肯定和怀念的。比如，后来的秦国国相蔡泽就说：“夫商君为秦孝公明法令……是以兵动而地广，兵休而国富，故秦无敌于天下，立威诸侯，成秦国之业。”[1]李斯也曾在他的《谏逐客书》中说：“孝公用商鞅

①《史记·蔡泽范雎列传》。

之法，移风易俗，民以殷盛，国以富强，百姓乐用，诸侯亲服，获楚、魏之师，举地千里，至今治强。”①

随着后来统一的多民族国家秦王朝的建立，商鞅所开创的这一政治体制逐渐成了历代王朝所沿袭的政体。用易中天的话来说就是，以商鞅和韩非为代表的法家为后来的中国设计了一套全新的国家制度，这就是“帝国制度”。②

毛泽东在其《七律·读〈封建论〉》中曾说“百代都行秦政法”，人们也经常说“万世皆秦政”。实际上，所谓的“秦法”和“秦政”这些“帝国制度”正是脱胎于商鞅变法。

因此，从两千多年政治制度史的角度来看，商鞅变法真可谓开万世之法。

《白起王翦列传》：长平之战背后的“货币战争”

《白起王翦列传》记述了秦国名将白起和王翦的生平事迹，同时也记述了战国后期秦与六国之间发生的多场战争，主要有白起领导的秦赵长平之战和王翦领导的秦灭楚之战。

“烫手”的上党

白起和王翦都是战国后期秦国的名将，而且他们也都在秦统一六国的战争中建立了不朽功勋。但是，本节并无意记述他二人的事迹，而是想重点来

① 《史记·李斯列传》。

② 易中天：《帝国的终结：中国古代政治制度批判》，上海，上海文艺出版社，2018，第29页。

讲述秦统一六国进程中发生的一场具有战略性意义的战争，这就是秦赵长平之战。

战争是政治的延续，也是政治的一种表现形式，因此，我们可以说战争的本质就是国家之间的政治博弈。当然，战争的胜败也并不完全取决于军事力量的强弱，而是双方综合实力的比拼。

因此，讲战争不能只讲战场上的军事杀伐，能够影响战争的因素有很多，比如经济因素、战略因素等等。

长平之战的导火索是秦赵两国对上党地区的争夺。

公元前262年，这一年是秦昭襄王四十五年，也是赵孝成王四年。这一年，秦将白起攻克了韩国重镇野王（今河南博爱县）。这一军事胜利意味着，连通黄河以北的上党郡与在黄河以南的韩国本土的交通要道被秦国彻底切断，上党郡成为韩国一块孤立无援的绝地。

上党地区是由五台山脉、太行山脉、太谷山脉和中条山脉所构成的高台地，地势高峻，陵谷纵横，可谓“与天为党”，故而得名上党。其大致范围相当于今天的山西省东南部，涵盖了今天的晋中南部、长治市和晋城市一带。

战国时代的上党地区分别被三个国家所占有，韩国占有上党地区南部，赵国占有上党地区的东部和北部，魏国占有上党地区的西部和南部，乃韩、赵、魏三国交错之地。

而随着战国中后期秦国东进步伐的逐渐加快，魏国在上党地区的地盘完全被秦国所占领，而韩国在上党地区的属地也随着野王被攻占，瞬间变成孤悬于本土之外的一块飞地。

此时，秦国只要再把韩国在上党的属地占领下来，便可以从北、中、南三面夹击赵国都城邯郸，进而攻取赵国。而对于赵国来说，韩之上党地势高峻，而邯郸周边则一马平川，一旦上党被秦国占有，邯郸也将彻底暴露在秦国的视野之下。[1]

韩国深知自己无法守住上党郡，索性顺水推舟主动把上党郡献给秦国。当然，这也是韩国用“土地换和平”的惯常做法。

这原本只是秦国和韩国之间的事，然而最后却把赵国拖进了战争的泥潭中，并最终引发了长平之战。这究竟是怎么一回事呢？

当时的上党郡郡守名叫冯亭，他和自己的手下们开始商议：反正韩国已经不打算要上党了，送谁不是送呢，干吗非得送给秦国，还不如送给赵国。赵国如果接受了上党，秦国必然不甘，势必要和赵国兵戎相见。赵国有难，韩国必然出手，如此一来，韩赵联手就不怕秦国了。

于是，冯亭派手下前往赵国，向赵孝成王表达了进献上党十七城的意愿。面对这一从天下掉下来的馅饼，赵孝成王喜出望外，但是他也充满了担心，因为如果接纳冯亭进献上党的请求，也就等于在秦国面前虎口夺食。出于这样的担忧，赵孝成王找来了平阳君赵豹和平原君赵胜商议此事。

平阳君赵豹坚决反对接纳上党，认为接纳上党是在和秦国结怨，会引发秦、赵之间的战争，弊大于利。而平原君赵胜则认为，上党郡十七座城池可是块大肥肉，不要白不要，哪有拒绝的道理？最终，赵孝成王采纳了平原君赵胜的意见，接受上党郡，并封冯亭为华阳君。

事实上，就当时的局势而言，秦国是当时七国中的最强者，赵国经过赵武灵王改革之后也成为东方六国中的最强者，而上党正是秦赵之间的战略最前沿。秦国如果得到上党，便可对赵国都城邯郸形成严重威胁；而赵国得到上党，便可直取河西，进而威胁到函谷关和关中之地。

因此，我们可以作出这样的假设，如果上党这块地方仍旧保留在韩国的手中，秦、赵两国便可相安无事。这是因为，上党作为秦、赵两国战略的最前沿，它相当于一个平衡两国战争形势的支点，它既不属于秦也不属于赵，

① 台湾三军大学编：《中国历代战争史》（第2册），北京，中信出版社，2012，第191页。

这样就能实现两国战争形势的平衡，避免两国之间爆发大战。

进而，我们可以得出相对应的一个推论。那就是，无论上党落入秦、赵两国任何一方之手，秦、赵之间的这种战略平衡都会被打破，秦、赵之间也必然会发生一场大战，即便这场战争不叫长平之战，也会是和长平之战同等级别、同等残酷的别的战争。换句话说，秦、赵两国谁都想要上党这块地方，要么谁都得不到，要么就决一死战。因此，长平之战的爆发绝非偶然，它是有一定的历史必然性的。

就这样，赵孝成王接纳上党的这一决定，最终为他自己，也为整个赵国带来了一场空前的灾难。

长平之战与战国格局

公元前262年，赵孝成王正式接收上党，并派老将廉颇镇守上党，同时构筑一系列防御工事，为之后长期固守做好准备。

公元前260年农历四月，秦国派出大将王龁（音同“河”）率兵进攻上党。秦、赵两军交战于长平（今山西高平市西北），赵军初战不利，并且损失了1名裨将和6名尉官。在秦军咄咄逼人的气势之下，廉颇转而采取坚壁固守的策略，拒不迎敌，试图以逸待劳。

接下来，战争进入了僵持阶段，一直到农历七月，秦、赵两军谁都占不了谁的便宜。面对这一僵局，秦、赵两边都有点急，秦军着急当然可以理解，毕竟他们是长途跋涉、劳师远征，而赵国又是在急什么呢?

按照《白起王翦列传》和《廉颇蔺相如列传》中的记载来看，就在战争胶着之时，秦对赵使了一出反间计。

秦国花费千金派人在赵国散播消息，说秦军最怕的是马服君赵奢的儿子赵括，廉颇很容易对付，并且他很快就要投降了。这话传到了赵孝成王耳中，赵孝成王心里就开始犯嘀咕了，他本来就对廉颇初战不利有所不满了，如今廉颇又如此畏战，不与秦军正面交锋，再加上赵国都城流传的这些流言蜚语，他便产生了临阵换将之念。

事实上，马服君赵奢确实是令秦人胆寒的一位赵国名将，并且在长平之战的九年前（前269年），取得了对秦军阏（音同“饿”）与之战的胜利，挫败了秦国东进的锐气。秦人害怕马服君赵奢，这自然是令人信服的，然而此时赵奢已经病故，赵括作为赵奢之子，从小就跟着父亲研习兵法，肯定习得了其父的兵法精髓，说秦人害怕赵括似乎也是有道理的。

于是，赵孝成王最终决定，任用初出茅庐的赵括为主将，替换掉了战场上避战不出的廉颇。

秦人得知反间计成功后，便暗中将白起调上前线担任主将，让王龁担任副将，并且全军上下都封锁了白起到任的消息。

有人会问，秦人为什么要封锁白起到任的消息呢？这是因为，当时的白起已经是名震天下的大将了。在伊阙之战中，白起率秦军斩杀韩魏联军二十四万；在鄢郢之战中，白起率秦军重创楚军，淹杀鄢城百姓数十万；在华阳之战中，白起、魏冉率秦军斩杀魏赵联军十五万。可以说，白起的军事成就是用无数的白骨铸就而成的。

历史学家孟祥才对秦国名将白起的军事生涯总结和评价道：“尽管白起不是一个完全符合《孙子兵法》所要求的完美无瑕的将军，但却是对秦国统一六国大业立下不朽功勋的武功第一人。他一生攻取七十余城，俘敌近百万，在秦国历史上，论军事生涯之久，争城夺地之广，俘获消灭敌人之多，谋划指挥之精明与娴熟，为秦国统一事业贡献之大，无人能与他相比肩，无偶有独之唯一，非他莫属。”①

接下来，长平之战的过程和结果大家也就都知道了。赵括到任之后，立即改变了廉颇坚壁固守的军事策略，而是选择主动出击。秦军佯装败退，赵

① 孟祥才：《论白起的事功和悲剧结局》，《孙子研究》，2018（01）。

军乘胜追击，结果却被埋伏的秦军断绝了后路。之后，赵军便陷入秦军的重围，在孤立无援、粮道断绝的情况下，开始筑壁坚守。

秦军也不着急攻打，就这么围着，这一围就围到了农历九月。当时，赵军已经被围了46天，粮草断绝，士卒们不得已只能人吃人。到最后，赵军抱着鱼死网破的决心，开始了全力突围。然而赵军最后还是失败了，主将赵括也被秦军射杀阵亡，没有了主将的赵军只能缴械投降。

再接下来，就是大屠杀，一场针对四十万赵国降卒的血淋淋的大屠杀。

《白起王翦列传》记载了白起说的一句话："赵卒反覆。非尽杀之，恐为乱。"也就是说，白起担心这些赵军士卒反复无常，如果不全部杀掉，恐怕会留下祸乱。于是，白起用欺诈的方式事先安稳住这些缴械投降的士卒，然后再将他们投入坑中"掩杀"，也就是活埋。当然，这四十万赵国降卒不太可能一次性被活埋，应该是分批分次被活埋的。20世纪90年代以来，山西高平陆续发现的白骨坑也印证了这一点。

最后，只有240名未成年的赵军残兵被放归。当然，这也是白起为接下来继续对赵国实施军事打击提前实施的一项攻心之策。常言道，攻心为上，攻城为下，白起是熟谙兵法的。

这240人回到国中，他们带着骇怖之色向赵国的人们讲述着六个月来长平战场上发生的一切，言语中传达出对虎狼之秦的恐惧。赵国多年以后都始终被长平之战所带来的这种恐慌情绪所笼罩，长平之战留下的阴影在赵国都城邯郸的上空久久挥散不去。《白起王翦列传》中记载，长平之战惨败的消息传回赵国后，"赵人大震"。

不过，白起也并没能继续对赵国用兵。究其原因，一是《白起王翦列传》记载长平之战后"秦卒死者过半，国内空"，长平之战对秦国的消耗同样巨大，正所谓杀敌一千自损八百；二是韩、赵重金贿赂秦国丞相范雎，范雎又成功劝说秦昭襄王撤兵。

据说，出于对白起的愤恨，当地的人们把一种烧豆腐的小吃取名为“白起肉”，直到今天，“白起肉”在山西长治、高平地区仍然流行不衰。由此可见，当时的赵人对白起这个杀神是多么的憎恨和厌恶。

后来的史实也证明，赵国并未从此一蹶不振，长平之战反而激发了赵国人尚武的斗志。长平之战两年后，即公元前258年，赵国都城邯郸被秦军团团包围，赵国军民在廉颇的率领下众志成城，戮力同心，平原君赵胜散尽家财，甚至把妻妾编入行伍，为士兵缝补衣物。韩、魏两国也知唇亡齿寒的道理，魏国的信陵君魏无忌更是盗窃兵符率军驰援赵国。

这就是历史上著名的邯郸之战。赵、魏、楚联军成功抵挡了秦国的进攻，秦军最终在邯郸之战中惨败，并且损失了二十万兵力，秦国遭受重创，这也是战国后期秦国在东进过程中所遭遇的最大的一次军事失败。

邯郸之战绝不是赵国一家的胜利，而是赵、魏、楚三国合纵策略的一次巨大成功。而赵、魏、楚三国能够齐心协力抗秦，一个很直接的原因，就是白起在长平之战中的血腥屠杀遭到了来自赵国乃至东方六国的集体反击。

关于长平之战的历史影响，学者们普遍公认，这场战争不仅是赵国由盛转衰的标志，更是战国时代的一个历史转折点。自长平之战以后，秦统一六国已成为大势所趋，战国七雄的时代将渐渐落幕，天下唯一的雄主只有秦国，属于秦的时代将很快到来。杨宽在其《战国史》中也认为，长平之战决定了秦、赵两强由谁来完成未来中国统一的历史使命。①

可以说，在中国历史从春秋战国的分裂时代进入秦汉大一统时代的过程中，长平之战发挥着至关重要的作用，它大大加速了大一统时代的来临。

从战争史的角度来看，长平之战中，秦、赵两国所投入的兵力合计超过百万之众，如此大规模的战争不仅在中国古代战争史上绝无仅有，就是放在整个人类冷兵器战争史上都是极为罕见的。

① 杨宽:《战国史》，上海，上海人民出版社，2016，第448页。

“看不见的手”

纵观长平之战发生的整个经过，赵国的临阵换将似乎是导致赵军战败的最主要原因，尤其是新换的主将赵括改防守为进攻，选择主动出击秦军，这才导致了赵军的战败。

传统观点的确是这样。秦军长途奔袭，而赵军则是以逸待劳，赵军只需要坚壁防守，把秦军拉入消耗战，就足以拖垮秦军。因此，廉颇的坚壁固守才是正确的御敌之策，而赵括只会“纸上谈兵”，却毫无作战经验，是个十足的军事庸才而已。

后世以及今人的许多著作都沿用了这一说法。比如范文澜所著的《中国通史》载：“赵王中秦反间计，果然令赵括代廉颇为主将。”[①]杨宽所著的《战国史》载:“后来赵孝成王中了秦的反间计，听信了赵奢儿子赵括的夸夸其谈，起用赵括代替廉颇为将。”[②]

可见，绝大多数史家都把长平之战的战败归咎于赵孝成王的临阵换将以及赵括的战略失误上。但是，笔者经过综合考证各种史料发现，长平之战赵军战败绝不仅仅是赵孝成王听信谣言作出临阵换将的决策所导致的，临阵换将的背后其实还有着深刻的经济原因。正如本节开头所说的，讲战争不能只讲战场上的军事杀伐，这些只是影响战争胜败的“看得见的手”，战争的背后其实还有另外一只“看不见的手”在左右着战争的天平。

长平之战背后那只“看不见的手”是什么?

传统观点把长平之战的战败归咎于赵国的临阵换将，而临阵换将的背后是军事战略的改变，即由廉颇所主导的战略防御改为由赵括主导的主动进攻。但是，打持久战的防御战略就真的正确吗？坚壁固守就真的能拖垮秦军，让赵国获得最后的胜利吗?

① 范文澜:《中国通史》(第1册)，北京，人民出版社，2015，第227页。

② 杨宽:《战国史》，上海，上海人民出版社，2016，第445页。

从表面上看，秦国战线长，是拼不起消耗的，赵国则以逸待劳，完全可以通过防守把秦军拖垮。这看似合情合理，但是，我们也要知道，打持久战最基本的一点要求就是补给充足。

要想取得战争的胜利，补给充足是关键，也是根本前提。那么，秦、赵两国是否拥有支撑如此旷日持久的大规模战争的供给物资呢？

秦国在长平之战之前，已经拥有了关中平原、成都平原、江汉平原和河东四大产粮区，无论从耕地面积还是粮食产量上来看，秦国都是遥遥领先于山东六国的。

《汉书·地理志》记载："故秦地天下三分之一，而人众不过什三，然量其富居什六。"也就是说，秦国的土地占到了天下的三分之一，人口占到了天下的十分之三，但是财富却占到了天下的十分之六。另外，司马迁在撰述《史记·夏本纪》时引述《禹贡》中相关内容的时候，也说关中的土壤是黄色土壤，土壤肥沃程度是最高的，属于"田上上"。可以说，秦国占有了非常优越的农业资源。

再反观赵国。同样是在《史记·夏本纪》中，司马迁把赵国主要的粮食产区冀州的耕地质量评定为"田中中"，和关中土地的肥沃程度是无法相比的。另外，在《史记·货殖列传》和《汉书·地理志》中，司马迁和班固都说赵国（中山）"地薄人众"。可见，赵国的耕地条件并不好，农业资源比较差。

进入战国时代之后，列国纷纷兴起变法，且大都有涉及农业生产方面的改革。比如率先发起变法的李悝，他在魏国主持变法的主要措施之一就是"尽地力之教"，把改革重点放在农业生产上。

而在秦国和赵国的变法对比中，我们也能看到两国对待农业生产的重视程度也是不同的。秦国历经商鞅变法后，确立了以耕养战的国策，制定了"垦草令"，将农业生产提高到了战略的高度。而赵国先后历经赵烈侯和赵武灵王改革，改革事项中并无涉及农业生产方面的。

这就直接导致了秦、赵两国截然不同的经济模式。秦国重农抑商，经济模式相对单一，重点发展农业，而赵国农商并重，其经济模式相对多样，国民经济中商业比重非常大。[①]

事实上，赵国的工商业是非常发达的。赵国都城邯郸是当时最繁荣的城市，是商贾云集的经济大都会，这里常年人流如织，可谓“商家错于道，诸侯交于路”。也正如此，后来才有了大商人吕不韦“奇货可居”的典故。所以，后世又称赵国的民风是“民淫好末，侈靡而不务本”。[②]

通过对比秦、赵两国的国情，我们可以看出，秦国和赵国的农业状况有着天壤之别。《孙子兵法》说：“凡兴师十万，出征千里，百姓之费，公家之奉，日费千金。”[③]如果秦、赵之间发生战事，尤其是像长平之战这样的超大规模战争，赵国的物资储备显然是难以支撑战争的长期进行的。因此，在长平之战前后，赵国为了应付在粮食物资上匮乏的窘境，只能三番五次地向其他国家购买粮食才能勉强应付国内的粮食危机。

除了考虑物资供应之外，还应该考虑物资运输。

从表面上看，在物资运输方面，赵国显然是占据有利条件的，从秦都咸阳到长平前线的直线运输距离明显大于从赵都邯郸到长平前线的运输距离。后来蜀汉的诸葛亮连年兴兵北伐，其最大的软肋就是补给线过长，故而每次北伐都被粮草补给问题所掣肘，五次北伐有三次都是因为粮草不济而宣告失败的。

然而，我们考察实际情况会发现，历史事实并非如此简单。

公元前290年，魏国将河东方圆四百里之地献给秦国，河东作为北方重要的产粮区从此成了秦国的领地。如此一来，从河东到长平的距离反而比从

① 沈长云:《赵国史稿》，北京，中华书局，2000，第269—273页。

②《盐铁论·通有》。

③《孙子兵法·用间》。

邯郸到长平的距离更近了。更何况，由于隔着太行山，赵国支援长平赵军的粮食运输线路并不好走，而秦国从河东支援长平秦军的粮食运输线路更为便利。

当然，光是靠河东一郡的粮食是不足以支撑长平之战的，秦国的大量粮食物资仍需要从关中向河东输送。而从关中输送到河东的粮食物资其实并不主要通过陆路，秦国有着更为优越的水运优势。根据学者考证，长平之战中秦国对长平前线秦军的物资供应，大部分是通过水运来完成的，其所利用的水道主要是渭河、黄河和汾河。秦国在水运上的优势大大提高了其粮食物资的运输效率，减少了由于远距离运输所造成的粮食损耗，这在当时无疑是最高效的一种运输方式。

另外，我们从《商君书》中可以看到，为保证运输速度和效率，禁止运粮车辆到达目的地后再承担私人运输收取佣金，需空车急速返回，以便再次运输。汉初的《二年律令》中也记载，运粮车辆满载前往目的地，可以日行二十五千米，空车返回则日行三十五千米。可见，秦国物资运输效率之高。

实际上，当时真正以逸待劳的应该是秦军，而赵军则更有可能是疲惫之师。这是因为，上党郡被赵国接收仅有两年左右的时间，赵国需要花费大量的时间和精力来巩固这一新占领区。

当时廉颇率军进驻上党之后，至少做了三方面的工作：一是构筑一系列防御工事，以应对秦军来犯；二是进行战争动员，包括调集兵力和筹备粮草等；第三就是要将上党地区的百姓纳入赵国编户，并做大量安抚工作，从而实现对新占领区的有效管理。

从公元前262年到公元前260年农历四月，在这两年时间里，秦、赵两国都在不断地向长平前线增兵增粮。虽然长平战事未开，但是这两年的筹备过程对于双方而言都是一种持续的消耗。根据前面的分析，由于赵国物资供给的先天不足，赵国显然是消耗不起的，这对赵国也是不利的。

秦国对河东的经营长达二十年，其管理和统治也已经非常稳固，而对于赵国来说，上党地区的接收和管理工作才刚刚开始。秦国的主要工作是战争筹备，而赵国除了要应对战争，还需要在上党地区进行大量安抚工作。其中，工作的重中之重就是要把上党百姓尽早转化为赵国编户，这往往需要迁徙国内居民与边郡原住民杂居。

这两年时间对于赵国而言是非常紧迫的，任务也极为繁重，而这一切都对之后的战争起着很重要的影响。可以说，在长平之战爆发前的两年时间里，他们绝非以逸待劳。

另外，上党本地能提供给赵国的供给也十分有限，赵国不得不从本土来调集大量兵力和物资，这让赵国本就不充裕的粮食物资更加捉襟见肘。而河东在秦国经营之下，早已成为秦国重要的产粮基地，仅河东本地就能为秦国提供大量兵力和物资，关中地区的物资输送只是一种辅助。可见，河东之于秦国和上党之于赵国是不可同日而语的，秦、赵两国在长平前沿阵地上的对比也同样明显。

因此，在长平之战这场秦、赵两国的巅峰对决中，赵国从一开始就是落下风的，赵国更拼不起消耗战，更适合赵国的战略应该是主动出击，速战速决。廉颇坚壁固守的战略虽然不至于让赵国迅速落败，但是并不能从根本上挽救战争的颓势，只会让赵国在战争的泥潭中越陷越深，反倒是赵括的主动出击为赵国赢得了一线生机。

在物资、兵力等因素都不占优势的情况下，摆在赵国和赵括面前的路只有一条，那就是放手一搏，置之死地而后生。赵括的选择是正确的，只不过他没有韩信那样的好运气，并没能上演惊天逆转的战争奇迹。

自始至终，历史的天平都没有垂青于赵国，这是赵国的宿命，也是历史的选择。

从后来发生的史实来看，除了在灭楚之战中遭遇到了比较大的挫折，秦灭六国的过程似乎是摧枯拉朽式的。从秦灭韩（前230年）到秦灭齐（前221年），在这不到十年的时间里，秦国以雷霆之势完成了统一六国的旷世伟业，这不得不让人称奇。

秦国之所以能在后来统一六国的战争中做到势如破竹，实际上是和长平之战的胜利是密切相关的。可以说，长平之战为秦灭六国奠定了坚实的基础，也奠定了此后战国历史的最终走向。换句话说，如果没有长平之战的大胜，秦国是绝无可能在如此之短的时间内能够一统天下并成为中国的统治者的。也正因如此，我们可以把长平之战看作秦灭六国的奠基之战，也是序幕之战。

同时，我们也应该认识到，赵国在长平之战中的失败几乎是全方位的，让赵括来承担战争失败的罪责显然是不够客观的。当然，笔者并无意评判赵括军事才能的高低，而只是从战略的角度对长平之战作出更为客观的分析。我们考察历史会发现，即便没有临阵换将一事，长平之战的天平依然是向秦国一边倾斜的，廉颇坚壁固守的战略也并不能扭转赵国的败局，最多只是让赵国的溃败来得晚一点。

《吕不韦列传》：最危险的投资

《吕不韦列传》记述了秦国丞相吕不韦的生平事迹，集中反映了秦国政坛争斗的残酷。本篇也给后世留下了秦始皇生父是谁的千古谜案。

秦始皇的生父之谜

“你的亲生父亲是谁？”对于绝大多数人来说，这都不能称之为是个问题。但是关于千古一帝秦始皇的身世，可能是一桩萦绕在中国人心头两千多年的历史疑案。而引出这一历史疑案的，正是司马迁《史记》中的这篇《吕不韦列传》。

《吕不韦列传》讲述了阳翟大贾吕不韦在赵国都城邯郸结识了做人质的秦公子异人后，便打起了“奇货可居”的算盘，进而步步经营，帮助异人回到秦国，辅佐异人成为太子并登上皇位，让自己位列国相权倾朝野的故事。

这本身是一篇极具励志色彩的传记，但同时也展现了战国末期秦国政坛的波诡云谲，尤其是引出了秦始皇生父之谜这一千古疑案。

据《吕不韦列传》记载，吕不韦家中有一绝色善舞的美姬，她就是赵姬，她与吕不韦同居，当时已有身孕。一天吕不韦邀请异人喝酒，异人一眼看中了这名美貌的女子，当即就向吕不韦请求将此女子赠予自己。吕不韦对此颇为恼怒，但转念一想自己已经为异人花费了巨资，又何必吝惜一介女子，转而便同意了，将赵姬赏赐给了异人，并且对异人隐瞒了赵姬已怀有身孕的事实。

前文中说过，赵国都城邯郸是当时著名的商业中心，也正因为邯郸商业的繁荣，赵地号称“天下善为音”“佳丽人之所出”。[①]这些能歌善舞的艺姬在当时被称作“邯郸倡”，这也是战国时代赵文化的一大特色。

历史学家方诗铭对此作过研究，战国、秦汉时代有不少能歌善舞的“赵女”和“邯郸倡”活跃于宫廷和政坛之上。诸如赵国末代国君赵王迁的生母，汉初大臣石奋的姐姐也出身赵地，并且被汉高祖刘邦纳为妃子；此外还有汉文帝所宠爱的慎夫人、汉宣帝的生母王翁须，以及享有“倾国倾城”美誉的汉武帝李夫人。这些女子无不能歌善舞，无不出身赵地。[②]秦始皇的生母赵姬亦在此列。

---

①《战国策·中山策》。

② 方诗铭:《战国秦汉的“赵女”与“邯郸倡”及其在政治上的表现》,《史林》，1995（01）。

按理来说，如果赵姬已有身孕，就算顺利产下婴儿，异人也应该能发现这孩子不是自己的，毕竟正常分娩都是要十月怀胎的。然而充满戏剧性的是，这个孩子在赵姬的肚子里待了整整十二个月才分娩产下，用《吕不韦列传》上的话来说就是“大期”。

“大期”有两种解释，一是满十个月，二是满一年。赵姬在追随异人之前就已怀有身孕，如果是满十个月生产的话，结果可想而知，故而人们一般都把“大期”解释为满一年。

正是由于赵姬有着长达十二个月的妊娠期，这才得以骗过了异人的眼睛，异人自然也误以为赵姬肚中怀的就是自己的孩子。这个孩子，我们也知道，他就是未来统一中国的秦始皇。

这里面还留有一个疑问，那就是秦公子异人向吕不韦所求赵姬到底是一场偶然事件，还是吕不韦有意为之，故意使了一出“美人计”，并且还佯装恼怒。司马迁没有点明，但我们可以对此作出猜测。

有人甚至认为，吕不韦在这个时候就已经谋算好要“偷梁换柱”，让自己的孩子成为秦国的未来国君。且不说生男生女这点事先无法确定，更重要的是，吕不韦对异人的投资本质上是一种政治投资，其目的是使自己能够从政，以进入秦国政坛高层，就他此时所处的阶段就算再有野心也不至于要筹谋篡取秦国国政。

此时的吕不韦只是一介富商，异人也只是一个落魄的贵族公子，他此时连回到秦国都遥遥无期，吕不韦又怎么可能去设计这样一出“偷梁换柱”的把戏，以图窃取秦国国政呢？这实在太不着边际了！更何况，还有那颇为诡异的妊娠期（“大期”），怎么看都觉得匪夷所思！

根据现代医学常识，正常的妊娠期是四十周（十个月），如果超过四十周，甚至达到四十二周，那就算是过期妊娠了。而十二个月，已经相当于至少四十八周，这已经不只是正常的过期妊娠了，而是严重过期了。

过期妊娠会有什么结果呢？两种结果。一是胎死腹中，甚至一尸两命；二是胎儿的身体和智力都会出现严重问题。因此，今天如果哪位女子怀孕时出现了过期妊娠的情况，医院基本会采取强制终止妊娠的医疗手段来防控危险。

而在战国时期，剖宫产是不存在的，也没有任何终止妊娠的手段。如果孕妇出现了过期妊娠的情况，胎儿极有可能会胎死腹中，即便侥幸产下，也可能会留下身体和智力上的残疾。[①]

秦始皇既不是晋惠帝司马衷，也不是晋安帝司马德宗，他绝对不傻，而且秦始皇活了五十岁，在当时也算得上是长寿了，史书也没有记载他有什么重大残疾。很显然，秦始皇绝对不是什么过期妊娠产下的晚产儿，“大期”之说自然也不足为信。

种种分析综合起来，我们不得不怀疑《吕不韦列传》中所记载的秦始皇身世的真实性。

对此，《剑桥中国秦汉史》认为，《史记·吕不韦列传》中关于秦始皇身世的记载是有人故意诽谤秦始皇的出身，以证明秦始皇政权的非正统性，这才把秦始皇的出身捏造为私生子，而且是卑贱的商人之子。[②]毕竟，秦王朝是二世而亡，《史记》又是司马迁基于汉代的历史材料撰写而成的，而在司马迁之后，《史记》又被后世“添油加醋”地篡改了一番。

关于《吕不韦列传》中的这段离奇记载，到底是司马迁亲笔记录的还是后人有意篡改添加的，我们已经无法搞清了。但是，即便这段离奇记载的确是出自司马迁的手笔，那也不能说明这是司马迁有意抹黑秦始皇，很可能在秦末汉初之时社会上就已经有秦始皇是私生子这样的传闻了。或许司马迁只是无法分辨真伪，才姑且将其记入《史记》中。

---

① 王立群：《千古一帝秦始皇》（上），郑州，大象出版社，2016，第92—94页。

② 崔瑞德，鲁惟一：《剑桥中国秦汉史：公元前221—公元220年》，北京，中国社会科学出版社，2006，第38页、第90—91页。

我们可以看到，在《史记·秦始皇本纪》中，司马迁明确说秦始皇是秦庄襄王异人之子，并未提及赵姬事先与吕不韦同居并已有身孕，怀胎十二个月才生下秦始皇一事。这说明两点可能：第一，司马迁可能对秦始皇是私生子一事将信将疑，无从分辨，故而在《吕不韦列传》和《秦始皇本纪》中将两种说法分开记述；第二，《吕不韦列传》是后人“添油加醋”篡改而成的，但同时也留下了破绽，篡改者只改了《吕不韦列传》，却遗漏了《秦始皇本纪》。

司马迁创作《吕不韦列传》所依据的材料是什么呢？根据现有文献材料来看，司马迁所依据的材料主要是《战国策》。《战国策·秦策》中有一篇《濮阳人吕不韦》，这篇策文和《吕不韦列传》的内容大致相同。所不同的是，《战国策》只讲了吕不韦“奇货可居”帮助异人登上王位，却没有涉及吕不韦把怀有身孕的赵姬赠予异人一事。

可见，从史料来源的角度来看，《吕不韦列传》所记载的赵姬怀孕再被赠予异人一事真可谓无源之水、无本之木，我们无法确切得知司马迁是依据什么材料写的这段扑朔迷离的故事！

事实上，《史记》中关于战国秦汉之际的这段历史有着很多近似小说化的记载。比如前文中我们重点讲过的“赵氏孤儿”，就是一种小说化的演绎，是不符合真实历史的。再比如近年北京大学收获的一批竹简，其中有一篇名为《赵正书》，简牍中记载了秦始皇临终时明确指定胡亥为继承人，并不存在《史记》中所说的矫诏一事。

历史学家吕思勉在谈及秦汉之际的历史时就说，秦汉间的很多史实都是当时的传说，不足为信。[①]吕思勉的这种看法其实也代表了大多数历史学者的意见，学者们普遍都对《史记》中所记载的战国秦汉之际的这些史事持谨慎态度。

---

① 吕思勉：《吕著中国通史》，北京，中华书局，2020，第346页。

司马迁对吕不韦的评价

言归正传。尽管吕不韦的政治投资危险重重，但他最后还是成功了，并且亲眼见证了嬴政登上君位。

通读《吕不韦列传》，我们可以看到，全篇行文都围绕着“钱”在说事，诸如“贩卖”“累千金”“奇货可居”“以千金为子西游”“以五百金与子楚”“以五百金买奇物玩好”“欲以钓奇”“行金六百金”“市门悬千金”，等等。

司马迁是一个不避讳谈钱的人，他认为社会的本质就是逐利的，这也是社会前进的动力，甚至极力批判国家与民争利。但是在《吕不韦列传》中，司马迁用一种近乎冷酷的笔触来记述吕不韦的一生，并且在最后的“太史公曰”中，用孔子所说的“闻”来概括和评价了吕不韦的一生。

什么是“闻”？“闻”就是声望。

孔子的弟子子张曾向孔子请教什么是“达”，结果孔子却让子张先来说说他自己理解的“达”。子张的回答是“在邦必闻，在家必闻”，意思是在朝中为官能获得名望，在大夫家为臣也能获得名望。孔子却说，这只是“闻”，而非“达”。

在孔子看来，“闻”就是为自己获得人气和声望，而且为达目的不择手段。但是，“达”却不然，“达”是讲究内在品质的，要品性正直，要遇事讲理，愿意对别人退让。

可见，在司马迁看来，吕不韦就是个只顾追求功名利禄的人，他所有表现出的仗义和挥金如土，实际上都是他为实现自己的政治目的而采用的手段。当然，司马迁的这种评价既算不上贬低，也算不上褒奖，而是对于人性的一种洞察。

如果从这个层面来理解吕不韦的话，他组织门客所编写的那部《吕氏春秋》，也可以看作他向世人博取名望的一种手段。著书立说本不是商人抑或政客该干的事，但是吕不韦却也想在文化事业上“奇货可居”一把，而这部堪称融百家之学于一炉的《吕氏春秋》，就是他眼中的“奇货”。

为了凸显《吕氏春秋》的“奇”，吕不韦故技重施，用他商人特有的惯性思维，将他眼中的这部皇皇巨著公示于咸阳城门之上，并且用“增损一字者予千金”的夸张方式吸引世人的瞩目。至于有没有人为《吕氏春秋》“增损一字”，我们不得而知，但是吕不韦用这种一掷千金的方式来博取个人名望的方法显然是成功的。这也是成语“一字千金”的由来。

吕不韦为后世留下了两个成语，一个是“奇货可居”，一个是“一字千金”，这两个成语都和钱有关，也都和炒作有关。炒作什么？炒作高官厚禄，炒作重望高名。

《秦始皇本纪》（上）：大一统时代的来临

《秦始皇本纪》记述了秦始皇和秦二世统治时期秦统一六国以及最终覆亡的历史。本篇也是《史记》十二本纪中的第一篇皇帝本纪。

天下大势

公元前231年，秦国攻占韩国战略要地南阳，从而打响了秦统一六国的“第一枪”，六国中最弱小的韩国顿时成了砧板上的鱼肉，秦灭六国的序幕也自此开启。

公元前230年，秦灭韩，置颍川郡。

公元前228年，秦破邯郸，灭赵，俘虏赵王迁。

公元前226年，秦破蓟，灭燕。公元前222年，秦攻占辽东，俘虏燕王喜。

公元前225年，秦水淹大梁城，灭魏，俘虏魏王假。

公元前223年，六十万秦军攻陷寿春，灭楚，俘虏楚王负刍。

公元前221年，齐国不战而降。

六王毕，四海一，十年之间，天下的格局彻底变了。

秦国的战车以摧枯拉朽之势横扫六国，秦国的黑色旗帜也插遍了当时中国的每一个角落。在这十年的时间内，中华大地似乎经历了一场空前猛烈的黑色风暴。

在这股黑色风暴的席卷之下，六国几乎没有招架之力，六国君王要么被杀，要么成了俘虏，就连一路奔逃到辽东的燕王喜，最终也未能逃脱秦军的魔爪，照样还是成了秦人的阶下之囚。

从周平王东迁开始，数不清的国家，数不清的诸侯，在中华大地上折腾了五百多年，似乎都不如秦国这十年的成就大。历史似乎在这十年里突然踩了油门，并且把油门加到最大，用最快的速度飞驰到了终点。而秦王嬴政就在这短短的十年时间里，完成了此前五百多年都没有人能够完成的伟业。

六国因何而亡，秦国又为何能实现天下的最后统一，古往今来无数文人学者都在讨论这件事。比如“唐宋八大家”之一的苏洵就写有著名的《六国论》，他把六国灭亡的原因归结为“弊在赂秦”，而编撰《资治通鉴》的司马光则认为六国灭亡的原因是六国合纵的失败。其实，这两种意见本质上是一样的，也代表古代绝大多数学者的看法，归纳起来就是一点，即六国不能齐心协力团结抗秦。

在今天看来，这些显然都是带有历史局限性的看法。当然，困囿于特殊的历史环境，古人无法看到时代兴亡背后的历史规律。

什么历史规律呢？统一是大势所趋，是历史发展的潮流。这句话我们在中学课本上经常看见，对此早就司空见惯了，但是这在当时确实是客观现实。

就战国后期的客观历史条件来说，统一的基础已经形成，统一已成大势所趋。我们可以从以下几个方面来分析：

第一，经济基础。

随着社会生产力的提高，尤其是铁器和牛耕的推广和应用，促进了当时商品经济的发展和流通，各区域间的经济往来越来越频繁而密切，经济联系也越来越强，而诸侯割据和各国货币的不统一都严重阻碍着社会经济的发展。

荀子曾说，北海的走马、吠犬，南海的羽毛、象牙、铜精、朱砂，东海的紫色麻布、鱼、盐，西海的皮革、牦牛尾，都会被运到中原地区来贩卖交易。荀子的这番话也间接证明了当时商品经济的发达。

第二，政治基础。

前面我们说过，上古时代邦国林立，大禹的时代号称“万国”，而武王伐纣之时有诸侯八百，西周分封诸侯之时，封了七十多个诸侯国，而到了战国时代，天下的诸侯已然屈指可数，天下成了“七雄”的天下。同时，从夏朝到商朝，从西周到东周，国家的管辖区域和影响区域都在逐步扩大，华夏文化圈越来越大，并且逐步渗透到华夏族之外的部落族群。

因此，先秦时代的国家发展呈现出两个重要趋势：一是国家和部落越来越少；二是统治区域也越来越大。

在这种“大鱼吃小鱼，小鱼吃虾米”的兼并模式之下，历经春秋战国五百年的兼并战争，区域性的统一已经形成，并且形成了区域鲜明的文化特征，这就为之后的大一统国家的建立奠定了基础。

另外，从政治制度上来说，随着战国时代各国变法运动的风起云涌，各诸侯国已经普遍实行郡县制，传统旧贵族的封邑制度逐渐失去光彩，各国的国家机构也越来越呈现出集权化的特征，这也为之后的大一统国家的建立奠定了政治制度上的基础。

第三，民族关系和文化认同。

春秋战国是中国历史上民族融合的一个重要时期，在这一历史时期，华夏族已经成为一个庞大的主体民族。春秋时期，齐桓公正是凭借“尊王攘夷”的旗号称霸诸侯的。齐桓公之后，许多争霸者也相继效仿。虽然周天子的地位日渐衰落，诸侯的心中也未必真的就尊崇周天子，但是“尊王攘夷”的口号无疑在客观上增强了华夏族的民族向心力和凝聚力。

而在春秋战国时代，诸侯国家和周边民族之间的冲突时有发生，战争不断。比如秦国与西戎、义渠，楚国与南蛮、百越，赵国与林胡、楼烦。在这种长期的碰撞和冲突中，中原文明不断地向周边民族地区渗透，文明间的交流愈加频繁。由于华夏文明处于一种优势地位，四夷民族在与中原国家的冲突和交往中，自觉或不自觉地在接受和融入华夏文化，华夷之别的界限也渐渐消弭，四夷文明最终成为华夏文明的一部分。这种民族心理的形成和对华夏文化的认同，无疑进一步促成了日后大一统国家的建立。

第四，百姓渴望统一。

当历史进入春秋战国时，战争就从未停止过，争霸和兼并始终是那个时代的主旋律，这给百姓和社会带来了极为深重的灾难。尤其是进入战国之后，战争的规模持续升级，战争的结果也异常惨烈，用孟子的话说，常常是“杀人盈野”“杀人盈城”。①

战国时代的战争性质不再是以春秋时代的争霸为目的，而是掠夺土地、掠夺人口、掠夺一切资源，为我所有。这就直接决定了战争的残酷性，以歼灭敌人有生力量为最终目标。因此，战争的最后往往是歼灭战，是疯狂的屠杀。而且，死亡人数常常数以万计，光是死在白起屠刀之下的冤魂就有近百万。

①《孟子·梁惠王上》：争地以战，杀人盈野；争城以战，杀人盈城。

战场上每一个士兵的背后，其实都是一个家庭。战场上有多少士兵被屠杀，其背后就会有多少家庭陷入丧失亲人的悲痛中！所以，在战争中受害的远不止是在战场上死掉的那些士兵，还有其背后的亲人。

因此，对于普通的百姓而言，他们肯定是厌恶战争、渴望和平与统一的。

第五，秦国的独大。

如果说统一是当时历史发展的必然结果，那么在战国初期，能够统一天下的至少有七国，即齐、楚、燕、韩、赵、魏、秦，每个国家都有角逐未来天下之主的实力。而随着战国两百年来战争的持续和不断升级，以及战国时代变法运动的风起云涌，战国的格局也在悄悄发生着变化。

当历史进入战国中后期，天下的格局已经呈现出“一极化”的特征。秦国从秦孝公商鞅变法开始走向强盛，并且历经数次大战，尤其是长平之战后，秦国真正成了七雄中的第一强国，也真正成了未来统一中国的核心力量。而秦国的一家独大，更是大大加速了大一统的进程。

正是基于以上这些历史条件，大一统成了历史发展的大势所趋，而且随着秦国的崛起，这种统一的趋势愈加明显，最终造就了大一统王朝的出现，这就是秦朝。

我们再从合纵策略本身来看，合纵的最终目的并不是把六国合并，而是为了维护各国的统治和独立迫不得已所采取的一种合力抗秦的方式。换句话说，六国合纵其实就是想继续维持这种七雄并立的割据局面。[①]

从这个角度来看，合纵是为了继续战国时代这种分裂状态，合纵是逆历史潮流的。无论合纵如何声势浩大、如何正义凛然、如何鼓舞人心，它都违背了历史规律，也违背了人心所向，更无法阻挡历史的进程。

最后，需要指出的是，合纵集团内部本身就矛盾重重，各自的利益诉求

---

① 姜惠发:《战国合纵抗秦失败的原因》,《东疆学刊》, 1993（04）。

也完全不同，这样的合作注定是极不稳定的，也是难以长久维持的。故而，秦国的连横之策才能一次又一次取得成功，一次又一次成功瓦解六国的合纵行动。因此，合纵的失败可谓历史的必然结果。

中华版图的扩大

公元前221年，大一统的秦朝建立。

秦王嬴政认为自己的功劳盖过了三皇五帝，所以他自称“始皇帝”，“皇帝”作为王朝君主的名称自此出现，中国的帝制时代自此开始。同时，他还自称“朕”，“朕”从此成为皇帝的专属自称。

秦统一六国之后，并没有偃旗息鼓，秦人的戈戟继续挥向了南方和北方。

在南方，秦军在灭楚之后继续挥师南下，开始南征百越。所谓百越，其实就是生活在南方的众多越人族群的统称。在今天的浙江一带有瓯越（又称东越）、在今天的福建一带有闽越、在今天的江西一带有于越、在今天的广东一带有南越、在今天的广西一带有雒越（又称西越），秦军最远涉足了今天的越南北部地区。

同时，为了支援南征的秦军，秦始皇还派史禄开凿了一条人工运河来运输粮草物资，这就是灵渠。灵渠全长三十多千米，史禄选择在湘江和漓江之间距离最短的地段进行开凿，沟通了长江水系和珠江水系，从而使关中地区和成都平原的粮草物资源源不断地运输到了岭南地区。灵渠和之前由李冰修筑的都江堰，都是秦人为世界航运做出的巨大贡献。

与此同时，秦始皇还派人深入云贵地区，专门修筑了一条从巴蜀通往云贵的驰道。由于这条驰道宽仅五尺，相较于后来修筑的驰道（宽五十步）都要窄，所以取名为“五尺道”，这无疑加强了中原和云贵地区之间的联系。

在北方，秦国面临着当时最具威胁的敌人，这就是匈奴。《秦始皇本纪》记载，秦始皇发兵匈奴是因为燕人卢生献的一份图录上有“亡秦者胡也”的谶语。不过，秦始皇未必真的会因为一句谶语就发兵匈奴，他发兵匈奴的真正原因应该是，他已经意识到了匈奴的崛起和威胁，谶语事件最多只是一个诱因。又或许，秦国的军功爵体制促使某些迫切想要建功立业的军功阶层，为了实现军功而刻意编造出了谶语。[①]

秦始皇派蒙恬率三十万大军北击匈奴，夺回了被匈奴侵占的河南地。河南地在哪里？大致在今天内蒙古阴山以南的河套地区和鄂尔多斯地区。这里水草丰美，非常适合畜牧，因此这片土地一度被匈奴人所占领。这里十分接近秦都咸阳，秦昭襄王为了防备匈奴入侵，还特意修筑了西起甘肃临洮东至内蒙古托克托的长城[②]。这也是秦始皇出兵匈奴的真正原因所在，即便没有“亡秦者胡也”这句谶语，秦始皇出兵匈奴也只是时间早晚的问题。

蒙恬北伐匈奴的具体细节，我们不得而知，但是北伐无疑是成功的。蒙恬大军兵不血刃，夺回了河南地和阴山以南的大片区域，并且把匈奴人驱逐到了黄河以北地区。秦始皇又命蒙恬派兵沿着黄河在阴山南麓修筑边塞，同时在此设置四十四县。秦始皇还采取了“徙民实边”的办法，从内地征发了数十万名罪犯，将他们迁徙到了新掠取的河南地，在此屯垦戍边。这片地区被大规模开发之后，农耕经济十分繁荣，甚至可以媲美关中，故而得名“新秦中”，也就是说这里相当于秦朝的一个新的关中。

除此之外，在北伐匈奴的过程中，秦始皇又命蒙恬主持了两项重大工程，一是修筑长城，二是修建直道。

根据《史记·蒙恬列传》记载，蒙恬率三十万秦军修筑长城，长城西起临洮，东至辽东，延袤万余里。秦始皇对长城的修筑非常重视，后来还派长

① 马孟龙：《大一统王朝的确立：秦汉》，上海，上海人民出版社，2018，第12页。
② 史念海：《黄河中游战国及秦时诸长城遗迹的探索》，《陕西师范大学学报》（哲学社会科学版），1978。

子扶苏随蒙恬到上郡监工，虽然史书中说扶苏被派往上郡监工是贬谪之举，但是扶苏毕竟是未来皇位继承人，这也反映出了秦始皇对修筑长城的重视程度。为了赶工程，当时被派往修筑长城的人非常之多，最多的时候可能达到了五十万人[①]，当时修筑长城是非常辛苦的，因此后人杜撰出了“孟姜女哭长城”的故事。[②]

修直道和北伐匈奴关系并不大，修直道的本意是为了服务于秦始皇巡游。秦始皇是一个非常热衷巡游的皇帝，几乎到了痴迷的地步，这和后世的隋炀帝、乾隆皇帝非常相似。秦始皇一生五次巡游，足迹遍布大江南北，东至山东沿海，西到天水，北至秦皇岛、绥中，南到两湖、江浙，足迹之广，古今所罕见。

但是，秦始皇五次巡游的目的绝非简单地巡视，他巡游的背后有着明显的政治和军事目的。比如，秦始皇第一次巡游是向西到甘肃，主要目的是告慰祖先；之后他向东南地区巡游，主要目的是对新征服地区宣扬皇威，威慑百姓，镇压“天子气”；而他北巡的主要目的则是为讨伐匈奴做军事准备。从这个角度来看，秦始皇修直道的目的就绝不是为他的巡游服务那么简单了，而是为帝国在北部边境采取军事行动做准备。

通过南征百越和北逐匈奴，秦始皇建立了一个空前辽阔的大帝国。《史记·秦始皇本纪》记载：“地东至海暨朝鲜，西至临洮、羌中，南至北向户，北据河为塞，并阴山至辽东。”这就是当时秦朝的疆域，大一统的中国自此屹立于世界的东方。

① 《淮南子·人间训》：“因发卒五十万，使蒙公、杨翁子将，筑修城。”
② 顾颉刚：《孟姜女故事研究及其他》，北京，商务印书馆，2014，第 3—34 页。

《秦始皇本纪》（中）：帝国的制度

郡县制与三公九卿制

在秦朝之前的中国历史上，还没有哪个国家可以拥有如此广阔的疆域和如此稠密的人口。这也就意味着，秦始皇面临一个亘古未有的历史性难题——如何来治理这样一个空前庞大的帝国？

周朝统治天下的方式是什么？封建制，即封邦建国。但是，这种旧有的制度还能适用于这样一个比周朝还要辽阔的帝国吗？秦始皇不知道，于是他便召集群臣，商讨采用哪种制度。

在朝堂之上，以丞相王绾为代表的封建派和以廷尉李斯为代表的郡县派展开了激烈的讨论。王绾主张实行西周以来的封建制，分封皇子为诸侯，让他们来治理天下的领土。王绾的意见得到了大多数大臣的支持。李斯却提出了反对意见，他坚定地主张实行郡县制。

从商鞅变法以来，郡县制在秦国已经实行了上百年，秦国的治理可谓井井有条，国君的权力可以触及国家的每一个角落。在以前的封建制时代，地方权力都掌握在诸侯、大夫、公卿的手中，权力是逐层分级的，天子虽然拥有最高权力，但却不享有管理地方的权力；而到了郡县制的时代，地方的管理和统治直接归属中央，哪怕是地方最低一级的基层官员都要由中央来任免，并且定期考核。

这是什么？这就是大一统。大一统是不允许地方权力分割中央权力的，封建制是和大一统的原则相背离的。郡县制的实行可以有效地保证君主权力的行使。这无疑让秦始皇品尝到了集权带来的甜头，面对至高无上的皇权的诱惑，秦始皇最终采纳了李斯的意见。

秦始皇下令，以郡县制来管理全国，把天下划分为三十六个郡，郡以下又设县、乡、亭，每个郡都设立郡守、军尉和都监，全部由中央任命，直接效忠于皇帝一人。不过，关于秦朝置郡的数量，学者们至今还存在争议，除了《史记·秦始皇本纪》中所记载的三十六郡之说外，还有四十郡、四十二郡、四十六郡、四十八郡等说。比如，历史地理学家谭其骧先生就主张秦朝四十六郡之说①，民国著名学者王国维则主张秦朝四十八郡之说。②

当然，这未必是司马迁的记载出错了。要知道，秦刚统一六国时的疆域是不能和后来的秦朝疆域相比的，秦朝的征战一刻也没有停歇过，领土也在不断地扩张中。秦统一六国之初可能设置了三十六郡，但是随着南征百越和北伐匈奴的对外扩张，秦朝又在三十六郡的基础上继续对新占领区设置郡县，这才有了四十六郡、四十八郡。

郡县制的实行确立了中央和地方之间的管辖关系，也维护了中央集权。那么，如何来统治和管理中央官员呢？

为此，秦朝实行了三公九卿制度。所谓“三公”就是丞相（最高行政长官，百官之首）、太尉（最高军事长官）和御史大夫（最高监察长官）。“九卿”是奉常、宗正、郎中令、卫尉、太仆、廷尉、典客、少府、治粟内史。

不过需要指出的是，虽然现在通行的历史教材都说三公九卿制创制于秦朝，但是在《史记》以及同时期的所有文献中都没有提及秦朝设置三公九卿。最早提及秦朝创立三公九卿制的是班固的《汉书·百官公卿表》。

比如“三公”中的太尉一职，整个秦朝自始至终都没有人担任过这个职务，秦朝的史料中也找不到当时设置有太尉一职的相关记载。而在《史记》

① 谭其骧:《秦郡新考》,《浙江学报》, 1948（02）。

② 王国维:《秦郡考》，收录于《观堂集林：外二种》，石家庄，河北教育出版社，2003，第271页。

中，只记载秦朝历史上设有“国尉”一职，担任过国尉的也只有两人，分别是白起和尉缭子。对此，有的学者认为秦朝的国尉即太尉，但是也有很多学者认为秦朝并无太尉一职，甚至整个三公九卿制也未必存在。①

不过，仅仅凭借“史无明文”就断定“史无其事”显然是片面的，也是不合逻辑的。比如，史料上并没有什么记载说秦始皇有皇后，也没有什么记载说秦始皇有多少妃嫔，但我们就能说秦始皇没有配偶吗？显然是不能的，不然秦始皇也不会有扶苏、胡亥以及其他众多子女。因此，对于这类“史无明文”的历史问题，我们只能存疑对待，既不能确认其存在，也不能否认其不存在。

其实，秦朝的史料中没有记载秦朝设有太尉一职或许有另一种可能。秦始皇大权独揽，所有的军事行动都出自他一人的决策，他牢牢掌握着最高军事权力，这也是他集权统治的表现，故而太尉一职可能长期虚设，并不能对当时国家的政治和军事起到重要影响，故而才被史官所忽略。

且不论太尉一职是否存在，也不论三公九卿制是否存在，秦朝的官僚体制中有一项制度却是毋庸置疑的，而且是整个官僚体制的核心，这就是丞相制度。

“相”作为一种官职在西周和春秋时期业已存在，不过直到战国后期才成为总理朝政的最高官职，当时有“相国”“相邦”和“丞相”之称。据《史记·秦本纪》记载，秦国最早出现丞相是在秦武王时期，而且有左、右丞相之分。随着秦朝的建立，丞相制度被确定下来，而御史大夫的职能则相当于副丞相。

丞相制度，或者我们用更宽泛和更广义的说法，即宰相制度。虽然它在历史上的设置各有不同，每个朝代的官职称谓也有区别，地位和权力更是相差甚巨，但作为一种“一人之下，万人之上”总览百官的首席行政长官的制

① 李福泉：《秦无三公九卿制考辨》，《求索》，1992（03）。

度，在中国历史上延续了一千六百年之久，一直到明朝初年才被明太祖朱元璋废除。

而在这一千六百年的历史上，皇权和相权这对孪生体，既相互依存，又相互斗争，用辩证法的角度来看，它们可谓是一对矛盾统一体。

皇帝是国家权力的最高决策者，而宰相就相当于最高权力的参与者和最高执行者，国家所有重大决策的制定、颁布和实施都离不开宰相的参与。而且，宰相在其中发挥的作用往往是主导性的。皇帝是国家最高权力的代表，皇权也是可以世袭的，但是皇帝的素养和能力却不能一代一代继承。开国皇帝往往政治经验丰富，政治素养也比较高，宰相可供发挥作用的余地也有限；而皇位的继任者往往养在深宫，多是平庸之辈，因尚未成年，他们无法独立主持国政，这就需要宰相来“佐天子而理大政”，宰相对皇权的辅助和巩固作用也就体现出来了，这也是对皇权政治的一种制度上的庇护。而且，宰相还拥有谏议之权，即对皇权既监督又制约，从而防范皇帝决策的失误。

同时，相权的膨胀也会威胁到皇权的统治。宰相也有私欲，也有权力欲，当相权膨胀到一定程度时，就会威胁到皇权的巩固。而作为掌握国家最高权力的皇帝，不可能一生都精力充沛，他有年幼懵懂的时候，也有年老昏衰的时候，这个时候相权就会乘虚而入。而当相权膨胀到可以凌驾于皇权之上的时候，权臣就出现了，权臣几乎可以取代皇帝，甚至能决定皇帝废立，最致命的结果就是改朝换代。

为了限制相权的膨胀，皇帝就会对宰相制度“动手术”，或者培植新的权力机构。比如后来隋唐设置三省制，宋朝设置枢密使、参知政事、三司使，这些举措的宗旨都是在分散宰相的职权。再比如，汉武帝培植内廷势力，任用尚书署官员，尚书官员逐渐从内廷走向外朝，并且不断侵夺宰相职权。到了东汉，汉光武帝为了加强君权，削弱、分散相权，就采用了三公鼎立制度，也就是把三公的权力等而分之，不再让丞相之权独大。与此同时，汉光武帝又进一步发展了西汉以来的尚书制度。

因此，宰相是皇权政治的衍生品，皇帝和宰相是相辅相成的，也是相互对立的；他们可以合作共赢，也可以相互制约，甚至有时候还会发生地位的转换，相互取代。

文化的统一与专制

春秋战国时代长期的分裂局面，造成了各地域之间经济、文化等方面的巨大差异。随着疆域和政治制度的统一，经济和文化方面也同样需要完成统一。于是，秦始皇下令统一文字、统一度量衡、统一货币。

这里着重讲一下统一文字，也就是“书同文”。

中国的文字最晚在商朝就出现了，这就是甲骨文，也是后来汉字的前身。中国文字的演变历程大致是：殷商时期通行甲骨文，西周和东周通行大篆，秦朝通行小篆，秦末通行隶书（秦隶），汉代及以后通行隶书（汉隶）、楷书、行草、草书。[①]

但是，在春秋战国时代文字的书写开始出现变异，同一文字却有不同的写法。如“马”字，在齐国有三种写法，在楚国至少有两种写法，在燕国也有两种写法，在三晋也有两种写法。[②]这大大妨碍了各国、各民族之间的文化交流，也妨碍了国家政令的上传和下达。

秦始皇下令，用小篆来统一全国的文字，并且让李斯作《仓颉篇》、赵高作《爰历篇》、胡毋敬作《博学篇》，用作通行全国的文字范本，并且废除“不与秦文合者”。[③]

不过，后来的证据显示，小篆很快就从历史上消失了，取而代之的是更为简便的隶书。原因是，小篆虽然华丽，却不简便实用；而隶书则更适用

① 魏建功:《汉字形体变迁史》，北京，商务印书馆，2013，第 40—43 页。
② 林剑鸣:《秦史稿》，北京，中国人民大学出版社，2009，第 303 页。
③ 许慎:《说文解字·序》。

于书写和交流，到了西汉，隶书也正式成为通行全国的字体。从这个角度来看，秦始皇“书同文”的理念到了汉代才算真正实现，而小篆也成了中国历史上使用时间最短的文字。

文字的统一对中国古代文化的发展和交流具有重大进步意义，但是秦始皇统一文字的根本目的并不在于此，而是为了强化统治。也正是出于这样的目的，秦始皇还实行了另外一项摧毁文化事业的政策，这就是历史上臭名昭著的“焚书令”，也叫“挟书令”。

虽然“焚书坑儒”常常被我们当作一个词来使用，但实际上，“焚书”和“坑儒”是前后发生的两起历史事件，两起事件的发生时间、背景和性质也都各不相同。

“焚书”发生在公元前213年。“焚书”的起因，是在一次朝会上齐地儒生淳于越提出重新分封诸侯，于是李斯便指斥儒生们非议、诽谤朝政，并向秦始皇提出了“焚书”的主张。

秦始皇采纳了李斯的建言，下令除了秦国史官所写的《秦记》以及医药、占卜、农业种植方面的书籍之外，其他书籍全部予以焚烧销毁；天下私藏的《诗经》《尚书》和诸子百家著作，全部搜出送到郡守、郡尉处集中焚烧销毁，谈论《诗经》《尚书》者全部处死；以古非今者全部族灭；官吏知情而不举报的，按同罪处置；如果有想学习法令的，必须以官吏为老师，不许私相传授。

“焚书令”本质上是一种文化专制政策，是秦始皇大一统政策下的一个极端化的“怪胎”。张分田的《秦始皇传》对“焚书”事件评价道：“以火与剑解决思想与学术问题……以剿灭一切不同政见、禁绝一切批评的方式维护王权尊严，这无疑属于最极端的文化专制主义。”①

① 张分田:《秦始皇传》，北京，人民出版社，2015，第 595 页。

其实，从历史的角度来看，“焚书”带有一定的历史必然性。这是因为，秦始皇对于战国时代诸子百家学说肯定是不能容忍的，诸子百家学说严重影响了他的集权专制统治，他必然会采取某种措施来统一和钳制人们的思想。于是，在李斯的推波助澜之下，“焚书令”诞生了。

而且，“焚书令”所导致的更为严重的后果是，大批的先秦文化典籍都在这场“焚书”运动中被销毁了，这也是后世之人对秦始皇进行口诛笔伐的最主要原因。

而“坑儒”事件则发生在“焚书”事件后的第二年，也就是公元前212年。“坑儒”事件的起因是方士卢生、侯生哄骗秦始皇寻访仙药和仙人未果，私下诽谤秦始皇并且携巨款逃跑，这才招致秦始皇的疯狂报复，四百六十余名术士和儒生被坑杀（《秦始皇本纪》称“诸生”）。

因此，从这个角度来看，“坑儒”其实是不太准确的说法。事实上，在秦汉时代的很多文献典籍中并没有把这场坑杀事件称作“坑儒”，而是称作“坑术士”。《史记·儒林列传》就称：“及至秦之季世，焚《诗》《书》，坑术士，六艺从此缺焉。”我们不能说“坑儒”事件中绝对没有儒生，但我们可以确定的是，儒生只占一小部分，坑杀的主要对象是蒙骗和诽谤秦始皇的术士。

秦始皇还采取了其他一些措施强化和稳固自己的统治。比如，他收缴了六国的兵器，并将这些兵器铸造成了十二座铜人，立在都城咸阳。这既是为了防范六国人民造反，也是一种精神上的宣示，宣示秦国的赫赫威严和战功。同时，六国的贵族和富户也都被强制迁徙到了秦都咸阳及周边，以便集中管理和监视。

《秦始皇本纪》（下）：二世而亡的秦帝国

“祖龙”之死

秦始皇的梦想是让自己的秦帝国传至“二世三世至于万世，传之无穷”，然而秦始皇至死都没料到，他的秦帝国仅仅传至二世就灭亡了。

公元前210年，秦始皇病死在第五次巡游的途中，他五十年的人生从此谢幕，而他一手创建的秦王朝也在三年之后走向了灭亡。

实际上，在秦始皇生前，表面上四海一统的秦王朝已经暗藏着重重危机，我们举三件事加以说明。

第一件事，博浪沙事件。

公元前218年，秦始皇第三次巡游，路过阳武县博浪沙时，遭遇了张良策划的刺杀，大难不死的秦始皇“大索十日”也未能抓到刺客。

第二件事，东郡陨石事件。

公元前211年（另说公元前210年[①]），一颗陨石坠落到了东郡，陨石上刻着七个大字——“始皇帝死而地分”。秦始皇下令将陨石销毁，并将陨石坠落处周边所有的人家处死。

第三件事，玉璧事件。

在陨石事件发生的同一年，一个走夜路的使者路过华阴，遇到一个手持玉璧的神秘之人，此人不仅把玉璧交给了使者，而且留下一句话——“今年祖龙死”。使者回到咸阳，立即向秦始皇汇报了此事。秦始皇查验玉璧，竟

① 《史记·秦始皇本纪》所记载的秦始皇“三十六年”当为“三十七年”之误。可参见杨宽:《战国史》，上海，上海人民出版社，2016，第608—609页。

发现是自己八年前巡游渡江时为祭祀河神而沉入江中的玉璧。

这三件事都明白无误地记录在《史记·秦始皇本纪》中，虽有不少怪诞之处，但都可以反映出秦王朝的统治存在着巨大的隐患。

博浪沙事件显然是有预谋的行刺，而策划者是韩国贵族之后的张良；陨石事件显然是人为，且东郡位于今河南濮阳一带，是秦国和齐国的边界处；玉璧事件虽然属于怪力乱神之谈，且极度荒诞，但也反映出当时社会上存在诅咒秦始皇的现象。

公元前210年，秦始皇最后一次出巡。这次出巡，他先至云梦，然后浮江而下，过丹阳、钱塘，到达会稽，拜祭了大禹，然后渡江北上抵达琅琊，再折返向西，最终在平原津（今山东德州平原县）准备渡过黄河时突然生病，并且病情危重。

《史记·秦始皇本纪》中用一个“病”字记录了当时秦始皇在平原津的病情。古汉语的“病”和我们今天所理解的生病的“病”是不一样的；在古代文献中，普通的生病通常会用“疾”这个字，只有病重到一定程度后才会称“病”。而且，《史记·秦始皇本纪》在记载完秦始皇“病”之后，立马又说“上病益甚”，可见当时秦始皇的病情应该是很危重了。

不过，也就是在这个生死攸关的节骨眼上，秦始皇做了一件匪夷所思的决策。他一边草拟了诏书，让扶苏尽快赶回咸阳主持丧葬，同时又继续北上赵地。

这的确令人大惑不解，既然都“病益甚”了，怎么不选择西归咸阳，而是继续北上呢？这其实反映了秦始皇临终前复杂的心理状态。

第一，秦始皇不相信自己会死。

秦始皇晚年天不怕，地不怕，唯独怕死，所以他才不遗余力地追求长生。《史记·秦始皇本纪》记载：“始皇恶言死，群臣莫敢言死事。”可见，秦始皇对于死亡的恐惧已经到了自我欺骗、自我蒙蔽的地步。事实上，对于死亡，秦始皇终其一生都处在巨大的矛盾之中。他一方面大规墓修建自己的陵墓，为自己准备后事；另一方面又不立太子，不打算传位于人。

正是由于这一点，秦始皇不想结束自己的行程。如果秦始皇因为生病就折返回咸阳，那也就意味着他承认自己会死，而他不仅不承认，更不许任何人提起，于是便出现了“群臣莫敢言死事”的现象。

第二，秦始皇对赵地有情结。

秦始皇的父亲，也就是秦庄襄王异人，本来就是秦国送往赵国的人质，而秦始皇就是出生于赵国的邯郸，这里留有秦始皇儿时的记忆。在此之前，秦始皇第四次出巡，途中也来到了赵地，秦始皇对赵地怀有感情很可能是他巡游到此的一个原因。

第三，北上本就是第五次巡游事先制订好的线路，临时更改行程恐生变故。

秦始皇的出巡计划，肯定是提前就制订好的，他绝对不会漫无目的地四处巡游，而且具体的行程计划极有可能是对外公开的。这从他的第三次出巡就可以看出，因为在第三次出巡途中，秦始皇在博浪沙遭到了韩国贵族之后张良的刺杀。要知道，张良差一点就要了秦始皇的性命，可见张良是做了周密布置和埋伏的，而要做这样周密的布置和埋伏，张良必然是事先就知道了秦始皇的出巡线路，不然他没办法制订出这样的刺杀计划。

而当秦始皇在平原津病危之时，秦始皇虽然不想承认自己会死，但是他最终还是对皇权交接做好了安排。秦始皇表面上不承认自己会死，但他心里清楚自己可能大限将至，同时，他也知道皇权交接一定要慎之又慎。如果说这次出巡线路是事先制订好的，而且是告之天下的，那么此时此刻就容不得秦始皇临时改变行程线路。因为秦始皇一旦突然作出线路变更的决定，而且是改道回咸阳，那么只要是有异心的人都会心生揣测，揣测秦始皇命在旦夕，进而生出不轨之心，极有可能会出现对权力交接不利的事件。

因此，此时的秦始皇只能一边下诏、传诏在上郡监军的扶苏速回咸阳，一边按照原先计划好的线路继续行进。

然而事与愿违的是，诏书还没来得及发出去，秦始皇就病死在了沙丘平台。李斯和赵高秘不发丧，并且篡改遗诏拥立胡亥为继承人，这就是历史上著名的“沙丘政变”。

之后，巡游的车驾继续一路向北，“遂从井陉抵九原”，然后再南下回到咸阳。这一行程安排显然也是为了防止生变，故而只能按照原先制订的路线一路行进，这里再次佐证了第三点。

“沙丘政变”是否真实发生

“沙丘政变”的具体细节被记载在《秦始皇本纪》和《李斯列传》中，这段故事也被众多历史爱好者熟知，这里就不再赘述了。不过，关于“沙丘政变”的历史真实性近年来也出现了颇多争议。

2009年，北京大学收藏了一批西汉竹简，其中有一份名为《赵正书》，主要记载了有关秦始皇临终前与丞相李斯关于确立继承人的对话，并且秦始皇明确指定胡亥为继承人。①

历史学家吕思勉也曾说：“从前政治的惯例，太子是不出京城，不做军队中的事务的，苟其如此，就是表示不拟立他（扶苏）的意思，所以秦始皇的不立扶苏，是预定了的。《史记》说秦始皇的少子胡亥，宠幸宦者赵高，始皇死后，赵高替胡亥运动李斯，假造诏书，杀掉扶苏、蒙恬而立胡亥，这话是不足信的。”②

吕思勉的论据，总结起来有两点：其一，太子是不出京城的；其二，太子也是不做军队中的事务的。

---

① 赵化成:《北大藏西汉竹书〈赵正书〉简说》,《文物》, 2011（06）。

② 吕思勉:《吕著中国通史》, 北京，中华书局，2020，第346页。

上一节我们讲过“焚书坑儒”，在“坑儒”事件中，由于扶苏劝谏秦始皇不要滥杀无辜，结果他被秦始皇派往上郡去做监军，直到秦始皇病逝，扶苏仍然在上郡做监军。

吕思勉的论据有道理吗？确实是有一定的道理的。第一点，太子不出京，这是正确的，古代的太子往往是待在京城的，如果到了外地，往往便是贬谪的结果。第二点，太子不做军队上的事，这也是情理之中的，想来太子是未来的君主，怎会去打仗，太子应该做的是学习政治事务。看看明朝朱元璋的皇子，皇嗣朱标以及之后的朱允炆，不都是在京城养尊处优，做政治事务吗？而其他皇子都在守卫边疆，后来夺位的燕王朱棣不就是在守护北平吗？

另外，还有一点能够佐证秦始皇不打算立扶苏的证据是，秦始皇最后一次巡游的过程中特意带上了他最喜爱的小儿子胡亥。胡亥作为幼子，却能随驾出行，这等待遇确实非同小可。

《左传・闵公二年》中也记载：“太子奉冢祀，社稷之粢盛，以朝夕视君膳者也，故曰冢子。君行则守，有守则从，从曰抚军，守曰监国，古之制也。”这段话的意思是太子是奉献祭祀宗庙社稷祭品、早晚问候服侍君王饮食的人，所以叫“冢子”。国君出行，太子就应留守国都，如有人代为留守国都，太子就应随从君王出行，随从叫抚军，留守叫监国，这是古制。

这段话也被司马迁记载进了《史记・晋世家》中。可见，在《左传》的记载中，太子是社稷之本，确实不适宜在外领兵的，而且国君出行的时候，太子应该留守国都或者跟随君王出行，这是“古之制也”。

如此看来，秦始皇立胡亥似乎是早就谋划好了的，并不存在《史记》中所谓篡改遗诏之事。

不过，吕思勉的观点也是有漏洞的。太子不出京，不领兵，这很大程度上是在后来的历史上形成的惯例，虽然《左传》中也记载太子应该留守都城监国或者跟随君王出行抚军，但是这一所谓的古制是不具有普适性的。

我们同样也能在先秦时代找到大量太子在外领兵的例子，比如战国时期的魏国太子申、韩国太子奂、燕国太子丹、楚国太子商臣都曾在外领兵。更何况就在几十年之后，淮南王英布造反，汉高祖刘邦就有意让太子刘盈领兵平叛，可见所谓的古制和惯例在当时并不具备普适性，是不能证明秦始皇无意立扶苏的。①

而且，秦始皇是个极为“任性”的皇帝，他本就是个喜欢破除古制的人，他最讨厌的就是一些儒生们拿古代的制度来非议他的政策法令，故而他听取李斯的建言，发布了“焚书令”。

战国时代战乱频仍，太子在外领兵的情况是比较常见的，而且秦国尚武，看重军功。结合当时具体的时代背景来看，太子出京和领兵似乎也是可以说得通的。

同时，胡亥即位之后，杀了他的十三位哥哥和十位姐姐，以及与扶苏关系密切的蒙恬、蒙毅兄弟。如果不是发生了沙丘政变，如果不是篡改了遗诏，如果不是心虚，胡亥为何要如此大开杀戒呢？否则，他即位之后的这些举动就难以解释了。

再回到《赵正书》。《赵正书》本属于“小说者流”，《赵正书》的地位是不能与“史家之绝唱”《史记》相比的，《赵正书》的创作年代也并不比《史记》的创作年代早多少，《赵正书》未必就比《史记》可信度更高。这一切只能说明，在西汉早期对于秦末的历史叙事存在多个版本，我们不能是彼非此，更不能断定何者更符合真实的历史。②

---

① 侯杨方：《盛世：西汉》，北京，中信出版社，2019，第 16—17 页。

② 辛德勇：《生死秦始皇》，北京，中华书局，2019，第 109—138 页；罗新：《有所不为的反叛者》，上海，上海三联书店，2019，第 22—23 页。

正确看待秦朝的兴亡得失

秦始皇死后，仅仅三年时间，秦朝就走向了灭亡，而且是近乎崩塌式的灭亡。各地起义风起云涌，而秦朝政坛内部也剧烈动荡。秦二世即位不久就被赵高发动政变杀害，秦王子婴又发动政变诛杀赵高。

短短三年时间，秦朝政坛就三次易主，发生了三次政变。此时的秦王朝已经内外交困，陷入四分五裂的局面之中，秦王子婴仅仅当政四十六天，秦朝就宣告灭亡。

公元前207年，秦王子婴素衣白马，奉天子玺符，投降了进入武关的刘邦。秦朝仅仅维持了十四年的统治，就走向了灭亡。

《秦始皇本纪》记述到这里，秦朝的历史就算讲完了，但是这篇本纪的篇末还附录了大量文献内容。首先，是“太史公曰”特别长，并且全文引用了贾谊的《过秦论》下篇。其次，是有后代读史者的大量附录，包括贾谊《过秦论》中篇和上篇、有关秦国历史的一份“大事记”以及汉明帝时期班固写的评语。

造成这种现象的根本原因，在于汉朝长期流行的“过秦”思潮。

由于秦朝是因推行暴政而灭亡的二世，继之而起的汉朝遂吸取秦亡教训，采取了休养生息的政策，这才保证了汉朝统治的平稳延续。因此，在汉朝初年，批评秦朝政治的“过秦”思想就成了当时的风气，贾谊的三篇《过秦论》就是“过秦”思潮的代表。

即便是“千秋史圣”司马迁也不能免俗，他“搬运”了《过秦论》的下篇，用贾谊的文章来评价秦王朝的得失，这说明司马迁对贾谊的“过秦”观点是肯定和推崇的。

“过秦”思潮对汉朝的统治起到了十分积极的影响作用，它从理论上保证了汉朝以黄老思想治国的国策的推行。但是，一味地“过秦”也会导致对秦朝历史评价的片面性和局限性。

汉代的“过秦”思潮对秦朝的历史评价存在哪些局限呢？有以下三个方面：

第一，重其亡而忽其兴。

以贾谊为代表的汉儒们过度重视秦之灭亡的历史教训，而严重忽视了秦之兴起的历史意义。秦朝的崛起、发展、兴盛、灭亡是一个完整的历史过程，虽然二世而亡，但也有秦人数百年奋斗和崛起的艰难历程，更有统一六国建立大一统王朝的辉煌和对中国古代政治制度的开创性贡献。对于这些，后世史论家显然是严重忽略了。

第二，扬道德而非法治。

贾谊批评秦朝灭亡的原因是“仁义不施”，诸如此类的批评和指摘多属道德之论，却忽视了秦朝的法治建设。秦朝施政的指导理论是法家思想，法家思想中包含有很多法治的因素，对后世政治和法制有很多积极的影响。然而，汉儒们却把法家思想看成了洪水猛兽，看成了导致秦朝实行暴政的元凶，片面地抨击法治而尊崇德治，完全忽视了法家思想中的闪光点。

第三，笃于义而薄于利。

秦国的文化以实用为目的，重功利、轻伦理，这种价值观深刻地影响了秦国的发展。这种功利主义价值观造就了秦人拼搏奋进的精神面貌，也为后来的商鞅变法提供了天然的生存土壤，对历史的发展是有积极影响的。汉儒们对秦文化中的功利主义极尽批判，强化了中国古代传统文化中功利与道义之间的对立性，也强化了道德在中国文化中的重要性。①

《秦始皇本纪》是《史记》中第一篇以人物命名的本纪，也是第一篇以人物为中心的帝王本纪，但是这篇本纪却也展现了整个秦王朝从统一到灭亡的全过程。因此，《秦始皇本纪》既可以看作有关秦始皇的帝王本纪，也可以看作秦王朝的朝代本纪。如果将本篇《秦始皇本纪》与《李斯列传》《蒙

① 王绍东：《论汉代“过秦”思想的历史局限》，《史学史研究》，2009（03）。

恬列传》结合起来看，俨然是一部完整而贯通的秦王朝兴衰全史。[1]

《李斯列传》：法家的实践

《李斯列传》记述了秦朝丞相李斯的生平事迹。李斯协助秦始皇统一六国，建立大一统中央集权王朝，对秦朝的一系列制度建设做出了巨大贡献。

李斯的崛起

在历史上，李斯是个功过、毁誉参半的人。

一方面，他为秦朝的制度建设贡献颇多，诸如推行郡县制，以及制定律法，统一文字、货币和度量衡。另一方面，他也力主“焚书”，实行了严酷的文化专制政策，并且在秦始皇病逝后助纣为虐，扶立二世胡亥，他对秦王朝的灭亡背负有不可推卸的责任，最终也落得一个惨死的下场。

可以说，秦朝的每一项重大决策，无论是制度建设还是政治变乱，几乎都有李斯的参与，他的功劳有多高，他的罪过就有多重。

对于二世而亡的秦王朝来说，可谓成亦李斯，败亦李斯。

司马迁在《史记》中常常会记录一些看似无关紧要的小事，来表现出人物的性格特征和命运归宿。在《李斯列传》的开篇，司马迁就记录了早年李斯的一件小事，这就是著名的“厕鼠之叹”。

李斯者，楚上蔡人也。年少时，为郡小吏，见吏舍厕中鼠食不絜，近人犬，数惊恐之。斯入仓，观仓中鼠，食积粟，居大庑之下，不见人犬之忧。

① 韩兆琦编:《史记题评》，西安，陕西人民教育出版社，2000，第 61 页。

于是李斯乃叹曰："人之贤不肖譬如鼠矣，在所自处耳！"

其大意是，李斯是楚国上蔡的一名普通的官员。某天他如厕之时，看到厕所中的老鼠吃着肮脏的食物，一看到有人或狗来，就惊恐地四散奔逃，而反观粮仓中的老鼠，吃的是粟米，住的是大房子，看到人或狗也不会惊恐。于是，李斯不禁感叹：一个人混得好不好，就像老鼠一样，要看你所处的环境！

司马迁所记录的这件小事，无疑为李斯之后的人生之路定了个基调，李斯将像老鼠一样本能地追逐地位和财富。这既成为李斯走向权贵巅峰的成功秘钥，也成为他跌入罪恶深渊的祸源。

也正因如此，李斯追随荀子学习，并且专学"帝王之术"，志在辅弼君王。待到学成之后，李斯又毅然奔赴秦国，原因是"六国皆弱，无可建功者"。

从李斯的早年经历可以看出两点：第一，李斯有着对天下局势的清晰判断，有着深远的政治主见，他知道留在楚国或者其他六国都没有前途，只有奔赴秦国才能实现人生抱负；第二，李斯志向高远，他要做的就是建功立业，从而为自己获取功名利禄，成为人上人。

作为一个上蔡小吏，李斯想要在秦国谋求仕途是极为困难的。李斯初到秦国，便投身于吕不韦门下，并且受到吕不韦的赏识，成为"舍人"。通过吕不韦这块强有力的"跳板"，李斯很快就涉足了秦国政坛，在当时的秦王嬴政面前建言献策，成为秦国的客卿。

然而李斯的仕途刚刚起步，就遭遇了重大挫折。当时的秦国发生了一起著名的间谍事件，韩国派水工郑国来到秦国，为秦国在关中修筑大型水利工程，这就是后来著名的郑国渠。韩国此举意在消耗秦国的国力，进而拖垮秦国、虚弱秦国，是一出疲敌之计。韩国的这一计策最终被秦王嬴政察觉，于是嬴政就下发“逐客令”，欲将秦国的所有外来人员都驱逐出境，身为客卿的李斯也在被逐之列。

对于李斯而言，一旦逐客令正式颁行，那么他之前在秦国所做的所有努力都将付诸东流。于是，李斯愤而上疏，向秦王嬴政献上了《谏逐客书》。

《谏逐客书》指出秦国的富强多是任用外来人士的结果，这样一律逐客，是在帮助敌国；更关键的是，全文没有涉及个人的进退荣辱，而是站在天下统一的高度为秦王嬴政分析利害得失，从而论证逐客令绝非“跨海内、制诸侯之术”。

《谏逐客书》可谓一篇雄文，这篇文章被后世广为传颂，并且被编入了《古文观止》中。可以说，这是一篇极为经典的政论文章，论述清晰，见解犀利，观点独到。

秦王嬴政阅罢，立刻就被此文打动了，不仅撤销了逐客令，而且对李斯另眼相看，擢升他为廷尉。廷尉是秦国掌管司法的最高职务，而客卿只是对外国宾客的一种荣誉称呼，二者有着本质上的区别。李斯被提拔为廷尉，意味着他真正步入了秦国政坛的核心。

法家的“优越性”

随着吕不韦的倒台，李斯逐渐开始当权，并最终成为秦始皇最信任的股肱之臣。这一帝国“二把手”权力交替的过程，并非表面上所看到的——只是一场简单的政治斗争的结果，实际上，它为秦国以及之后的秦王朝所带来的变化既是巨大的，也是深刻的。

我们能从吕不韦组织编纂的《吕氏春秋》中看到，吕不韦的视野是综合的、是整合的，具有海纳百川的包容性。虽然吕不韦组织编纂《吕氏春秋》的主观意愿或许只是沽名钓誉，但是它在客观上也推动了秦国的文明化进程。

秦国作为一个边鄙小国，在文化上曾是极度落后的。秦国给世人的形象一直是“虎狼之国”，就连秦王嬴政也被世人刻画成“蜂准”“长目”“豺声”“少恩而虎狼心”的狠毒暴虐形象，秦国真的太需要用文明和礼仪来武装自己了。

从这个角度来说，吕不韦杂取百家编纂《吕氏春秋》的做法，不失为一种“文化强国”战略，是一项秦国为自己寻找文化自信的举措。这是吕不韦组织编纂《吕氏春秋》的文化意义所在。①

当然，如果从更宽的角度来看，吕不韦组织编纂《吕氏春秋》的野心可能更大。吕不韦想走的或许是一条综合主义路线，他想建立一个融合百家、兼收并蓄的大框架，既不能让法家独大，更不能排斥其他各家，而是让各家的思想和主张都能折中，从而产生一个每一家都有一点的新体系、新秩序。②

我们可以这样设想，如果吕不韦继续执政，秦国的政治文化会有很多种可能，或许秦的历史乃至中国的历史都会因此改变。但是随着李斯的上位，这种可能性被掐断了。

李斯的执政思想是近乎绝对化的法家立场，他要以法家独尊，摒弃诸家之学，他不允许任何一家的思想干扰到法家的政治实践。李斯的执政思想具有强烈的唯一性和排他性，从而让秦国的文化进入一个极度封闭的“一言堂”的文化状态。

公元前221年，秦国扫灭六国，建立了大一统的秦王朝，秦王嬴政也改称为始皇帝。随后在李斯的建言之下，秦始皇在全国推行郡县制，这也成为李斯执政之后秦国推行的各项政治决策中最为重要的一项。郡县制深远地影响了中国历史的发展。

---

① 鲍鹏山：《风流去》，北京，中国青年出版社，2012，第200页。

② 杨照：《讲给大家的中国历史3：从列国到帝国》，北京，中信出版社，2018，第287—288页。

事实上，就在废分封、行郡县的过程中，秦始皇和李斯已经达成了政治上的默契。秦始皇想要稳固自己的统治，想要大权独揽，这些都与李斯所奉行的法家思想所契合。李斯深刻体悟到了秦始皇的想法，秦始皇也对李斯的执政主张颇为满意。也正因为如此，秦朝统一后所推行的一系列的巩固统一的举措，几乎都有李斯的参与。可以说，秦始皇和李斯之间是相互信任、相互协作的关系。

之后的统一货币，统一度量衡，包括“焚书令”，这些无不是秦始皇大一统集权理念的体现，也更是李斯法家政治思想的重大实践。

在先秦诸子百家中，无论是儒家、道家，还是墨家、阴阳家，他们为社会提供的都只是理论和构想，他们不讲实际操作，也没有具体且实际的制度化运作。真正完成从理论到制度的巨大飞跃的，有且只有法家。在执行制度层面，法家是没有对手的。

也正因为如此，当大一统的秦帝国建立之后，法家思想成为最适合的执政理念，法家的制度也被第一时间拿来实践，秦朝建立的种种制度，实施的种种举措无不是法家思想的具体实践，而这些制度和举措的制定者和操刀人就是李斯。

依靠秦始皇这颗参天巨树的支持和庇护，凭借着法家思想在制度执行上的巨大优越性，李斯顺利而成功地真正成为秦国政坛上“一人之下，万人之上”的二号角色。

我们通过两点可以看出李斯地位的空前飞跃：第一，秦始皇历次出巡，李斯都护驾随行，并且为秦始皇巡游刻石记功；第二，李斯作为一个“外国人”，和秦始皇家族缔结了极为深厚的姻亲关系，李斯的儿子个个娶的都是秦朝的公主，李斯的女儿个个嫁的都是秦朝的公子。

我们翻阅《史记》就会发现，有秦以来能够享受到如此高规格礼遇的，除了李斯，别无他人。

流血的仕途

位极人臣之后的李斯，也隐约感觉到了些许不安。

李斯的儿子李由担任三川郡郡守，李由回到京城咸阳，李斯在家中摆下酒宴，朝中文武百官都来到李斯家中祝贺，停在李斯家门外的车马就数以千计。看到如此盛大的场面，李斯感叹道："我听我的老师荀子说过，万物就怕过了头，我原本只是上蔡的一名布衣，生活在闾巷之中的一个平民百姓，皇帝陛下不知道我才能低下，竟然把我提拔到如今的高位。现今做臣了的没有谁比我职位更高，可以说是富贵荣华到了极点。然而万事万物发展到极点都会走向衰落，我不知道自己的归宿在何方啊！"

越是站在权力和荣耀的巅峰，就越是贪恋身边的荣华富贵，此时的李斯已经享尽了"仓中鼠"的好处，又怎么会再去做"厕中鼠"呢？他的"老鼠哲学"只会不断地提醒他，要想尽办法去保住这种荣华富贵的状态，他绝不能再成为闾巷中的布衣百姓了。

随着秦始皇的意外驾崩，李斯立刻感受到了这种危机。李斯明白，他失去了他最大的政治靠山。也正因如此，在赵高的连番劝说之下，李斯选择了屈从，选择了篡改遗诏，选择了扶立胡亥为二世皇帝。

这是因为，李斯认为扶苏和自己的政见截然对立，扶苏真正依赖和器重的是蒙恬、蒙毅兄弟，一旦扶苏上位，自己多年来苦心经营而获得的地位将会不保，而只有选择迎立胡亥，才能保住自己目前的地位和所享有的富贵荣华。

后世文天祥在其《正气歌》中说："时穷节乃现，一一垂丹青。"可见，只有在艰难的条件下，一个人的节操和气节才能真正体现出来。从之后发生的历史事实来看，纵然李斯心比天高、志比海阔，纵然李斯不想辜负秦始皇的嘱托，但他最终还是变节了。

于是，在沙丘政变中，李斯低下了他高傲的头颅，他把他所有的志向都抛诸脑后，他选择屈从于名利、屈从于赵高，也为之后秦朝的覆亡埋下了祸根。

《史记·李斯列传》把沙丘政变中赵高威逼利诱李斯的全部过程都记录了下来，最后的结果是，“于是斯乃听高”。

李斯的结局是悲惨的——“具斯五刑，论腰斩咸阳市”。李斯是秦朝刑罚的制定者，然而在他被构陷之际，他却尝尽秦帝国最为严酷、最为残忍的刑罚，这实在是莫大的讽刺。

然而司马迁的笔触却并未就此停止，又继续写到，李斯在受腰斩之刑前，对他的同样受刑的儿子李由感叹道：“吾欲与若复牵黄犬俱出上蔡东门逐狡兔，岂可得乎！”其意思是，我多么想念过去我们爷俩牵着我们家的大黄狗，每天去上蔡东门追着野兔子满世界乱跑的日子啊，这样的日子再也没有了！

这简短的一句话，却透露出李斯对于人生际遇的怅然若失。在他人生的最后时刻，他似乎终于对名利和富贵释怀了，所有的荣华富贵对他而言都不过是一场梦幻泡影，他真正想得到的只是最初的那个原点，那个在上蔡东门外和家人遛着黄狗、追逐野兔的下午。

李斯的政治生涯几乎伴随了秦王朝的始终，当李斯受尽酷刑被腰斩于咸阳闹市之中时，秦王朝的丧钟也敲响了。

“李斯亡秦，兆端厕鼠”，这是历史给李斯的评价。

《陈涉世家》：大泽乡的惊雷

《陈涉世家》记述了秦末大起义中陈涉和吴广这两位农民起义领袖人物的事迹。陈涉、吴广起义也是中国历史上的第一次农民起义，司马迁充分肯定了陈涉在反抗秦王朝统治斗争中的作用，认为他有“首事”之功。

秦末大起义的“吹号人”

在《史记》三十“世家”中，《陈涉世家》无疑是一个特殊的存在。

陈涉既非王侯，也非将相，只是出身草莽，即便后来揭竿而起，自号陈王，但终究还是落得一个失败被杀的下场。这样的一个人物显然不具备进入“世家”的资格。

然而，太史公司马迁还是把陈涉放入了“世家”之列。那么，司马迁是出于什么原因把陈涉列入“世家”中的呢？

究其原因，司马迁在《陈涉世家》的篇末就写明了：

陈胜虽已死，其所置遣侯王将相竟亡秦，由涉首事也。高祖时为陈涉置守冢三十家砀，至今血食。

概括起来，原因有三点：第一，陈涉有“首事”之功，陈涉率先拉开了秦末大起义的序幕；第二，陈涉起事后，自号陈王；第三，陈涉死后，汉高祖刘邦安置了三十户人家为陈涉守墓，他在汉朝一直享有祭祀，一直到汉武帝时期仍祭祀不断（对陈涉的祭祀一直持续到王莽战败，语见《汉书·陈胜传》）。

关于陈涉起义的故事，很多人都耳熟能详了，这不仅因为《陈涉世家》是流传千古的名篇，而且《陈涉世家》的相关部分长期以来被选入中学语文课本。也正因如此，陈涉的很多言论广为人知，比如“苟富贵，勿相忘”“燕雀安知鸿鹄之志”“王侯将相宁有种乎”。

说到陈涉，就不得不说大泽乡起义。

大泽乡，位于今天安徽省宿州市大泽乡镇，也就是在这个普通得不能再普通的地方，九百个准备前往渔阳（今北京密云）的戍卒吹响了反秦起义浪潮的号角。

秦二世元年（前209年）七月的一天，大泽乡的天空被乌云笼罩着，厚厚的云层透不出一丝阳光，滂沱的大雨噼里啪啦地洒落在地上。连日的大雨让道路变得泥泞不堪，四处都是积水，俨然一片水乡泽国。一支九百人的队伍，个个被淋得浑身湿透，他们是被秦帝国征发的戍卒，准备前往渔阳戍边，然而此时此刻却寸步难行，只能困守在这乡间瓦舍之中。

他们的脸上无不带着愁容，有的人甚至在滂沱大雨中放声大哭。这是因为，连日的暴雨已经冲毁道路，不要说通行，就连方向都无法分辨，他们根本无法按期到达渔阳了。按照秦帝国的法律，一旦延误了日期，就会面临被杀头的惩罚。

于是陈涉和吴广私下合谋：既然逃亡是死，举起义旗也是死，横竖都是一死，何不干一番大事呢？他们暗中积极造势，还占卜吉凶，然后便有了陈涉的振臂高呼——“王侯将相宁有种乎！”戍卒们无不听命于陈涉，并设坛盟誓，举起义旗。

吴广率先杀掉了负责押解队伍的将尉，陈涉自立为将军，他们率领戍卒们迅速夺取了大泽乡，继而攻占了蕲县，之后又相继攻取了周边多个郡县，百姓们望风归附，“揭竿为旗，斩木为兵”。陈涉率领部队占领了今豫东、皖北的大片土地，原先只有九百人的队伍也很快扩张为一支“车六七百乘，骑千余，卒数万人”的强大队伍，成了一股不可小觑的力量，把大秦帝国的东南搅得天翻地覆。

有了陈涉的带头效应，各地的反秦势力也发起起义，纷纷响应陈涉。陈涉的势力越来越大。陈涉便自立为王，以“张楚”为国号，吴广也被拥立为假王。之后，陈涉分兵三路攻打秦朝，吴广率领主力西进荥阳，武臣、张耳、陈馀等率军北上攻打赵地，邓宗率军南下攻打九江郡。

与此同时，整个楚地都被裹挟进了起义的洪流之中，各地的秦朝官员都被起义军所杀。随着陈涉起义军的不断西进和北上，赵地、燕地、齐地都纷纷反秦，北上的武臣自立为赵王，韩广在燕地自立为燕王，齐国旧贵族田儋自立为齐王，周市拥立魏国旧贵族魏咎为魏王。一时间，遍地烽烟，看似稳如磐石的大秦帝国顿时陷入了分崩离析的危机之中。

不过，秦帝国不是那么容易就能垮塌的，陈涉派出的西进主力部队很快遭遇到了空前的惨败。陈涉派出大将周文接替吴广，周文把起义军发展到了数十万人，一直打到了关中的戏（今陕西临潼），进逼咸阳。在这危急时刻，秦二世派出了少府章邯，章邯临时把修建骊山陵的刑徒组编成队伍，大败周文军，周文惨败自杀。

周文的惨败，可以说是陈涉、吴广起义由盛转衰的转折点，章邯的军队连战连捷，而陈涉的起义军则连战连败。最后，陈涉在逃亡的途中被车夫庄贾杀害，吴广也被部下杀害，陈涉、吴广起义最终以失败告终。

但是，陈涉、吴广起义的影响有如星星之火可以燎原，继陈涉、吴广之后，同样出自楚地的项羽和刘邦率领义军最终将大秦帝国送入了坟墓。秦亡之后，历史进入了相持四年的楚汉战争时期，对此，我会在下一节继续详说。

陈涉的两桩疑案

《陈涉世家》的内容大致就是这些，但是关于《陈涉世家》还有几个问题需要讨论：一是有关“失期，法皆斩”的秦律问题；二是有关陈涉的出身问题；三是《史记·陈涉世家》与《汉书·陈胜传》的对比。

第一，有关“失期，法皆斩”的秦律问题。

长期以来，人们对于秦朝的研究所依据的材料大多是从汉朝流传下来的，最典型的就是《史记》。换句话说，我们今天所看到的有关秦朝的史料文献都是创作者站在汉朝的立场撰述而成的，司马迁的《史记》和班固的《汉书》都是如此。前面讲到汉代长期流行“过秦”思潮，最具代表性的就是贾谊的《过秦论》，《过秦论》的中心思想也代表了包括司马迁在内的绝大多数汉朝人的看法，更代表了汉朝的官方思想。这种基于“他者”的立场记录下来的史料文献，我们很难保证它的客观性。

那么，有没有关于秦朝的原始文献材料呢？有。随着睡虎地秦简、里耶秦简等一大批秦代简牍的出土和发现，我们掌握了有关秦朝的第一手，也是最原始的文献材料，这也意味着对于秦史的研究进入了一个新的阶段。

《史记·陈涉世家》向世人透露出有关秦朝律法的一个重要内容，就是“失期，法皆斩”，这既是陈涉鼓动戍卒起义反秦的重要理由，也成为后世批评秦朝律法严酷的一个重要证据。以前几乎没有人对“失期，法皆斩”这条秦律有过怀疑，但是随着1975年底湖北云梦睡虎地秦墓的发掘，一大批秦朝的简牍呈现在了世人面前，为我们研究秦朝的历史提供了全新的文献材料，也让人们对“失期，法皆斩”这条秦律产生了怀疑。

在睡虎地秦简中，有一部《秦律十八种》，其中有一篇《徭律》，上面关于“失期”的问题是这样记载的：

御中发征，乏弗行，赀二甲，失期三日到五日，谇；六日到旬，赀一盾；过旬，赀一甲。其得殹（也），及诣。水雨，除兴。

大致意思是：为朝廷征发徭役，如有耽搁不征发，应罚二甲。迟到三天到五天，斥责；六天到十天，罚一盾；超过十天，罚一甲。所征发人数已足，应尽速送抵服役处所。如遇到降雨不能动工，可以免除本次征发。①

看到这一记载，我们自然就会拿《史记·陈涉世家》中所记载的“失期，法皆斩”来对比。两者相比较，我们会发现，二者所记载的秦朝对于“失期”行为惩罚的严苛程度可谓天差地别。

值得注意的是，这里的“甲”和“盾”并不是指实物，而是货币的计量单位。按照岳麓秦简的记载，一甲相当于1344钱，而一盾是384钱。所以，这里的“罚一甲”和“罚一盾”其实就是缴纳相对应的罚金，这种处罚金的刑罚在当时叫赀刑。②

《史记·陈涉世家》中所说的惩罚明显过于严苛，不近人情，一旦“失期”，就要把所有的人都处死。而按照《徭律》中的规定就显得人性化多了，不能按时到达的最坏结果只是“罚一甲”，也就是1344钱，而且还特别指明如果遇到雨水工程不能动工，是无须承担责任的，直接免除本次征役。

很多人根据睡虎地秦简的这条记录发表不同的观点，质疑和否定司马迁《史记》中的记载。有一种很流行的观点就认为，所谓的“失期，法皆斩”只是陈涉撺掇戍卒起事的一个冠冕堂皇的借口而已，就跟之后他和吴广所做的“鱼腹丹书”“篝火狐鸣”“诈称公子扶苏”一样，都是发动戍卒起事的一种极端的策略和手段而已，其根本目的是实现自己的“鸿鹄之志”，陈涉早就有野心。③也有的观点认为，所谓的“失期，法皆斩”是汉朝人戴着

① 睡虎地秦墓竹简整理小组编：《睡虎地秦墓竹简》，北京，文物出版社，1990，释文部分第47页。
② 于振波：《秦律中的甲盾比价及相关问题》，《史学集刊》，2010(05)。
③ 于敬民：《“失期，法皆斩”质疑》，《中国史研究》，1989（01）。

"有色眼镜"看秦朝历史的结果，是汉人刻意夸大秦朝律法的严苛程度，以此来败坏已经灭亡的秦王朝的声誉，因此必须谨慎对待汉朝描述秦朝残暴的史料。①

但是，也有不少学者对这一观点进行了反驳。有的学者认为，睡虎地秦墓出土的秦简《徭律》只能反映秦始皇时期的律法状况，而陈涉说出"失期，法皆斩"是在秦二世时期，《徭律》并不能反映秦二世时期的律法状况。还有的学者认为，从陈涉等人"谪戍渔阳"来看，他们所服的兵役，很可能是要去戍边打仗的，并非一般意义上的徭役，故而睡虎地秦墓出土的秦简《徭律》并不适用于陈涉一行人。②

不管哪种说法，限于目前相关出土文献的不足，我们无法看到完整的秦律，更无法看到完整的秦朝的法律系统。考古所发现的湖北云梦睡虎地秦简，是极具研究价值的秦代文献，但是这并不能完全推翻《陈涉世家》中"失期，法皆斩"的记录，姑且只能看作一种质疑和补充。因此，有关这一问题还需要历史学界的进一步研究才能得出最后的答案。

第二，有关陈涉的出身问题。

不知道广大读者有没有注意到一个问题，我们在历史课本上看到的发动起义的首领往往都称作陈胜，而《史记》时而称"涉"，时而称"胜"，本文中所用的都是陈涉。到底发起起义的人是叫陈胜还是叫陈涉呢？

这其实并不冲突，《陈涉世家》的开篇就说清楚了，"陈胜者，阳城人也，字涉"。可见，胜是他的名，而涉是他的字。

在当时的历史背景下，有名有姓是再正常不过的了，但是有个正儿八经的"字"却是少见的。比如之后建立大汉王朝的刘邦，邦是刘邦当了皇帝后

---

①（美）韩森著，梁侃等译:《开放的帝国：1600前的中国历史》，南京，江苏人民出版社，2007，第95页。

② 张志坚:《陈胜、吴广起义原因辨析》，复旦大学出土文献与古文字研究中心网站 http://www.fdgwz.org.cn/Web/Show/1338，2010.12.29。

取的名，在称帝之前，他就叫刘季，季就是他的字。再比如和陈涉一同起事的吴广，广是他的名，而他的字是叔。“季”和“叔”都是按照兄弟排行的次序取的字，显然是很随意的取字，看得出把孩子的字取为“季”“叔”的爹妈都没啥文化，并没把孩子的取字当回事。

这其实也就间接说明，刘邦和吴广都是很纯粹的平民出身，而陈涉却有一个正儿八经的字，其出身未必是平民那么简单。

《陈涉世家》的开篇还透露了陈涉的另一个重要信息，就是他的故籍是阳城（今河南商水），距离陈郡的郡治陈县非常近，而这一带曾经都是陈国的领土。后来陈国为楚国所灭，这里又成了楚国的领土。

另外，陈涉以陈为姓也颇为可疑。我们知道，春秋战国时代许多贵族都以国名为姓氏，比如韩国王族以韩为氏，魏国王族以魏为氏，赵国王族以赵为氏，而陈国王族也以陈为氏。随着秦朝统一六国大一统时代的到来，姓氏制度也在发生变化，姓氏合流在当时已经成为一种社会现象。陈涉以陈为姓，其实就是以陈为氏。

陈涉出生在陈国故地，又以陈为姓，因此，有不少学者大胆推测，陈涉很可能是陈国王族之后，是位没落的贵族。[①]

作为一位没落的贵族，陈涉很可能不是赤贫的农民出身，他是有一定的学识的。也正因为如此，陈涉很可能也懂一点秦律，他知道“失期，法皆斩”的秦律规定，又或者他利用学识上的优势“忽悠”了戍卒。

从这个角度来看，陈涉早年所说的“燕雀安知鸿鹄之志”，完全可以看作一种贵族精神意识的体现。他不甘心只做一个埋头耕种田垄的农民，他迫切想要改变自己目前沦落的处境，他所说的“鸿鹄之志”，或许就是想要通过干一番大事找回属于自己的贵族身份和家族荣耀。

---

① 李开元：《秦崩：从秦始皇到刘邦》，北京，生活·读书·新知三联书店，2015，第148—149页。

《史记》和《汉书》对陈涉的不同态度

第三，《史记·陈涉世家》与《汉书·陈胜传》的对比。

本书所讲的主题是“二十四史”，但是在“二十四史”中，《史记》和《汉书》这两部史书存在着大量的文字和内容上的重叠，而且几乎是照搬式的，这在“二十四史”中是非常少见的。具体而言，重叠的部分主要集中在从楚汉战争到汉武帝时期的这段历史，班固在撰述这段历史的时候，绝大部分内容都是照搬了司马迁《史记》中的相关内容，只有个别字词和语句增删上的细微差别。

清代学者赵翼就在其《廿二史札记》中指出：“《汉书》，武帝以前，纪、传、表多用史记文，其所撰述，不过昭、宣、元、成、哀、平、王莽七朝君臣事迹。”[①]在赵翼看来，班固所撰《汉书》中记载的汉武帝之前的历史几乎都是照搬《史记》中的相关内容，只有汉武帝之后昭帝、宣帝、元帝、成帝、哀帝、平帝、王莽七朝的历史，才是属于《汉书》真正的“原创”。

赵翼的观点大致是准确的，但是我们也要知道，《汉书》绝不是原封不动地照抄《史记》的，二者之间的那些细微差别，正反映了司马迁和班固这两位伟大史学家在撰史观念上的不同。也正因为如此，在接下来的篇章中，也就是从楚汉战争开始到汉武帝时期的历史内容，我会适当地把《史记》和《汉书》放在一起来对比，通过它们之间的一些细微差别来分析这两位伟大史学家撰史理念的不同。

具体到陈涉的部分，《史记》和《汉书》都对陈涉作了传，篇名分别为《陈涉世家》和《陈胜传》。事实上，暂且不论文本内容，我们单单从篇名上就能看到司马迁和班固对待陈涉的态度是截然不同的。

首先，《史记·陈涉世家》用的是人物的字，而《汉书·陈胜传》用的

① （清）赵翼:《廿二史札记》卷一。

是人物的名。

陈涉，姓陈名胜，字涉。在古代，称名和称字虽然都可以用来称呼一个人，但是却存在态度上的区别。称名往往是自称，而称字是对他人的尊称，如果对一个人直呼其名是非常不礼貌的行为。司马迁在《陈涉世家》的篇名上所取的是陈涉的字，这表明了他对陈涉尊崇的态度；而班固在《陈胜传》的篇名上所取的是陈涉的本名，这虽然不能说是班固对陈涉的刻意贬低，但也绝非尊崇。

其次，《史记》把陈涉的传记归为“世家”，而《汉书》则将陈涉降级为“传”，等同于《史记》中的“列传”。

“世家”是什么？前文已经作过介绍，是诸侯、相国以及诸侯国的编年史或传记。而“列传”则只是一般的普通传记，所记述的人物往往既非诸侯，也非相国。班固所撰《汉书》完全废弃了“世家”，全书只保留了“本纪”“志”“表”“列传”五种体例。对于《汉书》的体例问题，下一章会再作详述。

最后，《史记·陈涉世家》是单人单传，而《汉书·陈胜传》是合传。

班固所撰述的《汉书》把《陈胜传》和《项籍传》并列放置在了列传之首，也就是卷三十一，而司马迁所撰述的《史记》则把《陈涉世家》单独列为一卷。这也能看出司马迁和班固对陈涉态度的不同。在司马迁看来，陈涉配得上单独列为一传；而在班固看来，陈胜和项籍都是乱臣贼子的类型，是汉朝建国过程中的敌对势力。

通过篇名上的三点区别，我们可以很明显地看出司马迁和班固对待陈涉的态度存在显著的差异，即司马迁对陈涉反秦是极力推崇的，而班固的态度则相对暧昧不明。在内容上，同样也能反映出司马迁和班固对待陈涉态度上的差异。这里仅试举两例。

其一是称呼上的区别。

班固在《汉书·陈胜传》中通篇都称其名“胜”，全文保持了称呼上的一致性；而司马迁在《史记·陈涉世家》中则时而称名“胜”，时而又称字“涉”，显得有点混乱，但是在陈涉称王之后，司马迁就统一称之为“陈王”。

在班固看来，陈涉是个平民出身，是彻彻底底的底层人物，根本没必要称呼字，更没必要用“陈王”的称呼；而司马迁则更愿意称字，而且在文章的后半部分统称其为“陈王”，可见司马迁对陈涉称王是一种肯定的态度，这也是他把陈涉列入“世家”的一大缘由。

其二是对陈涉的“首事”之功的评价不同。

《史记·陈涉世家》在结尾处写道：“胜虽已死，其所置遣侯王将相竟亡秦，由涉首事也。”而《汉书·陈胜传》则被改为：“胜虽已死，其所置遣侯王将相竟亡秦。”很明显，班固将“由涉首事也”五个字给删掉了，而且这绝不是误删，而是刻意为之。

“由涉首事也”是司马迁对陈涉反秦之意义的高度归纳和总结，是对陈涉“首事”之功的肯定和赞许，更是把陈涉列入“世家”的一大缘由。而班固却删掉了这极为重要的五个字，显然他并不赞同司马迁的观点，甚至是持反对的态度。

综上所述，我们完全可以看出司马迁和班固对待陈涉态度的区别，即司马迁对陈涉揭开反秦起义浪潮的序幕是极力推崇的，甚至不惜将其列入“世家”，而班固则持一种相对平和的态度，他站在汉朝本位的立场，将陈涉看作一般的平民作乱，并且否认他称王的地位。①

另外，《汉书·陈胜传》在照搬《史记·陈涉世家》内容的过程中，还出现了一个重大纰漏。

① 徐超：《〈史记·陈涉世家〉与〈汉书·陈胜传〉对读札记》，《淮南师范学院学报》，2014；樊琪：《试评〈陈胜传〉对〈陈涉世家〉的改动》，《贵州文史丛刊》，1994（02）。

前文中已经提及，《史记·陈涉世家》篇末记载：“高祖时为陈涉置守冢三十家砀，至今血食。”而《汉书·陈胜传》则记载为：“高祖时为胜置守冢于砀，至今血食。王莽败，乃绝。”“王莽败，乃绝”可以看作班固对陈涉死后祭祀历史的一大重要补充，但是他却把“至今血食”这一句照抄不误，这就是班固的一大错漏了。

司马迁是汉武帝时期的人，“至今血食”就是说对陈涉的祭祀一直到汉武帝时期都没断绝，而班固是汉明帝时期的人，“至今血食”就是说对陈涉的祭祀一直延续到了东汉明帝时期。班固显然是错误的，因为他后一句又说在王莽失败之后，对陈涉的祭祀就已经断绝了，又怎么可能到了东汉还在祭祀陈涉呢？这不就是前言不搭后语，自相矛盾吗？

后来的唐朝史学家刘知几就发现了班固的这一错漏，并在《史通》中指斥班固“迷而不悟，奚其甚乎”[①]，就是说怎么会有班固这么糊涂愚蠢的人呢？班固如果地下有知，知道自己犯了这么一个令人啼笑皆非的错误，恐怕也会自惭形秽吧？

《项羽本纪》《高祖本纪》（上）：楚汉，一段我们最熟悉也最陌生的历史

《项羽本纪》《高祖本纪》这两篇本纪，分别从项羽和刘邦两个视角共同记述了楚汉战争时期的历史风云巨变，对项羽和刘邦的生平、性格、政治理念都做了细致的刻画；同时，《高祖本纪》还记述了汉朝开国的一系列重大政治事件。这两篇本纪也诞生了很多流传后世的典故。

---

①（唐）刘知几:《史通》内篇卷五。

今天我们所熟知的楚汉历史是如何被记载并流传下来的

关于楚汉这段历史，我们首先需要认清一个残酷的现实。

毫无疑问，楚汉是中国人较为熟悉的一段历史，其熟悉程度甚至可以比肩对三国的熟悉程度。这段历史留给世人太多的记忆，诸多脍炙人口的历史典故和成语故事皆出于此，其中有鸿门宴上的刀光剑影，有楚霸王项羽兵败垓下、乌江自刎的英雄悲歌，也有体现刘邦“安得猛士兮守四方”的壮阔胸怀。刘邦和项羽的故事流传至今，成为家喻户晓、妇孺皆知的历史故事，就连传统象棋中都留有楚汉这段历史留下的影子。

然而，楚汉也是我们最陌生的一段历史，因为我们今天所能看到的关于楚汉历史的记载全都来源于《史记》这一种材料。

在楚汉之前，关于夏、商、周三代的历史，我们除了《史记》还有《尚书》等材料，更有甲骨文等大量考古材料作参考；春秋战国的历史，我们除了《史记》还有《国语》《左传》《战国策》以及诸子百家的文献材料作参考。但是，从秦末动乱到汉朝建国这段历史，我们却只有《史记》这一种材料作参考。

有人或许会说，不是还有《汉书》和《资治通鉴》吗？让人感到无奈的是，《汉书》和《资治通鉴》在记录这段历史的时候，也都是以《史记》作为参考底本的，并无新材料的增加。

归根结底，我们今天对于楚汉，乃至包括楚汉在内的秦末汉初这段历史的全部认知，都是来源于太史公司马迁所撰述的这部《史记》。

这是《史记》的伟大所在，如果没有《史记》，我们可能将对秦末汉初这段历史一无所知；这也是历史的悲哀，我们很难脱离开《史记》对这段历史有新的认知，即便司马迁记录的这段历史存在纰漏，我们也很难查证。千百年来，世人对刘邦和项羽的无数讨论、研究以及演绎，都是以《史记》这一种材料作为参考依据和蓝本的。

那么，我们不禁又要问，司马迁又是根据什么材料来写秦末汉初这段历史的呢？可以确知的是，至少在汉武帝时代以及之前，关于秦末汉初的这段历史的材料还是比较丰富的。司马迁撰述秦末汉初这段历史的材料来源，应该是比较多的，其中有一本书非常重要，这就是西汉名臣陆贾所写的《楚汉春秋》。

陆贾是谁呢？陆贾是西汉初年一位著名的思想家、政治家和外交家。他曾亲身参与楚汉战争，并且作为刘邦的说客游走于秦朝和项羽阵营。在刘邦平定天下之后，他又提醒刘邦：可以马上得天下，却不能马上坐天下。陆贾为汉初国策的改弦更张，以及之后以黄老治国国策的确定做出了重大历史贡献。

陆贾为世人留下了两部重要著作，一是《新语》，是对秦亡汉兴、天下得失的分析和总结；二是《楚汉春秋》，是一部记述楚汉战争的历史著作。作为一名楚汉战争的亲历者和见证者，陆贾的《楚汉春秋》无疑是第一手的历史材料，是比司马迁的《史记》更原始的作品。可就是这样一部具有重要史料价值的著作，在后来的历史中却渐渐散失了，在北宋之后就彻底遗失了。

究其原因，很可能是《史记》的话语权彻底超越了《楚汉春秋》。也就是说，《楚汉春秋》的内容可能在《史记》里基本都被记录了，而《史记》在世人心目中的地位与日俱增，人们只需要看《史记》就能对楚汉的历史窥探全貌了，根本无须再看《楚汉春秋》。这就使得《楚汉春秋》的价值和其在世人心目中的地位直线下降，最终沦落到了散佚的地步。

目前我们所能看到的《楚汉春秋》只是清代人的辑佚本，也就是说清人从其他古书里找出引用过的《楚汉春秋》里的内容，大概十五个片段，把它们重新汇编成书。在现存的《楚汉春秋》里，“鸿门宴”“项羽烹煮刘太公”“沐猴而冠”，这些比较经典的楚汉故事都是有记录的，而且和《史记》中所记载的几乎一样。可见，《史记》中的这些相关记载都是参考了《楚汉春秋》的。

班固在《汉书·司马迁传》的赞语中就说："汉兴伐秦定天下，有《楚汉春秋》。故司马迁据《左氏》《国语》，采《世本》《战国策》，述《楚汉春秋》，接其后事，讫于天汉。其言秦、汉，详矣。"

班固的这番话，列举了司马迁撰述《史记》的几个重要参考资料，除了《左传》《战国策》这些世人熟知的古籍文献之外，还特意列举了《楚汉春秋》，并且指出司马迁对秦汉之际的历史记载非常详尽。这段话不仅透露出《楚汉春秋》是一部可以和《左传》《国语》并列的严谨史书，而且更说明司马迁在写秦末汉初这段历史的时候，《楚汉春秋》无疑是他最为重要的参考材料。

除了《楚汉春秋》，司马迁在撰述秦汉之际历史时所参考的史料来源应该还有其他几种，比如记录刘邦言行和诏策的《高祖传》（已散佚）。还有记录汉朝历史的《太古以来年纪》《汉著记》《汉大年纪》，这些史书由于著作年代不详，所以司马迁是否有过参考，我们还无法确知。但是我们可以确知的是，后来班固在撰述《汉书》时一定是看过这些材料并且参考过的。

最后，这些史书的命运都和《楚汉春秋》一样，在历史的长河中都散佚不见了。关于楚汉的历史，最终只留下了《史记》这唯一的文献记录，这就是历史的残酷和无奈。

刘邦和项羽差了辈分

我们再说回到《高祖本纪》和《项羽本纪》。

《史记》的十二本纪有一个特点就是"详今略古"。时代越远叙述就越粗疏，也就只能用较长的时间作为一个纪的单位，跨度最长也最模糊的当然就是卷首的《五帝本纪》，之后就是以一个朝代的历史作为一篇本纪。一直到了秦统一六国，司马迁才开始以具体的帝王为主要记述对象来做本纪，《秦始皇本纪》是以秦始皇和秦二世为主要记述对象的，而从《项羽本纪》开始，都是以一个人的在位时间为线索来做本纪的。[①]《项羽本纪》之后，就是《高祖本纪》《吕太后本纪》《孝文本纪》《孝景本纪》。

但是，《项羽本纪》却是个特殊的存在，“项羽”既不是一个朝代，也不是一个帝王。项羽曾自封为“西楚霸王”，如果按照正常的标准来看，项羽只够资格进入“世家”或者“列传”，是不具备列入“本纪”的条件的。因此，后世很多人都在讨论这个问题，就是司马迁为什么会把不是帝王的项羽列入“本纪”呢?

其实，如果你想理解项羽为何可以进入“本纪”，不妨思考一下后来的吕后为何可以进入“本纪”，而真正在位称帝的汉惠帝、汉少帝却没能进入“本纪”。这并不难理解，吕后之所以能进入“本纪”，是因为惠帝和少帝空有帝位却无实权，当时的天下之主是吕后。同理，项羽虽然夹在秦和汉之间，他既未建立朝代，也未称帝，最多只是称了个霸王，其建立的王国也只是存在时间很短的西楚国，但是在楚汉战争的四年时间里，项羽却是一个不折不扣的天下之主，刘邦只是项羽分封的一个王而已，只能算是项羽手下的一个小弟。

而且，在本纪的顺序上，《项羽本纪》也是夹在《秦始皇本纪》和《高祖本纪》之间的。按照传统的“五德终始”理论，汉所承接的是秦朝的德运，虽然也曾出现过汉朝是承接周朝德运的讨论，但是从来没有把项羽建立的西楚国考虑在内。可见，在后来的汉朝历史上，从来都没有把项羽看作一名帝王，也没有把他看作秦汉之际的天下之主。

这样就能看出司马迁的气魄和思考了。首先，项羽是汉朝开国皇帝刘邦的死对头，把一个汉朝的死对头列入“本纪”，无疑需要有相当大的勇气，

---

① 杨照:《史记的读法》，桂林，广西师范大学出版社，2019，第67页。

也需要背负相当大的压力。其次，在司马迁的史学观念里，秦朝的灭亡和项羽有着莫大的关系，不解释清楚项羽的历史功绩，也就不足以解释秦朝灭亡的原因；而刘邦的崛起也同样和项羽密切相关，刘邦也并非真正的灭秦者，或者说单凭刘邦个人的实力是不足以灭亡强大的秦帝国的。

我们可以看到，到了班固书写《汉书》的时候，刘邦依然被列入“本纪”（《高帝纪》），而项羽已经降级被列入“列传”了（《项籍传》）。司马迁和班固二人史学理念的不同在这里再一次体现出来了，班固所奉行的是严格的汉本位观念，而司马迁则秉承“一家之言”。司马迁从几千年通史的宏大视角出发去思考历史的兴亡之道，他认为项羽是解释秦亡汉兴原因的一把关键性的钥匙，必须将他列入“本纪”。

另外，《项羽本纪》还有一个特点，那就是它与《高祖本纪》存在严重的重合。《史记》十二本纪是按照时代顺序来排序的，虽然《周本纪》和《秦本纪》也存在时间上的重合，但是这样写作的目的是用于解释两个不同的王朝体系，并不存在内容上的重合。同时，《项羽本纪》和《高祖本纪》不仅时间上存在重合，内容上也是重合的。如此，司马迁就相当于是在用两种视角、两种立场，来记录和阐释刘邦和项羽之间持续四年的楚汉战争这同一件事。

因此，《项羽本纪》和《高祖本纪》是需要对照着来读的，割裂其中一篇去单读另一篇，是读不完整的，理解也是片面的；只有对照着来读，才能真正理解楚汉战争这段历史，才能真正理解刘邦和项羽这对“绝世双骄”。也正因为如此，本书也把这两篇本纪放在了一起来讲。

按照《史记》的编排，是先《秦始皇本纪》，后接《项羽本纪》，然后是《高祖本纪》。这也代表了世人心中的时代观念，总觉得从秦始皇到项羽，再到刘邦，似乎是经历了三个不同的时代，尤其是秦始皇和刘邦之间总觉得有着巨大的时代隔膜。

事实上，如果我们对比三人的出生时间就会发现，我们被历史的固有印象“欺骗”了。秦始皇出生于公元前259年，刘邦出生于公元前256年[①]，秦始皇仅比刘邦大了3岁，从自然年龄上看，秦始皇和刘邦几乎可以看作同时代人，也就是说，他们二人曾在同一片天空下生活了47年。[②]而项羽的年龄则比秦始皇和刘邦都小得多。《项羽本纪》记载项羽“初起时，年二十四”，所谓的“初起时”是秦二世元年（前209年），也就意味着项羽出生于公元前232年，分别比秦始皇和刘邦小了27岁、24岁，相当于整整一代人的年龄数。

你看，明明秦始皇和刘邦才是同辈人，项羽才是小辈嘛，这和我们对历史的固有印象截然不同。

其实，之所以有这种错觉，是因为我们习惯了用历史的纵向坐标来看待历史。从秦到汉，被我们看作两个完全隔绝的历史时期，从而忽略了历史的横向坐标。从历史的横向坐标来看，刘邦的大半辈子其实都算战国人，而项羽的人生只有短短的31年，而就是这个最终只活到31岁的年轻人彻底改变了中国历史的走向。

如果从这个角度来看，我们需要对照阅读的其实不只是《项羽本纪》和《高祖本纪》，就连《秦始皇本纪》也是需要一同对照阅读的。

---

① 另说刘邦出生于公元前247年。

② 李开元：《秦崩：从秦始皇到刘邦》，北京，生活·读书·新知三联书店，2015，序言第2页。

《项羽本纪》《高祖本纪》（中）：秦朝的覆灭和项羽的失策

“亡秦三叹”

秦朝为何会在最强大的时候走向崩溃？从后来发生的历史事实来看，在秦朝灭亡的过程中，至少崛起了三股反秦力量，我们可以从著名的“亡秦三叹”中一窥究竟。

所谓“亡秦三叹”其实就是三个人的三句话，也是三个故事。

第一个故事，秦始皇第五次巡游，当他南游至会稽郡时，正好遇到了隐匿于此的项氏族人，他们就是楚国贵族之后的项梁和项羽。项梁和项羽挤在观看秦始皇巡游的人群中，项羽看着秦始皇威武的样子，愤然说道：“彼可取而代也。”言下之意，就是说自己可以取代秦始皇，成为天下之主。项羽代表的是战国时期遗留下来的六国旧贵族，他们不愿服从秦的统治，他们想重新回到六国分立的旧秩序当中。这个故事就记载在《史记·项羽本纪》当中。

第二个故事，秦朝统一天下之后，不恤民力，大兴土木，有很多人被征发去服徭役。在这样的历史背景下，有一个人来自沛县的人，他是当地的泗水亭长，负责押送本县服役人员去咸阳服役，他当时的名字叫刘季，也就是后来的刘邦。从沛县到咸阳的这条路，刘季已经走了很多遍，多次在咸阳城中领略了秦帝国都城的壮丽和威严，也见到了那个高高在上、不可一世的秦始皇。看着秦始皇威武的样子，刘季心中感叹道：“大丈夫当如此也！”意思是作为一个大丈夫、男子汉，就应该像秦始皇这个样子！刘季心中隐藏的实现个人阶层跃升的野心，通过这句话毫无保留地体现了出来。刘邦所代表的是战国时代以来的商贾、豪强、游侠、市民、底层官吏，是当时社会的中下层精英。这个故事被记载在《史记·高祖本纪》当中。

有人或许会对刘邦的阶层出身抱有疑问。《史记·高祖本纪》和《汉书·高帝纪》都对刘邦早年的一些粗鄙之行留有记载。刘邦的早年形象是个典型的市井小混混，不仅贪财，而且“好酒及色”，整天游手好闲、不务正业，被父亲刘太公看作“无赖”，且“不能治产业”。他所担任的泗水亭长，算不上是什么有身份的人物。

这些记载，在《史记》和《汉书》中都能看到，但是，我们不能忽略的一点是，刘邦是文法吏出身。秦朝的“吏”分为文吏和法吏，统称文法吏，都是由史官分化而来的。而秦朝对文法吏的考核是十分严格的，识字是最基础的考核技能，国家还要对他们进行相应的职业技能培训，负责培训的机构叫作“学室”，包括后来跟随刘邦打天下的萧何和曹参，都同属于文法吏出身。刘邦虽然未必有什么大学问，但至少是能识文断字的，而且具备秦朝文法吏的职业技能，可见他绝非是不通文墨的文盲地痞之流。因此，刘邦所代表的就是当时秦朝社会的中下层精英，这么说是没错的。

第三个故事，我们在前文中已经讲过了。陈涉在大泽乡振臂高呼，喊出了那句名言“王侯将相宁有种乎”。言下之意，凭什么这些人就可以成为王侯将相，他们就该天生大富大贵吗？我们凭什么不可以这样？可以说，陈涉所代表的是战国和秦朝社会的底层人物，尤其是代表那些在生死存亡边缘挣扎的底层群众。这个群体的基数是最为庞大的，也正因为如此，陈涉可以一呼百应，可以在最短的时间内组建起一支强大的部队，并且重创秦帝国。这个故事被记载在《史记·陈涉世家》当中。

可能又有人会说，前文中不是已经分析了陈涉的出身是没落的贵族吗？为什么他可以代表秦朝社会的底层人物呢？虽然陈涉极有可能是陈国贵族之后，但是陈国的贵族历史与秦朝已经相隔两百多年了，从陈涉的祖辈开始，陈氏族人就是社会的底层人物了，“尝与人佣耕”也绝不是从陈涉开始的，从他的祖辈开始就已经是这个状态了。陈涉身上所残存的那一点贵族气息，已经不足以让他属于贵族或是精英阶层了，而是属于广大穷苦的底层百姓阶层，而他最多只能算是底层群众中的一名精英。

这就是“亡秦三叹”，三个男人发出了三声叹息，也代表了社会中存在的三股力量。战国时代六国的旧贵族，秦朝社会的中下层精英，以及生活在水深火热之中朝不保夕的底层劳苦大众，这三股力量合起来最终灭亡了这个庞大的帝国——秦朝。[①]在这三股力量的合围之下，秦朝怎么可能有招架之力？秦朝又怎么可能不灭亡呢？

项羽的四大失策

秦帝国的大厦轰然倒塌了，但是最终走上历史舞台的并不是庞大的社会底层人群，而是社会中的精英阶层，也就是项羽和刘邦这类人。

秦朝灭亡之后，历史就进入了相持四年的楚汉战争时期。起初，项羽拥有绝对性的压倒优势，然而到了楚汉战争后期，刘邦逆势翻身，最终消灭了项羽，成为最后的胜利者。

项羽为何失败，刘邦为何能取得胜利？这是一个几千年来人们一直在讨论的问题。在笔者看来，决定胜负的关键在于刘项二人不同的眼界和格局。

项羽的斗争目标是明确的，就是要推翻秦朝，因为他对秦朝有着刻骨铭心的仇恨。项羽出身于楚国贵族项氏家族，他的祖父是楚国名将项燕，在当时名气很大，并且力挫秦国东进，但最终还是死于王翦灭楚的战争中。项燕战死之时，项羽已经是个十岁的少年，他目睹了祖父项燕的战死和楚国的灭亡过程，国仇家恨让少年项羽对秦朝产生了刻骨铭心的仇恨。

① 姜鹏、李静编：《五万年中国简史（上）》，上海，文汇出版社，2020，第160—161页。

但是，国仇与家恨的交织蒙蔽了项羽的双眼，也让他无法看到更为长远的未来。从后来发生的历史事实可以看到，在灭秦之后，项羽就开始迷失了，除了重建楚国，称霸诸侯，他没有了更进一步的目标，也没有了人生的方向。他再不是那个破釜沉舟、豪气冲天的壮志男儿了，他变成了一个只想着衣锦还乡、坐享其成的楚霸王。

灭秦之后的项羽，在决策上至少有四项战略性的失误。

第一点，焚烧秦宫，大开杀戒。

兵入咸阳的项羽，犹如恶魔一般，顿时将咸阳变成一座人间地狱。《史记·项羽本纪》记载："居数日，项羽引兵西屠咸阳，杀秦降王子婴，烧秦宫室，火三月不灭，收其货宝妇女而东。"这段史料至少指出了项羽的四桩暴行：一是屠城，二是杀掉已经投降的秦王子婴，三是焚烧秦宫，四是疯狂掠夺咸阳的财宝和美女。

世上没有无缘无故的恨，项羽之所以在进入咸阳之后有如此暴行，就是源自他深埋于心底的国仇家恨。因此，项羽对咸阳及咸阳的百姓无不抱着极大的仇恨，仇恨已经彻底吞没了他的理智，最终他选择了用最为残暴和非人道的手段来报复秦人以宣泄他心中的仇恨。这个时候，我们看到的不再是一个胸怀壮志的少年英雄，而是一个残暴不仁的恶魔。

饶有趣味的是，司马迁又在《史记·高祖本纪》中记载了刘邦进入关中后奉行"约法三章"（"杀人者死，伤人及盗抵罪"）的治理举措，这与项羽在咸阳实施的暴行形成了鲜明的对比。《史记·高祖本纪》还记载了秦人对项羽的态度："秦人大失望，然恐，不敢不服耳。"可见，秦人只是表面上屈服了项羽，敢怒不敢言而已，他们对项羽早已大失所望，以至憎恶。

也正因为如此，后来当刘邦还定三秦的时候，刘邦能够在关中扎稳脚跟，就是因为人心所向，关中百姓拥护刘邦，而憎恶项羽。正所谓得人心者得天下，当项羽像强盗一般肆虐咸阳、屠戮百姓的时候，他就已经失掉了人心。

另外，项羽还将秦朝宫室全部付之一炬。熊熊的烈火不仅烧毁了壮丽恢宏的秦宫，更是把秦朝的无数典册书籍都焚毁了。我们前面讲过秦始皇的“焚书令”，“焚书令”是一项极为残酷的文化专制政策，但是很多史学家也都指出，论起对文化的摧残和破坏，项羽的这把火要远超“焚书令”，与之相比真是有过之而无不及。

很多人可能并不知道，虽然秦始皇下令“焚书”，但是这些禁毁的书籍都留有副本，被放置在秦朝的皇家图书馆中，使“圣人之全经犹存”[①]。也就是说，秦始皇虽然“焚书”，但是只是禁止民间传播“禁书”，关于先秦诸子的文化典籍都被完好地保存在了帝都咸阳，这些典籍并未灭绝。但是，项羽的这一把火却把这些成为孤本的诸子典籍悉数烧毁，这直接导致了大量文献典籍的佚失。在这场大火中，只有刘邦的手下萧何从秦朝宫室中抢救出了一批律令图书，这对刘邦后来入定关中和建立汉朝有着巨大帮助。

张分田在其《秦始皇传》中说：“如果没有后来项羽入关灭秦后放的那一把大火，或许这场劫难的损失会大大降低。”《剑桥中国秦汉史》中也说：“焚书对文献的损害不如公元前206年造成的损害，当时造反者焚毁了咸阳的秦的宫殿……即使没有焚书之事发生，传下的周代的残简也不可能大大多于现在实际存在的数量。”

因此，项羽在咸阳犯下的累累暴行，不仅让他失尽人心，为他后来的失败埋下了种子，而且他严重破坏了中国文化的传承，他是导致秦汉之际文化断绝的最大元凶。

第二点，裂土分疆，独称霸王。

推翻秦朝之后，项羽成了天下之主，他也成为距离皇帝宝座最接近的人。但是项羽却拒绝称帝，而是称霸王，并且裂土分疆，分封了18位诸侯

① 王充：《论衡》。

王。项羽骨子里是无比痛恨秦朝的，因此他也仇恨秦朝的一切，包括皇帝制度以及郡县制。

皇帝制度和郡县制都是秦朝的两项制度创新，对建立大一统王朝有着诸多裨益，有利于大一统王朝的治理，更有利于建立和巩固封建专制主义的中央集权制度。但是项羽已经被仇恨蒙蔽了双眼，他的政治眼光也极为短浅，他看不到秦朝对历史做出的特殊贡献，更无法看到历史的发展潮流。因此，项羽拒绝了秦朝的帝制，也拒绝了秦朝的郡县制，他选择重新回到春秋战国的王霸时代，他更愿意去做齐桓公、楚庄王那样的霸主，他更愿意享受在天下诸侯中唯我独尊的那份荣耀。

于是，在裂土封王之后，项羽回到故土建立了西楚国，定都彭城（今江苏徐州），做起了西楚霸王，这无疑是在开历史的倒车。从这一点也可以看出，项羽的心中只有他的楚国，而全无天下。

此时的项羽已然是一个庸碌之辈，他没有了雄心壮志，更没有丝毫的政治远见。从后来的历史发展来看，项羽定都彭城后，他的人生就已经踏入下坡路，这也是项羽事业由盛转衰的肇始。

第三点，放弃关中，定都彭城。

关中的重要性在当时已经显现出来了。关中四面环山，易守难攻，而且河流纵横，沃野千里，十分有利于农业灌溉，可谓物产丰盈，占据关中之后，进可攻退可守，是不折不扣的战略要地。也正因为如此，楚怀王熊心与诸将约定“先入定关中者王之”，把夺取关中看作最高目标。

项羽不可能不知道关中的重要性，也不可能不知道关中的战略优势所在。因为就在他准备东归的时候，就有一个名叫韩生[①]的儒生力劝他定都关中，并且强调关中是一个“可都可霸”的地方。但是项羽不仅没有听取韩生的意见，最后还因为这个儒生讥讽自己沐猴而冠，把他给烹杀了。

---

① 韩生之名《史记》无载，载于《汉书·项籍传》。

既然项羽知道关中的重要性，那么他为何还执意放弃关中选择东归呢？原因有四：

第一，仇恨秦国这片土地，这点我们已经强调过了，不再赘言。

第二，对于故土的眷恋。项羽当时就说："富贵不归故乡，如衣绣夜行，谁知之者!"项羽在政治上的鼠目寸光在这句话中体现得淋漓尽致。

第三，项羽心中只有楚国，而无统御天下之心。项羽所有的雄心壮志，其出发点都是报仇，是为了复兴楚国，从一开始，他的眼界就是有局限的，更无统御天下之心。

第四，项羽选择放弃关中也体现了他性格中的一个巨大弱点，就是骄傲自大，迷信武力。

虽然有很多人都说了关中的重要性，项羽不会不知道，但是他更坚信自己的武力，并且极度地骄傲自负。在项羽看来，他最看不起的刘邦都可以轻而易举地攻入关中，之前周文的部队也曾攻入关中，并且打到了临潼，如果他连关中都要担心打不下来，那不就是间接承认自己不如刘邦和周文了吗？不就是对自己武力的怀疑吗？此时的项羽正处于人生的巅峰时刻，心中满是骄傲自大的情绪，他认为凭借自己的武力没有什么是做不到的，一个小小的关中根本不足为惧。此时的项羽，正如韩信所评价的那样，他只是"匹夫之勇"，是个有勇无谋的莽夫。

项羽放弃了关中，他选择了在哪里定都呢？彭城，并且以"梁楚地九郡"为西楚国。在秦汉之际，江淮这片地区属于尚未开发的不毛之地，土地贫瘠，经济落后，立国基础极其薄弱。而原本属于楚国的大片土地则被项羽拿来分封，分封给了九江王英布、衡山王吴芮和临江王共敖等人，而后来英布、吴芮等人都投奔了刘邦。

历史地理学家宋杰总结了从秦朝到新莽时期关中政权和关东势力（农民起义军或地方割据集团）的七次战争。在这七次战争中，有五次是关中战胜关东，仅有两次是关东战胜关中，分别是刘邦、项羽灭秦和绿林、赤眉起义军灭王莽。而这两次仅有的关东战胜关中的战争案例，都不是通过正面交锋取得了胜利，而是有意无意地选择避实就虚的办法，用重兵集团在荥阳以东牵制关中部队，再用另一支人马占领关中和山东交界的南阳，进而攻取兵力守备相对薄弱的武关，打入关中。[①]

而在后来的楚汉战争中，项羽始终在豫西地区和刘邦正面纠缠，虽然一次次取得对刘邦的战争的胜利，并且差点消灭刘邦，但是刘邦凭借着关中特殊的战略优势，以及韩信的战略包抄，成功地扭转了颓势，并最终击败了项羽。

第四点，诛杀义帝，失尽人心。

项羽曾经说："灭秦定天下者，皆将相诸君与籍之力也。义帝虽无功，故当分其地而王之。"在项羽看来，真正将秦朝推翻的是他项羽和一众武将谋臣，义帝（即楚怀王熊心）根本没有尺寸之功。也正是基于这种想法，项羽将天下瓜分，分封给了十八位诸侯王。可见，项羽拥立楚怀王只是一时的权宜之计，是为了号召世人反秦所打出的一个旗号而已，如今秦朝已经被推翻了，楚怀王的利用价值也就到头了。

项羽裂土封王之后，便将楚怀王尊为义帝，并下令让楚怀王搬家。搬到哪里呢？搬到长沙郴县。使者催促楚怀王尽快启程，楚怀王身边的人也渐渐离开他了。然而就在前往郴县的路上，楚怀王还是被项羽指派的人杀掉了。不过，关于义帝之死，《史记》中有两种不同的记载，《史记·项羽本纪》中记载截杀义帝的人是长沙王吴芮和临江王共敖，而《史记·黥布列传》则记载截杀义帝的是九江王英布。

项羽杀掉义帝，他自己是痛快了，但是却也为自己挖下了祸坑。秦汉之际，杀一个王不是什么大不了的事，陈王陈涉就被车夫庄贾所杀，假王吴广

① 宋杰：《从地理角度分析项羽失败的战略原因》，《史学集刊》，2012（01）。

也被田臧所杀，项羽的叔父项梁也杀死了楚王景驹，还有李良杀赵王武臣，章邯杀齐王田儋，臧荼杀韩王韩广。按理说，杀掉一个有名无实的王并没什么大不了，但是项羽杀义帝却是大错特错的。

项羽诛杀义帝后，身居汉中的刘邦立马乐坏了。他隆重地为义帝举办了丧事，袒露着左臂放声大哭，吊丧三日。同时，刘邦向诸侯发出通告，号召大家都为义帝穿素戴孝，团结起来一同来讨伐项羽，共同来为义帝报仇。刘邦说得义正词严，这也为其他诸侯作乱提供了理由。

事实上，项羽完全可以利用义帝来号召天下，“挟天子以令诸侯”，但是项羽硬生生将义帝这张好牌给打烂了。诸侯本来就怀有异心，项羽诛杀义帝，无疑是予人口实之举，诸侯们反倒有了起兵反叛的充足理由。

然而项羽根本没有考虑到这些，他只想到这些年自己一直被义帝打压。项羽对义帝的不满在心中压抑已久，他迫不及待地想除掉这个碍手碍脚的累赘，索性一杀了事。他完全没有想到，杀掉义帝会为自己带来如此之大的麻烦，他也没想到自己会成为天下人群起而攻之的靶子。可以说，项羽傲慢自大的性格，最终让他付出了惨重代价，更是他缺乏政治远见的明证。

项羽的这四大战略性失策，最终让他滑向了失败的深渊。从这四大战略性失策来看，项羽最多只算一个成功的军事家，而刘邦则是一位成功的政治家和战略家。

《项羽本纪》《高祖本纪》（下）：项羽的失败和汉帝国的建立

贵族时代的终结

从后来的历史发展来看，项羽的每一步决策，几乎都是在把自己逼进死胡同，逼上绝路。

项羽所谓的江东子弟兵，其实最多不过是西楚国区区九个郡的力量，而他所面对的则是至少十倍于己的十几个诸侯王的力量，项羽几乎是在跟全天下的人在打一场实力悬殊的生死之战。然而可悲的是，项羽自始至终意识不到这一点，并且沾沾自喜于自己的每一次胜利。

如果从经济地理的角度来考量，楚地虽然辽阔，虽然曾经号称“地方五千里，带甲百万”，但是楚地的经济开发却始终落在中原列国的后面。战国时代的楚国，地域是最为辽阔的，但是它却仍然败给了秦国。究其原因，其实并不是败在军事战略上，而是败在经济落后上[①]，经济落后就直接导致了物产、民力的不济和贫乏。

实际上，本就物产、民力贫乏的江南楚地根本撑不起如此频繁的战争强度，项羽的每一次战争、每一次胜利，其实都是在损耗自己的力量。而占据关中的刘邦虽然一次又一次的失败，但是凭借着物产丰盈的关中，他可以一次又一次地卷土重来，成为那个“打不死的小强”。

我们在看《史记·项羽本纪》的时候，很容易产生这样一个错觉，那就是项羽简直就是战神，他的军队攻无不克、战无不胜，未尝败绩。造成这种

① 傅筑夫：《中国经济史论丛（续集）》，北京，人民出版社，1988，第105—106页。

错觉的原因，其实就是司马迁极富渲染力的文学手法。

司马迁在写项羽胜利和刘邦失败的时候，总是不厌其烦地用“大胜”“大败”等词语，对项羽的胜利极尽铺陈，还有很多项羽英勇、刘邦狼狈的对比描写。这就使得项羽的胜利深深地印进了我们的脑海，而项羽在战略上的失败以及他举步维艰的困境则被一带而过，以致被读者忽略了。

事实上，我们在《史记·项羽本纪》中所看到的项羽的胜利，都只是局部战场的胜利。从整个战局的角度来看，项羽的每一次胜利其实都是失败的，每一次胜利都是让他离失败越来越近，他的战争优势正在一次次的所谓胜利中逐步丧失，最终迎接他的只能是失败。

项羽在垓下之战中因兵少粮缺，最终被刘邦击败，他率领着八百名士兵突围而逃。当项羽一路逃至东城（今安徽定远县定城）的时候，他的身边就只剩下二十八名骑从，而五千汉军也在这个时候追了上来。项羽自知无法脱身，于是就率领着二十八骑与五千汉军周旋了起来。在这场兵力悬殊的战斗中，项羽以一当百，斩杀上百名汉兵，而自己仅仅损失了两名骑从。

东城之战，是项羽人生中的最后一战。此时的项羽已经陷入绝境，用二十八骑对五千汉军，这本就是一场毫无意义的战斗，但是项羽还是进行了殊死战斗，并取得了短暂的胜利。

东城之战的胜利对整个楚汉战局已经没有丝毫意义，项羽注定还是要失败的。那他为何还要打这一场毫无意义的战斗呢？项羽其实就是要证明给世人看，自己永远都不会输，自己不是不能打，如今落得如此困境，这一切全都是天意使然。《史记·项羽本纪》记载项羽在自刎前说道：“此天之亡我，非战之罪也。”

可悲！亦可笑！项羽在临死前的最后一刻仍然执迷不悟，仍然在迷信自己的武力，全然不知自己在战略上的失败，还要将自己的失败归罪于“天之亡我”！

项羽一路逃至乌江边，他本想东渡乌江，但是最后他还是放弃了，他回绝了乌江亭长的好意劝告，也无颜面对江东子弟。最终，项羽在乌江边与汉军血战，他选择了将宝马赠亭长，将头颅赠故人，最后自刎而死。

项羽之死，标志着一个属于贵族的时代结束了，齐、楚、燕、韩、赵、魏、秦，那些曾经声威赫赫的王侯贵族全部化作了一抔黄土，成了历史红尘中的过客。

汉初的“有限皇权”

刘邦，一个出身底层的庶族，成了站在历史门槛上的巨人。他建立了一个绵延四百余年具有深远影响的大一统中央集权王朝，这就是汉朝。刘邦和他的大汉王朝完善并巩固了中央集权的封建帝制，并且极大地扩展了国家的版图和疆域。当时，东方的汉王朝和西方的罗马帝国成为举世闻名的两大文明帝国。

刘邦的崛起在当时堪称一个奇迹。在秦末动乱这些年里，我们可以看到，真正形成势力和影响的几乎都是六国旧贵族，而刘邦则是一个特殊的例子，他所走的是一条区别于众人，也区别于项羽的发展之路。

与项羽的单枪匹马、凭借个人武力称霸相比，刘邦的崛起所倚靠的是一个集团。汉赋大家扬雄就批评项羽只迷信个人力量，不愿意听取别人意见，而刘邦则是依靠群策群力最终战胜了项羽。①

历史学家李开元将刘邦集团的发展过程概括为四个阶段：

第一阶段，群盗集团期（秦始皇三十五年至秦二世元年）。刘邦集团初起之时，在当时可以看作秦朝体制之外的非法组织，组织数百人左右，主要为沛县之壮年男子，是一个无目的的武装亡命集团。

第二阶段，楚国郡县期（秦二世元年至三年）。此时的刘邦集团成员已

---

① 扬雄：《法言》十四。

由三部分组成，即芒砀山群盗集团、沛县官吏和沛县父老子弟，刘邦从属于楚，用楚制，称沛公，建立起了楚国属下的沛县集团。虽然楚王屡有变动，先后经历陈涉、景驹、怀王三王，但是刘邦集团始终是楚国政权的一部分，刘邦本人也是楚臣。在此期间，刘邦集团迅速扩张，从三千人的小部队发展成近十万人的大军团。

第三阶段，汉王国期（汉元年至汉四年）。项羽灭秦之后，分封天下，刘邦被分封到了汉中，称汉王，自此开始了汉王国的历史，同时也开始了与项羽争雄的历史。一直到汉五年十二月，刘邦已经拥有了六十万的超大规模兵团，并最终在垓下战胜项羽，取得天下霸权。

第四阶段，汉帝国时期（汉高帝五年二月后）。汉高帝五年（前202年）二月①，刘邦在洛阳正式称帝即位，汉朝自此建立。刘邦成为汉帝国的开国皇帝，而刘邦集团成员则成为汉王朝的统治阶层，于是，以刘邦集团成员为主体，一个拥有强大政治势力和经济基础，具有高等社会身份的新的社会集团形成了。李开元将这一集团称为“汉初军功受益阶层”②。

毫无疑问，刘邦的成功依靠的是集团的力量。我们阅读《史记·高祖本纪》就会发现，刘邦问得最多的一句话就是“为之奈何”，这也成了刘邦的一个口头禅。意思是不懂就问，这种不耻下问、虚心纳谏的品质无疑是刘邦获胜的关键。也正因为如此，刘邦身边云集了非常多的谋士和名将。而反观项羽，他身边仅仅有范增这么一位像样的谋士，而且这位谋士还被项羽弃而不用，他又怎能不失败呢？

但是，刘邦的成功是得益于一批功臣良将的辅佐以及旧贵族势力的拥护的。建国之初的汉帝国仅拥有很少的土地，大部分国土都被用来分封异姓诸侯王了。战国七国之格局大体恢复，历史仿佛又重新回到了四分五裂的战国时代。

---

① 汉初历法依从秦制，以十月为岁首，汉五年十二月灭项羽，刘邦又于二月称帝。

② 李开元:《汉帝国的建立与刘邦集团：军功受益阶层研究》,北京,生活·读书·新知三联书店，2000，第54页，第119—123页。

这既是历史的无奈，也是刘邦的妥协。刘邦知道秦朝的郡县制并非不好，但是历史的现实也告诉他，他必须用分封的方式来犒赏那些异姓功臣们。这就是汉初在政治上最重要的一项“顶层设计”——“郡国并行制”。

如果说周朝的分封制是王道，秦朝的郡县制是霸道，那么刘邦的“郡国并行制”就是霸王道杂之，是“应时”之举。[①]

从某种程度上说，刘邦对异姓诸侯王的分封可以看作对项羽时代分封割据的延续。因此，从整个秦末汉初的历史格局来看，历史的变化并不大，都属于“后战国时代”，而汉朝的建立过程在相当程度上是战国末年历史的重演。

但是，刘邦和项羽终归是不同的。项羽选择分封是出于对秦朝的强烈仇恨和对复国的强烈愿望，而刘邦由于没有贵族家世做支撑，他只能依靠军功和恩德来笼络一众支持者，所以他只能用这种妥协的方式和这些支持者们共分天下。基于这样的历史现实，刘邦能够称帝并且建立汉朝，其实都是众人拥护和推举的结果，而且他所能掌控的是有限的皇权。

这就和秦始皇形成了鲜明的对比。秦始皇能够建立秦朝自称始皇帝，是建立在消灭六国的基础之上的，他所拥有的是绝对专制的皇权，是一切秩序的发端和权威的渊源。而刘邦建立汉朝，其实是默认了与诸侯王共享天下这个事实的，是在通过复活分封并保证各国王权的基础之上建立起来的，这就决定了刘邦皇权和诸侯王权并立的局面，诸侯王的权力可以独立于汉朝皇权之外。[②]

刘邦登基之初，承认并且分封了七个诸侯王，分别是楚王（原为齐王）韩信、梁王彭越、淮南王英布、韩王信、赵王张耳、燕王臧荼、长沙王吴芮。不过，最后除了实力弱小的长沙王吴芮“以微弱仅存”之外，其他异姓诸侯王无不死于非命。

---

① 张国刚:《从“郡国并行”到“海内皆郡县”》,《北京日报》，2020（07）。

② 李开元:《汉帝国的建立与刘邦集团：军功受益阶层研究》,北京，生活·读书·新知三联书店，2000，第249—254页。

随着异姓诸侯王的凋零，刘邦开始册封一批刘姓宗室为诸侯王。从汉高帝六年（前201年）开始，刘邦所分封的诸侯王共有十个，均为刘姓宗亲子弟，分别是荆王刘贾、楚王刘交、齐王刘肥、赵王刘如意、代王刘喜、梁王刘恢、淮阳王刘友、淮南王刘长、吴王刘濞、燕王刘建。

在分封同姓诸侯王的同时，刘邦也大封异姓功臣为列侯。汉高帝六年（公元前201年）十二月，刘邦率先封曹参等二十余人为列侯。同年（前200年[①]）正月，又封萧何、张良等十九人为列侯。

我们可以看到，刘邦对功臣集团的封赏，分两个等级，即“王”和“侯”。“王”就是诸侯王，主要是那些在楚汉战争中协助自己击败项羽的割据势力，这些人拥兵自重，对刘邦的统治构成了强大的威胁。而那些在楚汉战争中出生入死追随刘邦并为刘邦出谋划策的功臣，刘邦则给予了列侯的封赏，这些人没有多少地盘势力，对刘邦的威胁并不大。

在刘邦眼中，刘氏宗亲和跟随自己出生入死的功臣宗族是他相对信任的对象，因此，虽然刘邦一登上帝位就大封异姓诸侯王，但是刘邦很快就用各种方式剪除了异姓诸侯王势力，并快速提升了刘氏宗亲和列侯功臣子弟。另外，吕氏外戚宗族也以列侯的身份受到了封赏。

到了刘邦在位的后期，汉朝政坛上活跃着三大政治势力，即功臣集团、刘氏宗亲集团和吕氏外戚集团。刘邦作为汉帝国的最高统治者，他以居高临下的姿态，有效地把控着这三大政治集团之间的微妙平衡，并且通过“白马之盟”方式，对三大集团的利益做了承诺和安抚。

“白马之盟”散见于《史记》和《汉书》的多个篇目中，并且通过多人之口表述而出。但是奇怪的是，对于如此重要的盟约，《史记》和《汉书》都没有从正面给予记录，《高祖本纪》和《高帝纪》都失载，主要是通过他人之口转述的。这就导致人们对“白马之盟”的准确盟词内容不甚明了，盟

① 汉初以十月为岁首。

词内容不仅存在多个版本，而且各版本之间还存在一些差异。也正因为如此，有学者对“白马之盟”是否真实存在提出了质疑。[①]

盟词的文字内容虽然各有差异，但是主体内容是大体一致的，主要有两个版本：

1.非刘氏而王，天下共击之。（《史记·吕太后本纪》）

2.非刘氏而王者，若无功上所不置而侯者，天下共诛之。（《史记·汉兴以来诸侯年表》）

概括起来，就是三点内容：一是“非刘不王”，二是“非功不侯”，三是违反约定，天下共诛之。

“白马之盟”起到了四点政治作用：其一，杜绝了异姓诸侯王分封的所有可能和隐患；其二，对刘氏宗亲集团、列侯功臣集团、吕氏外戚集团的利益给予了保障；其三，通过这种利益共享的方式，换取刘氏宗亲集团、列侯功臣集团和吕氏外戚集团的忠心；其四，限制和约束了列侯功臣集团和吕氏外戚集团的发展。[②]

另外，“白马之盟”的确立，也更进一步印证了上文的一个论点，就是刘邦所享有的皇权是有限度的皇权，而非秦始皇那样的绝对皇权。刘邦只能通过这种权力制衡和利益共享的方式，来与功臣集团实现政治平衡和利益共享。

对于刘氏宗亲集团，刘邦怀有一种血浓于水的亲近感和信任感，他希望利用刘氏宗亲集团的势力来实现汉朝政权的长久稳固，刘邦对他们的防范意识是最轻的；对于功臣集团，刘邦的防范之心本来最重，但是随着异姓诸侯

① 刘鸣：《“白马之盟”真伪辨》，《秦汉研究》，2012。

② 朱志昊：《“白马之盟”与汉初政制——以政治正当性为线索》，《政治学研究》，2014（02）。

王的逐一被诛，以及萧何等人的功成身退，这些被封为列侯的功臣们，已经不足以对朝廷构成威胁了，刘邦对他们的防范之心也不大。然而，刘邦终究还是百密一疏，以吕后为首的吕氏外戚集团最终乘势而起，晚年的刘邦虽然也意识到了这一点，但是已经为时已晚。①

"高祖"是不是庙号？

最后，我们还要讲一下《史记》和《汉书》关于刘邦的本纪篇名上的不同。

翻阅这两部史书，我们会发现，刘邦的本纪在《史记》中篇名为《高祖本纪》，而在《汉书》中却名为《高帝纪》。也正由于两部史书篇名上的不同，后世对刘邦的称呼也就有了"汉高祖"和"汉高帝"之分。

要讲清这个问题，先要介绍一下中国古代对帝王的两种称谓，这就是谥号和庙号。

谥号是古代帝王、贵族、大臣等死后，依其生前事迹进行评定后给予或褒或贬的称号。在唐朝之前，谥号一般为一个字或者两个字，人们一般习惯用谥号来称呼皇帝为"某帝"，比如汉武帝、汉宣帝、魏文帝、隋炀帝。唐朝之后，谥号的字数越来越多，用谥号来称呼皇帝就不太方便了，于是人们转而更习惯用庙号来称呼皇帝。

所谓庙号，是专属于帝王的，是古代帝王死后被供奉于宗庙里的称呼和名号。唐朝以前并不是每个皇帝都有庙号，只有功勋卓著的帝王才配有庙号，人们一般把开国皇帝称之为"某祖"，后世皇帝为"某宗"，比如汉武帝刘彻庙号世宗、光武帝刘秀庙号世祖、隋文帝杨坚庙号高祖。唐朝以后，皇帝都配有庙号，而谥号则越来越长，人们也就更习惯用庙号来称呼皇帝。

① 孙家洲：《西汉朝廷"大洗牌"：汉文帝入继大统前后的政治博弈》，北京，中国人民大学出版社，2020，第 21-22 页。

这里顺便再提一下年号。除了谥号和庙号这两种称呼之外，人们还经常用年号来称呼某个皇帝。年号始于汉武帝时期，中国古代也通常用年号来纪年。一个皇帝在位期间通常有多个年号，而到了明清时期，皇帝在位的年号通常只有固定一个（除了明英宗朱祁镇和清太宗皇太极有两个年号外[①]），比如万历、康熙、雍正。因此，对于明清帝王，世人除了用庙号来称呼之外，更习惯用年号来称呼。

关于刘邦的谥号和庙号，史书的记载是非常明确的，谥号为“高”，庙号为“太祖”。因此，从更严谨的角度来说，称刘邦为“高祖”是不太准确的，这样也会给后世粗读史书的人造成一点误会，会误以为刘邦的庙号是“高祖”。当然，“高祖”的称呼并不能算错，因为《史记》和《汉书》中都有这样的称呼和叫法，可见汉朝之时就已经有“高祖”这样的称呼了。

为什么要称呼刘邦为“高祖”呢？史学界对此说法不一。不过，比较通行的一个说法是，“高祖”是“汉太祖高皇帝”的简称，也就是刘邦谥号“高”和庙号“太祖”的结合体。

《史记·高祖本纪》记载：“群臣皆曰：‘高祖起微细，拨乱世反之正，平定天下，为汉太祖，功最高。’上尊号为高皇帝。”《汉书·高帝纪》的记载也与此相似。

三国时期学者张晏也说：“礼谥法无‘高’，以为功最高而为汉帝之太祖，故特起名焉。”[②]就是说《礼记》的《谥法》里并没有“高”这个谥号，之所以给刘邦“高”的谥号，是因为刘邦功劳最高，另外他又是汉朝的开国之君，所以世人特意给他一个“高祖”的名号。

弄清楚这个问题，大家就不要再习惯性地误认为“高祖”是刘邦的庙号了。

---

① 明英宗朱祁镇在位时期先后有正统、天顺两个年号，清太宗皇太极在位时期先后有天聪、崇德两个年号。

②（南朝宋）裴骃:《史记集解》。

《吕太后本纪》（上）：祸乱未央

《吕太后本纪》记述了吕后的生平事迹，尤其是重点记述了从刘邦去世到汉文帝即位前汉朝动荡的政局。在吕后专政时期，汉朝开始了“无为而治”的执政策略，汉朝的社会经济得到了恢复和发展，为后来“文景之治”奠定了基础。司马迁对此作了充分肯定。

历史世界里不只有男性

在《史记》的历史世界里，男性显然占据了绝对的主导地位，数不清的帝王、将相、谋士、隐士、侠客几乎都是男性。同时，司马迁也从来没有遗忘那些对历史产生重大影响的女性人物。

在《史记》所记录的诸多女性历史人物中，受到世人关注最多的，无疑就是在本纪中占据一席之地的吕后。

吕后是正史记录中的中国古代第一位皇后，也是中国进入帝制时代后第一位临朝称制的女主，司马迁甚至把她列入了本应是帝王专属的本纪当中，这使得她在“二十四史”的所有本纪中显得格外特殊和扎眼。“二十四史”中能有这份待遇的女性人物，除了吕后之外，就是东汉的皇后群体（《后汉书·皇后纪》）和武则天（“两唐书”中有《则天皇后本纪》）了。但是，武则天毕竟是当了皇帝的，真真切切地做了十五年的大周皇帝，而吕后却从未有一天称过帝。

如果说，司马迁把不是帝王的项羽列入本纪是不以成败论英雄的话，那么他把吕后列入本纪就可以看作“不以雌雄论英雄”了。

吕后的“三宗罪”

在世人的目光中，吕后常给人阴险狡诈、残忍狠毒、贪恋权势这三个印象。吕后之所以留给世人这三种印象，主要是通过以下三件事表现出来的。

第一件事，用计诛杀韩信、彭越。

刘邦能够夺取天下，韩信功不可没，汉朝的大片江山都是韩信一人打下来的。同时，韩信也是一个有野心的人。虽然他未必想当皇帝，但他至少是想当一个有实权的诸侯王的，这从他在平齐后向刘邦讨功封王一事中就可以看出。其实，虽然韩信名义上是在居功请赏，但实际上他是在对刘邦进行要挟。因为当时正处于楚汉战争的胶着之际，刘邦想战胜项羽就必须封赏韩信，韩信想要称王的野心由此昭然若揭。

另外再说彭越。垓下之战的前夕，彭越割据魏地，担任魏国国相。虽然他表面上支持刘邦，但在关键时刻却拒绝出兵协助刘邦，可见彭越也是一个野心勃勃之人。刘邦为了合围项羽，在迫不得已的情况下，分别向彭越和韩信许诺，灭楚之后一定将他们分封为诸侯王。

刘邦在韩信和彭越的协助之下，最终成功在垓下之战中击败了项羽。汉朝立国之后，政权并不稳固，刘邦也只能如约封赏，封彭越为梁王，韩信为楚王（由齐王徙封）。

但是，刘邦始终对韩信、彭越二人耿耿于怀。之后，韩信因牵涉谋反案被降为侯，是为淮阴侯。再之后，在刘邦亲征陈豨的过程中，吕后便和萧何联手设计诛杀了韩信，然后又在刘邦面前建言诛杀彭越，彭越最终被夷三族并除国。

老实说韩信和彭越的谋反案都没有坐实，但是韩信和彭越最终都难逃厄运，尤其是诛杀彭越在当时就已经被很多人（如栾布）看作冤案。而且彭越的下场极惨，按照《史记·黥布列传》的记载，彭越死后的尸体被刘邦做成了肉酱，然后分赏给天下诸侯享用，以此来警示诸侯。

在刘邦诛除异姓诸侯王的过程中，吕后的助力颇多。因此《史记·吕太后本纪》说："吕后为人刚毅，佐高祖定天下，所诛大臣多吕后力。"吕后虽然是一介女流，但是在稳固国家政权的过程中，对刘邦的帮助无疑是最大的。也正因为如此，吕后在历史上也留下了阴险狡诈、诛戮功臣的骂名。

其实，吕后的所作所为都是在刘邦的默许和暗示之下进行的。换句话说，吕后只是做了刘邦想做却不好意思去做或是还没来得及去做的事。诛戮功臣这个骂名本来应该是刘邦要背的，但是由于吕后的出力，这个骂名更多地被吕后背上了。

第二件事，人彘事件。

人彘事件的背后其实是一场事关刘邦晚年储位之争的"宫斗剧"。

按照《史记·吕太后本纪》的记载，还是在楚汉战争时期，刘邦就得到了一个来自定陶的美人，刘邦对她非常宠爱，她就是戚姬，也就是俗称的戚夫人。

值得一提的是，在楚汉战争相当长的一段时间里，吕后和刘太公以及他们的孩子都是作为俘虏被拘押在项羽阵营中的。这也就意味着，戚夫人是在刘邦的"空窗期"才钻了空子的，用现代人的观念来看，戚夫人确实就是个"小三"，而刘邦则是"出轨者"。当然，古代人肯定不会这么看。

年轻貌美的戚夫人得到了刘邦的特别宠爱，并且生下了一个孩子，这个孩子就是赵王刘如意。正所谓爱屋及乌，刘邦宠爱戚夫人，自然也就宠爱刘如意，并且"常抱居前"。我们从刘如意这个名字就能看得出刘邦对他的喜爱之情。于是，刘邦渐渐心生了易储之意。

关于刘邦晚年的储位之争，还有一个重要的事件，那就是"商山四皓"事件。当时，刘邦和吕后的儿子刘盈已经被立为太子，但是由于刘邦对戚夫人母子的宠爱，以及刘邦所表现出的越来越强烈地想改立刘如意为太子的意愿，吕后明显感受到了危机。于是，吕后便向留侯张良请教，张良给出了建议，只要请出商山四皓来辅佐太子，就能打消刘邦的废储之意。后来的结果果如张良所言，刘邦看到商山四皓出山辅佐太子，便不再有改立太子之意。

后人对“商山四皓”事件有颇多质疑。所谓“商山四皓”，就是指隐居在商山的四位隐士，而且都是须发皆白的老者，故此得名。“商山四皓”名不见经传，在历史上也没有任何事迹可言，可就是这样的四个老头，竟然可以发挥如此之大的政治作用，不仅打消了刘邦改立太子之意，而且稳固了刘盈的太子之位，怎么看都觉得不太真实。比如北宋史学家司马光就认为“商山四皓”的故事不可信，《资治通鉴》里完全没有记载这件事，并且认为这是司马迁出于猎奇，把这种道听途说来的奇闻逸事记录进了《史记》中。[①]

笔者认为，“商山四皓”事件应该是真实存在的，但是“商山四皓”所起到的政治影响我们应该另外看待。

“商山四皓”的政治作用显然是被世人误读了。因为“商山四皓”给予太子刘盈支持，刘邦就决定不再改立太子，这显然是不合常理，也是不符合历史事实的。真实的原因应该是，刘邦晚年思想已经出现了“去武趋文”的政治转向，他意识到了可以“马上打天下”，却不可以“马上治天下”。他要通过任用一批贤德有威望的儒生，尤其是那些生活在秦地遭受过秦朝高压统治的儒生，以此来招揽天下士人之心，而“商山四皓”正是秦地儒生的代表。[②]

“商山四皓”已经是耄耋老者，指望他们能为国家作出什么巨大贡献，这显然是不切实际的。但是，“商山四皓”的精神象征却是巨大的。刘邦尊崇“商山四皓”，并且就此打消废立太子之念，并刻意夸大和宣扬此事，这

① （宋）司马光：《资治通鉴考异》。
② 杨懿：《“商山四皓”与汉初政局》，《贵州文史丛刊》，2015（03）。

就为天下士人传达出一个重要的政治信号，那就是刘邦以及汉王朝是非常尊崇士人的，刘邦已经不再是那个曾经慢侮儒生的人了。尤其是“商山四皓”随太子刘盈上朝，意味着太子身边有儒生的支持，太子无过无错，贸然废黜太子也不合儒家礼法，很可能会招致儒生的抵触。

因此，透过“商山四皓”事件的表面，我们应该看到这一事件背后深层次的政治现象，这一现象就是刘邦晚年思想出现了“去武趋文”的政治转向。也正是基于这一点，刘邦才确立了仁弱“不类己”的刘盈为太子，放弃了改立刘如意为太子的念头。

我们再说回到吕后。历经改立太子风波之后，刘盈顺利即位称帝，史称汉惠帝。然而，吕后对“情敌”戚夫人及其子刘如意却始终心怀愤恨，于是便开始对他们进行打击报复。

刘邦刚一驾崩，吕后便将戚夫人囚禁于永巷，然后又把赵王刘如意请进宫，几次三番想置之于死地。有赖于汉惠帝刘盈的保护，刘如意才多次脱险，但最终仍未能逃脱吕后的毒手，被毒杀而死，谥号隐王。

紧接着，吕后便将戚夫人做成了“人彘”，即砍掉戚夫人的双手双脚，挖掉戚夫人的双眼，用火熏聋她的耳朵，给她喝哑药，然后将她丢在厕所中。让人费解的是，吕后还把自己的亲生儿子惠帝刘盈带来一同观看“人彘”，活生生把刘盈吓出了忧郁症，从此成了病秧子，一年多起不了床。

吕后之所以要带刘盈来看“人彘”，我认为，吕后是为了宣示自己的权威。在此之前，刘盈一直想要保护赵王刘如意，甚至连饮食起居都和刘如意在一起，这其实是在跟吕后作对。而现在，不仅刘如意死了，戚夫人也惨遭酷刑，刘盈想要保护的人全都没有好下场，吕后就是要告诫刘盈，现在的朝堂到底谁说了算，就算你是皇帝也得听我的。而作为一国之君的刘盈，之所以一病不起，也并非单纯是胆小懦弱受到“人彘”的惊吓，他更怅惘于自己手无实权形如傀儡的境地，因此他托人对吕后说了“终不能治天下”这样的话。

从此以后，惠帝终日饮酒作乐，不问政事，郁郁寡欢而死，临终时年仅二十三岁，在位七年。

第三件事，大封诸吕。

惠帝驾崩之后，吕后立少子刘恭为帝，是为前少帝，但实际执政的仍是吕后，汉朝从此进入了长达八年的吕后临朝称制时期。《史记·吕太后本纪》称“吕氏权由此起”，又称“号令一出太后”。可见，没有了惠帝的汉朝几乎成了吕氏的天下。

惠帝在世期间，汉朝朝堂上仍然继续保持着刘邦时代的政治平衡，即功臣集团、刘氏宗亲集团和吕氏外戚集团这三大集团间的平衡，政治格局并无变化，并且严格遵守着“白马之盟”的誓约。然而，随着惠帝刘盈的驾崩和吕后的临朝称制，这种政治平衡开始出现了变化。

独揽大权的吕后开始大肆屠杀刘氏诸王，赵幽王刘友被软禁，最后被饿死，共王刘恢自杀，燕王刘建病逝后，其唯一的继承人也被吕后所杀。与此同时，吕后开始大封诸吕，封其兄周吕侯吕泽的儿子吕台为吕王，封吕台的弟弟吕产为梁王，封其弟吕释之的儿子吕禄为胡陵侯，后改封赵王，以及封吕台的儿子吕通为燕王。另外，吕后又以追封的方式封其父吕公为吕宣王，其兄周吕侯吕泽为悼武王。更有甚者，吕后还把她的妹妹吕嬃（音同“须”）封为临光侯。女性人物封侯，这在历史上堪称破天荒的“壮举”了。

如此一来，汉家朝堂上的三角政治平衡就被打破了，吕后的任意妄为相当于是公开违背了刘邦生前所立“白马之盟”的盟誓，即“非刘不王”的封王原则。吕氏外戚集团开始空前膨胀，刘氏宗亲集团被残暴诛杀，功臣集团也遭贬抑。吕氏集团开始一家独大，刘氏宗亲集团和功臣集团只能选择退避和妥协。

同时，吕后还废立天子，将汉少帝刘恭废黜，并将他秘密杀害，又另外迎立了惠帝另一子刘义为帝，更名为刘弘。为了区别于少帝刘恭，历史上把刘恭称作前少帝，而把刘弘称作后少帝，他们都是有名无实的皇帝，都是吕后手中的傀儡。

也正是由于吕后临朝称制以来对刘氏宗亲集团和功臣集团所采取的长期高压政策，以及她擅自废立天子，因此，当吕后病逝之后，刘氏宗亲集团和功臣集团便迅速联手开始了对吕氏集团的反攻。

吕后的病逝，意味着吕氏集团没有了主心骨，诸吕之中并无可担当大任者，因此针对吕氏集团的这场政变很快就取得了成功，诸吕被屠杀殆尽，吕氏集团也彻底走向了覆灭。

通过以上这三件与吕后相关的事件，我们大体勾勒出了吕后的生平和政事，也很容易得出对吕后的一个普遍性评价，那就是吕后此人阴险狠毒、擅权妄为、屠戮宗亲、祸乱朝堂。

那么，吕后的时代真的就是西汉历史的黑暗时代吗？

《吕太后本纪》（下）：无为而治的开始

历史的“长时段”与“短时段”

饶有趣味的是，司马迁记载了吕后诸多“坏事”之后，却给出了一个褒扬性的评价。

在《史记·吕太后本纪》篇末的“太史公曰”中，司马迁说道：“孝惠皇帝、高后之时，黎民得离战国之苦，君臣俱欲休息乎无为，故惠帝垂拱，高后女主称制，政不出房户，天下晏然。刑罚罕用，罪人是希。民务稼穑，衣食滋殖。”

意思是，惠帝刘盈和吕后在位时期，黎民百姓终于得以脱离战国时代的苦难生活了，君臣都想休养生息，无为而治，所以惠帝垂衣拱手，无所作为，吕后临朝称制代行皇帝职权，发号施令不出房户，天下安然无事。刑罚很少使用，罪犯却很稀少。百姓勤于稼穑，衣食日益增加。

你看奇不奇怪，整篇《吕太后本纪》都在讲吕后如何残忍、如何嗜杀、如何专权，但偏偏到了末尾，在“太史公曰”中却只字不提吕后的不好，六十余字的总结性评语竟然全都是在夸吕后，竟无一字一语是差评。如果我们光看司马迁的评价性文字，或许会以为这是哪个盛世明君在位时期国家出现的繁荣景象，很难想象到这是吕后专政时期的历史景象。

从历史叙事中的满篇差评，到对历史评价的通篇赞美，从一个极端到另一个极端，到底是什么让司马迁作出了与记载完全相反的评价呢？

其实，这正是司马迁的伟大之处，他的历史眼界远远超出朝堂政治之得失，他更关注的是宏观的历史大局和民生疾苦。通过这篇《吕太后本纪》，司马迁无疑是在告诉世人，研究历史绝不能只看重那些朝堂宫廷中的钩心斗角，那只是历史的很小一部分，我们更应该关注历史的长时段，关注那个时代的社会发展和民生疾苦，那些王侯将相们的尔虞我诈和政治争斗不过是历史上的一个小片段、一朵小小的浪花而已，在历史的洪涛巨浪中根本微不足道。

影响历史的因素是多种多样的，而且不管是在哪个时代、哪个国家或哪个民族，影响历史发展最深刻的因素永远是人民，而不是“二十四史”中的那些王侯将相和英雄人物，他们对历史的影响永远都是次要的。如果我们只把眼光对准王侯将相这些历史人物，那么所获得的历史信息注定是不完整的，也是片面的，因为社会和人民才是历史的永恒主题。

20世纪中叶，年鉴学派开始在西方兴起。年鉴学派有一个代表人物叫布罗代尔，他把影响历史的因素分为了短时段、中时段和长时段，这就是著名的“长时段理论”。

我们世人所津津乐道的古代战争、王朝更迭、宫廷政变，以及无数英雄人物的丰功伟业，这些都被布罗代尔归为短时段因素，也叫事件的历史。他认为短时段因素对历史的影响只是短时间的，而对历史影响更为长久的因素则是中时段和长时段。什么是中时段呢？是指社会的历史，包括一定时期的政治体制、军事制度、经济水平、人口数量等。什么又是长时段呢？是指地理的历史，包括地理的变迁、气候的变化等。[①]

如果用布罗代尔“长时段理论”来看待吕后执政的这十六年历史的话，吕后时代所发生的那些政治争斗都只是短时段因素，对整个历史大局的影响是微弱的，也是短暂的。

那么，对吕后时代影响更大的中时段因素是什么呢？就是“无为而治”的国策。

我们经常把汉文帝和汉景帝的时代称作“文景之治”，但事实上，“文景之治”有很大一部分功劳应该是归于吕后的。因为“文景之治”的基础是“无为而治”，而“无为而治”其实是从吕后时代开始的。可以说，没有吕后，就没有之后的“文景之治”，也没有西汉盛世的到来。

终吕后之世，虽然史书上写满了吕氏的罪恶，但是吕氏祸乱的终究只是刘氏的朝堂而已，吕氏从不为祸民间。别看汉家朝堂上宫廷政治波诡云谲，但是民间却迎来了千载难逢的安定时期，经济得到发展，农业生产得到恢复，人民再也不用遭受战乱之苦。

司马迁的历史观是令世人高山仰止的，他深刻认识到了这一点，所以他才给了吕后时代如此之高的评价。

① ［法］费尔南·布罗代尔：《历史与社会科学：长时段》。

吕后的德政

事实上，吕后不仅没有为祸民间，让社会得以休养生息，而且还施行了四大德政。

第一，废除“三族罪”。

中国古代一直有族诛的刑罚。秦汉时期就有“夷三族”，比如秦王子婴发动政变时，就把赵高的三族全杀了。刘邦在位时期，也把韩信、彭越灭了三族。

俗话说，杀人不过头点地，很多人也只是把“三族罪”当成把罪犯的三族成员全部处死。但是事实并非如此简单，“三族罪”绝不只是把三族人杀完了事，而是有着成套的刑罚过程。

按照《汉书·刑法志》的记载，灭三族的过程是这样的：

“当三族者，皆先黥，劓，斩左右止，笞杀之，枭其首，菹其骨肉于市。其诽谤詈诅者，又先断舌。”故谓之具五刑。

第一步，在脸上刺字，也就是黥刑；第二步，把鼻子割掉，也就是劓（音同“义”）刑；第三步，把左右脚全部剁掉，这就是斩左右止（止同趾，指脚）；第四步，用棍棒打死，这叫笞杀；第五步，把已经死掉的人的头颅砍掉，这叫枭首；第六步，把死者的尸体制成肉酱。对于有诽谤辱骂行为的人，还要先把舌头割掉。

刘邦时代的韩信和彭越就是被“夷三族”的，彭越的尸体被剁成了肉酱，分赏给诸侯王们吃。当时淮南王英布看到刘邦送来的用彭越的尸体制成的肉酱，吓得惊恐万分，此事见载于《史记·黥布列传》。同样，韩信的尸体也遭受了这样的待遇。

吕后临朝称制的当年，也就是高后元年（前187年），吕后下诏，正式废除了“三族罪”。

当然，族诛的惩罚并未因吕后废除“三族罪”而消失，后世甚至逐渐发展出了五族、七族、九族，乃至明成祖时期的十族。但是可以肯定的是，在吕后的时代以及文景的时代，灭三族这样的族诛是被废除了的。这也是吕后时代实行的与民休息、宽松刑罚政策的一大体现。

第二，废除“妖言令”。

所谓“妖言”，其实就是谣言、谶语，比如前文中讲过的“亡秦者胡也”，还有陈涉、吴广起义时编造出的“大楚兴，陈胜王”，这些都属于谣言，也是妖言。妖言的性质有二，一是不详，二是惑众。“亡秦者胡也”就是不详，“大楚兴，陈胜王”就是惑众。[①]

秦朝实行严厉的思想箝制政策，对这类妖言是严厉打击的。因此，从国家统治的角度来看，妖言其实也就是那些不利于维护王朝统治、容易蛊惑人心的流言蜚语。于是，秦朝就颁行了“妖言令”，就是要通过箝民之口的方式来对百姓实行思想控制。

虽然“妖言令”的颁行在一定程度上是奏效的，但是这一政策极容易造成打击面扩大的问题，但凡有人敢对国家政策指手画脚，都会被治罪杀头。这就搞得人心惶惶，百姓口不能言，只能道路以目，这也势必会激起人民的反抗情绪。

说起来，“妖言令”其实就是秦朝遗留下来的历史问题。刘邦在位时期，国家忙于稳固政权和平定叛乱，很多制度都是直接承袭秦朝的，“妖言令”也就这样被继承了下来。但是，随着汉王朝统治的日益稳固，社会生产的逐渐恢复，这种钳制思想的政策已经不合时宜了。因此，吕后在其临朝称制的当年，在废除“三族罪”的同时，也废除了“妖言令”。

第三，废除“挟书律”。

---

① 张仁玺:《秦汉家族成员连坐考略》,《思想战线》, 2003(06)。

所谓“挟书”，就是指藏书，“挟书律”就是“敢有挟书者族”，民间有胆敢私藏和议论禁书（《诗经》《尚书》等）的人，一律杀头并灭族。这也是秦朝遗留下来的历史问题，是秦始皇实行的“焚书令”的一个配套律令，而汉朝初年同样也把“挟书律”继承了下来。

相比于“妖言令”，“挟书律”是一种更为严厉的思想钳制政策。因此，在汉惠帝四年（前191年），吕后作为汉王朝的实际执政者，废除了“挟书律”这条苛法。

“挟书律”的废除意义巨大，它有利于汉朝的文化恢复，并为之后的文化繁荣打下了基础。

第四，取消对商人的重税。

刘邦建立汉朝的时候，国家经济凋敝，百废待兴。为了恢复农业生产，刘邦制定了一些严厉打压商人的政策，规定商人不能穿丝绸衣服，也不能乘车，并且对商人收取重税。而到了汉惠帝即位之后，吕后就废除了针对商人的这些严苛律令以及重税。《史记·平准书》对此记载道：

天下已平，高祖乃令贾人不得衣丝乘车，重租税以困辱之。孝惠、高后时，为天下初定，复弛商贾之律……

吕后的这一政策，无疑促进了汉初商品经济的恢复和繁荣，之后的汉朝很快就出现了一大批富商巨贾，都和吕后推行的这一政策密切相关。

这些就是吕后执政时期所实行的四大德政。我们可以看到，吕后把持朝政的时代并没有刻意去制定律令制度，而是对前代遗留下来的一些苛法弊政予以废除，实行“休养生息、无为而治”的政策。然而，吕后的这些德政都被世人选择性地遗忘了，人们只记住了吕后所做的诸多恶事。

这就体现出了民间和历史学家对历史人物评价的不同。

普通民众更愿意从人性的角度去评判历史人物的是非。首先，吕后作为一个女性擅权乱政，这在当时叫“牝鸡司晨”，本身就不符合中国古代的传统伦理观念。其次，吕后阴险残忍的种种恶事，完全与人伦相悖，这自然就会让吕后的恶毒形象在民间被无限放大。而吕后当政时所做出的休养生息的那些政绩，只有真正的历史学家以及突破了古代伦理拥有崭新历史观的今人，才会用更为客观的态度来评判，对吕后作出客观的评价。

《隋书·经籍志》指出：“夫史官者，必求博闻强识，疏通知远之士。”这里说的“博闻强识”是对历史学家的知识素养提出的要求，而“疏通知远”则是对历史学家的见识能力提出的要求。在这方面，司马迁无疑是位真正优秀的历史学家，他不仅做到了“博闻强识”，还做到了“疏通知远”。即使经历了两千多年的岁月沧桑，我们依然能感受到司马迁那极富远见性的思想光芒。

《汉书》的作者班固在《高后纪》中几乎照搬了司马迁的评语，可见，作为优秀的历史学家，班固和司马迁在对吕后的评价是一致的。班固对吕后唯一的一点差评是在《惠帝纪》中，说吕后“亏损至德”。不过这也仅仅是针对吕后的个人私德作出的评价，整体而言，班固对吕后的评价也是大加赞赏的。

毫无疑问，吕后的时代是汉初无为而治国策的奠基人和践行者，是汉朝迈入“文景之治”和“汉武盛世”的历史序曲和前奏。

史家如何给吕后定位

最后，还有一个我们需要注意的问题。虽然班固在《汉书》中也把吕后列入了本纪，但是篇名却与《史记》中的《吕太后本纪》不同，他所取的篇名为《高后纪》。

乍一看，《吕太后本纪》和《高后纪》似乎没什么区别，但其实区别很大。我们需要对此仔细分析，因为这也体现出了司马迁和班固撰史观念的不同。更准确地说，就是体现了司马迁和班固对吕后的历史定位的观念的不同。

在司马迁看来，从刘邦去世之后，历史就进入了吕后的时代，因此他没有给汉惠帝单独设置本纪。而且吕后的准确身份是太后，单独一个“后”字并不能准确定位，必须是“太后”，因为在吕后的时代她始终都是以太后的身份来统治国家的。

而在班固看来，吕后虽然执掌汉朝国政十六年，但是作为一个女子，她此生都是汉高祖刘邦的正室妻子，她是从属于汉朝，并从属于刘邦的。吕后所做的所有贡献，都是在继承刘邦遗愿的基础上，在为刘邦完成他未能完成的事业。

因此，班固把汉惠帝和吕后的本纪严格区分开来。一方面，他必须维护汉朝皇室的正统性，维护汉惠帝刘盈的皇位正统性；另一方面，他必须对吕后作出一个不同于司马迁的历史定位，他给吕后的定位是“高后”，也就是汉高祖刘邦的皇后。

班固的这一历史观，被后世的《旧唐书》和《新唐书》的作者继承了。因为在唐朝也出现了女人掌政的历史，并且掌政的女人一度称帝，这个女人就是世人熟知的武则天。

在武则天当政的时代，唐中宗李显、唐睿宗李旦都是傀儡天子，他们和汉惠帝刘盈的处境十分相似，政事也都由武则天一人决断。一直到“神龙政变”发生后，武则天才真正下台，朝政才重新回归李唐。这就为后世的历史学家留下一个难题，就是该如何给武则天作出历史定位。

很显然，无论是《旧唐书》的作者五代时期的刘昫、赵莹，还是《新唐书》的作者北宋的欧阳修、宋祁，他们都遵循了班固《汉书》的思想和体例。

如果按照司马迁的撰史观念，撰史者是肯定不会给第一次即位的唐中宗李显和唐睿宗李旦立本纪的，很可能直接就是一篇《则天本纪》。而按照班固的撰史观念，为了维护王朝的正统性，撰史者会给唐中宗李显和唐睿宗李旦都设置本纪，并且将武则天定位为唐高宗李治的皇后，让她从属于李唐王朝，从属于唐高宗李治。

从这一点上，我们就能看出《汉书》的影响力，也就是说，班固的《汉书》成了后世史官编修正史的范本，《汉书》的体例和思想深远地影响了后世的撰史者。因此，从古代史学史的发展历程来看，尤其是从“二十四史”的编撰来看，班固和他的《汉书》的影响力是巨大而深远的，要远高于司马迁的《史记》，因为是《汉书》真正奠定了“二十四史”的编撰体例。

当然，这并不是说司马迁的《史记》对史学史的发展不重要，《史记》开创了纪传体的先河，“二十四史”无不是纪传体，《史记》的历史影响力自然是毋庸置疑的。这里着重要表达的是，相比于司马迁特立独行、独具慧眼的历史观念，班固的撰史观念和《汉书》的编撰体例，更容易被后世统治者和撰史者所接受，因而我们才说《汉书》成了后世史官编修正史的范本。对此，本书第二章还会有进一步的评述。

也正因为如此，司马迁《史记》中的《项羽本纪》《陈涉世家》《吕太后本纪》等都成了历史的绝唱，后世撰史者再也没有了司马迁这样的气魄和胆识，而只是中规中矩地遵循班固《汉书》的思想和体例来编撰正史。

《淮阴侯列传》：狡兔死，走狗烹

《淮阴侯列传》记述了汉朝开国功臣韩信的传奇一生。司马迁对韩信最后兔死狗烹的下场表达了无尽的感叹。

韩信的发迹

在很多人的印象中，楚汉战争的主角是刘邦和项羽，楚汉之争似乎也是两强相争。但事实上，在楚汉战争后半段相当长的一段时间里，天下的局势绝非两极格局，而是三足鼎立，与刘邦和项羽鼎足而立的正是本节所要讲的韩信。

关于韩信早年的故事，我们知道很多，比如“漂母饭信”“胯下之辱”，以及他归汉之后的“萧何月下追韩信”，这些都是流传度很广的有关韩信早年的故事。可见，韩信是典型的底层平民出身，而且他长期以来郁郁不得志。

作为一名普通的底层民众，在那个时代想要出人头地的确是不容易的。因此在很长的一段时间里，无论是在项羽集团，还是之后去了刘邦集团，韩信都不被重用，他的志向也无法施展。

有一次，韩信甚至差点因为犯了一点小错而被判斩首，幸亏夏侯婴在关键时刻保下了他，他才得以被赦免，并且在刘邦阵营中谋得了一份还算不错的差事——治粟内史，算得上是中层官吏了。

不过，韩信是有宏图大志之人。治粟内史在常人眼中或许是份不错的差事，但是韩信却志不在此，他的志向是做一名大将军，统率千军万马征战疆场、攻城略地，这样才能一展他胸中的韬略。之后，韩信又到萧何面前毛遂自荐，萧何注意到了韩信的才能，但是韩信的官职还是没能得到提升。韩信一气之下索性撂挑子不干了，萧何知道后便连夜追赶，这才把韩信追了回来。这就是著名的“萧何月下追韩信”的故事，后世还将其演绎成了戏曲。

萧何在刘邦面前举荐韩信，称韩信是“国士无双”，并且对刘邦说：“您如果只想做个汉王，就不需要韩信，如果您想和项羽争天下，那就必须重用韩信。”于是，韩信被刘邦拜为大将军，他也正式登上了楚汉争霸的历史舞台。

登坛拜将后的韩信，迅速向刘邦进献了自己的“汉中对”。

“汉中对”首先指出了项羽的四大致命弱点：第一，匹夫之勇；第二，妇人之仁；第三，不居关中；第四，不得民心。

针对项羽的这四大弱点，韩信为刘邦准备三条应对之策：第一，以仁义昭示天下；第二，以城邑封赏功臣；第三，利用士兵思念东归的情绪，团结部众。

接着，韩信又为刘邦分析了夺取关中的有利条件：第一，项羽坑杀秦卒二十余万，屠戮关中，三秦王（指雍王章邯、翟王董翳、塞王司马欣）依附项羽，为虎作伥，不得民心；第二，汉王入关中，与民约法三章，秋毫无犯，深得关中民心；第三，按照怀王之约，汉王理应做关中王，关中百姓无人不知。

最后，韩信告诉刘邦，夺取关中并不难，三秦之地完全可以“传檄而定”，也就是说，只需要发布一张布告就能获取民心。

“汉中对”相当于为刘邦制定了夺取天下的总战略和总方针。它既从宏观上分析了刘邦和项羽两大集团的利弊得失，同时又具体分析了还定三秦的有利条件，可谓有详有略，既有宏观规划，又有具体实践，其价值和意义绝不逊于后世诸葛亮的“隆中对”。

刘邦听完韩信的一番分析之后，大喜过望。正是凭借着韩信的战略分析和战略决策，以及后来韩信“明修栈道，暗度陈仓”计策的成功运用，刘邦仅用了四个月时间便夺取了关中，正儿八经地当上了汉中王。

韩信在楚汉战争中的关键作用

让韩信确立三足鼎立地位的是他攻打赵国的井陉之战，也就是后世广为流传的“背水一战”的那场战役。

汉二年（前205年）春，刘邦联合五国诸侯，组成伐楚联军，兵力达到五十六万，联军一路势如破竹，攻下了西楚国国都彭城。然而，这一胜利来得快去得也快，项羽仅凭精兵三万，一举夺回了彭城。诸侯联军顿时溃散，纷纷倒戈归顺项羽，刘邦本人也几乎死于非命。这就是楚汉战争中的彭城之战。

彭城之战，诸侯们看到了项羽实力的强大，纷纷叛变刘邦投靠了项羽。当时地处河北的魏国、代国、赵国全都叛变刘邦，刘邦立刻意识到了事态的严重性。因为刘邦的大本营在关中，项羽从河北完全可以绕过汉军的前线，直接进攻关中。这就意味着，刘邦不仅要应对前线的作战，而且还要时刻提防自己的大后方关中发生叛乱，一旦叛军和项羽联手，对自己实行前后包抄，刘邦就彻底失败了。

也正是在这样的背景之下，刘邦派出韩信伐魏。韩信一边在黄河边虚设疑兵，一边派重兵在上游渡口渡河，一举攻占了魏国国都安邑。之后，韩信举兵攻代，攻下了山西全境。如此一来，韩信的下一个目标就是河北的赵国。

当时赵军兵力不下二十万，而韩信只有兵力数万人，可谓兵力悬殊。后世通常认为韩信当时拥有的兵力是三万人，但是这显然有夸饰韩信之嫌，故意把韩信的兵力往小了说，以此来突显韩信的“用兵如神”。事实上，韩信的兵力虽然不多，但绝不仅仅只有三万，实际兵力可能有六万。[①]

在井陉之战中，韩信之所以选择“背水一战”这样冒险的战法，其实有一个巨大的隐因。韩信在取得伐魏胜利之后，收编了魏军大量降卒，刘邦意识到了韩信手握重兵的危险性，就把韩信的大部分精兵全抽调走了，只给韩信留下了区区六万兵，而且主要是普通士兵，并非训练有素的精兵。

也正是在这样的背景之下，韩信选择了“置之死地而后生”的战法，最终以弱胜强，俘虏了赵王歇，取得了对赵国的胜利。而井陉之战的胜利，也标志着项羽、刘邦、韩信三足鼎立局面的形成。

也正是在这个关键时刻，韩信成了决定天下走势的关键性人物，他的站队直接决定了谁是未来的天下之主。如果韩信继续效忠刘邦，天下自然就是刘邦的；如果韩信归顺项羽，那天下就还是项羽的。

伐赵胜利之后，燕国不战而降，再之后，韩信又兵不血刃攻下齐国全境。自此，魏、代、赵、齐四国悉数被韩信攻下，三足鼎立之势得到了强化，楚强汉弱的局面也自此扭转，天下的局势越来越朝着有利于刘邦的方向发展。

项羽显然也意识到了这一点，一向从不肯低头玩弄政治的项羽，这个时候也开始使用起了外交手段。他派武涉游说韩信，劝说韩信和自己联合。韩信也知道自己的地位今非昔比，开始骄横起来，选择主动向刘邦讨要封赏，要刘邦封自己为齐王。刘邦迫于形势，只得答应了韩信的要求，并封韩信为齐王。

刘邦正是依靠着韩信这股势力的支持和拥护，最终战胜了不可一世的西楚霸王项羽。但是也正因为韩信功高震主，刘邦对韩信充满了忌惮，尤其是韩信曾经邀功请封一事，始终让刘邦无法释怀。

---

① 靳生禾，谢鸿喜：《汉赵井陉之战古战场考察报告》，《华南理工大学学报》（社会科学版），2012（14）。

从这个角度来说，后来的韩信是否真的有谋反之心已经不重要了，韩信之死是必然的。世界上没有永远的朋友，只有永远的利益，韩信的存在对刘邦、对汉朝都是一个巨大的威胁。因此，即便后来吕后没有动手，刘邦也是容不下韩信的，吕后只不过是做了刘邦早就想做但还没来得及做的事而已。

韩信之死

根据《史记·淮阴侯列传》的记载，汉十年（公元前197年）九月，阳夏侯陈豨在赵地起兵叛汉，并自封为代王。刘邦率军前往平叛，韩信托病没有随从。等刘邦离开京城后，韩信暗中派人到陈豨处对他说："你只管起兵，我在这里大力助你。"韩信和家臣商量，夜里假传诏书赦免在各官府服役的罪犯和奴隶，准备发动他们去袭击吕后和太子。部署完毕，韩信就在家中等待陈豨的消息。这时韩信的一位家臣得罪了韩信，韩信把他捆绑起来并打算杀掉他。家臣的弟弟就跑去向吕后告发韩信要谋反。吕后和萧何合谋，设计将韩信诱骗到后宫捆绑起来，然后将韩信装入麻袋中，在长乐宫的钟室将韩信杀死并夷三族。

吕后和萧何合谋设计杀死了韩信，当时刘邦已平定陈豨的叛乱，正在返回京城的途中。当刘邦回到京城，听说韩信已经被吕后所杀，刘邦的心情非常复杂。司马迁在《史记·淮阴侯列传》中用五个字来形容刘邦此时的心情——"且喜且怜之"。"喜"什么？喜的是终于消除了一个心腹大患，自己从此可以高枕无忧了。"怜"什么？怜的是韩信帮自己打败了项羽，为平定天下、建立汉朝立下了汗马功劳，有惋惜、有同情。

然而，对于同一件事的描写，到了班固的笔下，味道则完全改变了。班固在《汉书·韩信传》中也用了五个字来形容刘邦知道韩信之死后的心情——"且喜且哀之"。

从司马迁到班固，从《史记》到《汉书》，从"怜"到"哀"这一字之差，就反映出了司马迁和班固两位史学家对对待历史的不同态度。

在司马迁笔下，一个“怜”字多少反映出刘邦的虚伪，给人一种猫哭耗子假慈悲的感觉，像是在作秀。而在班固笔下，一个“哀”字反映出了刘邦的内心悲痛，但是这种悲痛是不得已而为之的，是为了维护汉朝天下的安定而不得已作出了诛杀韩信这样的选择。

可以说，司马迁用“且喜且怜之”生动而形象地揭露了刘邦的虚伪，而班固则通过从“怜”到“哀”这一字之差的修改，巧妙地为汉高祖刘邦作了回护和辩解，因为班固撰史的立场是站在汉朝统治者这一边的。①

《萧相国世家》：第一功臣

《萧相国世家》记述了汉初开国名相萧何辅佐刘邦起事，最终建立汉朝，成为“汉初三杰”之首的人生事迹。

谁是第一功臣

关于萧何，有一个著名的“功人”与“功狗”的故事。

刘邦打败项羽之后，天下归汉，刘邦做的第一件事就是论功行赏。可是刘邦手下的功臣实在太多，每个功臣都觉得自己功勋卓著，谁也看不起谁。然而到了最后公布功臣座次的时候，所有人都傻眼了，因为刘邦把首席功臣的荣誉给了一直默默无闻的萧何。并且，刘邦把萧何封为酂侯，一下就封了八千户的食邑，后来又加封两千户，是群臣中受封食邑最多的。

群臣一看是这么一个结果，都特别不服气，就对刘邦说：“我们披坚

① 姜鹏：《汉武帝的三张面孔》，上海，华东师范大学出版社，2012，第11页。

执锐打了那么多场仗，多的打过一百多仗，少的也经历了几十次战斗，哪个人没有战功？他萧何有什么战功吗？他没有立过尺寸之功，只不过靠舞文弄墨，在背后发发议论动动嘴皮子，怎么到了论功行赏的时候他就排到了所有人的前面，这是什么道理？”

刘邦看众人不服，就反问道：“你们懂得打猎吗？”

大家都不知道刘邦葫芦里卖的什么药，就纷纷说道：“当然知道。”

刘邦又问：“那你们知道猎狗吗？”

大家还是一脸懵然，继续应和道：“当然也知道。”

这个时候，刘邦就开始了他的长篇演说，说道：“打猎的时候，拼命去追赶猎物的都是猎狗，可是发现猎物并指挥猎狗的却是猎人啊。现在诸位都只是奉命去追猎物的猎狗（功狗），而萧何才是发现猎物并指挥你们追捕猎物的猎人（功人）啊。”

刘邦把他的“功人”与“功狗”的理论一抛出，众人顿时哑口无言。不过，这还没完，刘邦又继续说道：“另外啊，这些年来，你们跟随我南征北战，你们中的绝大多数都是以个人的名义在追随我，而萧何却是全族上下几十号人都在追随我，你们的功劳能跟他比吗？我可不是忘恩负义之人，我忘不掉萧何为我所做的付出和功劳啊！”

刘邦话音一落，所有人都沉默不语，无法反驳。毕竟他们其中的绝大多数是胸无点墨的大老粗，他们打仗可以，动嘴皮子还真不行，所以都被刘邦说得哑口无言。由此，我们也不得不佩服刘邦的演讲口才和领导能力。

大家一时半会儿也找不到可以反驳刘邦的理由，但这不代表大家都心悦诚服，他们心底还是不服。武人的心思比较简单，既然说不过刘邦，那就摆功劳好了。谁的功劳最多呢？是当时已经被封为平阳侯的曹参。

众人就继续向刘邦劝谏：“平阳侯曹参的身上有七十多道伤疤，都是在攻城略地、连番征战的过程中留下的，功劳可谓最高，理应排第一。”

功臣们心中不服，这对刘邦来说是个巨大的考验，一旦处理不好，很可能就会直接导致统治集团内部的分裂，为之后政权的稳固埋下祸患。

就在刘邦和群臣在为排功劳座次的问题争执不下的时候，有一个关键性人物跳了出来，这个人就是关内侯鄂千秋。鄂千秋一直都在旁察言观色，他觉得这是自己露脸的大好时机，于是就果断建言道：

“大家说的都不对。曹将军功勋卓著，这点无可否认，但这只是一时一地之功。大家不妨回想一下，在楚汉对峙的几年时间里，汉军数次大败，兵源耗尽，在如此紧急的情况之下，萧何从来都是第一时间从关中输送士兵来增援前线。另外，楚汉两军常年鏖战于荥阳，每次到粮草殆尽之时，也都全靠萧何从关中通过水上和陆路向前线输送补给粮草，从而保证了前线从无后顾之忧。再有，陛下数次丢失关中以东的大片土地，但是萧何却帮助陛下保有关中无恙，陛下才得以数次东山再起，此乃万世之功也！”

细数完萧何的“万世之功”后，鄂千秋又开始拿曹参和萧何作对比。他继续说道：“曹参算什么？曹参这样的人，即使少了几百个，对我大汉而言都不算什么损失！曹参这样的人再多，也不能帮助我们大汉取得天下。怎么能让曹参这样一时一地的功劳凌驾于萧何的万世之功之上呢？我认为，必须以萧何功劳第一，曹参第二。”

鄂千秋此言一出，众人也都不再敢邀功请赏了，只能屈从于刘邦，尊萧何功劳第一！是啊，如果没有了萧何的后勤补给，他人在战场上还有何用武之地？换句话说，战争一方面拼的是兵力、勇武、谋略，但是更重要的一方面则是在拼后勤、经济、消耗，没有了后勤补给，战场上的一切都是空谈。前文中在讲长平之战的时候，笔者就论述过这个观点了，战争首先打的是经济仗。

刘邦非常高兴，当场就定萧何功劳第一，同时还给了萧何一种特别的礼遇——剑履上殿，入朝不趋。

“剑履上殿，入朝不趋”这几个字我们读历史时应该都很熟悉。到了后世，这几个字几乎成了权臣篡位的代名词，比如曹操、刘裕、杨坚都曾享受过这份礼遇，而萧何则是古代历史上第一个享受这份待遇的人臣。

之后，刘邦又在萧何八千户食邑的基础上再加了两千户，萧何家族中的父子兄弟十余人都受到了封赏，每个人都享有食邑。

鄂千秋本来只是个籍籍无名的谒者，是一个有爵而无食邑的关内侯，此前也并无功绩，但由于他在关键时刻挺身而出，力荐萧何功劳第一，受到刘邦的赏识。他被封为安平侯，成为列侯之一，可谓一步登天。

回过头来再看这起事件。用我们今人的眼光来看，萧何封第一是实至名归，鄂千秋为萧何列举的“万世之功”也确实无可争辩。但是在当时的情况下，刘邦的做法其实有点不近人情，而且过于专断。

在刘邦的功臣中，很多人都算得上是“老战友”了。然而刘邦只顾一味突出萧何的“功人”地位，又用“功狗”来形容那些为他出生入死的“老战友”，这对曹参以及诸将而言，无疑是一种莫大的羞辱。

再加上鄂千秋的附和，他把曹参的无数战功都轻描淡写地形容为“一时之功”，还说就算少了几百个曹参，对大汉而言也不算什么损失，唯独只有萧何对大汉有着“万世之功”。鄂千秋的这番话固然有一定道理，但是就当时的场合而言，他的言辞明显过于激烈了，侮辱性、轻蔑性极强，是十分伤人自尊的，令人难以接受。然而，刘邦却没有一点维护曹参诸将颜面的意思，反而继续给予萧何厚赏，不仅赐了殊礼，还把他的家族中人都赏赐了个遍。

刘邦的这一番做法，颇有点忘恩负义、过河拆桥的意思，而且他是以自己的一人之见来对抗整个集团成员的意见，以独断专行的姿态来促成此事的。

笔者甚至怀疑，鄂千秋是在配合刘邦演一出双簧戏，他是刘邦刻意安排的一枚棋子，刘邦把他不敢说又不太好意思说的话全都暗地里授意让鄂千秋来说。毕竟在这样的场合之下，一个籍籍无名的谒者怎么敢公然顶撞无数功臣武将呢？他难道不想在汉朝政坛上混了吗？除非他事先就知道自己不会因言被治罪，甚至于他事先就得到了来自刘邦政治利益上的许诺，这才和刘邦唱起了双簧戏。

萧何为何是丞相的不二人选

刘邦完全不顾众人的一片反对之声，在封赏功臣的问题上搞起了“一言堂”。我们不禁疑惑，刘邦到底为什么要这样做？

笔者认为，刘邦之所以如此不遗余力、不计后果地为萧何争取功劳和地位，其实就是为了实现他的一个最为重要的目的——任命萧何为丞相。

楚汉战争已经结束了，汉政权需要的不再是能征善战的武将，而是能把国家治理得井井有条的丞相。而这个职务，曹参做不了，周勃做不了，张良也做不了，唯独萧何可以做。

萧何原本就是沛县的“主吏掾”，他通晓秦朝的法令和各项典章制度，而且才能极其出众。当时发生的一件事就能表现出萧何的才能。据说在萧何任职期间，有一个秦朝的御史被派到沛县来视察工作，这个御史和萧何简单打过几次交道之后，就发现了萧何身上不俗的治理才能。正好当时泗水郡还举行了一次官员考核，萧何的成绩在参与考核的所有官员中排名第一。这个御史觉得萧何是个难得的人才，就打算把他举荐到中央任职，结果萧何坚决推辞，此事才作罢。

刘邦和萧何是老交情、老相识了，刘邦对萧何的才能肯定是心知肚明的，因此从刘邦起事开始，萧何就被委以了“丞督事”的职务。事实上，刘邦打一开始就清楚萧何的意义所在，别人未必知道，但刘邦却一定知道，他知道萧何是有治理天下的才能的，是未来自己平定天下之后选任丞相的不二人选。

在整个刘邦集团中，萧何也是最有大局观、最注重细节之人。刘邦进入咸阳之后，所有人都只想着争抢财物、金帛和美女，就连刘邦自己也未能免俗。然而萧何却没有这么做，他第一时间就奔赴了丞相府和御史府，把秦朝府藏的律令、图书全部搜罗了起来。

萧何的这一举动看似微小，但是却对后来刘邦争夺天下以及汉朝创设制度意义深远。对此，《史记·萧相国世家》记载道："汉王所以具知天下阸（音同"厄"）塞，户口多少，强弱之处，民所疾苦者，以何具得秦图书也。"

刘邦进入咸阳后，与关中百姓"约法三章"，得以迅速稳定了人心。虽然史书上没有明确记载这个章法是谁提出的，但是这个人必然是对律法有着足够认知基础的人，而刘邦集团中这样的人恐怕也只有萧何了。

即便"约法三章"的提出者另有他人，在当时的刘邦集团中，能够落实和执行"约法三章"的人也只有萧何。因为萧何通晓律令制度，只有他才能让"约法三章"成为现实。

因此，我认为刘邦用"约法三章"的办法为自己在关中获取民心，并且最终让汉政权在关中牢牢站稳脚跟，最主要的功劳都应该归功于萧何。换句话说，刘邦只是表面上出风头，真正的功臣是站在刘邦背后的萧何。

在后来的楚汉战争中，刘邦在前方鏖战，而萧何则负责镇守大后方。在萧何的苦心经营之下，汉中和巴蜀被治理得井井有条，并且源源不断地向刘邦输送兵员和物资补给，这才能让刘邦在一次次兵败之后，又一次次再度崛起。也正是因为萧何给刘邦提供了一个极其稳固的大后方，刘邦才能全身心地投入战争之中，最终把项羽集团活活拖垮。

因此，纵观整个楚汉战争我们会发现，萧何几乎没有出现在前线中，他一直在为刘邦默默经营着大后方，但他所起的作用是至关重要的，而且是无人可以替代的。

除了萧何，没有别人可以胜任汉朝的丞相之位。对于这一点，就连张良都十分认同，《史记·留侯世家》中记载："留侯从上击代，出奇计马邑下，及立萧何相国，所与上从容言天下事甚众，非天下所以存亡，故不著。"这段话说的是史书没有详细记载的张良的几大功劳，其中一项就是和刘邦议定相国人选，张良的战略眼光也是极为深远的，他也知道只有萧何才能担任相国人选。

而刘邦也深知，要选任萧何为丞相，就必须要给萧何树立威信，就要让所有人都信服萧何。因此，刘邦坚决地把功臣第一的位置留给了萧何，同时也借助鄂千秋之口，把萧何的"万世之功"陈述给了一众大臣。刘邦就是要让群臣都知道，只有萧何的功劳是无人可及的，也只有他才配得上丞相之位。

后世很多王朝开国也遵照了刘邦封赏功臣的原则。比如明朝建国之后，朱元璋就把没有汗马功劳的李善长封为功臣第一，就是因为李善长的主要贡献是在大后方给前方将士提供军粮补给的，而李善长也成了明朝开国的第一位丞相。

萧何当上丞相之后，他依照秦朝法律，又结合当时的实际需要，在"约法三章"的基础之上为汉朝制定了新律，这就是《九章律》。对此，《汉书·刑法志》记载道："其后四夷未附，兵革未息，三章之法不足以御奸，于是相国萧何攈摭（音同"俊""哲"）秦法，取其宜于时者，作律九章。"

可以说，萧何对汉朝的制度建设有着奠基性的功劳，他执政期间实施的一系列举措其实就是为"汉承秦制"奠定了一个宏观上的基调。

司马迁对萧何的贬抑态度

萧何在楚汉战争中为刘邦经营着大后方，并源源不断地向前线供应着兵马粮草，同时又对汉朝的制度建设有奠基之功。司马迁在《史记》中充分肯定了萧何的功绩，但是在个人感情上却对萧何充满了贬抑。

《史记·萧相国世家》篇末的“太史公曰”中说：“萧相国何于秦时为刀笔吏，录录未有奇节。及汉兴，依日月之末光，何谨守管籥，因民之疾秦法，顺流与之更始。淮阴、黥布等皆以诛灭，而何之勋烂焉。位冠群臣，声施后世，与闳夭、散宜生等争烈矣。”

这段话的大意是说，萧何在秦朝的时候是一个平平无奇的文牍小吏，没有什么特别突出的表现。等到大汉兴起时，他紧跟刘邦的脚步，兢兢业业守护关中，又顺应时代的潮流，革新了秦朝的苛法。淮阴侯韩信及黥布等人都被诛杀，这就更显得萧何的功勋光辉无比。他在汉朝的地位可谓冠绝群臣，声名远播，可以同周朝的闳夭、散宜生等相媲美了。

司马迁的这段赞语，明显有点阴阳怪气的感觉。首先，司马迁认为萧何最初只是个平平无奇的小吏，他能够在楚汉战争中崛起，完全是靠着刘邦；其次，萧何的功勋之所以如此显著，是因为韩信等功臣都被诛杀了，才显得他无比伟岸；最后，萧何顶多也就能和周朝的闳夭、散宜生之流排在一个档次。

司马迁的这番话可谓明褒暗贬，一面说萧何“位冠群臣，声施后世”，另一面又说萧何只配和周朝的闳夭、散宜生相提并论。

闳夭和散宜生都是周文王姬昌的大臣，《史记·周本纪》里对他们功绩的唯一记载就是给商纣王送美女、宝物，以此赎回了周文王。司马迁把萧何比作闳夭和散宜生，显然是有点瞧不起萧何的。如果司马迁真的认为萧何有“万世之功”的话，他就应该把萧何比作周朝的吕尚和周公，而不是名声不显的闳夭、散宜生。

对比一下《史记》另外一篇中的“太史公曰”，我们就更能看出司马迁对萧何的贬抑态度了。

《淮阴侯列传》中的“太史公曰”说：“假令韩信学道谦让，不伐己功，不矜其能，则庶几哉，于汉家勋可以比周、召、太公之徒，后世血食矣。”

在这段话中，司马迁表达了自己对韩信无比惋惜的心情，认为韩信如果学会谦让，懂得收敛自己的锋芒，不去夸耀自己的功绩的话，那么他在汉朝所建立的功勋一定可以和周朝的周公、召公以及太公望（吕尚）相媲美，并且子孙后代也能享祀不绝。

把《萧相国世家》和《淮阴侯列传》中的“太史公曰”两相比较就会发现，司马迁对韩信的态度是无限惋惜和褒扬的，而对萧何的态度则充满了讥讽和不屑。

韩信和萧何，谁对汉朝的功劳更大，这本身是个仁者见仁、智者见智的问题，很难分得出高下。然而在太史公司马迁的笔下，韩信可堪比周公、召公，而萧何顶多就是个闳夭或散宜生，二者犹如云泥之别。

司马迁的观点显然是有失公论的，后世也有很多人认为司马迁如此论断十分不妥。那么，司马迁为何要如此贬抑萧何呢？

究其原因，我们其实还是要结合司马迁的自身处境来看待这一问题。司马迁所处的时代是西汉中期的汉武帝时代，武帝时代真正确立了汉朝外儒内法的政治思想，而且汉武帝实行了极为严酷的统治手段，而这一切的根源其实就是秦制，而汉朝又把秦制继承了下来为己所用，对汉朝制度的创建贡献最大的人就是萧何。可以说，司马迁是把他对汉朝制度的不满发泄在了萧何的身上。

在司马迁看来，汉承秦制本质上就是个错误，萧何沿袭秦制创建汉朝制度更是昏聩无能的表现，即便萧何在楚汉战争中功勋再高，司马迁也依然认为萧何只是个如同闳夭、散宜生一般的寻常之臣。

萧何制定的汉初律令是否真的是沿袭秦律呢？这一点已经得到了当代考古学的确认。根据湖北江陵出土的张家山汉简《奏谳书》中的记载，汉初的律令和秦律有颇多相似之处，刑律的名称和量刑标准与秦朝的基本一致，汉初的刑徒也和秦代的刑徒一样是无期的。[①]甚至也有学者断言，汉初的律令是全部继承自秦律的。[②]

这是司马迁对萧何的贬抑态度。

而到了班固的《汉书・萧何曹参传》中，班固的评语一方面承袭了司马迁对萧何的客观评价，另一方面则删掉了司马迁把萧何比作闳夭、散宜生的评价，将萧何称赞为是“一代之宗臣”。

班固生活在东汉时期，西汉早已灭亡，他的视野要比司马迁更为宽阔，也更能认识到萧何对汉朝制度的奠基之功，所以他就把萧何称作“一代之宗臣”。这个评价其实就和鄂千秋所称的“万世之功”很相近了。

萧规曹随

班固所称的“一代之宗臣”，其实是把萧何和曹参放在一起并称的。为什么班固说这二人是“一代之宗臣”呢？

这其实和那个大家所熟知的有关萧何和曹参的典故有关，这就是历史上著名的“萧规曹随”。

汉惠帝二年（前193年），萧何病重，汉惠帝亲自到萧何府上慰问。他问萧何：“在你百年之后，谁能够接替你？”

萧何想了想，反问说：“知道臣子的莫过于皇上，皇上认为谁合适呢？”

---

① 卜宪群:《秦制、楚制与汉制》,《中国史研究》, 1995（01）。

② 高敏:《汉初法律系全部继承秦律说——读张家山汉简〈奏谳书〉札记之一》，收录于《秦汉史论丛》第6辑，南昌，江西教育出版社，1994，第167页。

汉惠帝就说："曹参怎么样？"

萧何说："曹参的确是最佳人选，皇上如果能得到他的辅佐，臣就是死也瞑目了。"

司马迁在《史记·萧相国世家》中记录这个故事之前，还特意提醒读者，说"何素不与曹参相能"，就是说萧何和曹参一向不和，彼此之间存在很大的嫌隙。

之后，司马迁又在《史记·曹相国世家》中更进一步阐述了萧何和曹参之间的关系，说"参始微时，与萧何善；及为将相，有郤"。这说明萧何和曹参原本的关系是比较融洽的，二人开始交恶的关键节点就是刘邦封赏功臣事件，萧何被拜为功臣第一，而战功无数的曹参却屈居萧何之后，自此二人之间的关系就势如水火了。

司马迁刻意突出这一点，其实就是想告诉世人，在面对个人恩怨和国家利益的时候我们该如何去选择，萧何用自己的行动做了示范。不过，这还没完，曹参也用他的行为方式做了诠释。

在这一年的七月，一代贤相萧何病故。曹参在家中听闻萧何病逝的消息之后，就马上对家人说："赶紧准备行李马车，我很快就要到京城去做相国了。"

家人不解，但还是遵照曹参的意思去办了。没过多久，朝廷果然派人来到家中，召唤曹参进京出任相国。

曹参之所以认定朝廷会让自己去做相国，原因不外乎两点：一是他认为此时的朝廷中没有人比他更能胜任相国之职，二是他认为萧何即便和自己有矛盾，也一定会举荐自己，他清楚萧何的为人，萧何是一个可以公而忘私的人。

曹参做了相国之后，人们都认为曹参会大刀阔斧地实行改革。如今曹参好不容易熬出了头，势必会抛弃萧何留下的政治成果而另起炉灶。

然而曹参并没有这样去做。曹参唯一的政治举措，就是在用人上把一些喜欢夸夸其谈、趋炎附势的人赶出了朝廷，又把一批不善言辞、敦厚老实的人召入丞相府做事。除此之外，曹参一切遵从萧何留下的旧制。

并且，曹参高挂相印，对政事不闻不问，整日以饮酒歌舞为乐。有些人看不下去，就想劝谏曹参要以政事为重，结果不管谁去找曹参，曹参都把对方灌得酩酊大醉，根本不给对方说话的机会。

后来，汉惠帝也看不下去了，就让曹参的儿子曹窋（音同“枯”）去问曹参，结果曹参反倒把曹窋打了二百板子。到了上朝的时候，汉惠帝就责备曹参说：“那些话是朕让曹窋去问你的，你为何要打他呢？”

曹参连忙脱下帽子，叩头请罪说：“陛下觉得您和高帝谁更英明？”

汉惠帝不知道曹参这么问是何意，就回答说：“朕哪里敢和先帝相提并论呢！”

曹参又问：“陛下您看我和萧何的才能谁高呢？”

汉惠帝回答说：“你好像不如萧何！”

曹参说：“陛下说的这番话很对。高帝与萧何平定了天下，法令已经明确，如今陛下垂衣拱手，我等谨守各自的职责，遵循原有的法度而不随意更改，不就行了吗？”

听完曹参所言，汉惠帝这才恍然大悟。

曹参担任相国前后共三年，在这三年之中，曹参巩固了刘邦时代的政治成果，力主清静无为，并为之后的汉朝奠定了无为而治的执政理念。

当然，曹参的清静无为并非庸碌无为，而是不妄为、不乱为、不扰民，与民休息，用今天的话来说就是不折腾。

曹参任相时期，其实也是吕后执政初期，曹参的思想无疑也影响到了吕后，吕后先后废除“三族罪”“妖言令”“挟书律”，都是在秉承无为而治的执政思想。因此，汉初的无为而治不能片面地理解为庸碌无为，而是要与民休息，尽量保持较为宽松的执政手段。

事实上，“萧规曹随”是曹参在对社会形势的正确把握的情况下作出的最佳选择。也正是因为有了“萧规曹随”的典范作用，文景时代才能得以快速恢复社会生产，惠及民生，汉王朝的国力日渐强盛，为后来汉武帝时代的对外扩张战争奠定了坚实的社会经济基础。

《刘敬叔孙通列传》《郦生陆贾列传》：大汉国策

《刘敬叔孙通列传》记述了汉初名臣刘敬和叔孙通的生平事迹，《郦生陆贾列传》记述了汉初外交家郦食其和陆贾的生平事迹。刘敬、叔孙通和陆贾对汉初政治都有定策之功。

汉初的定策功臣

《史记·太史公自序》记载：“于是汉兴，萧何次律令，韩信申军法，张苍为章程，叔孙通定礼仪，则文学彬彬稍进，诗书往往间出矣。”

司马迁的这段文字分别提到了对大汉开国做出重大贡献的四位人物，萧何制定律令，韩信申明军法，张苍制立章程，叔孙通确定礼仪，也正是由于这四个人的贡献，大汉得以兴起，文化事业得以复兴。

类似的记载也见于《汉书·高帝纪》：“天下既定，命萧何次律令，韩信申军法，张苍定章程，叔孙通制礼仪，陆贾造《新语》……虽日不暇给，规摹弘远矣。”

班固在这段文字中也同样提到了对大汉开国做出重大贡献的这四位人物，另外又补充了一位人物——总结秦汉兴亡写成《新语》的陆贾，班固认为他们为汉朝制定的规划对后世产生了十分深远的影响。

有关韩信和萧何的内容，在前面两节中已经讲了，本节主要来讲述刘敬、叔孙通和陆贾。有关他们的传记被分散记载于《史记》的《刘敬叔孙通列传》和《郦生陆贾列传》中。

定都长安

汉五年（前202年）二月，刘邦在定陶登基称帝。定陶在当时也算得上是个战略要地，而且是水陆交通要冲，陶朱公范蠡就认为定陶是“天下之中，诸侯四通”之地。但是，定陶地势平坦，无险可守，刘邦可以在定陶登基，却绝不能在定陶建都。

选址建都，成了摆在刘邦面前一道亟待解决的难题。

刘邦首先看中了洛阳，因为洛阳有两方面的优势：一是洛阳地势险要，易守难攻；二是洛阳是周朝故都，有建都的历史传统，也有现成的宫殿可以利用。

于是，刘邦便把临时朝廷安置在了洛阳，将洛阳作为临时都城。在洛阳住了一段时间之后，刘邦很快就有了在此长期定都的打算。

建都洛阳，这在当时几乎是板上钉钉的事情了，然而，一切却因一个不速之客的到来彻底改变了。

这一年的夏天，一个来自东方的齐国人挽着沉重的大车向西缓缓而行，他是要去陇西戍边的。然而当他步履蹒跚地途经洛阳时，却突然停住了脚步。

这个人名叫娄敬，他在洛阳的这一次驻足，直接改变了大汉王朝的都城的命运。

娄敬此前是做什么的，有什么样的经历，《史记》和《汉书》都没有交代。这让娄敬的出场携带了一丝神秘的气息，似乎他就是为了改变大汉王朝的命运而突然出现的。

娄敬在历史上的出场方式十分特别。当时还是大夏天，娄敬却穿了一身破破烂烂的羊皮短袄，然后便向同是出身齐国的虞将军请求面见刘邦。

一个落魄的戍边之人，竟然请求面见当朝皇帝，这似乎匪夷所思。然而，虞将军很痛快地帮娄敬做了引荐，刘邦更是把他当作上宾一样招待他吃饭。一番礼节之后，刘邦才不紧不慢地向娄敬询问他有何要事相告。

史书上的这段记载十分蹊跷，当时娄敬究竟是依靠什么手段得以面见刘邦，我们已经无法得知了。但是有一点却是可以断定的，那就是娄敬接下来所说的一番话彻底改变了刘邦的定都计划。

娄敬劈头就问刘邦："陛下建都洛阳，难道是要与周朝一较高下吗？"

周朝建立以后，定都镐京，同时也在东部地区重新选址，营建了新都洛邑（今河南洛阳），是为"成周"。到了西周末年，又有周平王东迁洛邑，周室虽然日渐衰微，但仍保持了数百年的国祚。而周朝能够受到齐、晋、鲁、卫等诸侯的拱卫，并且坐享八百年的天下，一个很重要的原因就是定都洛邑。

而且，汉初的形势就是朝着分封制的模式走的，虽然这其中有刘邦迫于形势的无奈，但是分封制在当时的确是势在必行的，而要推行分封制的话，洛阳显然也是最适宜作为都城的。而且，当时朝中要求定都洛阳的呼声也是非常之高的，因为刘邦手下的很多将领、士兵都出自关东楚地，洛阳明显距离他们的家乡更近。

刘邦的回答十分干脆，只答了一个字："然！"

这一个"然"字既体现了刘邦的雄心勃勃，也体现了他坚定无比的信念。没错，刘邦就是想建立一个如同周朝一般享国八百载的王朝。

娄敬看出了刘邦的心思，但随即他就向刘邦兜头泼了一盆冷水。他向刘邦明确地指出，如今的汉朝想要复制西周建国时代的成功经验是绝无可能的。

娄敬给刘邦详细对比了周朝建国和汉朝建国的过程，得出的结论是：周朝是靠德行确立其天下共主地位的，而不是靠山川地理上的险阻，汉朝则是刘邦通过大大小小数十场硬仗打拼出来的，此时已是民生凋敝。总结起来，就是一句，周朝建国靠的是德，汉朝建国靠的是力。

刘邦很快就意识到：周朝定都洛邑是为了笼络诸侯，诸侯对周王室无不恭敬，而自己能打败项羽夺得天下，靠的只是武力；而这武力都是来自那些许诺分封的诸侯王，自己并没有真正得到那些异姓诸侯王的拥戴；如果汉朝要实现长治久安，定都在洛阳就很容易丢掉天下。

那么，汉朝究竟应该选择在哪里定都呢？娄敬给出的答案是关中，也就是秦朝的故地。

为什么是关中呢？在《史记·刘敬叔孙通列传》中，娄敬给出了一段十分精彩的解析：

秦地被山带河，四塞以为固，卒然有急，百万之众可具也。因秦之故，资甚美膏腴之地，此所谓天府者也。陛下入关而都之，山东虽乱，秦之故地可全而有也。夫与人斗，不搤其亢，拊其背，未能全其胜也。今陛下入关而都，案秦之故地，此亦搤天下之亢而拊其背也。

大意是：秦国旧有的关中地区，东有黄河之险，四周群山环绕，一旦东方发生意外，就能立刻聚集起上百万人的队伍。陛下应该占据秦国旧有的这块地盘，利用它那富饶的物产，那可是人们所说的天府之地啊。如果陛下能建都在那里，那么即使日后东方有什么动乱，秦国旧有的这块地盘也永远是属于陛下的。假设两个人打架，如果不能掐住对方的脖子，不能照着他的后背狠狠地出击，就不可能获得胜利。如今陛下如果能够建都关中，占据秦国旧有的地盘，那就相当于是掐住了天下的脖子，并且拿捏住了天下各诸侯国的背部。

后世人分析关中的地理优势，也常常引用《史记·刘敬叔孙通列传》中的这段文字。可见，娄敬的这番分析实在是恰如其分，也得到了世人的普遍认可。

但是，就当时的情形和人们的舆论而言，很多人其实并不看好关中，也很难看出关中的地形优势。因此，当时朝廷上下反对定都关中的声浪很大，这让刘邦感到十分为难。

刘邦知道，他手下这些人都只是考虑着个人的私利才反对定都关中的，这些人的意见并不一定正确。刘邦决定再去征求另外一个人的意见，这个人就是他手下最重要的谋士——张良。

刘邦拥有著名的“汉初三杰”，张良就是这“三杰”之一（另外二人是萧何和韩信）。刘邦就曾说过：“夫运筹帷幄之中，决胜千里之外，吾不如子房。”对选址定都这样类似谋取天下的战略部署和决策的制定，刘邦也是要听取一下张良的意见的。

张良持什么意见呢？张良完全赞同娄敬之言。在《史记·留侯世家》中，张良对刘邦说出了这样一番话：

雒阳虽有此固，其中小，不过数百里，田地薄，四面受敌，此非用武之国也。夫关中左淆函，右陇蜀，沃野千里，南有巴蜀之饶，北有胡苑之利，阻三面而守，独以一面东制诸侯。诸侯安定，河渭漕挽天下，西给京师；诸侯有变，顺流而下，足以委输。此所谓金城千里，天府之国也，刘敬说是也。

张良的意思和娄敬所言基本一致，他认为洛阳绝非用武之地，关中有山河之险，从军事的眼光来看，关中是最佳的建都之所，并且他还给出了“诸侯安定”与“诸侯有变”两种假设，从而更进一步论证了定都关中的合理性和必要性。

既然张良也赞同此议，刘邦便不再犹豫，当天就下令西迁关中，长安也正式成了汉朝的都城。刘邦为了表彰娄敬，将他赐姓刘，因此历史上也称之为刘敬。司马迁也是以刘敬的名字作为列传篇名的。

事实上，刘邦选择定都关中的原因是多方面的。除了刘敬和张良提到的地理和军事因素之外，还有一点至关重要的因素在于关中有着汉王朝建国的最坚实的社会基础。

这里，就又要提到萧何在楚汉战争中建立的历史功绩了。当初，刘邦率军西入函谷关，在关中推行“约法三章”，这一政策迅速稳定了关中民心，尤其是跟后来项羽在关中实施的暴虐行径相比，这一政策让刘邦在关中获得了极高的声望和人心。这其中，萧何所起的作用是至关重要的。

在萧何的经营之下，关中地区成了刘邦最坚实的大后方，关中百姓也都成了汉政权最坚定的拥护者。而反观山东地区，刘邦为了打败项羽，为了笼络人心，他选择用分封的办法来厚赏韩信、彭越、英布等人。这些异姓诸侯王拥兵自重，很容易爆发叛乱。

事实也的确如此，就在刘邦迁都长安之后的一个月，燕王臧荼就反叛了，并且迅速攻占了代地。如果刘邦选择定都在没有群众基础的洛阳的话，那些异姓诸侯王只要稍做煽动，就能做到一呼百应，对立足未稳的汉政权发起最强有力的冲击。而关中长安不仅有山河之险，更有强大的社会、群众基础，刘邦对付山东诸侯就完全可以做到游刃有余。

刘邦建都长安，其实就是为了应对封国势力所采取的一种维护政权稳定的策略。从后来的历史发展来看，西汉王朝与封国势力之间的争斗，定都长安只是这种争斗的第一步，未来的大汉王朝还有很长的路要走。

但是不可否认的是，西汉王朝建国之初的形势和西周建国的形势是截然不同的。诚如刘敬所言，西汉不可能复制西周的“成功经验”，分封制的老路已经不可能再重走了。

当刘邦选择放弃洛阳定都关中的时候，一个现实就已经摆在了刘邦和汉帝国的面前——新兴的大汉王朝只能在秦的废墟之上继续沿着郡县制的道路向前探索，作为威胁中央集权的最大隐患，分封制将注定成为历史的“过去式”。

定策和亲

由于促成了刘邦迁都长安，原本默默无闻的娄敬摇身一变成了刘敬，官拜郎中，并且获得了封爵——奉春君。

刘敬劝谏刘邦迁都长安，不仅奠定了汉朝的数百年基业，而且也对后世产生了极为深远的影响，这是刘敬在历史上所做出的最大贡献。

事实上，刘敬的功绩不只限于此，他后来还做了另外一件对汉朝历史影响很大的事，就是他开启了汉朝对匈奴等民族的和亲政策。

在说汉朝的和亲政策之前，先要来说一下匈奴。

战国时代，在阴山河套地区兴起了一个强大的民族，这就是我们所熟知的匈奴。关于匈奴的早期历史，史书记载比较模糊，而且充满了矛盾，我们今人已经很难厘清了。

根据《史记·匈奴列传》中的记载，在战国后期，匈奴出现了一位领袖式的人物，名叫头曼，他最早统一了整个匈奴，他也成为匈奴的第一位单于，史称头曼单于。

匈奴统一之后，开始逐渐向南迁徙，并且和当时战国七雄中的燕国、赵国、秦国相毗邻，边境上时常出现一些军事冲突。为了击退匈奴的侵犯，中原国家也发动了一些军事战争，其中最著名的就是赵国大将李牧发起的北击匈奴的战争。除了采取主动出击的战争方式之外，中原国家也修筑了一些军事防御工程，最主要的就是修筑长城，秦国、赵国、燕国纷纷在北部边境上修筑起了长城。

不久之后，秦灭六国。秦始皇为了解决匈奴这个心腹大患，就派蒙恬率军北击匈奴，把匈奴人彻底驱逐出了河南地，并在边境上修筑城池，再把罪犯迁徙到边地戍守。同时还利用秦、燕、赵旧有的长城，修筑起了西起临洮东至辽东的万里长城。

被秦朝的强大军威击退之后，匈奴人开始把目光转向了周边地区。在当时的北方草原上，除了匈奴之外，还有两个特别强大的民族，一个是月氏，另一个是东胡，其中以月氏最强。对此，《史记·匈奴列传》记载，匈奴所面临的“国际形势”是“东胡强而月氏盛”。

当时的头曼单于宠爱幼子，同时也为了讨好月氏，便把自己的太子，也就是后来的冒顿（音同“墨独”）单于，送给了月氏当人质。可见，就实力来说当时的月氏并不逊于匈奴。

随着匈奴实力的逐渐增强，头曼单于开始对月氏蠢蠢欲动，于是便发动了对月氏的第一场战争。月氏看到头曼要打自己，随即把人质冒顿拉了出来，准备用人质威胁头曼，结果头曼不吃这一套，月氏便决定杀掉冒顿。

就在这个关键时刻，冒顿从月氏人手中偷了一匹良马，然后便逃回了匈奴。他回去之后就发动了叛乱，将自己的父亲头曼单于杀死，自己坐上了单于的位置。

冒顿当上单于之后，匈奴更加强大。他首先击败了东边的强邻东胡，然后便举兵向西，攻打河西走廊的月氏，驱逐了月氏人。从此，匈奴就成为雄踞中国北方草原的一个强大的游牧民族。

冒顿单于时代，也正是秦末大乱之时，冒顿趁机带领匈奴南下中原，重新把河南地占为己有，蒙恬所打下的土地又全部被匈奴夺了回去。

这是比较明确的匈奴早期历史，我们可以结合《史记·匈奴列传》和《汉书·匈奴传》来了解这段历史。

随着汉朝定鼎天下，刘邦也开始把目光转向了北方的匈奴。当时汉朝国力羸弱，刘邦本来也无意与匈奴发生正面冲突。但是有一件事的发生，促使刘邦不得不面对匈奴的铁蹄。

这件事就是韩王信的叛逃。

韩王信是汉初刘邦所封的异姓诸侯王之一，也是最先反叛的异姓诸侯王，他原本被封在韩国故地，但是后来被徙封到了代地，建都晋阳。然而，韩王信到了代地没多久就和匈奴发生了冲突。当时，为了更好地防御匈奴，韩王信就把都城从晋阳迁到了马邑，而匈奴恰好就在这个时候挥兵南下，一举包围了马邑，韩王信最终投降了匈奴。之后，韩王信便联合匈奴一起发兵攻打晋阳，刘邦发觉大事不妙，这才率领三十二万汉军御驾亲征。

刘邦这次出征，几乎带上了全部精锐，起初战事顺利，并一举击溃了韩王信的部队。同时，刘邦又派出十几拨探子去匈奴大营查探，探子回报说匈奴大营里都是老弱残兵和饥瘦的牲畜。刘邦信以为真，便迫不及待地继续率兵出征，孤军深入，轻敌冒进，再加上遇到了风雪交加的严寒天气，刘邦最终落入了匈奴人设下的埋伏圈，被匈奴大军包围在了平城的白登山上七天七夜。这就是历史上著名的“白登之围”，也叫“平城之围”。

在陈平的献计之下，“白登之围”最终侥幸被解。但是虎口脱险的刘邦却再也不敢对匈奴发动军事进攻了，这也是他当上皇帝以来受到的最大羞辱。面对匈奴的连番挑衅，刘邦不能坐以待毙，既然武力不行，那就得另想办法。

事实上，就在“白登之围”的前夕，刘敬也被刘邦派到匈奴大营里刺探过敌情。刘敬虽然也看到了匈奴大营里的老弱残兵，但是他认为这是匈奴人故意示弱，力劝刘邦不可轻敌冒进。然而刘邦根本不听劝谏，而且大骂刘敬，说他只会逞口舌之能，实则妖言惑众，动摇军心。就这样，刘敬被打入牢狱，关押在了广武。

经历过“白登之围”之后，恢复冷静的刘邦才终于想到刘敬的逆耳忠言，立刻就把刘敬从广武免罪释放了。他觉得刘敬是真正能看清形势的人才，就封他为食邑两千户的关内侯，号建信侯。

刘邦知道，此时汉朝的国力根本不足以和匈奴相抗衡，“白登之围”就是最好的证明。而且，刘邦也更加深知，匈奴之患可能将长期威胁大汉王朝的统治，他必须想出一个除动用武力之外的办法来解决这一问题。这是摆在刘邦面前，也是摆在新兴的大汉王朝面前的一道历史难题。

刘邦拿这个问题去请教刘敬。刘敬先是分析了汉匈之间的实力对比，认为目前汉朝不可以对匈奴诉诸武力，也不能和他们讲仁义。刘敬的这个分析和刘邦的想法不谋而合，刘邦深以为然。然后，刘敬就给刘邦提出了问题的解决办法，这个办法就是和亲。

按照刘敬的想法，皇帝应该把嫡长公主嫁给匈奴单于，再定期送上厚礼，单于就一定会把公主立为阏氏，生下的儿子自然就是匈奴未来的单于。如此一来，冒顿单于就成了大汉的女婿，以后的匈奴单于也是大汉的外孙，有谁听说过外孙敢和外祖父分庭抗礼的吗？汉匈关系自然和睦。

事实上，和亲政策由来已久，商周时代就有了，春秋战国时代更是在诸侯国之间盛行。说到底，先秦时代的和亲政策其实就是一种联姻政治，是政治外交的一种常用手段，而刘敬其实就是沿袭了先秦列国的做法。

刘敬的办法是不错，也很让刘邦心动，但是匈奴人会接受吗？刘敬认为这是一定的，他的理由是匈奴人“贪汉重币”。

刘敬的这四个字，其实就准确无误地点出了当时汉匈关系紧张的根本原因。匈奴人是逐水草而居的游牧民族，他们发动战争的目的从来都不是占领土地，更不是要杀汉朝的皇帝，这和战国时代那种诸侯国之间的兼并战争本质上完全不同。匈奴发动战争的目的只有一个，就是争夺利益。争夺什么利益？就是争夺汉朝的人口和财富。所以，匈奴对中原王朝发动的战争并非你死我活、谁吃掉谁的兼并战争，而是一场以掠夺人口和财富为目标的掠夺战争。

刘邦依计而行。稍有改变的是，刘邦没有用真的嫡长公主，而是从宗室中物色了一名女子，对外宣称是长公主，再让刘敬全权负责和亲事宜，带着“公主”和厚礼前往匈奴议和。

刘敬为刘邦提出的和亲政策，表面上看是嫁公主、攀亲戚、搞联姻，本质上就是在满足匈奴人对财富的迫切需求。按照刘敬的设想，汉朝和匈奴联姻之后，汉朝还要每年定期赏赐给匈奴必要的物资，匈奴得到了他们想要的财物之后，汉匈之间自然就可以实现和平了。

从后来的历史发展来看，刘敬的想法还是有点过于理想化，汉朝和匈奴的和平并没能长久维持下去。但是，从汉初的历史条件来看，和亲确实不失为解决汉匈矛盾的办法。

对于汉朝的和亲政策，后来的历史上有很多负面评价，认为和亲是用金钱和美女换取和平，就连鲁迅先生也把和亲视为“以美女作苟安的城堡”[①]。

但是，经过本文的分析可以看出，汉初的和亲政策是汉朝所采取的虽然是迫不得已，但却是历史必然的一种妥协方式，和亲会使汉匈双方都更有回旋余地，从而最大程度避免了战争的发生。从更为长远的历史视角来看，和亲政策也从客观上促进了当时汉匈民族间的交流和往来，在一定程度上推动了匈奴的汉化和文明进程。

---

① 鲁迅:《灯下漫笔》，收录于《坟》，北京，人民文学出版社，2006，第220页。

大汉礼仪

刘敬和叔孙通的生平事迹被司马迁记载在了一篇列传里，这就是《刘敬叔孙通列传》。在众多汉初名臣当中，刘敬和叔孙通的名气都不太大，这篇《刘敬叔孙通列传》也不算出名，但是刘敬和叔孙通却在汉初历史上发挥了关键性的作用。

刘敬的历史贡献有两点：一是建言定都关中，二是为汉朝确立了和亲的外交政策。那么，叔孙通的历史贡献又是什么呢？

汉五年（前202年）的一天，当时刚刚在定陶即位为大汉皇帝的刘邦遇到了一件烦心事。什么烦心事呢？刘邦发现，那些跟随他打天下的武将们个个都是大老粗出身，经常在大殿上喝酒争功，喝醉了酒就胡言乱语，酒劲儿上来，还会拔出佩剑猛击殿柱。要知道这可是在大汉的朝堂之上，又不是菜市场，这些大老粗怎么如此没有礼数呢？

这个时候，有一个人看出了刘邦的心事，这个人就是叔孙通。

叔孙通是秦朝的博士出身，楚汉战争中他先是追随了项羽，后来在项羽败亡之际，他又改投了刘邦。叔孙通知道刘邦一直厌恶儒生，所以在项羽败亡之际，他把自己的儒服脱掉，特意换上了楚人的服饰，以此来讨好刘邦，结果刘邦大悦，就把叔孙通纳为己用。

从这些经历中可以看出，叔孙通是一个见风使舵的人，这也让他饱受后世非议。比如到了宋代，看重文人气节的士大夫们就不太看得起叔孙通这样的人。司马光就在其《资治通鉴》中评价叔孙通是阿谀奉承、谄媚取宠的“器小”之人，而非真正的“大儒”。

但是，就是这样一个有严重道德污点的人，却实实在在地影响了大汉王朝的历史进程。

叔孙通通晓典章礼仪，刘邦在定陶即位，登基仪式就是由叔孙通参考前代礼仪删繁就简制定出来的，整个登基仪式都让刘邦十分满意。这个时候，叔孙通敏锐地察觉到，刘邦对朝堂上武将们混乱无序的场面十分头疼，他知道施展自己才华的机会又到了。

就在刘邦为朝堂礼仪发愁的时候，叔孙通站了出来，他向刘邦进言道：“无论是五帝（黄帝、颛顼、帝喾、尧、舜）还是三代（夏、商、周），不同的历史时期都有其特定的礼仪制度和行为规范，历代的礼仪都是在前代制度的基础上增减损益而制定出来的，绝非简单的重复。臣的意见是结合上古和秦朝的礼仪，相互参照，进而制定出适合本朝的礼仪制度来。”

刘邦其实未必能听得懂叔孙通的这些大道理，但是叔孙通毕竟是专业人士（秦朝博士出身），加之他又愿意为自己效力，何乐而不为呢？所以，刘邦当即应允了叔孙通的请求。不过，刘邦还是特意向叔孙通叮嘱了制定礼仪制度的基本原则，那就是要简单易行，起码要让刘邦自己能学得会。

在刘邦的指示之下，叔孙通开始了他的工作。

叔孙通先是到鲁地招聘了三十位儒生，然后加上皇帝身边的学者，以及自己的一百多位弟子，从而组成了一支“典礼策划小组”，叔孙通担任组长。

叔孙通把他们拉到了荒郊野外，拉起绳索，扎上草人，开始了模拟训练。训练了大概有一个月，叔孙通觉得差不多了，他就请刘邦来视察。刘邦看完众人演示的典礼仪式之后，非常满意，而且礼仪确实简单易行，不由得松了口气，说道：“这样的朝礼，我能做得到！”这话相当于是对叔孙通工作的巨大认可，于是，刘邦授意叔孙通指导群臣学习朝礼。

汉高帝七年（前200年）十月[①]，长乐宫落成，诸侯群臣都前来朝贺，叔孙通制定的朝礼也随之正式启用。

仪式在天亮之前举行，谒者主持典礼，按次序将所有人员引进大殿门，排列在东、西两方，侍卫官员有的在殿下台阶两旁站立，有的排列在廷中，

① 汉初沿袭秦朝颛顼历，以十月为正月岁首。

都持握兵器，竖立旗帜。这时刘邦乘坐辇车出房，众官员举旗传呼警戒，引导诸侯王以下至六百石级的官员依次序朝拜刘邦，无不震恐肃敬。典礼仪式结束，又置备正式酒宴。众侍臣官员陪坐在殿上的都俯伏垂首，按官位的高低次序起身给刘邦敬酒祝福。斟酒连敬九次，谒者宣告“结束宴饮”。御史执行礼仪规则，凡遇不遵照仪式规则举手投足的人就将他领出大殿外。从朝贺典礼和酒宴开始直到结束，没有出现不合礼节的人。

面对此情此景，刘邦无疑是又激动又兴奋的，这时他便说出了一句名言：“吾乃今日知为皇帝之贵也。”意思是，我今天才知道当皇帝的尊贵啊！

朝礼结束之后，刘邦就任命叔孙通为太常，主管国家宗庙礼仪，同时也给了他很丰厚的赏赐。

叔孙通制定礼仪制度对汉朝历史的影响是深远的。

无论是起初制定朝礼，还是后来确立宗庙礼仪制度，叔孙通的这一系列作为本质上就是在建立刘氏家族的神圣统治地位，用礼仪制度的方式来保障皇权制度的绝对威严，以及统治秩序的维持和统治传统的建立。[①]

从这个角度来说，叔孙通制定礼仪制度客观上维护了由秦始皇所创建的帝制传统的延续，这也是汉承秦制的一个重要体现。

叔孙通所制定的一系列礼仪制度，其实都是在延续秦朝的礼仪制度，这些礼仪制度虽然是以儒家的面目呈现出来的，但其精神内核其实是“尊君卑臣”的法家思想。我们回头再看汉高帝七年正月的这次大朝会，整个朝会的气氛是庄严而肃穆的，《史记·刘敬叔孙通列传》详细记录了朝会的诸多细节，这些细节无不在彰显着等级森严的皇权制度以及“尊君卑臣”的思想，而这正是刘邦感叹皇帝尊贵的真正原因。

司马迁在《史记·刘敬叔孙通列传》中还记载了不少有关叔孙通阿谀谄

① 林聪舜：《儒学与汉帝国意识形态》，上海，上海人民出版社，2017，第60页。

媚的事例。除了他早年的频频“跳槽”的经历之外，司马迁还记载了他在鲁地被两位儒生劈头痛斥的故事。

当时，叔孙通为了制定朝礼，就去鲁地招募儒生，结果就有两位德高望重的儒生不肯屈就。这两个儒生就说，只有积累百年功德才能兴办礼乐，而如今天下刚刚历经战乱，死去的人还来不及埋葬，受伤的人还没有康复，这个时候怎么就能兴办礼乐呢？这是违背古法的行为，是在玷污先贤圣人。

通过鲁地这两位儒生所说的话可以看出，叔孙通的行为并非真正意义上的尊崇儒学的行为，因为他根本没有考虑到君主功德和民生疾苦，他只是为了通过逢迎皇权来谋求自己仕途上的晋升。

事实上，从叔孙通制定礼仪一事可以看出，汉初的儒学已经开始背离了先秦时代孔孟之学的精神内核，儒学逐渐沦为统治阶级用来维护皇权专制的思想工具。换句话说，这不就是中国进入帝制时代以来“外儒内法”的统治思想吗？

《史记·刘敬叔孙通列传》一方面写出了叔孙通在制定礼仪制度上的重大贡献，但另一方面也着重突出了叔孙通阿谀谄媚的人物性格。叔孙通身上所体现出的“谀”的一面，不仅仅是他个人的“谀”，更是儒学对专制皇权的“谀”。

叔孙通获得赏识之后，一大批儒生开始进入了以武人集团为主的大汉朝堂，这些人开始对汉朝政治产生影响，这些因素都进一步推动了刘邦晚年思想中“去武趋文”的政治转向。比如，就在刘邦晚年改立太子的风波中，叔孙通也极力劝谏刘邦不可更立太子，认为不可动摇国本。叔孙通所起到的作用和“商山四皓”的作用是一样的，那就是刘邦已经意识到了尊儒的重要性，改立太子是违背儒家礼法的，而汉帝国则需要儒生来为自己的统治服务。

从“马上打天下”到“马下治天下”

《史记·郦生陆贾列传》记录了楚汉时期两位著名的儒生同时也是辩士的郦食其和陆贾。郦食其在楚汉战争期间曾大放光彩，甚至凭借三寸不烂之舌成功游说齐王田广归顺刘邦，不过由于韩信的贸然出击，郦食其最终被齐王田广烹杀。

郦食其的事迹我们不多说，我们重点来说一下本篇列传记载的另一个人物陆贾。

刘邦击败项羽之后，汉朝正式建立，但是汉朝的统治并不稳固，而且有很多区域尚未统一，还存在不少的割据势力。最具代表性的就是南方的三个国家，即东瓯、闽越和南越，其中又以割据岭南的南越国地盘最大、实力最强。

当时南越国的国君是赵佗，他本是秦朝的都尉，趁着秦末大乱吞并了桂林和象郡，占有了岭南大片区域，最终独立建国。汉朝建立之初，刘邦无力远征，于是就派了“有口辩士”陆贾出使南越国，游说赵佗归顺汉朝，认汉朝为正统。

陆贾的这番游说非常成功，南越王赵佗自此归顺汉朝，陆贾也被封为太中大夫。后来到了汉文帝时期，陆贾再次受命出使南越，赵佗最终去掉帝号，向汉朝称藩。

这是陆贾的第一大功绩，他对西汉王朝的大一统做出了重大贡献。

陆贾还有另一大功绩，就是他的思想对整个西汉乃至后世王朝的政治理念都产生了重大影响，这也是他对历史的最大影响所在。

在中国历史上，历代王朝开国都有一个永恒的话题，那就是“马上打天下”和“马下治天下”的关系。翻开历史我们可以看到，很多王朝的开国者多数都是通过“马上打天下”的方式建立政权的，他们以为通过武力可以夺取天下，自然也就能靠武力来治理天下。由于有些王朝的统治者没有正确处理好从“马上打天下”到“马下治天下”的过渡，继续通过武力的方式统治国家，国家只经历了二世、三世就走向了衰亡，秦朝就是最典型的案例。

刘邦刚即位之时，就没有意识到从“马上打天下”到“马下治天下”的转变的重要性，因此汉初政坛上呈现出一股草莽之风。刘邦发觉这样下去不行，这才让叔孙通来制定朝堂礼仪。

刘邦自诩“马上皇帝”，汉初分封诸侯王也都是以军功为主要标准的，朝中也普遍崇尚武功。比如，在分封诸侯排列名次的时候，就出现了群臣认为曹参“身被七十创”，功劳最高，理应名列第一。

随着汉帝国政权的渐趋稳固，刘邦开始意识到了文治的重要性，尤其是到了刘邦晚年，他的“去武趋文”的政治转向也愈加明显，这也为之后“文景之治”的出现提供了政治思想上的基础。而刘邦晚年“去武趋文”政治思想的形成，和一个儒生有着莫大的关系，他就是陆贾。

刘邦本来是比较轻视陆贾的，而且对陆贾经常把《诗经》《尚书》挂在嘴边感到很厌烦，就怒骂道：“我是在马上取得天下的，整天扯《诗》《书》有个屁用！”陆贾没有生气，也没有立刻反驳，而是不紧不慢地向刘邦提出了一个反问：“在马上可以取得天下，就可以在马上治天下吗？”

陆贾的反问，引起了刘邦的深思。陆贾又继续说道：“商汤和周武王能够夺取天下，是文武并用，才让国家长治久安的。而吴王夫差、智伯智瑶，还有刚刚灭亡的暴秦，他们都是一味注重武功才导致灭亡的。倘若秦朝统一天下之后实行仁政，效法先贤圣王，宽厚待民，今天还能有陛下的天下吗？”

刘邦的脸上开始挂不住了，而且面有愧色，显然他知道陆贾言之有理。于是刘邦就向陆贾请教，并请求陆贾把有关秦亡汉兴、天下得失的历史经验和道理总结成书，呈献给自己。于是，陆贾便写出了十二篇关于天下兴亡的文章，每呈奏一篇，刘邦都连连称赞，这十二篇文章集合成书，就是

《新语》。

《新语》的问世，在汉初历史上有着十分重要的意义。陆贾在《新语》中系统性地总结了古今治乱成败的历史经验和教训，从而掀起了汉代初年历史大反思运动的序幕，后来贾谊的《过秦论》和《治安策》其实都是在陆贾《新语》的基础上，所作的更进一步的历史反思。《新语》的理论深度在汉初历史上也是无人能及的，而且对后来汉朝的统治策略的调整和完善有着潜移默化的深远影响。[①]

事实上，陆贾对历史的总结和反思，不仅对汉代政治产生了深远影响，而且它也成了后世历代王朝统治者的共识。陆贾的理论归结起来，其实就是"逆取顺守，文武并用"，就是可以用武力来夺取天下，但却要用仁义来治理天下。

除了出使南越和进献《新语》这两大功绩之外，陆贾后来还协同参与了平定诸吕之乱，向陈平进言结交周勃，这在当时堪称匡扶社稷之功。因此，后世有学者在评价陆贾时说："其一说尉佗，为汉服远人；其一奏《新语》，为汉开文治；而其大者，在联将相之交，用平（陈平）勃（周勃）以诛诸吕，为汉克复旧物，功在社稷。"[②]这个评价系统地总结了陆贾的三大历史功绩，并且把陆贾参与平定诸吕叛乱看作他的第一大历史功绩。

《孝文本纪》：司马迁眼中的完美帝王

《孝文本纪》记述了汉文帝时代的历史状况。汉文帝和汉景帝共同开创

① 刘泽华主编：《中国政治思想通史·秦汉卷》，北京，中国人民大学出版社，2014，第72—73页。
②（明）钟惺：《史怀》卷八。

了后世称颂的“文景之治”，西汉的社会经济在这一时期得到了全面的恢复和发展。

从代王到皇帝

在《吕太后本纪》的末尾和《孝文本纪》的开篇，司马迁浓墨重彩地记录了汉文帝刘恒即位前后的全过程。

吕后死后不久，以周勃、陈平为首的功臣集团和以朱虚侯刘章、东牟侯刘兴居为首的刘氏宗亲集团迅速联合，发动了诛吕之役，将吕氏外戚集团彻底推翻。然而政变取得成功后，功臣集团和宗亲集团却也面临着一个新的历史问题，那就是让谁来做新皇帝。

就当时的形势来看，最有资格继承皇位的当属齐王刘襄。第一，齐王刘襄是刘邦长子刘肥的嫡长子，也就是皇长孙，从宗法制的角度看他是最适合做新皇帝的。第二，齐王刘襄政治实力很强，不仅有“首义”之功，而且得到了弟弟朱虚侯刘章、东牟侯刘兴居等刘氏宗亲集团成员的支持和拥戴。

然而出人意料的是，刘襄遭到了功臣集团和宗亲集团部分成员的强烈抵制。原因无他，就是因为齐王刘襄能力过于突出，实力过于强大，一旦由他即位，汉朝必然会迎来一位强势君王，功臣集团的利益难以得到保障。

但是，功臣集团无法用这个理由来正面拒绝齐王刘襄做皇帝，他们只能找个冠冕堂皇的理由来搪塞，最终找到的理由竟然是刘襄的母舅驷钧是个众所周知的恶人。

为什么要找这个理由呢？因为汉朝刚刚经历了吕氏之祸，他们对外戚集团十分忌惮，而齐王刘襄的母舅偏偏是强横暴戾的恶人，一旦刘襄即位，母家必然坐大，很难确保不会重蹈吕氏外戚之祸的覆辙。也正是出于这个原因，功臣集团同样也把候选人淮南王刘长否决掉了，理由是“母家又恶”。

于是，确立新任皇帝的首要标准就成了母家不能太强势，以防外戚势力坐大。最后，人们把目光投向了代王刘恒，因为刘恒的母家薄氏“谨良”。“谨良”不过是个好听的说辞，其实就是因为薄氏性格温顺，薄氏家族势单力薄，更没有强势人物。

事实上也的确如此，薄姬虽然是刘邦姬妾，但却始终得不到刘邦的宠幸，只被刘邦临幸过一次。不过，人有时候就是这么幸运，就这一次临幸让薄姬怀上了龙种，这就是刘邦的第四子刘恒。薄姬不得宠，刘恒自然也不被重视，封王的时候，刘恒就被封到了偏僻的代地（今山西）。

可以说，刘恒能够最终继承大统，真的是沾了母家的光。

但是当即位的消息传到代地，刘恒却并没有激动和惊喜，而是表现出一副少年老成的姿态。他知道天上不会平白无故掉下馅饼，此去长安吉凶未卜，刘恒的心中充满疑虑。

于是，刘恒召集众人商议对策，在中尉宋昌建言下，刘恒才决定启程。出于谨慎，刘恒还是先进行了占卜，并且派自己的舅舅薄昭前往长安打探虚实，最终才上路出发。

然而当行进到长安城外的渭桥时，刘恒再一次表现出了他的心思缜密。当刘恒第一次遇到朝臣们向他拜谒称臣时，刘恒并没有激动，而是谦让起来。当时，太尉周勃也在场，看到这一幕，他立刻意识到眼前的这个代王刘恒心机深沉，绝非庸弱之辈。于是，他决定对即将继承皇位的刘恒进行一番敲打，请求私下说话。然而周勃的请求立刻遭到了宋昌的断然拒绝，宋昌说：“如果太尉是谈公事，请当着众人的面说，如果是私事的话，王者无私事，还请免开尊口。”

周勃想要私下对刘恒说什么话，我们不得而知，但是如果在这种场合下刘恒和周勃进行私谈的话，那必然会让群臣以为刘恒和周勃之间有什么不可告人的秘密，也许就是某种不正当的交易。比如刘恒或许给周勃许诺了什么好处，周勃才会力排众议拥立刘恒；再比如刘恒或许受到了周勃的胁迫，甘当周勃的傀儡。

当然，也许当事人周勃和刘恒都无此意，但是群臣却会有这种想法。为了维护新君的尊严，也为了敲打周勃，宋昌替刘恒出面，直接拒绝了周勃的请求。这种场合下，被新君当面拒绝，周勃的脸上也很难堪。他或许只是想在刘恒面前邀功，又或许是想用老臣的身份震慑一下刘恒，然而没想到刘恒却反向给了自己一记重拳。

宋昌的这番回绝，意义深远。第一，为刘恒树立了正大光明的形象；第二，严厉敲打了周勃；第三，为刘恒和群臣之间尤其是和周勃之间明确了君臣尊卑的关系。

周勃知道自己失言了，立刻向刘恒跪拜，并献上了天子玺符。刘恒用不失礼貌而又拒人于千里之外的口气说道："至代邸而议之。"也就是说，等到了官邸再说。第一，刘恒没有直接拒绝，而是比较委婉地谢绝，给足了周勃面子。第二，刘恒并没有说具体什么时候和周勃商议，也就等于说这是个空头支票，相当于不会再给周勃商议的机会了。

我们回过头来看这件事，这其实是刘恒和以周勃为首的功臣集团的第一次正面交锋，这次交锋的结果是刘恒完胜，周勃完败。而且可以说周勃是搬起石头砸了自己的脚，自己给自己挖了个坑往里跳。

很快，刘恒被群臣簇拥着登上了皇帝宝座，并且在即位的当晚，刘恒就任命宋昌为卫将军，统领南、北二军，任命张武为郎中令，负责皇室的警卫。这是刘恒即位后所下的第一道任命，他用他的代王府亲信官员控制了京师长安的武装力量，从而让自己在长安扎稳了脚跟。

这就是汉文帝刘恒即位的前后过程。虽然表面上看这不过是一次皇位过渡，刘恒似乎也是意外登基，但是整个过程却是惊心动魄的，处处透露着刀光剑影。

如果汉文帝刘恒不是有着过人的心机，那么刘恒即位之后天下很可能就是功臣集团的了，刘恒也会成为砧板上的鱼肉，汉朝可能又将面临一番血雨腥风的宫廷争斗。刘恒的顺利即位，以及他与周勃之间的巧妙应对，让他从一开始就站稳了脚跟，坐稳了皇位，这也为“文景之治”的出现奠定了政治上的基础。

司马迁心中的“完美时代”

汉文帝刘恒继位之后，继承了汉惠帝和吕后时期清静无为的治国之策，并将其发扬光大，实施了一系列轻徭薄赋、与民休息的措施。

这就造成了一个极为有趣的现象，在接下来汉文帝二十多年的在位时间里，《史记·孝文本纪》不厌其烦地记录汉文帝的各种大小诏令。这些诏令要么是有关国家利好政策的，要么是有关天象有变、文帝内省自责的，几乎没有多少正儿八经的大事件，有些年份甚至无事可记。

因此，我们在阅读《史记·孝文本纪》和《汉书·文帝纪》时会发现，纵观文帝一朝，发生过的最大的政治事件就是汉文帝的即位，除此之外什么事都没了。既没有大兴土木的建设举措，也没有轰轰烈烈的变法改革，更没有劳师动众的军事杀伐，一切都那么平静而祥和。

通过汉文帝即位的前前后后，我们可以看出，汉文帝是一个心思缜密、有心机、有手腕的帝王。可是，在其执政的二十多年时间里，再也没有看到汉文帝展露过他的帝王心机，一直到他快去世时所立的遗诏中，才再一次展露出他的深谋远虑。

从即位到驾崩的二十三年时间里，汉文帝时时刻刻保持着一颗谦恭戒惧之心。他既没有妄自尊大，也没有妄自菲薄；他没有丰功伟业，也没有骄奢淫逸，这在中国古代历史上是极为罕见的一幕。

汉文帝其实不是没有野心，也不是没有权力欲，他甚至有着不逊于汉武帝的雄心壮志和铁血手腕。但是他选择了回归平静、回归自然、回归无为，选择了轻徭薄赋、与民休息。

这就是汉文帝的伟大，一种平凡而隐忍的伟大。他深深地埋藏起了帝王的所有欲望，而选择用一颗平常之心来治理国家。

所以，翻阅《史记·孝文本纪》和《汉书·文帝纪》，尤其是翻阅汉文帝遗留下的那些诏书，我们会有一种非常特别的感受：每一个文字都那么朴实无华、不加雕饰，甚至显得乏味无趣，但却字字珠玑；每一个文字都透露出汉文帝心怀苍生、悲悯世人的情感，以及他充满戒惧和满怀诚恳的赤子之心。

这就是那个时代的无穷力量，这就是汉文帝时代的精神力量。

这里只列举文帝时代的一项举措加以说明。

（十三年）上曰：“农，天下之本，务莫大焉。今勤身从事而有租税之赋，是为本末者毋以异，其于劝农之道未备。其除田之租税。”

这是《史记·孝文本纪》中记录的汉文帝十三年（前167年）文帝所下的一道诏书，这道诏书宣布的就是一件事——免除田租。

汉朝初年所实行的田税是十五税一，也就是土地产量的十五分之一，这一税制一直持续到了汉文帝的时代。汉文帝继续执行十五税一的税制，同时，在文帝二年（前178年）和文帝十二年（前168年），文帝还先后两次“除田租税之半”，也就是减免田租一半，即三十税一。到了汉文帝十三年（前167年），文帝认为农业是天下的根本，为了劝勉农耕，他就提出了“除田之租税”，就是彻底免除田税。

孟子曾经说，夏、商、周三代都实行什一税制，也就是收取粮食产量的十分之一作为田租，而且这种税制在孟子看来是圣王时代的政策。[①]在孟子

① 《孟子·滕文公上》。

看来，收取十分之一的田税，就称得上是夏商周时代的德政了。孟子的时代是战国，战国时代战乱频仍，百姓不仅要承受战乱之苦，还要承受沉重的赋税。如果收取十分之一的田税就算德政的话，那么战国时代的租税肯定是在这个之上的。杨宽在《战国史》中也说："春秋战国之际，各国征收田亩的租税，大体上是十分之一或十分之二……'什一'是当时最低的田税。"①

很显然，汉文帝下诏免除田租是一件史无前例的壮举。事实上，汉文帝免除田租一事不仅是空前的，而且也是绝后的，后世再也没有这样的例子了。

汉文帝免除田租之后，一直到汉景帝元年（前156年）才重新恢复到三十税一的税制。这等于说，汉文帝免除田租的政策实施了整整十一年。在古代农业社会，田税是国家财政收入的重要组成部分，而在汉文帝这十一年的时间里，国家竟然可以做到不收取农民一分一毫田税，这不能不算是一件壮举，更是一个奇迹。

后世也有免除田租之举，但基本都是一时的特殊政策，比如汉昭帝始元二年（前85年）就免除过一年田租。而像汉文帝这样连续长达十多年免除田租，这在中国历史上是再也没有发生过的。

免除田租，只是笔者重点列举的汉文帝所实施的众多仁政中的一项。除此之外，汉文帝还下诏实行了其他一系列惠政、仁政。比如，重申并明确了吕后时代的废除连坐、废除诽谤和妖言罪的政策；再比如，废除肉刑、废除苛法、"举贤良方正能直言极谏者"、开放山林川泽等。

司马迁在《史记·孝文本纪》中毫不掩饰自己对汉文帝时代的赞美，汉文帝也是司马迁心目中的完美帝王。即便是到了篇末，记述完汉文帝的遗诏之后，司马迁言犹未尽，又继续援引了汉景帝的诏书来进一步赞美汉文帝。

在《史记》的其他本纪中，我们很少看到司马迁这样连篇累牍地记录帝

---

① 杨宽：《战国史》，上海，上海人民出版社，2016，第172页。

王诏书，只有在《孝文本纪》中我们才会看到。司马迁在《孝文本纪》中十分详尽地记录着汉文帝的每一篇诏书，通过这一篇篇诏书向世人传达着他对汉文帝的崇敬之情。

不过，司马迁如此盛情赞扬汉文帝，或许还有另外一层借古讽今的隐因，那就是要将汉文帝的宽松政治和汉武帝时代的专制统治作对比。因为司马迁本人就是汉武帝专制统治的受害者，通过承受宫刑才得以苟活并完成了《史记》的撰述，而汉文帝时代政治宽松，甚至还废除了肉刑（宫刑也是肉刑之一）。

当然，汉文帝所废除的肉刑中是否包含有宫刑，这一点是值得存疑的。不过，即便汉文帝时代没有废除宫刑，司马迁对诸如宫刑这样的肉刑也是十分痛恨的。司马迁对肉刑有着切肤之痛，因为肉刑对人是一种从肉体到精神的双重伤害。

因此，司马迁在《史记·孝文本纪》中浓墨重彩地记述了汉文帝时代一个小女孩上书汉文帝，请求替父受罪，最终汉文帝下诏废除肉刑的故事。这个小女孩就是仓公淳于意的女儿缇萦，这个故事就是著名的“缇萦救父”。并且，在《史记·扁鹊仓公列传》中，司马迁再次复述了这个故事。

司马迁如此看重并两次记述“缇萦救父”这个故事，其实就是想用汉文帝时代宽松的政治环境来对比当朝（汉武帝朝廷）的严酷统治。也正因为如此，汉文帝成了司马迁心目中最贤明、最圣德的君王。

汉文帝时代的局限性

但是，作为一名封建帝王，汉文帝必然有他的历史局限性，我们也必须看到司马迁眼中这个的“完美时代”中的一些缺陷。

我们继续拿免除田租一事来说。汉文帝免除田租，得到实惠的不仅是农民，还有那些占有大量土地的地主阶层。国家免除了百姓的田租，但是这只是对那些有地的农民有利，也就是对自耕农和半自耕农有利。而对那些无地的农民，也就是通常说的佃农来说，他们不仅很难享受到国家的免税政策，而且还需要向地主阶层租用土地，并付出高额租税。租税是多少呢？是土地粮食产量的一半。

拥有土地的地主把土地租给农民，这叫作私租。这种现象从春秋战国时代就有，当时民间的私租现象十分普遍，因为这是伴随着土地兼并出现的社会现象。从秦朝到汉朝，民间私租的情况大致相似，地主都向农民收取百分之五十或者更多的租税。然而国家所收取的田租却大大降低，从什一税到十五税一，再到免除田租，看起来好像是国家在鼓励农耕，让利于农民，但其实也养肥了很多地主。因为在私租率不变的情况下，拥有土地的地主需要向国家缴纳的田租却越来越少了，甚至没有，这就让小地主变成了大地主，地方豪强越来越多。①

再拿废除肉刑一事来说。肉刑虽然废除了，但是不等于那些有罪之人就可以免罪，他们还是需要被惩罚的，要用别的刑罚手段来惩罚。汉文帝的仁政是好的，但是具体到官员的执行和落实上，很多时候就完全走了样。比如，原本需要砍掉右脚的刑罚，直接判成死刑了；原本是割掉鼻子的刑罚（劓刑），改成了“笞三百”，打三百板子，人基本也死了。汉文帝虽然下诏废除肉刑，但没说用什么刑罚来替代原来的肉刑，这就导致官吏在具体执行新刑法的过程中出现了从重处罚的情况，几乎相当于直接将犯人判处死刑了。

这叫什么？这就是那句老话，“上有政策，下有对策”。因此，班固在《汉书》中也十分尖锐地指出了这一点，说汉文帝废除肉刑后的结果是“外有轻刑之名，内实杀人”。也就是说，名义上是减轻刑罚，但实际上却是把那些本不该受死的人处死了。

---

① 钱剑夫:《秦汉赋役制度考略》，武汉，湖北人民出版社，1984，第24页。

后来，汉景帝也意识到了这一点，把笞刑的数量减少了，把“笞五百”改成“笞三百”，“笞三百”改成“笞二百”，“笞二百”改成“笞一百”。并且对行刑用的竹板进行标准化，规定竹板必须长五尺，宽一寸，末端半寸厚。①如此，那些不需要承受肉刑但却需要承受笞刑的人，也就不至于被活活打死了。

这是汉文帝时代的缺陷，也是历史的局限性。我们既应该体会到司马迁在撰述《史记·孝文本纪》时的良苦用心，也应该超越司马迁，用更为先进的历史观去客观品评历史人物和人物所处的那个时代。

《孝景本纪》《孝武本纪》（上）：司马迁的当代史

《孝景本纪》《孝武本纪》是《史记》十二本纪的最后两篇，是关于汉景帝和汉武帝两代帝王的本纪。有关这两篇是否出自司马迁手笔的问题，从古至今争议不断，是十二本纪中最具争议的两篇。

失传的本纪

看到这一节的标题，很多人恐怕会心生疑问，汉景帝、汉武帝都是西汉时代的盛世帝王，为何要把这两位帝王的本纪合在一起讲呢?

这就要说回到《史记》本身了。从历史文献学的角度来看，作为《史记》十二本纪的最后两篇，其内容和性质其实都存在着很大的问题。

第一，《孝景本纪》是否是司马迁所撰，从古至今争议不断；第二，《孝武本纪》彻头彻尾是篇伪作，不仅内容是从《史记·封禅书》上誊抄而

① 班固:《汉书·刑法志第三》。

来的，就连篇名都是错的，原作应是《今上本纪》。

总而言之，如今我们所能看到的《孝景本纪》和《孝武本纪》，很大程度上已经不是司马迁撰述的原貌了。而且造成这种结果的原因，很可能是人为干预的结果。

我们不妨看一段《三国志·魏书·钟繇华歆王朗传》中的记载。

帝又问："司马迁以受刑之故，内怀隐切，著史记非贬孝武，令人切齿。"

（王肃）对曰："司马迁记事，不虚美，不隐恶。刘向、扬雄服其善叙事，有良史之才，谓之实录。汉武帝闻其述史记，取孝景及己本纪览之，于是大怒，削而投之。于今此两纪有录无书。后遭李陵事，遂下迁蚕室。此为隐切在孝武，而不在于史迁也。"

这段文字记录的是魏明帝曹叡和曹魏名臣王肃之间的对话。魏明帝曹叡说司马迁写《史记》，非议和贬低汉武帝，实在令人不齿，而王肃却说司马迁记述史事从不虚夸赞美，也从不隐瞒罪恶，追求实事求是，是真正的良史，世人称之为"实录"。也正因此，汉武帝把司马迁所写的他父亲的本纪（指《孝景本纪》）和自己的本纪（指《今上本纪》）取来看，看到其中有很多不好的记载，于是龙颜大怒，便"削而投之"，也就是命人把这两篇本纪全部删掉，并将司马迁投入狱中。从此以后，这两篇本纪便有录无书。

王肃的说法并非毫无根据，东汉学者卫宏也在《汉旧仪》中说："司马迁作《孝景本纪》，极言景帝及武帝之过，武帝怒而削之。"

如果历史真如《三国志》和《汉旧仪》所说，《孝景本纪》和《今上本纪》恐怕在汉武帝时代就已经失传了。这也说明，司马迁确实做到了"不虚美，不隐恶"，一定记载了汉景帝和汉武帝在位时期的一些不光彩的秽史秘闻，这才招致了汉武帝的大怒，并“削而投之”。

在本章第一节《〈史记〉简史：通古今之变》中，笔者也提到，班固在《汉书》中说《史记》有十篇是“有录无书”的，然而具体是哪十篇，班固并没有言明。到了曹魏时期，学者张晏才指出了是哪十篇，其中就包含有《孝景本纪》和《孝武本纪》。

如此，《孝景本纪》和《今上本纪》的缺失也就可以理解了。因为这两篇本纪对司马迁而言是在记录当代历史，而当朝执政者对司马迁妄议当朝朝政非常不满，这两篇本纪也就遗憾地失传了。

被删减的《孝景本纪》

先来看《孝景本纪》。

司马迁在《太史公自序》中说：“诸侯骄恣，吴首为乱，京师行诛，七国伏辜，天下翕然，大安殷富。作孝景本纪第十一。”可见，司马迁是写过《孝景本纪》的，而且明确点出此篇本纪的主题是发生在景帝时期的“七国之乱”。

“七国之乱”是景帝时代发生的一起最大的政治事件，也是整个汉代历史上至关重要的历史事件。然而，在《孝景本纪》中用于记述“七国之乱”的文字却只有寥寥六十余字，这与司马迁在《太史公自序》中所举之提纲是完全相悖的。

整篇《孝景本纪》也是以编年体的方式呈现的，这种写史方式在后世正史中是习以为常的，但放在《史记》中却显得格格不入。《史记》一向以故事叙述见长，即便是本纪也不例外，《高祖本纪》《项羽本纪》等莫不如此，就连发生故事最少的汉文帝时代，司马迁也在《孝文本纪》中浓墨重彩地记述了汉文帝被迎立登基的整个过程。

因此，从历史书写的角度来看，《史记·孝景本纪》这种忽略“七国之乱”以及纯编年体的记述方式，是根本不符合司马迁的书写习惯的。这也成为《史记·孝景文帝》原作缺失的最重要的一个证据。

我们如今所能看到的《史记·孝景本纪》已非原貌，这是毫无疑问的，但是这也带来一个新的问题，就是《史记·孝景本纪》是怎么来的？到底是后人补写而成的，还是被人为地刻意删改而成的呢？

在以往的《史记》研究中，学者们普遍认为《史记·孝景本纪》是后世人依据《汉书·景帝纪》补写而成的[①]，甚至有学者认为就是褚少孙补写的[②]。

但是，笔者却并不这么认为。

首先，褚少孙是西汉元帝、成帝时代的人，而班固的《汉书》是在东汉和帝时代完成的，褚少孙怎么可能参考《汉书》来补写《史记·孝景本纪》呢？这不是关公战秦琼的笑话吗？

其次，对比《史记·孝景本纪》和《汉书·景帝纪》之后，我们会发现，二者的内容差别很大，有不少内容是《史记》独有而《汉书》缺少的，后世人又如何用《汉书·景帝纪》来补写《史记·孝景本纪》呢？

最后，《史记·孝景本纪》中“太史公曰”和《汉书·景帝纪》中“赞曰”里的观点是迥然相异的。

《史记·孝景本纪》中的“太史公曰”，先是高度评价了文帝时代的政治功绩，转而又重申了“七国之乱”在景帝时代的重要性，进而通过批评晁错来含蓄地指责景帝之失，并且用历史学家的敏锐眼光指出，汉景帝时代国家政治的主要矛盾，已经由朝廷和异姓诸侯王之间的矛盾转变为朝廷与同姓诸侯王之间的矛盾。另外，此处对晁错的批评和《史记·晁错列传》以及《史记·酷吏列传》中对刑法之治的批评是一致的。

---

① （唐）司马贞：《史记索隐·卷二十八》：“《景纪》取班书补之。”
② （明）凌稚准：《汉书评林·景帝纪》：“《史记·景纪》非太史公笔，乃褚少孙取班书而补之者。”

事实上，《史记》对汉文帝和汉景帝的评价有着天差地别，《史记》实际上是把景帝一朝看作武帝一朝实行刑法之治的前奏和先声。[①]

而《汉书·景帝纪》中的“赞曰”，却只字不提“七国之乱”这一重大历史事件，这显然是在维护汉景帝，为汉景帝遮掩过失，同时又把汉文帝和汉景帝放在同等地位作高度赞美性的评价，把“文景之治”比作西周时代的“成康之治”。《汉书》在无形中就把汉景帝的历史地位提到了很高的程度。[②]事实上，后世之所以会对这段历史有“文景之治”的赞誉，这都和班固《汉书》对汉景帝的历史评价密切相关。

基于以上这三方面的对比，笔者认为《史记·孝景本纪》是出自司马迁之手无疑，绝非后人补写而成，更不是参照《汉书·景帝纪》补写而成的。但是，《史记·孝景本纪》也绝非司马迁初作原貌，因为司马迁在《太史公自序》和《孝景本纪》的“太史公曰”中两次申明了“七国之乱”这一史实主题。

如此，唯一的解释就是《史记·孝景本纪》被人为地删改过了，尤其是有关“七国之乱”的内容，这才导致了《史记·孝景本纪》对“七国之乱”记载的缺失，并表现出了近似于纯编年体的记述方式。

那么，是否正如东汉卫宏和三国王肃所言，就是汉武帝对《孝景本纪》做了删改呢？

要回答这个问题，我们需要结合《孝武本纪》来看。

《孝景本纪》和《今上本纪》是被汉武帝删掉了吗

司马迁在《太史公自序》中说：“汉兴五世，隆在建元，外攘夷狄，内修法度，封禅，改正朔，易服色。作今上本纪第十二。”

① 徐朔方：《徐朔方集》第五卷《文史·创作》，杭州，浙江古籍出版社，1993，第133—137页。
② 徐复观：《两汉思想史》第三卷，北京，九州出版社，2014，第450页。

这段文字透露出三点信息：一是司马迁肯定为汉武帝作了本纪；二是本纪的内容涵盖了汉武帝时代文治武功的诸多方面；三是本纪的篇名是《今上本纪》。

然而，将司马迁的创作主旨与现存的《孝武本纪》作对比，我们就会发现根本就是驴唇不对马嘴。首先，《孝武本纪》的篇名就是错的；其次，《孝武本纪》除了开头六十字内容外，其余部分均和《封禅书》大量重合，都是在讲神鬼之事；最后，根据学界的考证，司马迁的卒年是在汉武帝驾崩之前，司马迁生前是不可能得知汉武帝死后的谥号的，所以他根本不可能以《孝武本纪》为篇名。

这些也就成为《孝武本纪》非司马迁原作的铁证，这一看法也得到了绝大多数学者的认同。

可见《今上本纪》的命运要比《孝景本纪》更为凄惨，那么，究竟是不是汉武帝删改了这两篇本纪呢?

按照东汉卫宏和三国王肃的说法，司马迁写完《史记》之后，汉武帝取来翻阅，发现了其中有很多不好的记载，便“削而投之”，有关景帝和武帝的两篇本纪也就被人为地删掉了。

这个解释看上去似乎很合乎情理，但是，要证明汉武帝确实删除了《孝景本纪》和《今上本纪》，证据其实并不充足，甚至有很多难以自圆其说的漏洞。

首先，《孝景本纪》是部分被删除，而《今上本纪》则是通篇被删。汉武帝如果真的对司马迁的记述不满，他没必要还对《孝景本纪》有所保留，可谓多此一举。

其次，司马迁在《史记》中暗讽和非议当朝朝政的段落处处可见，《封禅书》《平准书》以及《酷吏列传》等篇目，都有颇多讥讽之语，为何汉武帝只删除了《孝景本纪》和《今上本纪》中的内容?

再次，卫宏和王肃都说司马迁是因言获罪，被汉武帝投入狱中而死，但是《汉书·司马迁传》对此并无记载，并且明确表示司马迁在经历李陵之祸后被处以宫刑，然后担任中书令，地位更是“尊宠任职”，从未有杀身之祸一说！

最后，司马迁撰述《史记》只是私人行为，既非其主业，也并未公开，更没必要递交当朝皇帝审阅。

因此，《孝景本纪》和《今上本纪》两篇的缺失，包括其他诸多篇目的缺失，恐怕都和汉武帝没有直接的关系。

事实上，司马迁撰述《史记》一直都是私下进行的，他真正的主业是掌管国家天文历法，主持修订《太初历》，知道他写《史记》的人并不多。《史记》真正得以对外公开，是在汉宣帝时期，由司马迁的外孙杨恽向朝廷进献。

班固的《汉书·司马迁传》用六千七百多字来记述司马迁的生平事迹，但是大部分篇幅都是照抄《报任安书》中的内容，真正有关司马迁生平的记述其实并不多，司马迁遭受宫刑后的经历几乎是一片空白，他的生卒年也成为后世难以解开的谜题。

这说明什么？这就说明，司马迁在汉武帝时代只是一个普通得不能再普通的官员，没有人会关心他的人生履历和喜怒哀乐，包括他的生卒年。

如果司马迁撰述《史记》的行为是对外公开的，并且还因为秉笔直书而惹怒了汉武帝，最终因言获罪而死，那么他的履历就绝对不会如此简单，至少他的死期是可以明确的。然而，班固和我们一样都不知道司马迁的更多事迹，也不知道他的卒年，班固甚至因为无事可叙而大量摘抄《报任安书》中的内容。

因此，笔者认为汉武帝恐怕根本就没有看过《史记》，更不知道司马迁继承父志要撰述《史记》以实现其“究天人之际，通古今之变，成一家之言”这样的宏愿。

是谁删改了《史记》

那么，《孝景本纪》和《今上本纪》究竟是因何被删改的呢？笔者认为，这两篇本纪的缺失存在两种可能。

一种可能是在汉宣帝时代被删改的。

汉宣帝刘询本名刘病已，他刚出生数月不久，就遭遇了“巫蛊之祸”。他的祖父戾太子刘据自杀，他的父亲刘进也死于非命，襁褓中的刘病已得以幸免，但是却被降为平民，一直到汉武帝驾崩，他才得以恢复宗室的身份。之后，霍光辅政，把持权柄，在汉昭帝驾崩之后迎立刘贺为帝，旋即废黜，另立刘病已为帝，是为汉宣帝。

汉宣帝出身平民，而且是靠着霍光才登上皇位的，因此他的内心极度空虚。故而他对汉武帝极力尊崇，因为他是戾太子之孙，从法理上讲，他承继的是汉武帝的法统，而非此前称帝的汉昭帝的法统。

汉宣帝即位之初，就大肆称颂汉武帝的功德，并为其立庙乐。当时的长信侯夏侯胜当庭指斥汉武帝穷兵黩武，搞得天下虚耗，赤地千里，国家元气至今未复，不应该给汉武帝立庙乐。但是夏侯胜的奏议并没能阻拦汉宣帝，他也被汉宣帝打入大狱。汉宣帝在全国范围内给汉武帝立庙，只要是汉武帝巡行过的地方都要立，并且给汉武帝上了世宗的庙号。事实上，汉武帝的很多弊政在当时已是公论，批评之声不在少数，但汉宣帝还是执意要尊崇汉武帝的地位，其根本目的就是要强化自己的皇权合法性。

而杨恽恰恰就是在这个时候将外公司马迁的《史记》公布于世，《史记》中那些针对汉武帝讥讽的文辞自然也就进入了汉宣帝的视野，汉宣帝下令删除《今上本纪》自然也就顺理成章了，同时又部分删改了《孝景本纪》。

当然，在汉宣帝这段时期，《史记》中的其他篇目也有不少篇目也因人为或非人为的因素而散失，这才有了西汉后期褚少孙、冯商等人的补写。

另一种可能是在东汉初年被删改的。

根据《后汉书·杨终传》中的记载，在汉章帝时代，担任校书郎的杨终曾受诏将五十二万余字的《史记》删成了十多万字。这可以看作东汉官方有计划地修订《史记》的政府行为。

地方大员同样也参与了对《史记》的删改。根据《隋书·经籍志》的记载，在东汉光武帝时代，担任桂阳太守的卫飒用分门别类的方式对《史记》进行删节，最后编成了十卷本的《史要》。

可见，在东汉初年，从朝堂到民间都兴起了一股删改《史记》之风，这一系列的删改行为注定造成了《史记》文本的佚失，而《孝景本纪》和《今上本纪》就很可能就是在这一时期佚失的。

那么，东汉初年政府为何要大规模删改《史记》呢？

西汉末年，王莽篡政，而刘秀崛起于汉末乱世之中，最终重建了大汉王朝，历史也进入了东汉时期。出于现实政治的需要，东汉朝廷迫切需要宣扬自己政权的合法性，以尽快消除王莽时代不利于汉朝的舆论影响。因此，东汉初年就出现了一种“宣汉”的社会思潮。

东汉和西汉只是我们后人为了以示区别才这么称呼的，其实这两个王朝是一脉相承的，都是汉。东汉统治者要宣扬自己政权的正统性，就注定也要宣扬西汉政权的正统性，宣扬汉朝是受命于天，宣扬自刘邦时代以来的皇朝功业。东汉思想家王充就在《论衡》中创设了《宣汉》《恢国》《须颂》等篇章，对汉朝功业作了高度的赞扬，并提出“大汉之德不劣于唐、虞也”。唐和虞就是尧和舜，就是说西汉时代取得的功德和政绩不逊于上古时代的尧舜。

在这种“宣汉”思潮的影响下，宣扬汉朝功业的《汉书》诞生了，同时也出现了对《史记》的大幅删改行为。汉明帝有一次跟班固、贾逵等人讨论时，就明确提出司马迁创作《史记》是“反微文刺讥，贬损当世”[①]。到东汉末年，司徒王允也明确指斥司马迁的《史记》是“谤书”[②]，王允实际上也是代表了东汉自明帝时代以来的官方思想。

历史学家雷家骥指出：“明帝时代正是官方意识及欲控制史学表现得最强烈之时。”[③]而这种东汉朝廷对史学控制的最主要的两点表现就是，一方面大肆删改讥讽西汉国政的《史记》，另一方面大力支持班固家族撰写颂扬汉朝功德的《汉书》。从这里我们也可以看出，《史记》和《汉书》所采取的是两种完全不同的书写历史的立场。

这就是关于《孝景本纪》和《今上本纪》被删改原因的两种可能性猜测。

不过，在这里我还想提另外一种观点，这个观点是学者李长之提出的，他在《司马迁之人格与风格》一书中有这样一段论述：

可知假若要作《武纪》的话，原重在他的封禅（改朔、易服是随着来的），所以我疑心：焉知道司马迁不是故意地重钞一份《封禅书》，作一个最大的讽刺的？意思是：“瞧吧，你自以为武功了不得，其实你一生也不过只是被一些方士所愚弄罢了，你虽然也偶尔觉悟，但是像吃鸦片一样，不知不觉就又为方士的胡话所诱惑了！”试想，除了司马迁之外，谁敢在同一部书里把同一篇文章再钞一遍？除了大讽刺家司马迁之外，谁又会这样幽默而痛快？补书的法子尽多，哪有在同一书里找出一篇现存的东西来顶替的？[④]

---

①《全后汉文》卷三《明帝》。

②《后汉书·蔡邕列传》。

③ 雷家骥：《中国古代史学观念史》，北京，北京师范大学出版社，2018，第237页。

④ 李长之：《司马迁之人格与风格》，天津，天津人民出版社，2015，第135—136页。

李长之的观点认为，我们今天所看到的《孝武本纪》其实就是司马迁的原作，司马迁故意重抄《封禅书》，用这种办法来讽刺汉武帝迷信鬼神之说的荒唐行为。并且他还继续推论，认为补书的方法何其之多，为何却偏偏要用暗含讥讽之意的《封禅书》来补《孝武本纪》呢？这就更进一步说明，这篇《孝武本纪》绝不是后人补写的，就是司马迁的原作，这也体现了司马迁特立独行的撰史风格。

李长之的这个推论非常有趣，而且让人脑洞大开，逻辑上也完全说得通。不过，这仍然是基于推理之上的一种猜测，缺乏确凿的实证。笔者对此不作过多探讨，就留给读者朋友们作为茶余饭后的思考吧。

《孝景本纪》《孝武本纪》（下）：汉武帝的神鬼世界

史记纪事的讫止年限

关于《史记》所记述的历史起讫年代，很多人应该都知道，是从传说中的黄帝到汉武帝共三千多年的历史。但是，这种断限还是过于笼统了，要知道司马迁的卒年一般被认为是在汉武帝驾崩之前的，因此，司马迁自然是不可能把整个汉武帝时代的历史都写进《史记》中的。

那么，新的问题也就接踵而来了，汉武帝在位长达五十五年，《史记》记事的年代下限具体是到汉武帝时代的哪个时间节点呢？

关于这个问题，《史记·太史公自序》中其实就已经给了答案。但是颇为诡异的是，司马迁竟然在同一篇文章里给出了两种完全不同的答案。

一种说法是“于是卒述陶唐以来，至于麟止，自黄帝始”，同篇中的另一种说法是“余述历黄帝以来至太初而讫，百三十篇”。

对此，古往今来许多学者对此都作了探讨和分析，最令人信服的解释出自历史学家顾颉刚。顾颉刚在其《司马谈作史》中认为，自陶唐至于麟止的断限为司马谈的计划，而起黄帝至于太初的断限是司马迁发展了其父的计划。[①]顾颉刚的这种看法，得到了后来许多学者的赞同，张大可、赵生群等学者又将这一观点作了进一步的补充和扩展。[②]

《太史公自序》中所谓的“麟止”，指的是汉武帝元狩元年（前122年）在巡行途中获得白麟一事，故改年号为元狩。《汉书·五帝纪》对此记载道：“元狩元年冬十月，行幸雍，祠五畤。获白麟，作《白麟之歌》。”

对太史公司马谈而言，他一生最大的遗憾就是没能随同汉武帝参与封禅大典，而麒麟在古代被认为是“太平之兽，圣人之类”[③]，具有极为重大的政治意义，故而他把“获麟”看得极为重要。

而且，除了麒麟本身被古人视作象征和平安定的祥瑞之外，“获麟”还具有另外一层特殊的文化内涵。当年孔子作《春秋》，就是讫于鲁哀公十四年（前481年）“西狩获麟”，司马谈亲历了汉武盛世，他隐隐约约意识到，这或许是上天暗示他继承孔子作《春秋》的遗志。因此，在司马谈的眼中，“获麟”绝不仅仅只是祥瑞，更是他比照孔子作《春秋》而撰述《史记》的精神动力之源。

司马谈在临终之前就曾对儿子司马迁说：“自获麟以来四百有余岁，而诸侯相兼，史记放绝。今汉兴，海内一统，明主贤君忠臣死义之士，余为太史而弗论载，废天下之史文，余甚惧焉，汝其念哉！”大意是，孔子作《春秋》写到“获麟”就没有再写了，从“获麟”到现在的四百多年时间里，诸

① 顾颉刚：《史林杂识（初编）》，北京，中华书局，1963，第226页。

② 张大可：《〈史记〉断限考略》，《西北大学学报》（哲学社会科学版），1983（02）；赵生群：《关于〈史记〉的两个断限》，《兰州大学学报》，1983（02）；吴汝煜：《关于〈史记〉的著述目的、断限及其他》，《徐州师范学院学报》，1983（02）。

③ 裴骃：《史记集解》。

侯相互兼并，史书丢弃殆尽，如今汉朝兴起，海内统一，我们可不能废弃修史的传统，你必须谨记在心。

司马谈的这番话，着重强调了孔子所记述的“获麟”一事，他其实就是认为从前一次“获麟”到如今的“获麟”是冥冥之中的天意安排，因此他要效仿和延续孔子作《春秋》，也要把《史记》记述到汉武帝“获麟”为止。因此，我们可以这么说，司马谈把《史记》的下限定在“至于麟止”，是隐含了司马谈作史的深刻用意的。

当然，司马谈并没能真正完成《史记》，撰述《史记》的接力棒很快就交到了其子司马迁的手中。

相比于其父司马谈，司马迁其实没有那么迷信鬼神和祥瑞，他也并没有把继承《春秋》遗志当作毕生使命。在司马迁眼中，他所撰述的《史记》和《春秋》也是完全不同的。他在与壶遂的谈话中就说：“余所谓述故事，整齐其世传，非所谓作也，而君比之于春秋，谬矣。”司马迁的撰史态度是极为鲜明的，立场也很坚定，他的《史记》绝不是用来比照孔子《春秋》的。

在司马迁的眼中，汉武帝“获麟”事件的意义远远不如后来的太初改历的意义重大，太初改历真正标志着汉朝统治者“受命”的正式完成。司马迁亲身参与了太初改历，制定了历法《太初历》，这也是司马迁人生中除了撰述《史记》之外最大的历史功绩。有关汉武帝太初改历的经过，《汉书·律历志》作了详尽的叙述。

太初改历在汉武帝“获麟”之后，司马迁亲身参与了太初改历这一最值得他纪念的历史大事，他又怎能按捺得住心底的激动，仅仅将历史记述到汉武帝“获麟”时就停笔呢？所以，司马迁实际上是“违背”了其父司马谈的撰史初衷，对司马谈计划记述的历史起讫时间作了一定程度上的扩展。

事实上，《太初历》的制定在当时和后世确实意义重大。它是中国古代历史上第一部有完整文字记录的历法，也是当时世界上最为先进的历法，对后世历法的演变和修订有着奠基性的意义。比如，以正月为一年之首、置闰法、设二十四节气，这些都是由《太初历》确立的。

创设年号和改定立法

汉武帝举行封禅和颁行《太初历》，这两件大事在历史上虽然有各自不同的影响，但是汉武帝做这两件事的初衷其实都是一样的，就是为了追求长生。

汉武帝对长生之术的迷信达到了无以复加的地步，用《史记》的话来说就是“尤敬鬼神之祀”。为了实现这个终极目的，汉武帝采取了一系列措施。事实上，封禅和改历只是汉武帝追求长生而采取的一系列措施中的两项而已，他还采取了其他一些措施，其中一个非常重要的措施就是推行年号。

年号在中国历史上是一个有着悠久历史传统的纪年习惯，年号其实就是由汉武帝创设的，这是学界所公认的，也是一个基本的文史常识。

但是，我们对年号的创设问题长期以来存在一个很大的误区，就是我们会习惯性地认为汉武帝创设的第一个年号是建元（前140年—前135年），是他刚一登基（前141年）就宣布创立建元年号的。这一认识误区不仅存在于今人的观念中，也存在于古人的观念中。比如《汉武故事》[1]一书就说刘彻是“年十四即位，改号建元”。

这种认识对吗？显然是错误的。实际上，汉武帝即位之后的很长一段时间，只是在沿袭文景时代的纪年方式，这一时期的年号都是后来汉武帝真正创设年号的时候才追记的。那么，汉武帝究竟是在什么时候创设年号的呢？

先大致看一下汉武帝时代的年号。

第一个年号叫建元（前140年—前135年），用以表示使用年号的开始，共使用了六年。

---

①《汉武故事》属于笔记类小说，作者及创作年代不详，旧本伪题班固所撰述，一般认为不早于魏晋，内容多荒诞不经，多与《史记》《汉书》相出入。

第二个年号叫元光（前134年—前129年），因为天上出现了彗星，所以得名元光，共使用了六年。

第三个年号叫元朔（前128年—前123年），可能是因为这六年里最重大的政治事件是经营朔方郡，也可能是因为这期间出现了“朔旦冬至”这个罕见的天文现象，所以得名元朔，共使用了六年。

第四个年号叫元狩（前122年—前117年），因为发生了极为重要的“获麟”事件，所以得名元狩，共使用了六年。

第五个年号叫元鼎（前116年—前11年），因为在汾河上出土了宝鼎，所以得名元鼎，共使用了六年。

第六个年号叫元封（前110年—前105年），因为汉武帝封禅了泰山，所以得名元封，共使用了六年。

从建元到元封有三十六年，在这年号的六次变更中，可以看出三个特点：第一，每个年号都使用了六年；第二，年号都带有“元”字；第三，年号都和祥瑞有关，每个年号的时代都发生了与之相关的重大祥瑞事件。

每个年号都被赋予了如此重大的符谶意义，而且如此整齐，特点鲜明，这是历史的巧合吗？显然不是，这一切都是有意为之的，是汉武帝后来追记的。

至于汉武帝是在什么时候创设并真正使用年号，历代学者对之争论已久。比较多的观点是“元狩说”或者“元鼎说”，也有的观点认为是在封禅泰山之时，也就是“元封说”，更有小部分意见仍然坚持“建元说”，以及近年来兴起的“太初说”，可谓众说纷纭。①

上述观点，笔者比较认同的是“太初说”，我认为应该把汉武帝创设年号一事和他泰山封禅、太初改历两件事结合起来看。

① 郭培培：《汉武帝年号与封禅关系探析》，《渭南师范学院学报》，2021，36（01）。

在太初改历之前，汉朝实行的依然还是前代的秦历，也就是《颛顼历》。《颛顼历》以十月为岁首，并且秦朝以六为尊，以六年为一纪，六六正好是一个圆合和始终，同时也代表着旧时代的结束。而经过太初改历之后，汉武帝先后使用了太初（前104年—前101年）、天汉（前100年—前97年）、太始（前96年—前93年）、征和（前92年—前89年）、后元（前88年—前87年）几个年号，改元已经不再遵循此前以六年为一纪的规律，完全脱离了此前的形式，这就可以看作年号制度真正确立的重要标志。

所以，伴随着新历法的制定，汉武帝也对整个纪年体系以及正朔、服色、宗庙、礼仪等都做了全方位的重大更改，从而使得这一系列制度成为万世之典，垂于后世。而且，年号和历法本就有着极为密切的关联，二者都用于纪年记事，年号纪年应该是与《太初历》相辅相成的改革措施之一。[①]

《太初历》和年号纪年，确实如汉武帝所设想的那样成了垂于后世的两项制度。《太初历》所奠定的以正月为岁首和“二十四节气”的历法原则一直保留到了今天。而年号纪年则一直沿用了清朝灭亡，并且影响到了东亚周边其他国家，朝鲜半岛、日本和越南在历史上都使用过年号纪年。尤其是日本至今仍在沿用此法，2019年4月1日日本就颁布了新年号“令和”。

然而，无论是封禅泰山，还是太初改历，以及采用年号纪年并追记前代年号，汉武帝所实行的这一系列措施的目的都是一致的，就是追求长生，这也是汉武帝最为关心的。

在决定推行《太初历》和采用年号纪年之前，汉武帝就已经有了周详的计划，他在诏书里就明确表达，自己做这一切都是出于“盖闻昔者黄帝合而不死”这个终极目的。[②]这里所谓的“合而不死”，就是通过封禅泰山、改定新历和推行年号来使自己成仙长生。

---

① 辛德勇：《建元与改元：西汉新莽年号研究》，北京，中华书局，2013，第56—69页。
②《史记·历书》；《汉书·律历志》。

如何通过正史了解汉武帝时代

虽然《孝武本纪》的内容主要是从《封禅书》中照搬而来的，但是司马迁对汉武帝时代历史的记录还是非常丰富的。

如果我们今天想通过《史记》来了解汉武帝时代的历史，《孝武本纪》显然是不适合去阅读的。那么，我们应该怎么去读《史记》呢？

司马迁在《史记·太史公自序》中对汉武帝时代的历史作了提纲挈领的总结，即“外攘夷狄，内修法度，封禅，改正朔，易服色”。其中，“封禅，改正朔，易服色”是司马迁基于当时的历史环境所总结出的他认为是武帝时代最重要的历史事件，是古代王朝正统观念下的历史产物，这也是古代传统史观的局限所在。同时，司马迁的另外两点总结也十分精准，这就是“外攘夷狄”和“内修法度”。

关于“外攘夷狄”，我们可以去阅读《史记》中的《匈奴列传》《卫将军骠骑列传》《李将军列传》《韩长孺列传》《南越列传》《大宛列传》《东越列传》《朝鲜列传》《西南夷列传》。

关于“内修法度”，我们可以去阅读《史记》中的《平津侯主父列传》《儒林列传》《酷吏列传》《河渠书》《平准书》。

这些篇目的文章都是既有肯定的，也有批评的，既反映了汉武帝时代功业兴隆的一面，同时也指出了其存在的诸多问题。

当然，我们也不能遗漏另一部正史著作，这就是《汉书》。关于汉武帝时代及其之后的更多历史，将留待在下一章《汉书》的部分来讲述。

“十表”“八书”（上）：历史的千年之变

《史记》中的“十表”，包括《三代世表》《十二诸侯年表》《六国年表》《秦楚之际月表》《汉兴以来诸侯王年表》《高祖功臣侯者年表》《惠景间侯者年表》《建元以来侯者年表》《建元以来王子侯者年表》《汉兴以来将相名臣年表》。《史记》中的“八书”，包括《礼书》《乐书》《律书》《历书》《天官书》《封禅书》《河渠书》《平准书》。

被忽视的“表”和“书”

《史记》的体例有本纪、世家、列传、表和书这五种，我们通常也称之为“五体”。本纪、世家和列传我们都很熟悉，很多流传千古的名篇都出自其中，但是作为《史记》重要组成部分的表和书，很多读者恐怕就不太了解了。

在我们常见到的《史记》读本中，表和书都是常常被忽略的。尤其是表的部分，除了一些专业古籍有比较详尽的记录外，市面上绝大多数的《史记》版本往往是直接略过的。这就直接导致一个怪现象——大家都知道《史记》中有“十表”“八书”，但是具体是什么内容，大家就普遍“只闻其声，未见其貌”了。

我们知道，《史记》是纪传体史书，开创了以纪传体撰史的先河。这样说当然是没有错的，几乎所有的书本也都是这么写的，但是我们是否想过，我们把《史记》称作纪传体，其实主要针对的就是《史记》中本纪、世家和列传这三部分，表和书的部分能算纪传体吗？

答案是显而易见的，表和书的部分并不能被规纳入纪传体的范畴。

事实上，当我们把《史记》称作纪传体史书的时候，我们在潜意识里其实就已经自动忽略了《史记》中表和书的重要性。

因此，从更为严谨且苛刻的角度来说，《史记》其实是纪传体和表志体这两种体例的结合，或者称之为纪传表志体，单纯把《史记》称作纪传体其实是有些笼统和片面的。

通古今之变

先来说“十表”。

在写给好友的书信《报任安书》中，司马迁明确指出了他撰述《史记》是为了实现自己“究天人之际，通古今之变，成一家之言”的伟大理想。而“通古今之变”可称得上是司马迁撰述《史记》的指导思想，而最能体现这一思想理念的就是《史记》中的“十表”。

为什么这么说呢？因为司马迁在“十表”中完全打破了以朝代和历史人物为主体的叙事方式，把从传说中的黄帝到汉武帝三千多年的历史变迁都浓缩在了“十表”中，给人一种提纲挈领的大历史的观感，这在其他体例（本纪、世家、列传）中是看不到的。

事实上，《史记》中的“十表”整体要表达的就是一个字——变。

司马迁在“十表”中考察了春秋战国时期、秦统一、楚汉战争、汉朝早期郡国制度等方面的变化过程，指出这些变化是历史发展的大势所趋。

首先来说《三代世表》。值得注意的是，这是“十表”中唯一的一篇世表，这也就意味着上古三代的历史是没有年数的，只有世系。而在后面的表中，都是有具体的时间线的，或是年数，或是月数。年代无疑是研究历史的最基本的线索和依据。

实际上，司马迁掌握很多有关黄帝以来年数的资料，但是他却发现，这些资料相互间是冲突的、矛盾的，根本就对不上。于是，司马迁就作了这样一个大胆而激进的决定，那就是只记录世系，不记年数。

司马迁这么做是很有魄力的，因为追求完美、追求完整是很多人与生俱来的天性，史学家也不例外。即便司马迁随意采用一种史料记录下上古三代时期的年数，后人恐怕也很难批评责难司马迁，因为我们后人不可能掌握比司马迁更为丰富的历史材料。但是，司马迁却克制住了追求完美这种人的本能和天性，并且在《三代世表》中坦言自己对他所掌握的材料感到怀疑，他最终选择了留给世人一片空白。

历史学家顾颉刚就说："司马迁作《史记》，最足表见其截断众流之魄力者，厥惟《三代世表》。"[①]事实上，顾颉刚对很多黄帝时代历史的不采信，很大程度上就是源自他对《三代世表》中序言的理解。[②]

司马迁在《三代世表》中所要表达的就是，在漫长的历史进程中，历史都有一个从模糊到清晰的演变过程，也就是从传说时代转变到信史时代，而这一转变中的关键性的标志就是有明确的纪年，具体而言就是我们所熟知的共和元年，即公元前841年。这是司马迁在《三代世表》中所要表达的"变"的第一点。

《三代世表》之后是《十二诸侯年表》和《六国年表》。在《十二诸侯年表》中，司马迁着重要表达的就是从共和行政以后周王室逐渐衰落到诸侯崛起争霸中原这一历史巨变；在《六国年表》中，司马迁则着重强调了秦统一六国的历史必然性，秦的统一是天时、地利、人和等多方面因素演变而成的历史结果。

然后"十表"中最特殊的是《秦楚之际月表》。这篇表记录的是秦二世元年七月陈涉起义到汉五年后九月之间发生的历史大事，八年之间天下巨

---

① 顾颉刚：《史林杂识（初编）》，北京，中华书局，1963，第234页。

② 李凭：《黄帝历史形象的塑造》，《中国社会科学》，2012（03）。

变，因而司马迁舍弃了以年份为单位作表，而改以月份为单位记述，所要表述的就是秦末汉初之际风云骤变的历史。

另外，司马迁把秦末汉初这段历史称作“秦楚”，而不是“秦汉”，有人认为这是司马迁刻意贬汉尊楚。事实上，从秦二世篡位执掌秦朝大权到大汉开国，真正的天下大权就是在秦和楚之间交替的，而秦末起事的陈涉、楚怀王、项梁、项羽，乃至包括刘邦本人，其实都是打着楚国的旗号起事反秦的，这并不能说司马迁就有刻意贬汉的意味。

对司马迁影响最大同时也是让他感受最深的，无疑就是汉代历史。因为这段历史对司马迁而言相当于是近代史和当代史，而接下来的六篇表文都是关于汉元年以后的历史的。

这六篇表文，集中所要体现的就是从先秦时代的分封制到汉初以来的郡国并行制，再到封国势力越来越弱的演变历史，也就是汉兴以来中央集权不断巩固和加强的历史。

《汉兴以来诸侯王年表》记录的是汉元年到汉武帝太初四年（前101年）各异姓诸侯王国和同姓诸侯王国的发展变化；《高祖功臣侯者年表》记录的是汉高祖时期分封列侯的情况；《惠景间侯者年表》记录的是汉惠帝到汉景帝时期分封列侯的情况；《建元以来侯者年表》记录的是汉武帝建元元年（前140年）至太初年间分封列侯的情况；《建元以来王子侯者年表》记录的是汉武帝接受主父偃建议实行“推恩令”，分封诸侯王之子为列侯的情况。

最后还有一篇是《汉兴以来将相名臣年表》。这篇表文一直以来都被怀疑是后人补作的，因为它记录了从汉高祖至汉成帝鸿嘉元年（前20年）之间发生的历史大事及将、相、御史大夫的任免情况，这些内容显然不可能完全是司马迁一人写成的。而且，这篇表文没有太史公的序言，这就更让人相信这篇表是有残缺的。

《汉兴以来将相名臣年表》还有一点特殊的是，文中出现了不少的倒文，共计68条408字。所谓倒文，就是倒着写的文字。后世有些学者注意到了这一点，并认为这是司马迁的独创，并且有其特定的喻旨。不过，在笔者看来，本篇出现的倒文现象应该并非司马迁有意为之，更谈不上有什么喻旨深意，最有可能造成这一现象的原因，或许是活字印刷流行之后因校对不精编排错乱所致。所以，如果有读者阅读《史记》发现有倒文，千万不要以为印刷质量有问题，那样就真的是冤枉出版社和印刷厂了。

命运多舛的“八书”

说完“十表”，再来说“八书”。

《史记》中的“八书”，可以看作八个不同视角的制度史和专题史，它要讲述的就是具体某一项制度的源流和变迁。可以说，《史记》中的“八书”开创了后世典志体的先河。

“表”的体例在后世正史中能见到的不多，但是由“书”发展而成的“志”却在正史中屡见不鲜。因此，“八书”对后世的影响力以及世人对它的关注程度，都要比“十表”高很多。

从学术传承的角度来说，司马迁创作“八书”的初衷很有可能源于《尚书》。

首先，不是所有古代典籍都可以称作“书”的，一般称“书”都是指《尚书》。俗语云“尽信书不如无书”，这里的“书”就是特指《尚书》。司马迁用“书”来做题名，显然是在向《尚书》致敬。其次，“八书”所涉及的制度原型其实都出自《尚书》中的《尧典》[①]《禹贡》这两篇。[②]

对此，梁启超进一步引申认为：“其八书详记政制，蜕形于《尚

① 包括后来从《尧典》中分出来的《舜典》。

② 范文澜：《范文澜全集》第二卷《正史考略》，石家庄，河北教育出版社，2002，第18页。

书》……纪传体中有书志一门，盖导源于《尚书》，而旨趣在专纪文物制度。”在梁启超看来，虽然开创典志体先河的是《史记》中的“八书”，但是典志体真正的源头恐怕是《尚书》。①

司马迁在《太史公自序》中说：“礼乐损益，律历改易，兵权山川鬼神，天人之际，承敝通变，作八书。”这可以说是司马迁对“八书”内容的核心概括。

“礼乐损益”指的是《礼书》和《乐书》；“律历改易”指的是《律书》和《历书》；“山川鬼神”指的是《河渠书》和《封禅书》；“天人之际”指的是《天官书》；“承敝通变”指的是《平准书》；这就是我们现在所看到的“八书”。

但是，细心的读者或许会发现，“八书”似乎漏掉了一个很重要的内容，这就是《太史公自序》中所说的“兵权”。后世学者也注意到了这一点，唐代学者司马贞就认为，《史记》中的“八书”应该还有一篇《兵书》，而《兵书》已亡，后世所看到的《律书》和《历书》其实是被拆分出来的，原作应当是《律历书》。

司马贞的解释有道理吗？很有道理，他提到的这种可能性是非常大的。

本书已经多次提到《太史公自序》的文献价值了，它完全可以看作司马迁撰述《史记》的一个提纲，他对《史记》的每个篇章都作了提纲挈领的主旨概括。因此，司马迁既然已经明确强调“八书”中会有“兵权”的内容，那么他一定是将《兵书》撰述完成了的。但是现存的《史记》篇目中却没有，解释只有一个，那就是《兵书》已经在历史的漫漫长河中散失掉了。

而且，司马迁对军事有着十分深刻的理解，在《史记》其他篇目中他也多次谈及兵事，还为很多军事将帅立有列传，单独写一篇《兵书》是十分符

① 梁启超：《中国历史研究法》，上海，上海古籍出版社，2006，第23页。

合司马迁的撰述风格的。然而，我们今天从篇名上却看不到《兵书》，很可能是在历史上亡佚了。

不过，也有另外一些学者认为，我们今天所看到的《律书》里本身就有不少有关兵事的记录，尤其是序言中处处言兵，所以《律书》恐怕本名就是《兵书》，《律书》的名字是后人改的。[①]这种观点也有其合理性，因为我们通观《律书》会发现，其内容既言律又言兵，前后不一，两部分内容又不甚关联，更像是把两篇内容不同的文章杂糅在了一起。[②]

不论哪种观点，有一点是可以确定的，“八书”的本来面貌已经无法还原了，尤其是《兵书》《律书》《历书》。

比较遗憾的是，现存的“八书”有一半都存在亡佚的情况。除了上面提到的《律书》和《历书》之外，为首的《礼书》和《乐书》也都在历史上亡佚了，而且亡佚得更为彻底，正文已经完全不存，能确定的只有序言是出自司马迁的手笔。

《礼书》讲的是礼仪的沿革及作用，如今我们所看到的《礼书》是后人从《荀子》中摘录补充过来的。而《乐书》讲的是音乐的沿革及作用，如今我们所看到的《乐书》也是后人从《礼记》中摘录补充而来的。

《礼书》和《乐书》的具体内容现在已经无从详考了，但是这里有个值得探究的问题，就是司马迁为何要把《礼书》和《乐书》放置在“八书”之首。

这就要说说司马迁对礼乐的态度了。司马迁是痛恨苛法的，因此他在论及商鞅以及秦法之时，都是持批判态度的。相对应的是，司马迁盛赞孔子作《春秋》恢复礼乐秩序的历史贡献，还把孔子列入“世家”中。因此，司马迁的态度是显而易见的，那就是他认为礼乐才是治国大道，他欣赏和憧

---

① 余嘉锡：《太史公书亡篇考》，收录于《余嘉锡论学杂著》，北京，中华书局，2007，第1页。
② 张黎黎：《简析〈史记〉“八书”残缺与补缺问题》，《边疆经济与文化》，2010（08）。

憬《周礼》中的理想社会，故而将《礼书》和《乐书》放置在了“八书”之首。

在司马迁看来，律和历是事物阴阳的两面，即“律居阴而治阳，历居阳而治阴”，因此，《律书》和《历书》本为一篇是极有可能的。这其中，司马迁重点讲述的就是汉武帝推行《太初历》的事情。

“十表”“八书”（中）：从神学到人学

天人之学

接下来就是有关“天人之际”的《天官书》和《封禅书》了。

《天官书》为何取名“天官”呢？“天官”其实指的就是天上的星宿，古人认为天上的星宿和人间的君臣之间存在对应关系，所以就把星宿看作人世间的官位，称之为“天官”。也正因如此，天文学在古代也就被称作“天官学”。

《天官书》恐怕是《史记》里最难理解的篇章之一了。清代学者钱大昕就认为，《天官书》的文字过于古朴深奥，恐怕并非出自司马迁的手笔，而是得于“甘、石之传”，也就是我们今人所称的《甘石星经》。[①]

这里要稍微说一下《甘石星经》。《甘石星经》其实是两部书的合称，即《甘经》和《石经》，作者分别是齐国人甘德和魏国人石申。《甘石星经》是中国古代的一部天文学专著，是世界上最早的天文著作。不过遗憾的是，《甘石星经》在唐朝以后就在历史上失传了。今天我们所看到的《甘石星经》，只是保存在唐朝《开元占经》中的《甘石星经》的一些片段。

① （清）钱大昕：《潜研堂文集》（卷三十四）。

司马迁在撰写《天官书》时，肯定多多少少受到了《甘石星经》的影响。《甘石星经》在西汉时代也是有流传的，但是这并不能说《天官书》的内容就是照搬取材于《甘石星经》的。

为什么这么说呢？原因有三点。

第一，天文学在当时属于王室专门之学，司马谈和司马迁父子都是太史令，而太史令的主要职能就是掌管天文历法，身为太史令必然受到专门的天文学教育和训练，而撰述《史记》其实只是他们父子的个人志向和行为。

第二，《太史公自序》中明确提及了太史公司马谈曾向当时的天文学专家唐都学习天官学。

第三，司马迁祖上一直是周朝的太史，有足够的家学积淀。

因此，准确来说，《天官书》可能是司马迁那个时代，天文学领域众多人合力而成的智慧结晶和理论成果，这里面不仅有司马谈、司马迁父子的个人领悟心得，也包含甘德、石申、唐都等天文学家的理论学说，以及《天官书》中还记载了汉代气象学家王朔和占候学家魏鲜的学说①。

事实上，司马迁撰写《天官书》的目的，就是试图把当时流行的各家占星学说进行甄别和综合，这既是他的职责，也是他的个人志向。因此，《史记·天官书》是现存最早的全面系统描述全天星官的著作，也可谓当时的天官学集大成之作。②

《天官书》涉及大量古代天文学的概念和理论。比如我们经常听到的二十八星宿，还有“三垣”“四象”，另外它还总结了星象、方位、季节和五行之间的关系，以及记录了日食、月食、五星等天文现象。

可以和《天官书》相互对读的是“八书”的下一篇《封禅书》。

如果说司马迁创作《天官书》还只是客观地总结当时的天文学理论成就

---

① 陈正宏：《时空：〈史记〉的本纪、表与书》，北京，中华书局，2019，第218—219页。

② 章启群：《星空与帝国：秦汉思想史与占星学》，北京，商务印书馆，2013，第288页。

的话，那么《封禅书》其实就是在讲这种理论和人世间的现实政治之间的相互关联，也就是天人感应。

正所谓“国之大事，在祀与戎”[①]，古人一向把祭祀看得格外重要。既是中国古代最高规格的祭祀活动，同时也是最能代表中国古代祭祀文化的，无疑就是封禅了。

先来说一下什么是封禅。

唐代学者张守节在《史记·封禅书》的开篇注释道：“此泰山上筑土为坛以祭天，报天之功，故曰‘封’，此泰山下小山上除地，报地之功，故曰‘禅’。言禅者，神天也。”[②]

按照这个解释，举行封禅之时，要在泰山上垒一个土堆，用来祭天，这就是“封”；还要在泰山下的一座小山上平出一块地，用来祭地，这就是“禅”。这个泰山下的小山，一般叫梁甫（父）山，所以又有“封泰山，禅梁父”的说法。

“封禅”一词最早就是出现在《史记》里的，《史记》的多个篇章都提及封禅一事。不过，按照《史记·封禅书》中的说法，《管子》一书中有《封禅篇》，这或许是最早记载封禅之事的文献。但是，今本《管子》中并无《封禅篇》。最大的可能是，司马谈、司马迁父子应该是看到过《管子·封禅篇》的，并且加以引用和阐释，但是《管子·封禅篇》在流传中亡佚了。

《管子》中应该是有《封禅篇》的，这从《史记·齐太公世家》中也能得到印证。按照《齐太公世家》中的记载，齐桓公称霸之后想要举行封禅仪式，管仲极力劝阻，齐桓公不听，管仲只好向齐桓公介绍封禅大礼的细节，齐桓公觉得礼节烦琐且奢靡，这才作罢。当然，关于管仲劝阻齐桓公举行封

①《左传·成公十三年》。

②（唐）张守节：《史记正义》。

禅仪式更为详细的内容被记载在了《封禅书》中，并且大篇幅引用了管仲的话，这些内容应该就是出自《管子·封禅篇》的。

按照《封禅书》中所记载的管仲的说辞来看，封禅活动可能在上古时代就已经存在。在管仲的时代之前，历史上已经有七十二帝举行过封禅仪式，不过管仲能列举出来的只有十二帝，而且含糊其词。

封禅的起源应该和上古时代的山神崇拜现象有关，归根结底，封禅是上古时代出现的自然崇拜活动的延伸。又因为泰山在东部平原地区显得异常高耸，给人一种“登泰山而小天下”的感觉，人们觉得通过泰山可以和天地沟通，于是就有了封禅活动。

总体来说，先秦时期的封禅活动史书中记载得并不清楚，包括司马迁自己也不甚明了，但是《封禅书》的内容却并不局限于封禅本身，先秦及秦汉时期的很多求仙、祭祀活动也都一并被记载进了《封禅书》里。

中国古代的封禅活动，有确切可靠的文献记载并且泰山有文物遗迹可寻的，是从秦始皇封禅泰山开始的。司马迁也在《封禅书》中花了大量笔墨来记述秦始皇封禅和汉武帝封禅活动，这也是整篇《封禅书》的重中之重。

不少研究者认为，司马迁的《封禅书》其实是一篇讥讽之作，原因就在于司马迁长篇累牍地记述了秦始皇和汉武帝耽迷神鬼的事情。当然，司马迁不能直接批评汉武帝，他只能用指桑骂槐的办法，通过批判秦始皇封禅而讥讽汉武帝。

司马迁在《封禅书》中就说，秦始皇封禅之后不过十二年，秦朝就覆亡了，这就是“无其德而用事”。事实上，司马迁在整篇《封禅书》中所要表达的深意就是，封禅是国家大典，也是稳固政权的必要举措，但是封禅祭祀都需要以仁德为前提。

司马迁始终把仁德放在首位，他的这一理念在《天官书》中表现得更为明确。在《天官书》中，他先是说道，“国君强大，有德者昌；弱小，饰诈者亡”，后面又说，“太上修德，其次修政，其次修救，其次修禳，正下无之”。

而在《封禅书》中，当写到汉武帝的时候，司马迁的第一句话就是：“今天子初即位，尤敬鬼神之祀。”后来，有人把《封禅书》中有关汉武帝的内容补录到了《孝武本纪》中，这句话也被稍加修改后抄了过去，变成“孝武皇帝初即位，尤敬鬼神之祀。”

这虽然是一个陈述句，表面上看似乎并无褒贬之意，但是一个“尤”字，其实已经淋漓尽致地传达出了司马迁的观点。什么观点？当今天子（汉武帝）尤其崇敬鬼神，言下之意，就是在汉武帝的心目中鬼神祭祀是第一位的，仁德什么的都是在排在鬼神祭祀之后的。司马迁说“太上修德”，德才是第一位的，汉武帝不把修德放在第一位，却把祭祀鬼神放在第一位，这样的做法显然背离了司马迁的政治理念。

可以说，司马迁在创作《封禅书》的过程中，保持了作为一个历史记录者应有的克制和理性。一方面他如实地详载了历代的祭祀情况，以及封禅在国家政治活动中的重要性；另一方面他又用委婉的春秋笔法，暗自讥讽了秦始皇和汉武帝耽迷修仙的荒诞之举。

受时代限制，虽然司马迁并没能摆脱天人感应的思想桎梏，但是他能在汉武帝的集权统治之下敢于发出这样的声音，这无疑是极富有勇气的，也是令世人崇敬的。

汉武帝时代肆虐二十余年的黄河水患是怎样造成的

“八书”中的前面六篇有一个共同点，就是或多或少把关注点放在国家意识形态领域。《礼书》和《乐书》是关于国家礼乐文明的，《历书》和《律书》是关于国家历法的，《天官书》和《封禅书》则是给国家赋予了神性，有一层神学的意味。

但是，“八书”的最后两篇就完全不同了，司马迁的关注点是切切实实的国家根本，是百姓，是民生，是人。具体来说，是关系到国计民生的两个重要方面——水利和经济。

先来说《河渠书》。

《河渠书》是讲水利的，这从篇名上就能看出，“河”就是指黄河，“渠”则是指水渠。

司马迁为何会想到写一篇关于水利史的专著呢？这其实和汉武帝时期发生的一次黄河大决口有关。

早在汉文帝十二年（前168年），黄河就在东郡酸枣县决口了，奔腾的河水冲垮了秦朝时期修筑的千里长堤（当时称作“金堤”）。不过，这次黄河决口并不太严重，汉文帝下令东郡兵卒抢险护堤，最终堵住了黄河决口，水患得以平息。

关于汉文帝时期的这次黄河决口，司马迁只用了极其简短的文字作了记录，但是这次决口却为后来的黄河大决口埋下了隐患。

到了汉武帝元光三年（前132年），在酸枣县以东的瓠（音同“户”）子（位于今河南濮阳市西南古黄河边上），黄河再一次决口了。

《史记·河渠书》记载：“河决于瓠子，东南注巨野，通于淮泗。”黄河决口后，水位不断抬升，洪水向东南流向巨野（今山东巨野县），直注淮河、泗水，河水泛滥，十六郡成了一片汪洋。

黄河决口是天灾，但是治理不当，导致百姓流离失所，这就是人祸了。

面对瓠子决口带来的漫天洪灾，汉武帝当即命大臣汲黯和郑庄主持治水。瓠子决口倒是很快堵住了，可是黄河水患并没有解除，不久之后就又决堤了。

当时汉朝的丞相是汉武帝的舅舅田蚡，他的封邑在鄃（音同“书”），在黄河以北，黄河决口对他不仅没有影响，反而还能让他趁机敛财。田蚡就劝谏汉武帝说，江河决口是上天的安排，我们不能强行堵塞，即便强行堵住了，也是违逆天意。田蚡知道汉武帝迷信鬼神，就串通了汉武帝身边的术士，让这些术士也都帮着他说话。

结果，汉武帝还真就听信了田蚡的这番鬼话，直接放弃了治理黄河，黄河水患也因此肆虐了二十余年。在这二十余年的时间里，很多区域都沦为黄泛区，水涝灾害导致了粮食大规模减产，其中以梁、楚地区粮食减产最为严重，百姓更是流离失所，饿殍遍野。

这是赤裸裸的人祸，而且是长达二十余年的人祸。就因为当朝丞相的一己之私，以及当朝皇帝的昏聩迷信，黄河水患肆虐了二十余年，给国家和百姓造成了不可估量的巨大损失。

到最后，汉武帝意识到黄河水患再得不到根治，将会危及国家的统治，这才假惺惺地亲自来到黄河岸边，隆重地举行了祭河仪式，"沉白马玉璧于河"，黄河堵口工作才算正式开始了。

汉武帝让随从的文武百官都参与到了堵口工程中，群臣百官无不负薪背柴，抢险救灾，这其中就有司马迁。因此，司马迁对汉武帝时期发生的黄河水患是有着切身体会的，正是这种独特的经历和感受让他下决心创作了《河渠书》。

汉武帝在抗洪第一线指挥治水，并且还即兴创作了两首诗歌，用以鼓舞士气，这就是历史上著名的《瓠子歌二首》。这两首诗歌也都被司马迁记录在了《河渠书》里。

对于这场惨烈的人祸，司马迁并没有直接批评汉武帝，但是从字里行间我们完全可以感受到司马迁心中的愤懑和悲痛。

在《河渠书》的论赞中，司马迁说："余从负薪塞宣房，悲瓠子之诗而作河渠书。"《瓠子歌二首》本来是汉武帝在抗洪前线的感怀之作，也是鼓舞士气之作，但是司马迁的感受却是一个"悲"字。

汉武帝在诗中用皇帝的视角描述了黄河水患的凶险场面，同时也描述了堵塞决口的战斗场景，但是诗中却无一字一句是在忏悔自己行为的。

事实上，通过司马迁冷静而客观的叙述，我们可以看出，黄河水患之所以会猖獗二十余年，主要的责任人就是汉武帝，是汉武帝听信谗言迷信鬼神，才对黄河决口置若罔闻的。而如今，汉武帝亲临现场指挥抗洪，还郑重其事地写了这么两首“感人肺腑”的诗歌，这不是虚伪吗？这不是惺惺作态吗？

“瓠子决口”事件之后，群臣意识到了水利的重要性，开始在朝堂上纷纷建言。但是，这种事后诸葛亮的行为并没有让司马迁感到欣喜；相反，他内心可能会感受到莫大的悲哀。毕竟这是长达二十余年的人祸，而非纯粹的天灾。

所以，司马迁的感受是“悲”。他在《河渠书》的论赞中用一个“悲”字再一次控诉了汉武帝的昏聩和迷信，表达了他对朝政的失望和悲恸。

“十表”“八书”（下）：汉朝的“宏观调控”和被正史忽视的桑弘羊

汉兴七十年

《平准书》是《史记》中描述汉代前期经济状况和经济政策的一篇经济史专篇，同时也是中国古代史上的第一篇经济史专篇，在中国古代经济史研究中占有重要地位。

《平准书》的一开篇，司马迁就讲了由于连年战争，汉朝建立之初经济疲敝、国家困窘。他举了几个例子，说天子乘坐的马车，配不齐四匹毛色和个头一样的，至于文武百官则只能乘坐牛车，一般平民则连积蓄都没有，更谈不上乘车了。

国家是怎么样来解决困难的呢？司马迁告诉我们，在汉高祖刘邦的时代，国家采取的是“重农抑商”的政策，最典型的就是对商人“以困辱之”，一方面对商人收取重税，另一方面则不允许商人穿丝绸和坐车。

之后，《平准书》又讲了在“文景之治”的时代，西汉社会经济逐步恢复，逐步走向繁荣的景象。

《平准书》记载：

汉兴七十余年之间，国家无事，非遇水旱之灾，民则人给家足，都鄙廪庾皆满，而府库余货财。京师之钱累巨万，贯朽而不可校。太仓之粟陈陈相因，充溢露积於外，至腐败不可食。众庶街巷有马，阡陌之间成群，而乘字牝者傧而不得聚会。守闾阎者食粱肉，为吏者长子孙，居官者以为姓号。

这段文献经常被今人引用，它所形容的就是汉兴七十年以来，经历过“文景之治”后的西汉盛世景象。

写到这里，司马迁又笔锋一转，开始讲述起了盛世之下的隐忧。什么隐忧呢？到了汉武帝的时代，国家常年对外征战，大兴土木，土地兼并严重，王室公卿生活奢侈无度，财政开始吃紧，国库拮据，就连法律也变得严酷起来。

对于这一历史变化，司马迁用八个字做了概括：“物盛而衰，固其变也。”司马迁注意到，万事万物都处在不断变化之中，都有可能盛极而衰，这既是历史演进的规律，也是社会经济发展的规律。

在司马迁的观念里，经济发展水平决定着一个国家的强弱盛衰，他特别强调经济活动在国家和社会发展中所起到的巨大作用。用今天的政治经济学理论来说，司马迁的思想其实就是经济基础决定上层建筑这一理论的体现。

这与先秦以来儒家片面强调“仁政”和“羞于言利”的思想形成了极为鲜明的对比。司马迁的思想无疑是超前的，有人把他比作汉代的亚当·斯密，笔者认为这丝毫不为过。就如本章第二节笔者所说到的，司马迁绝不仅仅只是个历史学家，他更是个博物学家，他的思想体系是包罗万象的。单从这篇《平准书》来看，司马迁绝对称得上是中国古代第一流的经济学家。

事实上，整篇《平准书》讲的就是汉兴七十年以来所达到的高度繁荣的物质文明，为之后汉武帝实施的一系列穷奢极欲的政治举措提供了强有力的物质基础。同时，汉武帝在其“多欲”的政治理念驱动下采取的一系列干预社会经济活动的行为，使得汉代社会发生了一系列连锁反应和恶性循环，直到把国民经济推到了崩溃的边缘。这种从经济的角度出发来分析和阐释国家上层建筑中的一切问题的方法，无疑是极为超前的，其思想之先进实在令人惊异和赞叹。[①]

诚如司马迁所言，汉武帝即位之初，国库充盈，百姓富足，这是支撑他进行一系列军事行动和大型工程的物质基础。但是，汉武帝这么持续折腾了几十年，家底渐渐耗光，国库变得空虚，百姓也变得无法生活了。

于是，汉武帝开始着手采取一系列增加国家财政收入的举措。用今天的话来说，就是“宏观调控”。

汉武帝“宏观调控”

那么，汉武帝究竟采取了哪些干预经济活动的举措呢？又为何会使得汉代社会出现了“物盛而衰”的问题的呢？我们从《平准书》中试举三个方面加以说明。

第一，“鬻爵”，也就是出卖爵位。

“鬻爵”的问题其实是个历史问题，它从汉文帝时期就开始了。当时正

① 韩兆琦：《史记题评》，西安，陕西人民教育出版社，2000，第131页。

值匈奴侵扰，汉朝边境上常年有官兵驻防，但是边境上的囤粮根本不能满足军队的需求。汉文帝就采取了晁错的建议，鼓励百姓自发纳粮或者把粮食运输到边地，好处是可以获得朝廷封赏的爵位。历史上把汉文帝的这一政策称作“入粟拜爵”，也称作“贵粟”政策。

“鬻爵”的口子一开，就有点刹不住车了。汉景帝时期，继续沿用并做了一定程度的调整。而到了汉武帝时期，广开“鬻爵”之路，花钱买爵位的人越来越多。再加上汉武帝常年对外用兵，而享有爵位的人是可以免除赋役的，买爵位的人就更加络绎不绝。和这个形式大体类似，汉武帝后来规定只要能向朝廷缴纳一定数量的羊匹，就可以获得郎官的职位，这就是直接卖官了。

第二，铸钱。

说起铸钱，还得从汉文帝说起。汉文帝时期铸造了四铢钱，这是新的半两钱，同时允许民间私人铸钱。当时吴国依傍着盛产铜矿的铜山，吴王刘濞就靠着铜山大量铸造铜钱，富可敌国，最终发起了叛乱，这就是历史上著名的“七国之乱”。

这一点非常有趣，我们通过《史记》中的其他篇章来了解“七国之乱”，多是看到政治方面的因素。但是，《平准书》却告诉了我们“七国之乱”爆发的一个极为重要的隐藏因素，那就是汉文帝时代混乱的货币政策诱发了“七国之乱”。可以说，这是司马迁通过《平准书》提供给世人的一个极为独特的历史视角。

除了吴王刘濞之外，当时大量铸造铜钱的还有汉文帝的男宠邓通。汉文帝宠幸邓通，但是相面的人却说邓通会饿死，汉文帝就把一座铜山赏赐给了邓通。邓通也就享有了铸钱的特权，开始大量铸造铜钱。结果出现了什么情况呢？“吴、邓氏钱布天下”，天下流通最广的铜钱，要么是吴王刘濞铸造的，要么就是邓通铸造的。

汉文帝把铸钱的权力下放之后，钱币的质量大打折扣，到了汉武帝时期，国家就把铸币权收归中央。但是，汉武帝实行这一举措的目的并不是整顿混乱的货币制度，而是给自己聚敛财富。

汉武帝一方面把铸币权收归国有，另一方面则特意发行了两种新型货币，分别是“白鹿皮币”和“白金”。

所谓“白鹿皮币”，就是用皇家林苑的白鹿的皮制作而成的钱币，只有皇家可以生产，而一张“白鹿皮币”面值四十万钱。很显然，其面值和真实价值是严重不符的，严重违背了市场规律，没有人会傻到用这种钱币。事实上，汉武帝推行“白鹿皮币”并不是流通给民间让百姓去用的，毕竟一张“白鹿皮币”就值四十万钱，普通人根本用不到，汉武帝的真实目的是搜刮王室诸侯的财富。

汉武帝作了硬性规定，王侯宗室朝觐天子，或是他们之间有礼节往来，都要用这种“白鹿皮币”来献礼。汉武帝这么做，相当于强买强卖，但是王室诸侯们没有办法，只能硬着头皮花大价钱去买这种“白鹿皮币”。如此一来，汉武帝靠着“白鹿皮币”从王室诸侯身上搜刮了大量财富，而且几乎是零成本，简直是一本万利。

如果说汉武帝发行“白鹿皮币”是为了搜刮王室诸侯的财富，那么之后发行“白金”则是为了搜刮民间财富。这里所谓的“白金”并不是真的金子，而是用银锡混杂而成的合金。

汉武帝发行的“白金”有三种：一种重八两，圆形，花纹是龙，叫作白选，一枚价值三千钱；另一种小一些，方形，花纹是马，价值五百钱；第三种更小，椭圆形，花纹是龟，价值三百钱。

和“白鹿皮币”一样，“白金”的价值也是异常虚高的。另外，汉代的法定货币是金币和铜币，银锡合金币本来就不是法定货币，在当时相当于没有实际价值的废物，民间对此并不认可，对这种“白金”非常抵制。但是，这都阻挡不住汉武帝敛财的狂热之心，他用国家行政手段强行在民间推广了这种货币，也最终实现了他敛财的目的。

当然，副作用也是很明显的。汉武帝在民间大量发行“白金”，这直接导致了民间大量偷铸“白金”，而且无论汉武帝如何明令禁止，甚至是对偷铸者判处死刑，都无法遏制民间的偷铸之风。到最后，“白金”实在推行不下去了，而且也难以再为汉武帝聚敛财富了，最终也就被废止了。

第三，“均输”和“平准”。

“均输”和“平准”是汉代经济史上的两个专有名词，《平准书》的篇名也是源于此。

所谓“均输”，就是在中央主管财政的大司农之下设置均输官，由均输官统一向地方征收贡品、粮食、特产等，这些物品一部分直接运输到中央，绝大部分被运往其他需要的地方高价售出，最终把中央需要的物品运回长安，而中央则可以从中获利。用现在的话来说，国家就是靠“吃差价”从中获利的，而汉武帝和他的国家就是那个“中间商”。

所谓“平准”，就是平抑物价。具体做法是在长安和地方设置掌管物价的官吏，他们根据市场行情，把均输官收上来的物资贵时抛售、贱时收购，不仅可以有效平衡市场物价，打击商人囤积居奇的行为，而且国家也可以从中获利，增加财政收入。

为汉武帝制定这两项政策的人，就是汉代著名的经济学家桑弘羊，这两项政策让汉武帝实现了聚敛财富的目的，汉朝的国家财政收入也大大增加。

以上只是汉武帝时代经济改革的三个方面，除此之外还有其他许多举措，在此就不多作阐释了。

《史记》和《汉书》为何不给桑弘羊立传

值得一提的是，桑弘羊为汉武帝制定了一系列的经济改革方案，上面提到的“均输”和“平准”只是其中的两个方面，此外还制定了盐铁酒官营、算缗和告缗等政策。

这些改革措施的目的都是相同的，就是为汉武帝敛财、搞创收。事实上，桑弘羊确实是汉武帝敛财的得力助手，在桑弘羊的支持之下，汉武帝才得以长年累月对外发动战争。

因此，桑弘羊在历史上的评价和名声都不太好。中国古代文化一向都是厌弃“言利”的，尤其是在儒家盛行之后的时代，搞经济、搞创收都是士大夫群体所不齿的，会被认为是不务正业、哗众取宠。其实，历史上但凡搞经济改革的人物名声普遍都不太好，或者存在很大争议。比如，唐朝的杨国忠、杨炎，名声都欠佳，北宋的王安石和明朝的张居正都存在很大争议。

但是，从国家层面来说，财政是一个国家的基础和命脉所在，国家遇到财政危机，儒家那套仁义圣德的言论根本就是无稽之谈，该搞创收就得搞创收，不然就得亡国。事实上，汉武帝持续折腾了几十年，尤其是他在位后期完全不计成本盲目扩张，结果却收效甚微，这一系列劳民伤财的行动持续了几十年却没有导致汉朝亡国，桑弘羊是有很大功劳的。从这个角度来说，抛开桑弘羊的个人品德不论，他对汉朝的开疆拓土以及政权稳定都做出了重大贡献。

不过，就是这样一位在汉代历史上有着重大影响的历史人物，在《史记》和《汉书》中却都没有专门的传记。

《史记》和《汉书》为何都不给桑弘羊立传呢？我们先从《史记》说起。

《史记》所记人物，一般都是在司马迁生前去世的，正所谓盖棺定论，而桑弘羊则是在汉昭帝时期因参与谋反被诛的，可能正是这个原因导致司马迁没有在《史记》中给桑弘羊立传。

另外，更重要的一点是，司马迁对桑弘羊是持厌弃态度的。

司马迁在《平准书》中，把桑弘羊、东郭咸阳和孔仅这几个为汉武帝聚敛财富的人概括为“兴利之臣”。那么，这里的“兴利之臣”究竟是褒是贬呢?

事实上，我们只要结合前后文意就知道了。司马迁在感叹完武帝一朝“物盛而衰，固其变也”之后，就说“入物者补官，出货者除罪，选举陵迟，廉耻相冒，武力进用，法严令具。兴利之臣，自此始也”。

也就是说，汉武帝一朝开始出现了种种怪诞现象，这些现象正是汉朝“物盛而衰”的具体体现。比如进献粮食可以获得爵位，进献货物可以免除刑罚等等，出现“兴利之臣”也是其中一大现象。因此，结合前后文意思来看，“兴利之臣”显然是带有贬义的，司马迁对桑弘羊也是持贬斥的态度的。

饶有趣味的是，在《平准书》的末尾，司马迁用一件小事作了全篇的结尾，而且这个故事可以说是有头无尾。

故事说的是，就在桑弘羊升任治粟都尉掌管天下盐铁，并且开始推行“平准”政策的当年，有的地方出现了小规模的旱情。汉武帝讲迷信，就让官员们去向天祈雨。这个时候，有一个人站了出来，他之前因为反对盐铁官营而被汉武帝贬为太子太傅，这个人名叫卜式。

卜式就向汉武帝进言道：“地方官员应该以租税为衣食，如今桑弘羊却让官员们坐在集市中买卖货物，求取利润，我看只有将桑弘羊下锅煮了，天才会下雨。”卜式的意思很明白，就是认为国家不应该与民争利，官员不应该参与商品买卖，而导致今天这种局面的罪魁祸首就是桑弘羊，应该把桑弘羊烹杀掉。《史记·平准书》中记载：“亨（烹）弘羊，天乃雨。”

卜式说完这番话之后，接下来怎么样了呢？很遗憾，《平准书》记述完卜式要求“亨（烹）弘羊，天乃雨”的建言之后，就什么也没有了，故事就此戛然而止。

从后来发生的历史事实来看，桑弘羊不仅没有被烹杀，而且还当上了御史大夫，坐上了三公的高位。事实上，卜式向汉武帝建言杀烹杀桑弘羊，其实就是向汉武帝请求废止“均输”“平准”等一系列与民争利的经济改革。汉武帝的本心就是要打仗，就是要用兵，就是搞建设，就是要花钱，他怎么可能会听卜式的劝谏呢？相反，不给卜式贬官治罪都已经算不错了。

司马迁在《平准书》的最后讲这么一个有头没尾的故事，其实就是在借卜式之口来讥讽桑弘羊和他的改革，讥讽汉武帝的一系列弊政。司马迁生活在汉武帝的时代，他没办法对当朝时政直抒胸臆，他只能通过这种隐晦的方式来表达他对汉武帝一系列经济改革的批判。

这也是司马迁没有给桑弘羊立传的一个重要原因，他对桑弘羊所主持的经济改革，是持完全不认同甚至是严厉批判的态度的。

说到这里，可能有读者会心生疑惑，前文中不是说司马迁是喜欢“言利”的吗？而且，司马迁也十分看重经济活动在国家和社会发展中所起到的作用。怎么到了这里，司马迁就完全贬斥桑弘羊及其经济改革了呢？

的确，司马迁确实看重经济，他不仅写了《平准书》，而且还写了《货殖列传》，这两篇都是和社会经济密切相关的篇章。但是，这不代表司马迁就认同桑弘羊和他所主持的改革。

这里就要说说司马迁和桑弘羊经济思想的差异了。

司马迁的《平准书》虽然是经济史专篇，但本质上还是一篇寓意讥讽之作，陈述了很多汉武帝时代的弊政，包括他最推崇的汉文帝时代他也有一定程度的指斥。但是，我们反观另外一篇经济类篇目《货殖列传》就会发现，司马迁的文笔要恣意畅快许多，他对很多商人是持热情讴歌的态度的。

两相比较，我们就能看出司马迁的经济思想了。他在《平准书》里反对和批判的是国家对社会经济活动的过分干预，也就是“宏观调控”，而他在《货殖列传》里所崇尚的是不受国家过分干预的自由经济。司马迁认为，追求幸福美好生活是人的天性，人们“各劝其业，乐其事”，就像“水之趋下”一样，人们会自然而然地去进行各项生产活动，根本就不需要有国家的政治干预。

司马迁在《史记·货殖列传》中说：“故善者因之，其次利道之，其次教诲之，其次整齐之，最下者与之争。”这话是什么意思呢？司马迁其实是把统治者的经济政策划分为了五等，第一等是顺其自然，第二等是随势引导，第三等是加以教诲，第四等是制定规章制度加以约束，第五等是最下等的做法，就是与民争利。

司马迁的这种思想是契合黄老思想的，他认为与民争利是统治者最等而下之的做法，而偏偏《平准书》重点讲述的，就是汉武帝如何在民间搜刮民脂民膏、聚敛财富。

而我们反观桑弘羊会发现，桑弘羊实行经济改革的出发点不是为百姓和社会谋利，而是为国家和皇帝聚敛财富。他是一个纯粹的功利主义者，讲求实用主义。他虽然也推崇和强调发展社会经济，发展工商业，但其本质目的是给国家创造实际收益和税收，他主张一切社会经济活动都必须由国家统一安排。①

这么分析和比较之后就能看出，司马迁和桑弘羊的经济思想存在着根本性的分歧，可谓南辕北辙、背道而驰。

言归正传，再来看《汉书》为何也会不给桑弘羊立传。

班固生活在儒家思想已经成为社会正统思想之后的东汉时期，儒家思想是轻视经济、轻视商业的，所以班固自然而然会比较轻视桑弘羊的历史地位和重要性，这是第一点原因。

第二点就要说到班固对汉武帝时代经济改革的态度了。

班固在《汉书》里其实也是批判汉武帝的经济改革的，但是班固是站在

---

① 苏诚鉴：《桑弘羊与司马迁》，《安徽师范大学学报》（哲学社会科学版），1982（03）。

汉朝正统的角度来看待这一问题的，他要维护汉武帝的高大形象，故而他没有把批判的矛头对准汉武帝，而是把矛头对准了桑弘羊。换句话说，班固给汉武帝找了一只替罪羊，而这只替罪羊就是桑弘羊。

第三点原因就和桑弘羊的结局有关了。

元凤元年（前80年），上官桀和桑弘羊等人图谋发动政变诛杀霍光，欲废黜汉昭帝，拥立燕王刘旦。结果，上官桀等人的阴谋败露，霍光将涉事人员全部逮捕，桑弘羊亦在其列。最终，上官桀和桑弘羊全族被诛。

上官桀和桑弘羊同是谋逆之臣，但是相比桑弘羊，上官桀却还有一层特殊的外戚身份（他的孙女是汉昭帝的皇后）。所以，上官桀虽然在《汉书》里没有专传，但是其传记却被附在了《外戚传》中。

桑弘羊完全没有这层特殊关系，他只是洛阳富户出身，虽然他曾位极人臣，做到了三公的高位，但是他最后因参与谋反被灭族，属于谋逆叛臣。所以，班固没有给桑弘羊立传，而只是将他的事迹放在《汉书·食货志》里来讲。当然，《汉书·食货志》其实也是在《史记·平准书》的基础上写成的。

第二章

《汉书》：王朝史学的开始

《汉书》简史：正史的典范

《汉书》作者班固，记录了整个西汉时代的历史，记事始于汉高祖刘邦元年（前206年），终于新朝王莽地皇四年（23年），是历史上第一部大一统王朝的断代史，开创了断代史的撰史体例，是后世正史的范本。全书分纪十二篇、表八篇、志十篇、传七十篇，共一百篇，后人将其划分为一百二十卷，共八十余万字。

《汉书》的问世

东汉永平五年（62年）的一天，一个消息突然传遍了长安城：前司徒掾（音同“愿”，丞相府属官）班彪之子班固，因为被人告发“私作国史”，朝廷下令将其逮捕并关进了京兆监狱，其书稿也随之被查封了。

“私作国史”的罪名在当时是极其恶劣而严重的，因为当时的东汉王朝已经集中了一批人在编修国史了，而私人编修国史在当时是非常犯忌讳的。事实上，东汉王朝编修国史的根本用意就是稳固自己的统治，让历史学充当解释其政权合法性的理论工具，而“私作国史”很可能会和国家意志背道而驰，所以当时的东汉王朝是严禁“私作国史”的。

在此之前不久，扶风郡就有一个名叫苏朗的人，因为伪造图谶，最终下狱而死。

在当时，伪造图谶和私作国史其实都是一样的性质，都是一种从意识形态上颠覆朝廷政权统治的舆论方式。为什么这么说呢？这里先来解释一下图谶。

图谶在古代是一种带有政治预言性质的图书或文字，早在先秦时期就出现了，在秦朝和西汉进一步发展。而到了东汉，朝廷则加以利用，将其理论化和宗教化，变成了一种为朝廷政权服务的宗教神学体系，并成为东汉的官方意识形态，历史上称之为“谶纬之学”。

事实上，在东汉王朝的建立过程中，图谶确实也发挥了巨大的历史作用，刘秀就利用《赤伏符》上的谶语，宣称自己是受天命做皇帝的，从而获得了舆论上的巨大支持。

朝廷可以利用图谶来为自己的政权造势，并且稳固自己的统治，但是与此同时，民间也可以“以其人之道还治其人之身”，再利用图谶来反向攻击朝廷政权，图谶可以煽动人心、制造舆论，进而成为颠覆朝廷政权统治的武器。最典型的例子就是发生在东汉后期的黄巾起义，起义领袖张角就利用太平道这一宗教形式来煽动人心，并且宣称“苍天已死，黄天当立，岁在甲子，天下大吉”。因此，在历史上的很多时期，私造图谶都被朝廷定为大逆不道的重罪，是皇权正统所极力扼杀的，而在东汉尤其如此。

《后汉书·班彪列传》（附《班固传》）中，作者范晔记述完班固私作国史被下狱之后，紧接着就记述了苏朗伪造图谶被下狱而死一事。可见，《后汉书》的作者范晔也是把这两起不同事件当作同一性质事件来看待的。

由于班固私作国史性质的严重性，班固的弟弟班超立刻就从扶风安陵（今陕西咸阳东北）老家，一路疾驰到了京城洛阳，向汉明帝上书申辩，把哥哥班固编书的初衷和用意表述给汉明帝，说班固写此书是为了完成已故的父亲班彪的遗愿，是为了宣扬我们大汉的功业。总归一句话，班超就是要向汉明帝表明，班固写的这部书并非忤逆犯上之书，希望能求得朝廷的宽恕。

也就是在这个节骨眼上，恰好当时的扶风郡属官也把查收到的班固的书稿上交至了京城。汉明帝被班超慷慨激昂的说辞所打动，就决定亲自查阅班固的书稿，看看这部书究竟写了什么，是否如班超所说的那样是一部宣扬大汉功业的书。

汉明帝读了书稿后，对班固的史学才能感到惊异和叹服，连连称奇，下令立即释放班固，并且邀请班固到京城皇家校书部，任命他为兰台令史，与睢阳令陈宗、长陵令尹敏、司隶从事孟冀（《后汉书·班彪传》误作“孟异”[①]）等人共同编撰当时正在编修的《世祖本纪》（也作《光武本纪》[②]）。之后不久，班固便升迁为尚书郎，从此便“典校秘书，专笃志于博学，以著述为业”。[③]

一直到汉章帝建初年间（76—84年），经过二十余年的呕心沥血，班固最终完成了国史的编撰，并将书稿上呈给了汉章帝，获得了朝廷的嘉赏。

想必读者朋友也都知道这部书是什么书了，它就是举世闻名的《汉书》，也是这一章所要讲述的主题。

在班固向汉章帝上呈《汉书》之后，《汉书》不仅得到了朝廷的认可，而且很快就在社会上广泛传播开来，并成为当时社会上的文人学者争相阅读和追捧的一部奇作，可谓风靡天下。当时，《汉书》的阅读风潮在很长一段时期内都盖过了《史记》。

从这个角度来说，《史记》和《汉书》的命运是截然不同的。

《史记》的命运是带有很大的悲剧色彩的。之所以这么说，不仅是因为作者司马迁一路忍辱负重才最终完成了《史记》，而且《史记》甫一诞生就被“藏之名山”了，在较长一段时间内并没有被公布于世，甚至按照有些材料的说法，有可能《史记》刚一问世就被汉武帝“削而投之”了。

《汉书》则不同。虽然在当时私人撰述国史是大罪，但是《汉书》的编

① 孟异之名出自《后汉书·班固传》，孟冀之名出自《后汉书·马援传》，唐代学者刘知几和清代学者沈钦韩均认为，《后汉书·班固传》中的“孟异”当作“孟冀”。

② 根据季忠平先生的考证，唐人为避讳唐太宗李世民，把《后汉书》中的“世祖”改为“光武”。参见季忠平：《是“光武”还是“世祖”？——点校本〈后汉书〉唐讳锥指》，《史林》，2011(05)。

③《汉书·叙传上》。

撰和出版过程总体来说是一帆风顺的，而且《汉书》完成后就立刻得到了官方的认可和世人的追捧。

可以说，《汉书》与生俱来就带有巨大的历史光环，在这种光环效应的影响下，后世的正史都是遵照《汉书》的模板来编撰的。

事实上，从后来正史的编撰历史来看，《汉书》对后世正史编撰的影响力是要大于《史记》的。比如说，《史记》所设置的体例有本纪、书、表、世家、列传，这些体例有的被后世的正史所继承，有的没有被继承；但是《汉书》的体例却完全被后世正史所继承了，成为后世正史的祖本，或者说是范本。

那么，班固所撰述的《汉书》究竟是怎样的一部书呢？它又为何能成为后世正史编撰的范本呢？

从诸家“续《太史公书》”到《汉书》

一部史书的编撰，最重要的当然就是时间范围，也就是历史年代的起讫点。这个问题要先从《汉书》的创作初衷说起。

《史记》的起讫年限大家都知道，起始于传说中的黄帝时代，终于西汉武帝年间。不过，《史记》的讫止年代还存在争议，主要有“获麟”和“太初”两说，笔者更赞同“太初说”，具体论述可参看前文。

西汉有210年的历史，如果算上新莽时期，则有230多年的历史。不管《史记》的记载是终于“获麟”还是“太初”，也仅记述了西汉一百年左右的历史，另一半的西汉史则是缺载的。后来的人们阅读《史记》，读到汉武帝后期便戛然而止，没有了下文，这总给人一种意犹未尽之感。因此，在西汉后来的历史上就出现了补写和续写《史记》的风潮。

一方面，《史记》存在缺漏，从汉宣帝时期《史记》被公布于世以后，以褚少孙为代表的汉代学者就开始给《史记》做增补。另一方面，由于仰慕太史公司马迁的精神，大批学者参与到对《史记》的补续工作中，续写《史记》未述之事，这些续写者从汉成帝到东汉初年前后接踵相继，后世学者称之为“续《太史公书》”。

诸家“续《太史公书》”并非单一的某部著作，而是对当时所有续写《史记》的著作的统称，内容涵盖了西汉时代的各类人物传记。这一活动完全是自发的，没有人主持，也没有人整理，我们可以视之为一种自发性、集体性的学术事业。①

“续《太史公书》”至少有十几家之多，作品都比较零散，最终也并没能流传于后世。但是，“续《太史公书》”却成了《汉书》编撰过程中的重要素材来源，这些作品内容也都变成了《汉书》内容中的一部分。可以说，《汉书》的创作和问世，也是有这些人的贡献的。

班固的父亲是班彪，编撰《汉书》其实就是从班彪开始的。不过，班彪最初的想法并不是要写一部西汉的断代史，他和当时的许多学者一样，因仰慕太史公的风采，想要续写《史记》。同时，班彪也对扬雄、刘歆等一些文人粉饰和美化新莽政权的行为深感忧虑，认为这会误导后人，并决心通过续写《史记》来对新莽政权拨乱反正、以正视听。

于是，班彪搜集了大量有关前朝的历史资料和传说异闻，这其中就包含了当时传下来的诸家“续《太史公书》”，从而写出了包含数十篇史传的《史记后传》。

相比于零散的诸家“续《太史公书》”，《史记后传》要更为完整而系统，而且自成一家，不再依附于《史记》，具有了可以和《史记》分庭抗礼的基础和可能。②

从某种意义上说，班彪《史记后传》的完成标志着《汉书》已初具雏

① 陈君:《润色鸿业:〈汉书〉文本的形成与早期传播》，北京，北京大学出版社，2020，第29页。
② 陈君:《润色鸿业:〈汉书〉文本的形成与早期传播》，北京，北京大学出版社，2020，第36页。

形，而班固正是在班彪《史记后传》的基础之上继续创作完成了《汉书》。如今我们在所看到的《汉书》文本中，依然可以在部分篇章中找到“司徒掾班彪曰”等语句，这就是班固在班彪《史记后传》原稿基础上继续创作《汉书》的明证。

但是，到了班固编撰《汉书》的时候，班固的想法已经和班彪有所不同了。他的想法已经不再是为《史记》作续了，而是要自成一体，写出一部能够宣扬大汉威严的巨著。

而且在班固看来，司马迁的《史记》是存在诸多问题的，尤其是书中含有不少讥讽之辞，并不能够彰显出汉朝的威严。他认为汉朝的帝王是神圣而威严的，而司马迁却把汉代帝王“编于百王之末，厕于秦、项之列”。意思是汉代帝王的本纪竟然位于本纪的最末，而且还和秦始皇、项羽这样的敌对政权并列在一起①，这实在是有损大汉威严。

因此，班固“断汉为史”，撰成《汉书》，不记别的朝代历史，专记西汉二百余年的历史。用史书上的话来说，《汉书》记录的就是“起元高祖，终于孝平王莽之诛，十有二世，二百三十年”②的历史。

断代史体例的优势及其出现的客观原因

以一个王朝为写作对象，要比《史记》那种无拘无束、自由散漫的通史题材作品要更有针对性，更能突出重点和主旨，这就是断代史。

断代史相比于通史究竟有怎样的优势呢？

第一，断限清晰。从中国古代王朝的更替来看，断代史的表现形式无疑可以让我们更明确历史分期，而且可以反映各个历史时期的特点。

① 汉朝认为自己继承的是周朝的正统，《汉书》中秉持着“大汉继周”“周汉一脉”的观念和意识，并不承认秦朝和项羽的历史正统性，参见陈君：《润色鸿业：〈汉书〉文本的形成与早期传播》，北京，北京大学出版社，2020，第93—97页。

②《后汉书·班彪传》（附《班固传》）。

第二，内容丰富。断代史的表现形式可以更为集中而全面地反映出一个朝代的政治、经济、军事、外交、文化以及社会生活的各个方面，避免了通史著述中存在的博而不精的弊病，可以让读者对某一个具体历史时期有一个相对比较清晰的认识。

第三，便于编写和阅读。对于撰著者而言，这种断代史的编撰方法便于他们尽可能多地搜罗这一时期的全部资料，不会像编撰通史那样工作艰巨、抓不住重点，而且有利于提高史书的编撰质量，也避免了与前代史书的无谓重复。同时，对于读者而言，这种断代史的体例更有利于他们查找所需资料，不会感到漫无边际、无从下手，史事的高度集中和篇章结构的完整也为读者们提供了便利。

第四，能满足修史者褒贬前朝的政治需要。中国自古以来就有修史的传统，而且修史者喜欢把自己的政治主张和理念反映在历史作品中。尤其是从唐朝开始，中国形成了后代王朝为前朝修史的习惯，国家政治的理念和意识自然也就被灌输进了史书之中。我们常说的一句话叫“历史是胜利者书写的”，说的就是这个现象。后代王朝的修史者一方面整理、归纳和总结前朝的历史，同时出于国家政治需要，也会对前代王朝的兴衰得失作出特定的历史评价，而断代史的体例无疑是更有利于后代王朝对前朝历史进行总结性评价的。①

班固的《汉书》开创了断代史著述的先河，而且这种断代史的编撰方法也成了历代史家的“不祧之宗”②。

古人常常把《史记》和《汉书》相提并论，原因就是司马迁的《史记》和班固的《汉书》共同开创了正史著述的先河。《隋书・经籍志》就说：“世有著述，皆拟班、马，以为正史。”

① 安作璋：《班固评传：一代良史》，南宁，广西教育出版社，1996，第74—75页。
② （清）章学诚：《文史通义》卷一《内篇一》。

但是，《史记》和《汉书》却多有不同，最大的区别就是上面所论述的——《史记》是一部纪传体通史，而《汉书》则是一部纪传体断代史。

《史记》所设置的体例有本纪、世家、列传、书、表，这些体例并没有被后世正史完全继承，但是《汉书》的编撰方法却全部被后世正史继承了下来。所以，《汉书》才成为历代史家的“不祧之宗”。

在后世史学家眼中，司马迁是一个历史的巨人，是一个令人高山仰止、仰之弥高的圣人，是一个超脱世俗、不食人间烟火的仙人，因此司马迁被后世称作“史圣”。

司马迁给后人留下的印象是飘逸而高耸的，既让人捉摸不透，又让人望尘莫及，世人会对他崇敬和仰望，但是却难以模仿和超越。

因此，在司马迁离世后的近一百年的时间里，后代撰史者仿佛都被笼罩在了司马迁这个巨人的身影之下，史学的发展也陷入了短暂的停滞。他们并未意识到需要构建新的史书体系，而只是跟随着巨人的身影亦步亦趋地给《史记》做一些修修补补的工作。

这些人的作品只能依附于《史记》而流传，但是，除了褚少孙的补续作品留下了确凿的存世证据之外，其余诸家的补续作品都湮没在了茫茫史海之中，难以在史书中寻觅踪迹。

事实上，当时的史学发展确实进入了一个瓶颈期，司马迁和他的《史记》太过高大伟岸，无论是《史记》的史学成就和撰述体例，都是让后世撰史者难以模仿和超越的，所以他们的作品最终只能在历史长河中落得湮没无闻的下场。这个时候，如果不能构建出一种新的撰史体系的话，那么再好的作品也难以存世，难以流传于社会和后代。[①]

在这样的背景下，《汉书》横空出世了。《汉书》的出现让当时的史学

① 陈其泰：《再建丰碑：班固与〈汉书〉》，北京，华夏出版社，2018，第38—40页。

突破了发展瓶颈，突破了《史记》的体例桎梏，让中国史学迎来了新发展，尤其是它开创了断代史著述的先河，这无疑是具有里程碑意义的。

当然，断代史的出现也有其客观因素，断代史其实也是一种顺应时代发展的历史产物。

钱穆在《国史大纲》的《引论》中说：“又其次为汉书，为断代作史之开始，此乃全国统一的中央政府，其政权已臻稳固后之新需要。自此遂形成中国列代之所谓‘正史’……”①

为什么会出现断代史呢？钱穆用短短一句话讲出了其出现的客观因素，那就是中国历史在进入秦汉以后，终于出现了一个延续时间较长、统一性得到彰显的中央集权王朝——汉朝。故此，史家就有必要也有意愿来为这个中央集权王朝写史，写一部有明确断代的王朝史。

有人或许会问，同样也是大一统中央集权王朝的秦朝为什么没有出现《秦书》呢？很简单，原因有两点：一是时间太短，国家还没定型就被推翻了；二是在汉朝人的观念里，汉朝继承的是周朝的正统，而秦朝是非正统王朝。

所以，从这个角度来说，一种新的历史书写方式的出现，其实也是适应了新的时代需要的。

事实上，在东汉完成全国统一之后，为汉代修史的呼声就已经在社会上出现了，这种思潮我们可以称之为“宣汉”。

这里可以举个和班固同时代的例子。当时有个著名的学者叫王充，王充就说：“使汉有弘文之人，经传汉事，则《尚书》《春秋》也，儒者宗之，学者习之，将袭旧六为七，今上、上王至高祖皆为圣帝矣。”②这句话的意思是，如果能有一位擅长著述的人，把汉代的历史写成经传，那就可以和

① 钱穆:《国史大纲》，北京，商务印书馆，1996，引论第7页。
② （东汉）王充:《论衡·宣汉篇》。

《尚书》《春秋》相提并论了。读书人尊崇它，做学问的人温习它，将会接续原来的“六经”而成为“七经”，从当今的皇帝（指汉明帝）往上一直推到汉高祖，他们都会成为世人心目中的圣王了。

王充期盼有人能撰写“汉史”的这个呼声，其实就反映出了当时社会上的“宣汉”思潮，国家和社会都迫切需要有一部完整记载汉代历史，同时也能宣扬汉帝功德的伟大作品。而且，这样的作品如果真的出现的话，它就可以被列为经传，可以和“六经”并列。

这就是《汉书》和断代史体例之所以会在东汉出现的客观因素。

从《史记》到《汉书》

在具体的体裁上，班固也基本继承了《史记》的体例，只是稍作变通和损益，从而使得《汉书》全书的体例更为整齐。

班固的《汉书》沿用了《史记》“五体”中的本纪、表、书、列传四体，舍弃了世家，全书由十二纪、八表、十志、七十传组成。班固把《史记》的本纪省称作纪，列传省称作传，又因为书的体例和《汉书》书名冲突，将书改作志。书和志虽然名目不同，但体例和性质是一样的，都是综述国家典章制度。

班固曾批判司马迁的《史记》把汉代帝王“编于百王之末，厕于秦、项之列”，所以他在《汉书》纪的部分除了保留了吕后的纪（《高后纪》）之外，还另外增添了汉惠帝的纪（《惠帝纪》），其余也均为汉帝之纪。班固的这个改变影响重大，从《汉书》开始，后世正史中的纪彻底变为了专属帝王的帝纪。

班固的《汉书》在“志”的部分创设了很多专门史。比如，改《河渠书》为《沟洫志》，改《平准书》为《食货志》，新创《刑法志》《五行志》《地理志》《艺文志》。

这里单举《艺文志》来说一下。《艺文志》对后世来说是非常重要的，我们今天能够了解先秦、秦汉的古籍情况，主要依靠的就是它。换言之，我们今天知道汉代当时流传有哪些古籍、哪些图书，主要就是靠《艺文志》。遗憾的是，《艺文志》上所记载的书目，我们今天能看到的只有不到十分之一。但是，我们可以通过《艺文志》上的书籍目录来了解汉代的学术情况，可以据此判断某个学术门类曾经在汉代或者更早以前存在过。《艺文志》为我们今天研究先秦及秦汉时期的文化和学术提供了非常重要而宝贵的文献资料。

《汉书》的一大变动是撤销了世家。《史记》之所以设世家，主要是因为周朝以来的分封制度，《史记》的三十世家中有十六篇都是讲述先秦列国的国别史。时移世易，到了汉代，分封制虽然还有，但是诸侯王的影响力已经越来越微弱了，已经不能和东周的诸侯列国相提并论了，世家也就没有了存在的必要。《汉书》撤掉世家，统归为传，是符合汉代历史发展特点的，班固此举无疑是明智的。

从体例编排上来看，相比较于《史记》，《汉书》要更为整齐划一，编排也更合理融洽，最能体现这一点的是传的部分。

《史记》的列传部分，人物庞杂，有的是单人独传，有的是多人合传。总体来说，《史记》的合传相对较少，而且人数不多，罕有多人合传；而《汉书》的合传却占了绝大部分，合传人数也较多，一篇合传人数动辄五六人以上，甚至是十几人。《汉书》中能够享受到单人独传待遇的只有董仲舒、司马相如、东方朔等寥寥几人。

《汉书》中有大量合传，这其实是非常考验撰史者的写作能力的。因为合传的编撰，要求撰史者将林林总总、形形色色的人物作出合理的归纳和总结，对人物之间的内在关系有深入的思考和把握，编撰难度要远远大于《史记》中相对简单的个人列传的编撰难度。

另外，《史记》在篇名的设置上，有的是以官爵作为篇名，有的是以人的名或字作为篇名，还有的是以人的尊称作为篇名，篇名之间有很大的差异。之所以出现这种情况，主要还是司马迁本人的撰史风格比较自由奔放，喜欢遵从习俗，往往采用通行的名号。而《汉书》则不同，基本都是以人物姓名作为篇名的，若是多人合传，则只采用人物姓氏作为篇名。

可以说，编撰整齐、条理清晰是《汉书》相较于《史记》的一大特色，也是《汉书》最显著的优势。

《汉书》还有其他一些特色也是比较鲜明的，这里再试举几例。

比如，《汉书》的文字非常端正稳重，它不会像《史记》那样有很多近似小说一般生动、夸张的描述，文辞更为拘谨严肃、古朴端正。

又比如，《汉书》非常严谨考究，《史记》中经常有一些记载和评价前后矛盾的地方，而《汉书》则在很大程度上纠正了《史记》中存在的一些偏颇之见和矛盾之处。

再比如，班固在《汉书》中评价事件和人物时是理性而克制的，他不会像司马迁在《史记》中评价事件和人物时那样饱含爱憎、褒贬分明。历史学家陈其泰就认为："《汉书》对于确立我国古代文化中朴素理性的倾向也有极大贡献。"[①]班固撰史的理性态度，无疑是值得称赞的，也是其鲜明特色。

还有，《汉书》的记载也非常完备详尽。《史记》记述了从传说中的黄帝到汉武帝三千多年的历史，一共五十二万余字，而《汉书》也记述了从汉高祖到王莽二百三十年的历史，一共八十余万字，可见《汉书》的史料要比《史记》更为详尽。而且，《汉书》在参照《史记》的同时，还编录了大量汉代的诏书、诏令、政令、任命书、策命以及一些文人的辞赋，这是对《史记》文本的极大补充。

---

① 陈其泰：《再建丰碑：班固与〈汉书〉》，北京，华夏出版社，2018，第216页。

值得一提的是，关于《史记》和《汉书》的对比研究，从《汉书》诞生之日起就没有断绝过，而且是贯穿古今两千多年争论不休的一个学术课题。后世人把这一现象称作“班马异同”，南宋学者倪思还专门撰写过一部名为《班马异同》的著作。

前文中提到，对《史记》的研究在历史上逐渐形成了一门学问，我们称之为“史记学”。事实上，紧随“史记学”脚步的还有“汉书学”，顾名思义就是研究《汉书》的学问。“汉书学”也和“史记学”一样，一直长盛不衰，甚至也传播到了海外，如朝鲜半岛、日本等地区。

《史记》和《汉书》在历史上的地位也是在不断变化的。在唐朝及之前的历史上，文人学者认可《汉书》的比较多，故而这一阶段《汉书》的地位也更高。尤其是在唐代，史学家刘知几在他的《史通》中极为赞美班固和他的《汉书》。从宋朝以后，文人学者认可《史记》的逐渐增多。到了明代，《史记》的地位则明显超过了《汉书》。到了清朝，对《史记》和《汉书》进行比较讨论的声音逐渐减少了，而对《史记》和《汉书》的文本考据却达到了顶峰。

其实，无论是比较班固和司马迁，还是比较《汉书》和《史记》，我们根本没必要非要比较出个孰优孰劣，因为班固和司马迁以及他们的作品，都是中国史学史上的两面旗帜、两座高峰，犹如诗坛上的李白和杜甫。

对此，宋代文学家杨万里就曾作过非常形象的比喻，他说：“太白诗，仙翁剑客之语；少陵诗，雅士骚人之词。比之文，太白则《史记》，少陵则《汉书》也。”

正如李白和杜甫二人各自代表一种诗歌风格一样，司马迁和班固的撰史风格也是各具风采，李白和杜甫谁都没办法取代谁，司马迁和班固之间也同样无法相互取代。无论是扬马抑班，还是扬班抑马，这种态度是完全不可取的，他们是中国古代史学上两座并峙的高峰。

《汉书·叙传》（上）：班氏家族小传

《汉书·叙传》是《汉书》最末两篇，分上篇和下篇。上篇记述了班固的家世传承和家学渊源，是一篇班固对自己家族所作的传记；下篇记述了《汉书》的撰述大纲，是《汉书》全书的总括纲目。

成于众手的《汉书》

在中国古代文学史上，多位文学家同出一门的现象并不罕见，比如汉末三国的“三曹”（曹操、曹丕、曹植），北宋的“三苏”（苏轼、苏辙、苏洵），明朝的“三袁”（袁宗道、袁宏道、袁中道）。单就汉朝来说，也有刘向、刘歆父子，枚乘、枚皋父子，以及蔡邕、蔡文姬父女。

之所以会出现这样的文学景观，和中国古代宗法社会家族内部重视文化传承密切相关。因此，我们现在经常讲诗书传家或者书香世家，这是有一定道理的，家学传承是中国古代文化中很重要的一个方面。

不过，既是文学家，又是史学家，而且一门出了三人以上，甚至其中还包括女性，这就非常罕见了。这样的例子在历史上恐怕只有一例，这就是东汉时期的班氏家族。

班氏家族既有班彪、班固父子，也有班固、班昭兄妹，他们三人都是当时的文学大家和史学大家，历史上也把他们并称作“三班”。

而我们今天在市面上所能看到的《汉书》，通常作者一栏标注的都是班固。但是实际上，在《汉书》的编撰过程中，“三班”都做出了无可替代的巨大贡献，班固只是其中的领衔者和核心作者。

通过前面一章的讲解，我们都知道，《史记》的作者不只是司马迁一人，而是司马谈和司马迁父子两代人共同努力撰述的思想结晶。而且在司马迁之后，《史记》出现了一定程度散失的情况，参与补写和续写《史记》的学者有明确记载的就有16人之多。可以说，我们今天所看到的《史记》，是以司马谈和司马迁父子共同撰述而成的《太史公书》原稿为主体，同时还有汉代众多学者参与补续最后凝结而成的一部历史巨著。

而《汉书》的编撰历程也是如此。《汉书》的作者也非班固一人，而是班氏家族两代人及数人共同努力编撰而成的，整个编撰过程长达半个世纪。关于班氏家族编撰《汉书》的历程，我们就先从班氏的先祖说起。

班氏家族的祖先

关于班固的家世，目前我们所能看到的第一手也是唯一的资料就是《汉书·叙传》了。我们就依靠《汉书·叙传》来还原一下班固的祖先和家世。

按照班固在《汉书·叙传》中的自述，班氏的祖先可以追溯到春秋时期的楚国政治家令尹子文。令尹子文是芈姓，斗氏，名縠於菟（音同“构”“乌”“途”），子文只是他的字，而令尹其实是他的官位，是当时楚国的最高官衔（相当于相国，掌握最高军政大权）。因此，令尹子文的真正名字应该是斗縠於菟，抑或是斗子文。可能由于这个名字太过古奥，又由于他三仕楚国令尹，并且在楚国历史上做出了重大贡献，所以后世的人们更习惯称他为令尹子文。

斗縠於菟的名字是怎么来的呢？这和他幼时的一件奇遇有关。据说，他刚降生的时候，就被抛弃到了云梦泽中，但是他并没有死。因为有一只母虎用自己的乳汁喂养了他，最终他幸运地活了下来。按照楚人的方言，乳被称作縠，虎被称作於菟，虎乳就是縠於菟，所以他就有了縠於菟的名字。长大成人后他又有了子文的字，后来又当上了楚国的令尹。这就是令尹子文的名字由来。

可能是为了纪念这段奇特的经历，令尹子文就给自己的一个儿子取名为斗班，这是因为在楚语中虎又被称作班。楚国灭亡以后，斗班的后人就迁徙到了北方边境的“晋、代之间”（大致在今天的山西境内），这支族群也就以班为氏了。

这则故事的真实性有多大我们不得而知，但是神话传说往往是对现实生活的一种反映，这则故事其实也从一个侧面反映出了古楚国先民对虎的崇拜。

根据考古研究发现，长江中游的江南山脉地区是虎崇拜文化的重要发祥地之一。当时南方山地的猎人们经常会在丛林中遇到虎，他们对虎的力量充满了敬畏和崇拜，进而将虎神化。更为关键的是，虎是丛林之王，能够与虎合为一体的人，即被认为是可以沟通神灵的巫师，掌握着超越人类的神秘力量。[①]

令尹子文被母虎喂养成人的故事，其实就是人与虎合为一体的一种传说模型，是虎崇拜文化的一种体现，也是班氏族人对先祖的一种神化。

从这个角度来说，班氏家族源于楚国，应该是确凿的。但是，令尹子文是否就是班氏祖先，这还是要存疑的。

班氏家族能追溯到的第一代祖先名字叫班壹。

班壹生活在动荡的秦汉之际。他靠经商起家，为了躲避中原战祸，就躲到了楼烦（今山西保德、岢岚、宁武地区）一带。他开始经营畜牧业，拥有马、牛、羊群无数，积累了大量财富，算得上是当时的一大财阀，在西汉初年成了当时北方边境上的豪族，具有非常强的影响力。

由于班壹在北方边地的人气和威望都很高，他又活了100多岁才寿终，所以当时的北方人出于仰慕的心理，同时也为了沾这个老寿星的喜气，很多

① 郭静云：《天神与天地之道：巫觋信仰与传统思想渊源》（上），上海，上海古籍出版社，2016，第338页。

人就纷纷用“壹”来取字，这成了当时的一大社会风尚。后来到了汉武帝时代，献计在马邑（今山西朔州东北）设伏擒捉匈奴单于（史称“马邑之谋”）的富商，名字就叫聂壹。

班壹之后是班孺，也是一个有侠义之风的人，在民间享有很高的声望。班孺之后是班长，凭借其家族在地方上的声望，他被举荐担任了上谷郡太守。班长之后是班回，被举为茂才，授长子县令。班回之后是班况，从班况开始，班氏家族就正式步入了汉代政治的核心区。

班氏家族的发迹

班况通过举孝廉被授为郎官，又因为有功，升为上河（今宁夏境内黄河）农都尉，掌管农业生产事宜，后在朝廷任左曹越骑校尉。西汉成帝初年，班况的女儿被选入宫，成为婕妤（在妃嫔等级中仅次于昭仪），班氏家族转而成为当朝外戚，在朝廷里的地位和势力都得到了巨大提升。

班婕妤是西汉历史上有名的才女，她知书达理，温良贤淑，经常劝谏汉成帝以国事为重。班婕妤之所以会在历史上出名，还因为她擅长文学辞赋，并且有文学作品流传于世，目前流传下来的有《自伤赋》《捣素赋》和一首五言诗《怨歌行》。从亲缘关系上说，班婕妤是班固的姑奶奶，在《汉书·外戚传》中也有班婕妤的传记。

班况还有三个儿子，分别是班伯、班斿（音同“游”）、班稚（班彪之父）。

班伯年少时曾跟随经学博士师丹学习《诗经》，后来大将军王凤把他推荐给了汉成帝，然后他又求学于经学家郑宽中和张禹，学习《尚书》《论语》。班伯不甘于宫廷中寂寞的生活，又向朝廷请求出使匈奴。正巧当时匈奴单于来朝，汉成帝就让他持节前往塞下迎接单于。

不过，班伯最终并没能顺利地完成迎接匈奴单于的任务。原因是他在前往塞下的途中遇上了一桩杀人案件，而且因为这起案件他还在朝中获得了美名。这又是怎么一回事呢？

班伯途径定襄郡（治所在今内蒙古呼和浩特东南）的时候，当地发生了一起杀人案件。起因是当地大姓石、李两家因私仇发生纠纷而杀人，案件发生后还阻挠官府办案，甚至还杀了官府衙吏，搞得地方官都不敢过问。班伯了解情况后，向朝廷上书，请求朝廷授予他定襄太守的职务，让他留在定襄处理此案。朝廷批准了班伯的请求，任命班伯为定襄太守，改派中郎将王舜[①]接替班伯去迎接匈奴单于。

中国古代是宗法社会，而且东汉时期地方豪强势力强大，这种由地方宗族矛盾引发的案件，在常人看来无疑就是个烫手的山芋，然而班伯不仅没有回避，反而还主动请缨办理此案。班伯的做法拿现在的话来说，就是“明知山有虎，偏向虎山行”。这件事也在当地引起了不小的轰动，人们都在想，本地官员都管不了的案子，一个外地来的人自告奋勇要来查办此案，这肯定是要搞“暴力执法”啊。一时间，定襄郡也开始人心惶惶起来。

结果，让很多人感到意外的是，班伯来到定襄之后，头一件事就是遍访当地有名望的父老、故旧，还把他们邀请到郡守大堂，请他们好吃好喝，而且班伯还对他们毕恭毕敬，礼数有加。班伯这样做不是一天两天，而是天天如此。慢慢地，郡上的父老也就都放松警惕了，原本他们都对班伯的到任多少有些抵触，但是毕竟吃人嘴软、拿人手短，班伯每日这么殷勤招待，他们对班伯也就没有敌意了，甚至有人主动向班伯伸出援手，帮他想处理案子的办法。地方宗族之间本来就是盘根错节的，这些人都是当地有名望的父老，他们对当地的人情社会关系更熟悉，谁是真凶、谁是首恶，他们心里最清楚。

---

① 汉代历史人物重名现象非常普遍。西汉后期有两个王舜，一是汉宣帝第三任皇后王氏的兄长王舜，封安平侯，官至侍中中郎将；二是王莽堂弟，参与迎立汉平帝，新莽时期官至太师，封安新公。此处的王舜应为汉宣帝皇后王氏之兄长王舜。

于是，在一众父老的谏言和帮助之下，班伯很快就确定了办案思路。他立即召集各县长吏商议，挑选出精明干练的下属，根据父老们提供的信息，分头前往搜捕。仅仅十天时间，班伯就把涉案人员全部捉拿归案，定襄郡全郡震动。这件事传到朝中，班伯的声望和人气陡然提升，“班伯办案”也被传为美谈。一年后班伯才被征召回朝，病逝时年仅38岁。

班况第二子是班斿，班斿博学多才，被举荐为贤良方正，官至议郎，后迁谏议大夫、右曹中郎将。班斿的学识很快便受到了汉成帝的赏识，汉成帝经常让他给自己讲书。班斿还和当时的著名学者刘向一起校对秘阁藏书，可见班斿的学识虽然未必能及刘向，但也不会差刘向太多。汉成帝非常器重班斿的才华，知道他热衷学问，就赏赐了他很多秘府藏书的副本，其中就包括司马迁的《史记》。

汉成帝赐书，对整个班氏家族来说是影响深远的。

首先，《史记》在汉成帝时期刚刚流行，而且在当时还是很稀缺的图书，汉成帝的叔叔东平王刘宇就曾向汉成帝请求赐书，但是遭到了汉成帝的拒绝。可见，在当时能够得到皇室的赐书是一件非常不易的事，同时这也是一种莫大的殊荣。皇帝的亲叔叔都没能获得皇帝的赐书，而班斿和他的家族却能获得，这表明汉成帝对班斿的确非常器重，班氏家族已非寻常的世家大族。而且，班伯、班斿都是受到皇帝赏识的当世学者，并且还获得了皇帝赐书，这说明班氏家族当时已经成为皇帝青睐的经学世家。

其次，汉成帝的赐书对《汉书》的创作影响深远。后来班斿的侄子班彪之所以立志要写《史记后传》，其实就跟汉成帝的这次赐书密切相关。如果不是汉成帝赐书班氏家族，班彪想要阅读到《史记》是非常困难的。如果不是赐书中包含有大量秘府藏书，班彪又如何能编撰《史记后传》呢？而《史记后传》就是后来《汉书》的雏形版本，没有《史记后传》也就不会有《汉书》。班固早期编撰《汉书》完全是私人行为，他并没有机会去阅读皇家藏书，他能看到的就是从他的叔祖父班斿流传下来的皇帝赐书，这些赐书无疑为班固继续编撰《汉书》提供了大量的参考资料。

班况的第三子，同时也是班固的祖父，他就是班稚。班稚是一个谨言慎行的人，性格比较正直。这从他经历的两件事中可以体现出来。

班稚是黄门郎中出身，早年一直在宫里侍奉汉成帝，帮皇帝传达诏令。汉成帝的几个儿子皆夭折，而且由于专宠赵飞燕姐妹，甚至下令杀死还在襁褓中的儿子，这就导致他晚年膝下无子。关于赵氏姐妹残害后宫皇子的事，很多都是在汉成帝驾崩以后才爆出来的，当时社会上就流传有童谣，说“燕飞来，啄皇孙，皇孙死，燕啄矢”，这也就是后人常说的“燕啄皇孙”。由于汉成帝晚年膝下无子，就有意立自己的侄子为太子，也就是汉成帝的弟弟定陶王刘康之子刘欣。汉成帝向身边的人征询意见，但是谨言慎行的班稚却始终不发表意见。后来，刘欣果然被立为太子，汉成帝驾崩后，他顺利登基即位，这就是历史上的汉哀帝。汉哀帝想到班稚当初不积极支持他，心中怀有怨恨，就把班稚外放到了地方任职，相当于是把班稚贬官了。

第二件事发生在汉平帝时期。汉哀帝在位仅七年就暴毙了，继位的汉平帝是年仅9岁的中山孝王刘衎（音同“看”），也就是汉成帝的弟弟中山孝王刘兴之子，和汉哀帝算是堂兄弟关系。由于汉平帝比较幼小，朝政被大司马王莽把持。当时，王莽已位极人臣，群臣对王莽的阿谀吹捧更是无以复加，甚至给他采集颂歌，伪造祥瑞。班稚早年原本是和王莽交好的，二人亲如兄弟，这个时候王莽当然希望班稚也能对他恭维奉承。然而班稚偏偏不买王莽的账，他在朝廷上下一致颂扬王莽的声浪中毫无表示，这让王莽非常不满。当时有人就拿班稚不上报祥瑞做文章，请求朝廷治罪班稚，幸得太皇太后出面讲情，班稚才侥幸避免了灾祸。事后，班稚唯恐祸及自身，就向朝廷主动辞去了朝中职务，请求去做看守陵园的小官。班稚这一决定非常明智，因为他辞官就等于跟王莽撇清了关系，这样一来班氏家族在新莽一朝就显得非常落寞，但同时也避免了在王莽败亡时受到牵连。因此，班固在《汉书·叙传》中说："由是班氏不显莽朝，亦不罹咎。"

从这两件事中就可以看出班稚的品性，他是一个刚正不阿、洁身自好的人，算得上是当时混乱朝政中的一股清流。作为班固的祖父，班稚的品性必然也会直接影响到班固。

这里还值得一提的一个人物是班固的祖母金氏，也就是班稚之妻。

虽然《汉书·叙传》中并未提及班固的祖母家世，但是在《汉书·元帝纪》的赞语中却透露了出来。《汉书·元帝纪》的赞语中有"臣外祖兄弟为元帝侍中"之语，东汉学者应劭注解称此处的"臣"实际所指并非班固，而是班彪，这里的"外祖"也是班彪的外祖父，指的是西汉名臣金日磾（音同"密""敌"）的从孙金敞。金敞兄弟四人都是元帝身边的近臣，所以班彪就引用外祖父家族人的说法来评价汉元帝。

金氏家族在西汉是一个极具传奇性的家族。金日磾出身匈奴，是匈奴休屠部太子，后兵败归降汉朝，后来得到汉武帝的宠幸，被赐姓金。汉武帝临终之前，金日磾被任命为四大辅政大臣之一。从后来的历史发展来看，汉武帝临终托孤的四位辅政大臣，只有金日磾是善终的，其他三人都因为谋反或擅权而惨遭灭族。

事实上，金日磾能够获得汉武帝宠幸并得到善终，其实就是因为他身上具有常人所没有的忠义精神。此后，金氏家族世代都以忠孝闻名，七代都为朝廷内侍，荣宠不断。班固在《汉书·霍光金日磾传》的赞语中就说："金日磾夷狄亡国，羁虏汉庭，而以笃敬寤主，忠信自著，勒功上将，传国后嗣，世名忠孝，七世内侍，何其盛也！"

班固在《汉书》中把金日磾和霍光合为一传，并且对金日磾有高度评价，可见班固对祖母家族是非常看重的。

以上这些就是有关班彪之前班氏家族的历史了。《汉书·叙传》本身就是一篇家族自传，班固自然不吝溢美之词，其中多多少少都有些虚夸粉饰的成分。但是我们依然可以看出，班氏家族是有着极为悠久的家学渊源的，也有着卓尔不群的精神品质，这对于班彪、班固父子的学术熏陶和人格树立，无疑有着潜移默化的深远影响。

《汉书·叙传》（中）：班彪父子和《汉书》的编撰

班彪的生平事迹

虽然《汉书》的第一作者是班固，但是无可否认的是，班固的父亲班彪才是《汉书》的最早编撰者。我们也可以这样说，如果没有班彪编撰《史记后传》，也就不会有我们今人能看到的《汉书》。

班彪，字叔皮，他生活的时代已经和前代班氏家族所处的时代截然不同了。他生活在风起云涌的两汉之际，目睹了汉室的衰亡、王莽的乱政以及汉光武帝的再造中兴，这样的人生阅历无疑会进一步促使他反思历史和总结历史，这才有了《史记后传》的问世。

在班彪读书求学的时代，正是王莽篡汉并建立新朝之时，此时的班氏家族在政治上已经不复曾经的辉煌。虽然班氏家族曾经和王莽交好，但是在西汉衰败之际，班氏家族选择了和王莽分道扬镳，从此退出了波诡云谲的朝堂纷争。而且，班氏家族的家学传承也并未因政治上的动荡而中断，这得益于班家数代的家学积淀和皇帝的赐书。

因此，班固才在《汉书·叙传》中自豪地说：“家有赐书，内足于财，好古之士自远方至，父党扬子云以下莫不造门。”当时的班家已经远离朝堂，家中有皇帝赐书，经济上也算得上小康富足，家中经常有慕名而来的访客，这些人都是有学识、有名望的士人，就连当时的学术名流扬雄也会登门拜访。

这样的情景，用刘禹锡的话说就是“谈笑有鸿儒，往来无白丁”，这是让班固颇为自豪的。

班家府上经常有名流造访，其中一个很重要的原因就是家中藏书丰富，尤其是藏有皇帝的赐书。《汉书·叙述》记载，当时著名学者桓谭就曾登门向班嗣（班斿之子，班彪堂兄）借阅《庄子》[①]。《庄子》在今天看来是非常常见的一本书，然而当时大学者桓谭竟然还需要通过借书的方式才能读到，可见当时社会书籍的匮乏和稀缺。

由于当时的书写材料还是以竹简为主，纸张还未普及，书籍确实算得上是一种奢侈品，是一种极为宝贵的文化资源，甚至可以被当作传家之宝。当时社会上就流传有谚语“遗子黄金满籯，不如一经”[②]，说的就是遗留给后代再多的黄金，都不如留下一部经书，这句谚语就反映了这一社会现象。

从这个角度来看，我们或许也就更能理解班固为何在《汉书·叙传》中频繁提及皇帝赐书，因为这些藏书让班固十分引以为豪。

另外，有一点值得注意的是，班彪和他的堂兄班嗣在学术上的思想观念是截然不同的。《汉书·叙传》特别提到了班彪的这位堂兄班嗣，说他“虽修儒学，然贵老、严之术”，就是说班嗣非常推崇黄老之学。接下来，《汉书·叙传》还特别举了桓谭向班嗣借阅《庄子》的例子，班嗣嘲笑桓谭看《庄子》是邯郸学步，学习老庄之学只是为了炫耀自己的学问。

《汉书·叙传》上记载的这个小插曲表明，班氏家族在学术上是兼收并蓄的。尽管当时的官方主流思想已经是儒学了，班伯、班斿、班稚兄弟三人

①《汉书·叙传》中记载为“严子”，东汉时期为避汉明帝刘庄之名讳，将庄子改成“严子”。

②《汉书·韦贤传》。

无不以经学起家，但是班氏家族对待老庄之学和其他学说还是比较包容的。

与班嗣尊崇黄老之学不同，班彪是一个坚定的儒家学者，以儒学为最高信仰和追求，《汉书·叙传》中说他“唯圣人之道然后尽心焉”，这从他后来的一些经历中可以看出。

地皇四年（23年），王莽建立的新朝仅仅维持了16年就被起义军推翻了。两年后，刘秀在河北即皇帝位，东汉自此建立。在此期间，班彪家族为了躲避战乱，举家从长安迁到了天水，投奔了割据在那里的隗（音同“伟”）嚣。

隗嚣出身陇右大族，由于他在当地有很高的声望，趁着长安动荡之际，他在陇西发展出了自己的势力。《后汉书·隗嚣公孙述列传》说他“谦恭爱士”，故而广招天下名士，倾心结交布衣之士，当时投靠在他门下的宾客不计其数，很多关中三辅地区的名士都望风归附，“由此名震西州，闻于山东”。这些名士之中就有班彪。

我们知道，战国时代养士之风盛行，隗嚣广招门客的举动颇有点战国遗风。事实上，隗嚣的内心的确是向往战国时代的，他虽然表面上尊奉光武帝刘秀，但是他心里其实是想恢复战国时代的格局的，他也想割据陇西称霸一方。

有一次，隗嚣就向班彪请教：这天下局势究竟是要重回战国，还是会终归一统？言下之意，隗嚣就是想问自己究竟能不能割据自立。

班彪开门见山的第一句话就是“周之废兴与汉异”，意思是说，如今的天下和东周的天下已经完全不一样了。为什么呢？班彪继续说道：“昔周立爵五等，诸侯从政，本根既微，枝叶强大，故其末流有从横之事，其势然也。汉家承秦之制，并立郡县，主有专己之威，臣无百年之柄。”

班彪的这番话即使不翻译，想必读者也是能看出大意的。班彪的意思很明确，周朝实行的是分封制，诸侯参与政治，所以才会导致强枝弱干，而汉朝实行的是郡县制，天下大权统归皇帝一人，郡县官吏无不由中央任免，只能是强干弱枝，所以这天下注定是要重归一统的。

班彪这句话非常有见识。接下来，他又分析了汉朝的天下为何会亡于王莽，他认为有两点：一是外戚专权，二是皇帝短命。而王莽只是靠这种政治上的动荡才趁机夺取权柄的，王莽改朝换代所带来的政治剧变只是关于上层统治阶层的，民间社会其实并未受到严重影响，这和东周有着本质上的区别。老百姓已经在汉朝统治之下生活了两百年了，他们相信刘氏才是真龙天子，所以各地起兵都不约而同打着刘氏的旗号，这就是民心所向。最终，班彪作出总结：今天任何一个想割据自立的豪杰，都不具备战国时代七雄割据的社会基础了。

对于这段说辞，《汉书·叙传》是这样记载的：

周之废兴与汉异。昔周立爵五等，诸侯从政，本根既微，枝叶强大，故其末流有从横之事，其势然也。汉家承秦之制，并立郡县，主有专己之威，臣无百年之柄。至于成帝，假借外家，哀、平短祚，国嗣三绝，危自上起，伤不及下。故王氏之贵，倾擅朝廷，能窃号位，而不根于民。是以即真之后，天下莫不引领而叹，十余年间，外内骚扰，远近俱发，假号云合，咸称刘氏，不谋而同辞。方今雄桀带州城者，皆无七国世业之资。《诗》云："皇矣上帝，临下有赫，鉴观四方，求民之莫。"今民皆讴吟思汉，乡仰刘氏，已可知矣。

班彪的这番话让我们看到了一个优秀历史学家所应具备的长远眼光和卓越远见。但是，已经打定主意要割据自立的隗嚣，根本就没有听进去班彪一个字。隗嚣固执地认为，秦末大乱的时候，谁会想到天下最后会是刘邦的？天下既然可以归刘，同样也可以归于自己！

班彪见隗嚣不为自己的说辞所动，天下又长期混乱，于是就提笔写下了著名的《王命论》，以此表达他对天下时局的看法。

班彪在《王命论》中极力为刘氏的天命辩护，否认了以隗嚣为代表的一些人所认为的刘邦夺取天下是群雄逐鹿的结果，他认为刘邦建汉是天命所在，而非人力所能及，后来的历史也充分证明了班彪结论的正确性。

班彪的这篇《王命论》在中国古代政治思想史上具有非常特别的意义，《剑桥中国秦汉史》就认为它是“中国文献中表述政治原则最完善和最清楚的文章”[①]，这篇文章也被班固全文收录进了《汉书·叙传》当中。

班彪的《王命论》虽然写得非常精彩，但是并没能打动隗嚣，隗嚣仍然固执己见，坚决要割据称雄。班彪见隗嚣不为所动，索性便离他而去，投靠了盘踞在河西的大将军窦融，当时正是建武五年（29年）。

窦融和班彪是同乡，窦融对班彪也极尽礼遇，班彪便倾心辅佐他，一方面帮助他抗拒隗嚣，另一方面又帮他分析天下大势，力劝其归顺刘秀。窦融比较识时务，在建武十二年（36年）就率部归附了刘秀。

窦融归附刘秀之后，窦融就又把班彪举荐给了刘秀，刘秀十分欣赏班彪对汉朝的忠心，就亲自召见了班彪。后来，班彪就被司隶举荐为茂才，被任命为徐县县令。不过，班彪并没有任职多久，就因病辞官了。

其后，班彪又被征辟为司徒掾。虽然司徒掾只是职位低微的丞相府属官，但是他却获得了参与国家决策的宝贵机会，尤其是在解决民族问题上，班彪的意见获得了东汉朝廷的充分认可和高度重视。

按照《后汉书·乌桓传》和《后汉书·南匈奴传》的记载，班彪在司徒掾任上向朝廷贡献了两条重要建议。

第一条建议是关于如何对待乌桓的问题方面的。班彪向朝廷提出，在北部边境恢复设置乌桓校尉，用以管理散居在长城沿线上的乌桓人。刘秀采纳

① 崔瑞德，鲁惟一：《剑桥中国秦汉史：公元前221—公元220年》，北京，中国社会科学出版社，2006，第703页。

了班彪的建言，在上谷宁城设置了乌桓校尉，管理乌桓和鲜卑民族，同时负责边境贸易。此事发生在建武二十五年（49年）。

第二条建议是关于如何处置北匈奴的问题方面的。当时，匈奴已经分裂为南北两部，南匈奴内附汉朝，而北匈奴则散居在漠北。受自然灾害的影响和周边势力的逼迫，北匈奴的生存环境日渐窘迫，故而从建武二十七年（51年）开始，北匈奴就频繁遣使向东汉请求和亲。到了建武二十八年（52年），北匈奴再次遣使到洛阳请求和亲，光武帝刘秀一时间拿不定主意，就让群臣讨论。这个时候，司徒掾班彪就提出，可以效仿汉元帝时代汉匈和亲的例子，给予匈奴一定的赏赐，同时也把汉匈友好的往事讲给使者听，让匈奴人看到朝廷友好的诚意。最终，班彪的意见被刘秀全然采纳。

通过这两件事可以看出，班彪是具有一定政治远见的，尤其是在处理边境民族关系的问题上，班彪是非常有想法和见地的。究其原因，这和班氏家族熟悉边地事务密切相关，这也对后来班固随军北征和班超出使西域产生了深远影响。

在这之后，班彪又由司徒掾被举荐为望都（今河北望都西）长。在任望都长期间，班彪深受百姓爱戴，最终于建武三十年（54年）卒于任上，时年52岁。

班彪编撰《史记后传》

班彪编撰《史记后传》大致是从建武十二年（36年）投归刘秀开始的。当时的班彪还只有34岁，怀揣着满腔热忱开始了《史记后传》的编撰工作。经过15年左右的潜心编撰，班彪最终完成了《史记后传》65篇，从而弥补了司马迁《史记》之缺漏，补写了《史记》未尽述之史事。

《史记后传》是一部自成一体的史学著作，它比诸家“续《太史公书》”要更为完备和系统，也成了《汉书》的雏形和底本。同时，班彪的史学思想也为班固编撰《汉书》奠定了基础，班固的撰史理念和宗旨其实就是承继其父班彪而来的。从家学系统上来说，班彪其实就是班氏家族学术传承过程中承上启下的关键性人物，他的撰史事业是班固撰述完成《汉书》的先声。[①]

班彪给世人留下的著述，有“赋、论、书、记、奏事合九篇”，大部分文章至今仍见于《后汉书》《文选》《艺文类聚》等书中。

至于班彪所写的《史记后传》，今天我们已经看不到原本了，因为它已经被融入到《汉书》之中。不过，我们还是能从今本《汉书》中寻觅到一些班彪撰写的痕迹，一些篇章中仍保留有班彪署名的评语，据此便可推断该篇章应是出自班彪手笔。最典型的例子就是《韦贤传》《翟方进传》和《元后传》这三篇，赞语的部分都有“司徒掾班彪曰”的署名，这三篇出自班彪之手当是无疑。

班彪编撰《史记后传》虽然是为《史记》作续，但是班彪却并不因循于司马迁的撰史理念。

《后汉书·班彪传》记载了班彪对司马迁所撰《史记》的一段评语，他说：

> 迁之所记，从汉元至武以绝，则其功也。至于采经摭传，分散百家之事，甚多疏略，不如其本，务欲以多闻广载为功，论议浅而不笃。其论术学，则崇黄老而薄《五经》；序货殖，则轻仁义而羞贫穷；道游侠，则贱守节而贵俗功：此其大敝伤道，所以遇极刑之咎也。然善述序事理，辩而不华，质而不野，文质相称，盖良史之才也。

后世人经常拿这段话来非议《汉书》及其作者，但是这段文字并不完

① 陈其泰:《再建丰碑：班固与〈汉书〉》，北京，华夏出版社，2018，第16页。

全是班彪对司马迁的批判，其中也有很多具有积极意义的评论性内容。事实上，班彪对司马迁是持既有褒扬也有批评的态度的，并且班彪对司马迁的总体评价是很高的，认为他是“良史之才”。

班彪首先充分肯定了司马迁撰述《史记》这一壮举，尤其是详细记录了从汉初到汉武帝时代的历史，这是司马迁的功绩所在。然后，班彪又笔锋一转，指出司马迁总喜欢什么事都写，什么人物都记，这就导致《史记》给人一种“多闻广载”的感觉，虽然《史记》看起来很广博，但是疏漏也很多，分析和议论也很浅显，不够深入。

接着，班彪就《史记》的一些具体篇章进行了点评。他认为，在学术观点上，司马迁崇尚黄老，而轻视儒家；讲到《货殖列传》，就轻视仁义而羞于贫贱；讲到《游侠列传》，就会轻视那些坚守本分的人，而崇拜拥有世俗功业的人。

但是，班彪对司马迁的总体评价还是以褒扬为主的，他最后又指出了司马迁撰史的几大优点，说司马迁“善述序事理，辩而不华，质而不野，文质相称”，认为司马迁不愧是“良史之才”。

通过这段文字可以看出，班彪对历史是有他自己独树一帜的看法的。他虽然也和很多人一样仰慕司马迁，但是他并不因循于司马迁和他的《史记》，而是用一种批判性继承的态度来编撰《史记后传》的。

从《汉书》的最终成书来看，班彪对《史记》的褒扬，促成《汉书》继承了《史记》的基本体例和格局，而他对《史记》的所有批评，恰恰都化成《汉书》独具一格的鲜明特色。

班固入朝

班固，字孟坚，出生在班氏家族这样的书香门第，从小就受家学熏陶，对文史产生了极为浓厚的兴趣。班固在9岁的时候就能写出非常漂亮的文章了，并且能诵读诗赋。

班彪曾长期在京城太学任教，东汉的著名思想家王充就是他的优秀门徒，王充经常来班彪家中拜访求教。有一次，王充来到班彪家中，恰好碰上了当时已是13岁的班固，他抚摸着班固的后背说道："此儿必记汉事。"①

王充知道老师班彪在编撰《史记后传》，他仰慕老师班彪的学问，也欣赏班固少年时期的才华，故而发出这种感叹，他赞叹班固日后一定会像老师班彪一样为大汉撰史。如果这件事在历史上是真的，王充之言无疑准确地预言了班固撰成《汉书》之事。

后来，班固又入读太学，开始了更为深入的学习。从建武二十三年（47年）入学到建武三十年（54年），从16岁到23岁，班固在太学读书前后达8年之久。在这期间，他不仅学习了儒家经典著作，而且更是钻研了诸子百家学说，他的学问有了更进一步的增长。

班彪去世的时候，班固还只有23岁，所以他在《汉书·叙传》中自称是"弱冠而孤"。由于父亲去世后生计困难，加之要为父守丧，班固不得已离开了太学，从此回到了他的老家扶风安陵。

永平元年（58年），汉明帝即位，其兄东平王刘苍为骠骑将军在朝辅政，他也是东汉时期唯一一位在朝辅政的宗室藩王。刘苍辅政之时，他被准许选用长史掾及史员四十人，这在当时被看作一件盛事。当时，社会上层名流相互举荐是一件非常常见的事，作为前司徒掾班彪之子，班固也积极参与了举荐人才活动，为此他还特别向朝廷献上了一篇举荐人才的奏记。

也就是在班固向朝廷献上奏记的当年，班固开始继承父业。他秉承父亲的撰史理念，利用家藏的皇帝赐书，在父亲所撰的《史记后传》的基础上，

① 《后汉书·班彪传》（附《班固传》）注引《谢承书》。

正式开始了《汉书》的编撰工作。这一年，班固27岁。[①]

不过，班固编撰《汉书》的行为并不是公开化的，属于私人撰述。故而不久之后，在永平五年（62年）就发生了本章第一节开篇所记述的班固被人告发“私作国史”一事。这件事的结果，我们在前文中已经知道了，班固最终并没有获罪，相反，他还被任命为了兰台令史。

事实上，班固入朝被任命为兰台令史一事有着极为深远的意义。它不仅是班固人生的重大转折点，同时也是《汉书》创作过程中的重大转折点。

对此，笔者从五个方面来分析一下。

第一，班固入朝后有了相对安定和优越的物质保障。

按照《汉官仪》中的记载，东汉设置有兰台令史六人，食俸五百石，负责掌管图籍档案。兰台令史职务虽然不高，但是却能保障班固有一个相对比较安定的生活。

第二，班固入朝后掌握了丰富的图籍档案资料。

兰台相当于是东汉的国家图书馆，里面收藏了那个时代最为全面而丰富的图书档案资料。而兰台令史的主要职责就是掌管这些图籍档案，班固可以凭借兰台令史和尚书郎的身份查阅这些资料，这为他继续撰写国史（即后来的《汉书》）提供了大量第一手的丰富资料。

第三，班固入朝后结交了众多文人学者。

兰台不仅仅是东汉的国家图书馆，事实上它也是东汉的国家社科院，这里汇集了当时最知名的一批学者，除了前面提到的陈宗、尹敏、孟冀之外，还有贾逵、杨终、刘复、傅毅、孔僖等。可以说，当时的兰台是东汉的最高学术中心所在，就如同前文中讲到的战国时代齐国的稷下学宫。班固在兰台任职期间，可以和这些文人学者探讨学问、交流思想，尤其是在经学方面收

① 陈汉章:《缀学堂初稿》卷二《马班作史年岁考》。

获颇丰，这必然会对班固编撰《汉书》助益良多。

第四，班固的身份开始从民间学者转变为了官方学者，班固创作《汉书》也从私人撰述转变为一种官方行为。

从班固因私作国史而被下狱一事中可以看出，班固创作《汉书》完全是私人行为，东汉朝廷也是完全不知晓的，而当班固的书稿受到汉明帝的青睐之后，班固的撰史行为就已经获得了官方默许。后来，班固在完成《世祖本纪》之后，“帝乃复使终成前所著书”，意即汉明帝又让班固把此前没写完的国史（即《汉书》）继续写完。

可见，汉明帝是充分认可班固的撰史行为的，而且他也鼓励班固继续将《汉书》创作完成。再到后来，《汉书》真正问世的时候，顿时成为社会上文人学者争相阅读和追捧的一部奇作，可谓风靡天下，《汉书》的阅读风潮一度盖过了《史记》。而这一切都是东汉朝廷所默许和支持的。因此，班固入朝一事是《汉书》文本形成过程中的一个根本性转折，不仅班固的身份发生了变化，《汉书》的属性也发生了巨变。[①]

第五，正统史观开始影响到了班固创作《汉书》。

班固被任命为兰台令史之后，就开始了《世祖本纪》的编撰。这里的“世祖”就是东汉开国皇帝光武帝刘秀，《世祖本纪》其实就是有关东汉开国以及刘秀治国的历史。班固等人受汉明帝的指示所编撰的《世祖本纪》，完全可以看作一部当代史，其中必然涉及那个时代的诸多历史敏感问题，尤其是对光武帝刘秀中兴功业和政治遗产的评价。

可以想象得到，受诏编撰《世祖本纪》的这些文人学者肯定是战战兢兢、谨小慎微、如履薄冰的，最后所呈现出来的《世祖本纪》也必然是符合官方正统意识形态要求的。当然，班固也不免俗，也不例外。如此一来，班

① 陈君：《润色鸿业：〈汉书〉文本的形成与早期传播》，北京，北京大学出版社，2020，第43页。

固在创作《汉书》的过程中，也就自然而然地会把这种正统观念和思想融入其中，以维护统治者的立场去撰述《汉书》。事实上，这也成为《汉书》的一大特色，也是《史记》和《汉书》的最大区别之一。

“潜精积思”的班固

获得官方认可之后，班固编撰《汉书》的工作大大加快。

在编撰《汉书》的同时，作为一名尚书郎，班固也积极投身于当时朝廷主持的各项学术活动中。

班固所参与的重大学术活动大致有三件。

第一，参与编撰《世祖本纪》。此事前文已叙，不再赘言。

第二，与汉明帝论《史记·秦始皇本纪》。

东汉永平十七年（74年）的一天，班固、贾逵等众多学者被召集到皇宫云龙门，宦官赵宣带着《史记·秦始皇本纪》的抄本，宣示汉明帝的旨意，问这几位当世学者说：“太史公的这篇《秦始皇本纪》，有没有哪里讲错了？”

众学者尚在思索和迟疑，班固当即进言道：“这篇本纪的赞语当中，‘藉使子婴有庸主之才，仅得中佐，秦之社稷，未宜绝也’一句是有错的。”宦官赵宣立马把班固的话回禀了汉明帝。汉明帝来了兴趣，便征召班固进宫对答。

由此可见，班固早就熟读了《史记》，并且对《史记》有着非常深入的研究和见解，这才使得他能在这种关键时刻脱口而出，获得了和汉明帝御前交流的宝贵机会。

汉明帝问班固：“你刚才所言，是早就有这样的想法呢，还是见我提出问题临时想到的呢？”班固回答说是原本就有这样的想法。之后，汉明帝和班固又说了哪些我们就不得而知了。但是离宫之后的班固立马就写了一篇史论，表达了他对《秦始皇本纪》的意见和看法。后人把班固所写的这篇史论附在了《秦始皇本纪》的篇末，题为《秦纪论》。

我们再回过头来看班固所引的司马迁的这句赞语到底有何问题。司马迁的这句话其实也是引用的，引用的是贾谊《过秦论》中的语句。这句话意思是，假使子婴具备中等君主的才能，仅仅得到中等水平的辅佐之臣，山东地区即便再乱，秦朝也是可以保全的，不至于覆灭。

班固对司马迁和贾谊的意见持反对态度，他说："早已秦之积衰，天下土崩瓦解，虽有周旦之材，无所复陈其巧，而以责一日之孤，误哉！"班固认为，秦朝的衰落非一时一人所致，秦末之时秦朝已经到了土崩瓦解的边缘，即便是周公在世也是无力回天的，秦朝走向覆灭是历史的必然。

班固批评司马迁、贾谊的观点，说到底其实就是在否定秦朝的正统性，维护汉王朝的功业。为此，班固后来又专门写了一篇《典引》，再次来叙述汉朝的功德，这篇文章被南梁时期的萧统收录进了《昭明文选》中。

第三，参与白虎观会议，编撰《白虎通义》。

白虎观会议是东汉思想史上的重要事件。自汉武帝时期把儒家思想确定为官方思想以来，对于儒家经典（"五经"）的版本始终存在争议。到了两汉之际，谶纬之学开始在社会上广泛传播，尤其是汉光武帝在建武中元元年（56年）宣布图谶于天下，儒家经学正式走向了庸俗化和谶纬化。

汉章帝建初四年（79年），东汉朝廷召集各地儒生，齐聚都城洛阳的白虎观，讨论"五经"异同，这就是著名的白虎观会议。作为会议的主持者，汉章帝亲自裁定，确定了"五经"经义，会议前后进行了一个月的时间。会议过后，班固以史臣的身份整理和总结了这次会议的内容，是为《白虎通德论》，简称《白虎通义》或《白虎通》。

《白虎通义》继承了董仲舒以来将儒学神学化的理念，进一步发展和神化了董仲舒的三纲五常学说，用谶纬来解释儒家经典，使之具备国家法典的地位，标志着经文经学神学化的完成。[①]

这里应当指出的是，虽然班固参与了白虎观会议的讨论，《白虎通义》也确实是由班固对会议内容进行笔录和整理而成的，但是这部书并不能算作班固的著作，更不能代表他的思想观念。

然而《白虎通义》毕竟是成书于班固之手的，从该书的行文思路、文字的裁剪，都可以窥见班固的思想。当时，《汉书》已经处于定稿阶段，班固编撰《汉书》也很难不会受到《白虎通义》思想的影响，这也是很自然的事情。只要我们把《白虎通义》和《汉书》略加对照，就会发现《汉书》确实贯彻了《白虎通义》的思想，这对我们理解《汉书》的思想是有很大帮助的。[②]

前文中讲到，司马迁是一个历史学家不假，但他其实更是一个博物学家，他所撰述的《史记》，也绝不仅仅只是一部历史著作，更是一部西汉时代百科全书式的著作。

实际上，班固和他的《汉书》也是如此。班固除了是个历史学家之外，他也是汉代著名的经学家、文学家、社会学家和地理学家，他的《汉书》同样包罗万象，汇集了当时各个领域的学术成果。

比如，班固在文学领域的成就是非常高的，他是当时的汉赋大家，写出了《幽通赋》《两都赋》《答宾戏》等名篇，位列汉赋四大家[③]之一，后来他随军出征时还写下了《封燕然山铭》，《隋书·经籍志》就记录有《班固集》17卷（今已散佚）。

再比如，《汉书·地理志》开创了正史地理志的先例，集中记录了西汉时代的人口、区划沿革、地名沿革、水道、建筑、矿产、风俗等资料，内容

① 田昌五，安作璋:《秦汉史》，北京，人民出版社，2008，第651页。

② 安作璋:《班固评传：一代良史》，南宁，广西教育出版社，1996，第55页。

③ 司马相如、扬雄、班固、张衡并列为汉赋四大家。

丰富而精到，对中国古代地理学的发展产生了重要影响，确立了古代地理学体系的形成。

《汉书·叙传》（下）：班固的晚年变故和《汉书》的诞生

《汉书》主体内容的完成

就在白虎观会议结束后不久，班固就把已具雏形的《汉书》上呈给了汉章帝，史书中的记载是“潜精积思二十余年，至建初中乃成”[①]。至于具体的时间，近代有学者考证认为是在建初七年（82年）[②]，也就是白虎观会议结束后的第三年。

不过，值得注意的是，建初七年（82年）班固所上呈的《汉书》并非完璧，更非我们今天所看到的《汉书》。事实上，班固向朝廷所上呈的《汉书》只是完成了纪和传的部分，而志和表的部分尚未完成，距离《汉书》的真正完成尚需不少时日。

既然《汉书》只是完成了纪和传的部分，那么班固为何要提前向朝廷呈送呢？史书中又为何要说“至建初中乃成”呢？

这其实就和中国古人的撰史观念有关了。在当时人们的观念里，史书最重要的部分就是纪和传，而对志和表的体例是比较轻视的。我们简要通览古代的“二十四史”就会发现，没有哪部正史会缺失纪和传的，但是却有不少正史是缺失志和表的。可见在古人的观念中，完成了史书最为重要的纪和传，那么这

① （东晋）袁宏:《后汉纪》卷一二。
② 陈汉章:《缀学堂初稿》卷二《马班作史年岁考》。

部史书就可以宣告完成了，而志和表其实只能算是“锦上添花”的工作。

事实上，在古人编撰史书的过程中，往往也是先有纪、传，而后有表、志的，这是古人编撰史书的通例。比如，东汉朝廷也有一部记录本朝历史的史书，叫作《东观汉记》，就是只有纪传的部分，到了东汉末年，学者蔡邕才提出编撰《十志》（为避讳汉桓帝刘志，又称《十意》），但最终也没有完成。再比如，后面还要继续讲到的《后汉书》，作者范晔临死前只是完成了纪传部分，计划中的十志并未完成，后来南梁学者刘昭把西晋司马彪《续汉书》中八志的部分补缀进《后汉书》中，最后才使得《后汉书》相对完整。这样的例子，后代历史上还有不少。

从这一点我们可以认识到，古人对史书纪、传、志、表诸体的重视程度及先后次序的认识，与今人大为不同。现代史学理论更重视史书中的典志和史表，主要是出于把握历史线索的需要，而古人则更重视纪、传，强调以人物事迹探求人物心志，或寓褒贬于叙事之中，或以论赞直书褒贬。班彪、班固父子也是如此，班彪评论《史记》诸篇，也都是仅限于纪、传，而未论及书（志）、表，可见在班彪、班固父子心目中纪、传同样重要，只要完成纪、传，《汉书》就算大体上完成了。①

尽管在班固心目中，他的《汉书》已经算是大功告成了，但是用我们今天的眼光来看，《汉书》还未真正完成。

从《汉书》的最终成书来看，班固所写就的《汉书》并没有今天我们所看到的《汉书》文本内容多。事实上，在班固临死之时，他的《汉书》很可能没有最终定稿。换句话说，班固并没能真正完成《汉书》的编撰工作。

班固为何没能编撰完《汉书》？这就要从班固晚年的一系列变故说起了。

---

① 陈君：《润色鸿业：〈汉书〉文本的形成与早期传播》，北京，北京大学出版社，2020，第55—59页。

班固之死

班固虽然笃志于编撰汉史，但是他和当时的很多官员一样，都渴望能在仕途上有所建树，为国家建功立业。在这一点上，班固也未能免俗。

班固编撰《汉书》，用我们今天的眼光来看，可谓中国古代文化史上的一次壮举。但是，班固二十多年“潜精研思”编撰《汉书》的行为在当时并没有得到社会的广泛认可，班固这二十多年来其实一直都是在默默无闻中度过的。

即便班固的书稿也曾得到过来自皇帝和部分当世学者的赏识，然而他终其一生不过是个担任兰台令史、校书郎、玄武司马这样职位的文职小官。班固的内心充满了寂寞和无奈，他不甘心一辈子坐冷板凳，不甘心一直屈就于这样低微的职位，他渴望能在仕途上获得晋升，也更渴望能为国家做出实实在在的贡献。

终于，在汉和帝永元元年（89年），也就是班固58岁的这一年，一个绝佳的建功立业的机会摆在了班固的面前。

当时，班固因遭母丧辞官守孝在家，忽然听闻窦宪被任命为将军，奉旨率军讨伐匈奴的消息。得知这一消息的班固喜不自胜，班氏家族向来就有在边境地区和少数民族打交道的经验，已经年近花甲的班固仿佛看到了报效国家的绝佳机遇。而且，班氏家族和窦氏家族还是同乡，有同乡之谊。最终，班固毅然决定投笔从戎，跟随窦宪大军出征塞北，以期能建立一番丰功伟业。

当时的班固可谓踌躇满志，然而他不知道的是，他的这次随军北征却为他后来的悲剧埋下了伏笔。

窦宪北征匈奴，在东汉历史上是一件大事。这里我们也简单讲一下这件事，后面讲到《后汉书》的部分还会详细讲。

窦氏家族是东汉的著名外戚家族，是东汉开国名臣窦融的家族，而窦宪就是窦融的曾孙。关于窦融，前文中已经略有提及，他曾长期割据河西，后来主动投靠了刘秀，并且协助刘秀消灭了陇西的隗嚣势力，窦融可谓东汉的开国功臣。由于窦宪是开国功臣窦融之后，同时他的妹妹也被汉章帝立为皇后，在汉章帝时期，窦宪在朝中权势日盛。汉章帝去世后，年仅10岁的汉和帝即位，窦太后临朝称制，窦宪也以国舅的身份成了辅政大臣。

窦宪掌权之后，朝中百官无不依附于他，他也开始变得无法无天，甚至公然挟私报复，甚至阴谋刺杀宗亲，做了一系列不法之事。窦太后察觉此事之后，就把窦宪禁闭在了后宫。

窦宪害怕获罪被杀，于是就主动请求领兵北伐，乞求将功赎罪。于是，窦宪被任命为车骑将军，耿秉为副，分三路出兵匈奴。而就是在这个节骨眼上，班固主动请缨，投身于军中，被任命为中护军随军出征。

战事非常顺利，各路大军出塞三千里，几乎全歼北匈奴主力，北匈奴单于率残部败逃，汉军俘虏了二十余万匈奴人和上百万头牲畜。为了纪念这次北征大捷，窦宪率大军来到燕然山（今蒙古杭爱山），亲自撰写铭文，在山上刻石记功，这就是典故“勒石燕然”的由来，这篇铭文被记录进了《后汉书·窦宪传》中，在历史上也被称作《燕然山铭》（又称《封燕然山铭》）[①]。

另外，班固还写了《窦车骑北征颂》和《涿邪山祝文》，包括《燕然山铭》在内的这几篇文章，性质都是一样的，是班固溜须拍马为给窦宪歌功颂德而作的。

从汉和帝永元元年（89年）到永元三年（92年），窦宪用三年时间连续出击北匈奴，终于彻底打败北匈奴。对于此次军事行动，范晔在《后汉书·窦融列传》（附《窦宪传》）中称之为是“一举而空朔庭”。

---

① 关于“燕然山铭”和“封燕然山铭”两种叫法的区别，可参见辛德勇：《发现燕然山铭》，北京，中华书局，2018，第233—257页。

北匈奴的残部最终一路西迁，至于具体迁徙到了何处，《后汉书》只说是“北单于逃走，不知所在”，现代有说法称这些匈奴人最终迁徙到了欧洲。

得胜归来的窦宪，以为有大功于汉朝，已经全然忘记了自己此前是戴罪之身，更加骄纵狂傲。此时的窦宪更加专权跋扈，相比之前更是“威名大盛”，他甚至不把皇帝看在眼里，心生了谋害皇帝的念头。

当时的汉和帝察觉了窦宪的阴谋，于是就联合亲信宦官郑众等人，趁窦宪班师回朝之时，发动突然袭击，捕杀了窦宪的党羽，收缴了窦宪的大将军印绶，剥夺其兵权，后又逼令其自杀。

窦宪失势之后，可谓树倒猢狲散，受株连者不计其数，其中就包括依附于窦宪的班固。

班固由于长期依附于窦宪，自鸣得意，他对自己的家人缺乏必要的管教和约束，以致家人干了很多骄纵不法之事，也得罪了很多人。其中，班固家族的子弟就得罪了当时的洛阳令种兢，种兢看到班固家族的靠山倒了，就趁机罗织罪名，将班固告发入狱，进行打击报复。班固被关进大狱后，受尽了狱吏的拷打折磨，最终冤死狱中，卒年61岁。

直到后来朝廷才发现班固是含冤而死的，汉和帝知情后，下诏谴责种兢公报私仇的恶劣行径，并将害死班固的狱吏处死抵罪。

班固之死固然是被冤枉的，也值得后世同情，但是班固的悲剧其实多少也有点咎由自取的味道。

班固为了谋取个人仕途和名利，丢弃了道德和尊严，趋炎附势于外戚权臣窦宪，最终他也在政治的清洗中惨遭厄运，成为政治的牺牲品。作为一名伟大的史学家，班固肯定是熟谙历史典故的，西汉的权臣家族（如吕后家族、霍光家族）都没有好下场，然而他还是选择去重蹈历史覆辙，实在令人惋惜和嗟叹。

《汉书》的补续

班固去世的时候，他的《汉书》遗稿是散乱不堪的，如果不是汉和帝为班固平反，这部《汉书》很可能就伴随班固一同消逝在历史的长河之中了，我们今人也无法看到这部伟大的历史著作了。这可以说是历史的一大幸运。

历史的另一大幸运是，班固有一个特别有才华的妹妹，如果不是因为有这样一个妹妹，那些散乱的《汉书》遗稿也很难重见天日、公之于世。

她是谁呢？她就是班昭。

班昭，又名姬，字惠班，受家学熏陶，从小就有才名。14岁的时候，她嫁给了同郡的曹世叔，然而没过多久丈夫就死了。失去丈夫的班昭谨守妇规，举止合乎礼法，在当时享有节名。

班固冤死狱中之时，《汉书》尚有八表和《天文志》没有完成，汉和帝便下诏让班昭到宫中的东观藏书阁查阅资料，以续写《汉书》。她还多次被召入后宫，充任邓皇后及诸贵人的文化教师，为此得了个雅号——“曹大家”。

这里的“大家”，其实是“大姑”，“家”也读作“姑”，是当时社会对年长女子的尊称。《红楼梦》第一回中有“亦无班姑，蔡女之德能”这样的语句，这里的“班姑”就是指班昭，是从“曹大家”这个称号衍生出来的。

当时的朝廷经常会收到从远方进贡来的珍奇异物，汉和帝就诏令这位“曹大家”来作赋助兴。到了汉安帝时期，邓太后临朝称制，又将班昭当成了私人顾问，如此一来，班昭就时常出入皇宫之中。

班昭不仅对《汉书》有重新整理和续写之功，她还对《汉书》有传播之功。《汉书》刚问世的时候，由于书中多古文古义，时人很难流畅通读，班昭作为一个寡居的女子，没有办法抛头露面给大众讲解。于是，汉和帝就想了个办法，让扶风人马融跟随班昭研读《汉书》，后来马融就成为研读《汉书》的大学者，他再把《汉书》的文辞语意教给世人。可以说，班昭和马融对《汉书》的广泛传播是有着巨大贡献的。

这其中还有一个非常有趣的小故事。根据古代男女授受不亲的原则，当时20多岁的马融跟随40多岁的班昭学习时，班昭在小阁中讲解，马融就伏在阁下，只顾埋头学习，头都不敢抬。可能是受这个早年经历的影响，后来马融成了当世大儒，门下弟子数千，他在给弟子上课时也要挂上绛纱帐，身后还要有女子作乐，弟子都要和他保持距离，不得靠近并进入小室。

言归正传，继续说回到《汉书》。班昭对《汉书》的补续工作主要集中在八表上，之后，汉和帝又命马融的哥哥马续接替班昭的工作，为《汉书》补作《天文志》。马续在当时也是从小就博览群书的人物，他尤其喜欢研读《九章算术》，而《九章算术》在当时属于术数之学，可能也是因为这层原因，汉和帝才把补作《天文志》的任务交给了马续。

至马续补作完《天文志》为止，《汉书》才算真正定稿了，这也意味着中国古代第一部纪传体断代史《汉书》就此诞生了。

从《汉书》的整个成书过程来看，其编撰历经班彪、班固、班昭、马续四人之手，而前后编撰的时间跨度竟然有六十到一百年，这部八十余万字的伟大历史巨著才算最终完成。

除《天文志》是由马续补作的之外，《汉书》的主体都出自班氏家族两代三人之手，也就是后世俗称的“三班”。用历史学者陈君的话来说，“从某种意义上说，《汉书》之竣，乃班氏一族之功，《汉书》之学，为班氏一家之学”。[①]

《汉书》“抄袭”《史记》了吗

后世对《汉书》有一种质疑的声音，说《汉书》所记录的汉武帝之前的

① 陈君：《润色鸿业：〈汉书〉文本的形成与早期传播》，北京，北京大学出版社，2020，第60页。

历史内容是“尽窃迁书”。按我们今天的版权法来看，班固似乎有“剽窃”的嫌疑，《汉书》和《史记》的内容确实存在大面积的雷同。

那么，我们应该如何来看待这个问题呢？

首先，有这个疑问的读者不妨先到书店或图书馆走一走，找出一些《史记》和《汉书》的书籍，看看作者一栏是怎么标注的。今天，但凡是比较规范的出版社，尤其是专业的古籍出版社（如中华书局、上海古籍出版社），都会在《史记》和《汉书》的作者一栏标注“司马迁撰”或是“班固撰”。这一个“撰”字其实就已经说明了问题。

平时，我们阅读书籍在作者栏看到的往往是“著”字，而一些古籍书的作者栏标注的往往是“撰”字。那么，你是否考虑过这样一个问题，“著”和“撰”到底有着怎样的区别呢？

按照张舜徽《中国文献学》里的观点，中国古代文献按照内容来源可以划分为三大类：第一类是“著作”，是把经验教训总结为最精要的结论，这种结论必须是创造性的；第二类是“编述”，是把过去已有的书籍，用新的体例重新编排、加工、改造和组织之后形成新的书籍；第三类是“抄纂”，是用排比、撮录的方法把过去繁多复杂的材料分门别类，用一种新的体式整理和呈现出来。

这其中，对“著作”的要求是最高的，张舜徽在《中国文献学》中说：“凡是前无所承，而系一个人的创造，这才叫‘作’，也可称‘著’；凡是前有凭藉，而但加以编次整理的功夫，这自然只能叫‘述’。”①

如果我们了解了这一点，自然也就对孔子的“述而不作”有了更加直观的理解。孔子的毕生事业就是整理和编撰“六经”，这就是“述”，但是他并没有原创性的作品，这就是“不作”。所以，孔子“述而不作”的深意就

① 张舜徽：《中国文献学》，上海，上海古籍出版社，2009，第23—26页。

是，他只想因循和恢复周礼，并不想去改造周礼，更不愿意去建立任何新的伦理法则和社会秩序。

不过，孔子真的就没有“作”过吗？当然也未必。比如后人就都说孔子“作《春秋》”，这是在称颂孔子对中国文化事业所做出的伟大贡献，但是孔子自己对“作”的标准看得很高，所以他自己是否认“作”的。这是孔子的自谦态度。

司马迁的《史记》属于哪一类呢？自然是第二类“编述”了。司马迁在《太史公自序》中就亲口表示：“余所谓述故事，整齐其世传，非所谓作也。”用现代汉语来解释就是，我的这部书只是编撰了以前发生过的故事和历史，并非我个人的原创性作品。可见，司马迁自己也是否认《史记》是“著”或者“作”的，他认为自己的作品只是“述”而已。

我们可以列举一些书目来加以解释。比如，古典文学的“四大名著”“三言二拍”，先秦诸子的《庄子》《韩非子》，这些就是“著作”；我们讲的“二十四史”，还有《资治通鉴》，都属于“编述”之作；《文选》《全唐诗》《全宋词》，还有宋元明清时期的类书，这些都属于“抄纂”之作。

这里再捎带多说一下“抄纂”。历史上的“抄纂”作品是非常多的，最早也最著名的“抄纂”作品就是《论语》了。《论语》是由孔子的弟子和再传弟子整理编纂而成的，《论语》里没有任何创造性的内容，只是把孔子和弟子的言谈语录加以整理而成书的。后来，历史上又出现了类书，如《太平御览》《太平广记》等，这些都属于“抄纂”类型的作品。它们的主要特征就是，把通过各种方式收集来的材料，用新定的类例加以整理和排列，使人们从这里面可以检寻事目，获取参考资料。如果用今天的话来说，类书其实就是古代的“文献数据库”。

《史记》属于“编述”一类的书籍。前文中我们讲了《史记》的很多篇章，也讲到了司马迁撰述《史记》的很多资料来源，诸如《国语》《左传》《楚汉春秋》等，很多内容并非司马迁的原创，皆有其来源，是司马迁从当时他所能看到的其他资料中整理、编录，再用自己的编撰体例和语言方式书写而来的。只不过，司马迁当时参考的那些资料，只有一部分流传了下来，大多数并没能流传到今天。

所以，严格来说，尤其在古汉语的语境下，司马迁创作的《史记》，班固创作的《汉书》，以及“二十四史”的后续作品，都是不能算作“著”的。

其实，和孔子一样，司马迁称自己“述而不作”，这也是他的谦虚说法。司马迁标榜自己要“成一家之言”，他又在《太史公自序》中说“作《五帝本纪》第一”“作《高祖本纪》第八”云云，可见他对自己的作品非常自信。但是，当有人把他的作品和孔子作的《春秋》相比较的时候，他就立刻改口称自己“述而不作”，不敢和孔子相提并论。所以，司马迁刻意强调自己只是对旧有史料的继承和整理，而淡化了“成一家之言”的原创性工作[①]，这表现了他的谦虚态度。

班固的态度要比司马迁放得更低，更加谦卑。班固在《汉书·叙传》中说自己“探纂前记，辍辑所闻，以述《汉书》”，之后又有“述《高纪》第一”“述《惠纪》第二”云云。班固多次强调自己只是“述”，而且在行文中也把司马谈写《史记》称作“述”。

从这个意义上来说，《史记》和《汉书》的作者栏就不能用“著”了，因为两书中的内容并非都是原创性的，而是作者在经过对史料筛选和整理之后用自己的语言表述而成的，这就只能算“编述”了，而“撰”所体现的正是“编述”类的文献。

① 杜泽逊:《文献学概要》(修订本)，北京，中华书局，2008，第30页。

搞清楚“著”和“撰”的区别之后，我们再看开头的这个问题就会发现，既然《史记》和《汉书》都是由作者通过整理前代文献资料书写而来的，那么又何来“抄袭”一说呢？很显然，我们不能完全用现代的版权观念来看待古代的史书编撰工作。

那么，如今市面上很多版本的《史记》或《汉书》作者栏没有写“撰”，而是写了常用的“著”，这是不是就是错的呢？也不尽然，因为按照现在的出版规范来说，“撰”是可以统归于“著”的，也就是说对二者不再作细致区分了，“著”也包含了“撰”的含义。但是我们仍然要清楚，《史记》和《汉书》都属于古代“编述”类文献，并不存在“抄袭”的概念。

另外，笔者还要说明三点。

第一，在印刷术出现之前，中国古代的书籍，尤其是以竹简为文字载体的书籍，是很难完好地保存下来的。而在班彪、班固的时代，司马迁的《史记》已经是一座高不可攀的历史丰碑了。班彪也明确指出“迁之所记，从汉元至武以绝，则其功也”，意思是说司马迁的《史记》对汉代历史的记述功劳显著。既然古人撰史主要是以整理的方式为主，而且眼前已经有一部对西汉前期历史记载非常详尽的《史记》了，班固直接拿来为我所用是再合理不过的了。

第二，《汉书》所记录的西汉前期历史并非完全照搬《史记》，而是有不少损益的。

有一个非常值得注意的现象是，司马迁对汉代的皇帝诏令和文书普遍是作了精要的概括，而班固在编撰《汉书》时还能看到这些诏令文书的原始文件，《汉书》中就详细记录了这些诏令文书的原文。从阅读体验上来看，司马迁的处理无疑更好，可以让读者更能掌握重点。但是从学术研究的角度来看，班固的处理方式则更为科学严谨，因为阅读原始文件可以排除很多主观性的干扰因素，更有利于后人还原历史的真实。

比如，汉代著名的《汉高帝五年诏》，《史记》中只记载有简短的几个字，而《汉书》则详细记录了这份诏书的全文，而这份诏书对研究汉代的军功受益阶层可谓意义重大。著名历史学者李开元就曾以《汉高帝五年诏》为切入点，对汉代的军功受益阶层做了详细而深入的研究工作。①

第三，班固在编撰《汉书》的过程中，对《史记》的篇目进行了重新编排，比如对人物传记的整合，比如对篇目名称的统一，这些都属于班固的再创新。也正因为如此，《汉书》才会显得比《史记》更为整齐有条理，这也是《汉书》的一大特色。

综合以上三方面的考量，我们可以确切地说，《汉书》对《史记》是不存在现代版权观念之所谓“抄袭”的，《汉书》和《史记》出现大面积雷同是古代史书编撰的一个正常且合理的现象。

最后还要再申明的一点是，由于《史记》和《汉书》在对西汉前期历史的叙事存在重合，而《汉书》又主要是基于《史记》编撰的这段历史，故而本书把西汉武帝时代之前的历史放在了《史记》的篇章中。同时，本书也着重分析了《史记》和《汉书》对同一历史事件所产生的不同历史阐释，通过双向对比进而分析出《史记》和《汉书》在历史观、书写方式等方面的诸多差异。

《史记》与《汉书》的区别

最后，我们再来总结一下《史记》和《汉书》之间的区别。

第一，《史记》是纪传体通史，而《汉书》则是在纪传体的基础上开创了断代史的编撰体例。前面对此已经有很详细的叙述了，这里就不多作解

① 李开元：《汉帝国的建立与刘邦集团：军功受益阶层研究》，北京，生活·读书·新知三联书店，2000，第21—54页。

释了。

第二，《汉书》的编撰要更为整齐、完备、严谨。

《汉书》编撰整齐，上文也已经说过了，《汉书》的整体编排要比《史记》更为合理、更为整齐，这里再说一下它的完备和严谨。

对比《史记》我们会发现，《史记》记述了从传说中的黄帝到汉武帝三千多年的历史，一共五十二万多字，而《汉书》记录了从汉高祖到王莽二百三十年的历史，一共八十余万字，可见《汉书》的史料更为详尽。

而且，《汉书》在参照《史记》的同时，还作了大量的补充。《汉书》编录了大量汉代的诏书、诏令、政令、任命书、策命等，以及一些文人的辞赋。比如说，《史记》里的《屈原贾生列传》的内容是相对比较简略的，而《汉书》里的《贾谊传》则录入了贾谊的《过秦论》《治安策》，班固把贾谊的重要文章以及他的学术观点、政治观点全都收录了进去，内容可以说是非常详尽的。《汉书》的编撰原则就是力求文献完备，班固也确实做到了这一点。

再说《汉书》的严谨。《史记》有一个特点，同一历史事件往往有两种或两种以上的不同记载，比如著名的秦始皇生父疑案，其实就是由于《史记》前后记载矛盾造成的。所以，后世就有一种声音，说《史记》不够严谨，而《汉书》则通常会对类似的情况给出明确而具体的解释。

不过，我们这里也要为太史公司马迁申辩一下。司马迁在遇到记载完全不同的史料而自己又无法确定的时候，他采取了一种保留两种不同史料的办法，同时又不愿意草率地说明自己的观点，不乱说、不瞎说，这才使得后世很多人认为“史记矛盾之处甚多”“不严谨”。事实上，后世所谓的《史记》中不严谨的地方，恰恰才是其最严谨之处。

第三，《汉书》带有鲜明的“宣汉”思想倾向。

前面已经阐述过《汉书》的思想倾向了，这里再提一点。《汉书》纪的部分，除了沿袭《史记》的高帝、高后、文帝、景帝、武帝五篇帝纪外，还另外增立了《惠帝纪》。班固在帝纪中保留了吕后的位置，这是对司马迁的《史记》的继承，但是他为什么要单独增设《惠帝纪》呢？这就又要说到当时社会上流行的正统观念了。汉武帝时期“罢黜百家，独尊儒术”，儒家思想成了官方正统思想，刘姓皇室的正统观念在社会上逐步加强，汉惠帝成了汉朝帝系传承中必不可少的一环。班固深受正统观念影响，同时也为了能宣示汉朝刘姓皇室的威严，他是不可能忽视掉汉惠帝的存在的，也必须为汉惠帝正名，这是他的职责所在，也是他的历史使命。

第四，相较于《史记》文辞上的生动形象，《汉书》的文辞要更加平直稳重。

《史记》被鲁迅先生誉为“无韵之离骚”，这其实说的就是《史记》在文学上的巨大成就，但也正是由于《史记》的文学色彩太过浓厚，才让世人对《史记》产生一种类似于小说一般的直观感受。例如，鸿门宴上的刀光剑影，飞将军李广的壮志难酬，《史记》中的很多极富渲染力的篇章都成了经典，让人读之欲罢不能、拍案叫绝，读后令人心神激荡、回味无穷。

而反观《汉书》我们会发现，《汉书》的文辞要更为凝练严整，更为古朴庄重。就拿最为脍炙人口的“鸿门宴”来说，《史记·项羽本纪》对鸿门宴的前后过程记录了约两千字，而《汉书·高帝纪》则对鸿门宴中一些无关紧要的细节进行了大量删削，所有记载不过几百字，其他一些内容则拆分记录在了《汉书·项籍传》等篇目中。在班固看来，他不屑于去追求故事的戏剧感，而是坚守文言雅正，尤其是对一些无足轻重的细节，班固更是坚决予以摒弃。

这就是《汉书》和《史记》的四点主要区别，同时也是《汉书》相较于《史记》的特色所在。

接下来，我们就结合《汉书》的具体篇目，来对西汉武帝到王莽这段时代的历史进行具体的讲解。

《武帝纪》：汉武帝的"武"

《武帝纪》记述了汉武帝刘彻在位五十四年间发生的历史大事，对汉武帝的文治武功和汉武帝时代的政治变动都有详尽的记述，是了解汉武帝时代历史的重要文献。班固对汉武帝的文治成就给予了高度评价。

班固为何忽视汉武帝的武功

汉武帝是中国历史上一个具有雄才大略的帝王，他在位期间的最大功绩无疑就是开疆拓土。也正因为如此，后世给他的谥号是一个"武"字，这是众所周知的。

然而，令人感到蹊跷的是，班固在《汉书·武帝纪》的赞语中却只字不提汉武帝在武功方面的成就，而是着重称赞汉武帝的文治。

《汉书·武帝纪》的赞语部分是这样说的：

汉承百王之弊，高祖拨乱反正，文、景务在养民，至于稽古礼文之事，犹多阙焉。孝武初立，卓然罢黜百家，表章《六经》。遂畴咨海内，举其俊茂，与之立功。兴太学，修郊祀，改正朔，定历数，协音律，作诗乐，建封禅，礼百神，绍周后，号令文章，焕焉可述。后嗣得遵洪业，而有三代之风。如武帝之雄材大略，不改文、景之恭俭以济斯民，虽《诗》《书》所称，何有加焉！

这段文字高度评价了汉武帝所取得的一系列政绩，诸如独尊儒术、兴办教育、选拔人才、制礼作乐，这些固然都是汉武帝的政绩，但无一例外都是文治方面的，与武功相关的方面被班固选择性地忽视了。

班固为什么要在《武帝纪》的赞语中偏重汉武帝的文治而忽略其武功呢？清代学者赵翼对此有一个解释，他说汉武帝“穷兵黩武，敝中国以事四夷，当时实为天下大害”。[1]

诚如赵翼所言，汉武帝一系列开疆拓土的武功成就，并没有给社会带来任何福祉，反倒成了“天下大害”。他的穷兵黩武耗费了当时社会巨大的民力、物力和财力，在汉武帝晚年甚至出现了“海内虚耗，户口减半”的现象，农民起义也是此起彼伏。

班固作为一个具有历史大局观的伟大历史学家，他显然是知道汉武帝长期穷兵黩武给社会所造成的严重恶果的。但是作为大汉的臣子，为了宣示大汉的威严，他必须要维护汉武帝，必须为汉武帝的过失作遮掩。所以，班固才会在《汉书·武帝纪》的赞语中大力吹捧汉武帝的文治成就，而对汉武帝的武功避而不谈。

司马迁对汉武帝的评价则不然，虽然《今上本纪》已经失传了，但是在《史记》的其他篇章里，我们仍然可以窥探到司马迁对汉武帝的评价，其评价是贬大于褒的。当然，对于当代史，司马迁无法直接对之发表意见，他对汉武帝的批判往往非常隐晦，这在很多篇章中都可以看到。

《史记》和《汉书》对汉武帝作出了两种截然不同的评价，这也就直接造成了一个问题——后世对汉武帝的评价分歧非常之大，可谓褒贬不一、毁誉参半。

①（清）赵翼：《廿二史札记》卷二。

汉武帝时代的对外征伐和开疆拓土

汉武帝是西汉王朝的第七位皇帝。汉武帝即位之时，西汉王朝已经有了七十余年的稳定统治。经过这七十余年的休养生息，西汉的社会经济得到了空前的发展，呈现出一派欣欣向荣的繁荣富足景象。

对于这番盛世景象，历史学家司马迁和班固都不约而同作出了高度评价。

班固《汉书·食货志》记载：

至武帝之初七十年间，国家亡事，非遇水旱，则民人给家足，都鄙廪庾尽满，而府库余财。京师之钱累百巨万，贯朽而不可校。太仓之粟陈陈相因，充溢露积于外，腐败不可食。众庶街巷有马，阡陌之间成群，乘牸牝者摈而不得会聚。守闾阎者食粱肉；为吏者长子孙；居官者以为姓号。

班固的这段文字描述基本上因循了司马迁的《史记·平准书》，只是文字略有改动。可见，对汉朝建立七十年也就是武帝即位之初的盛世景象，班固和司马迁的观点是高度一致的。而这一切都是汉武帝所取得一切文治武功成就的社会经济基础，尤其是在需要消耗大量财富的武功方面。

众所周知，汉武帝在武功方面最重要的举措就是征伐匈奴。

汉武帝在位五十四年，而用在征伐匈奴上的时间前后累计达四十四年，可以说汉武帝把毕生的精力都用在了征伐匈奴一事上。

在汉武帝即位的前六年，窦太后（汉文帝皇后，汉武帝祖母）把持朝政，汉武帝并没有多少大展拳脚的机会。一直到建元六年（前135年），窦太后逝世，汉武帝才迎来真正属于自己的时代。

按照《汉书·武帝纪》中的记载，在汉武帝即位的第八年也就是元光二年（前133年），即窦太后谢世两年后，汉武帝向公卿百官下了一道诏书。

诏书上说：“朕饰子女以配单于，金币文绣赂之甚厚，单于待命加嫚，侵盗亡已。边境被害，朕甚闵之。今欲举兵攻之，何如？”

诏书的大意是，汉朝长期以来对匈奴采取的都是和亲政策，不仅把汉朝公主许配给匈奴单于，而且每年还要向匈奴赠送大量金钱布帛，即便如此厚待匈奴，匈奴却仍是贪心不足，频繁侵袭边境。朕今日打算对匈奴用兵，大家以为如何？

经过讨论后，汉武帝最终采纳了大行令王恢的建议，决定废弃此前一贯的对匈和亲政策，决心从此对匈奴用兵。这场朝议之后，王恢便迅速策划了历史上著名的“马邑之谋”，由商人聂壹诱骗匈奴单于，在马邑设伏擒捉匈奴单于。

“马邑之谋”虽然最终事泄失败，王恢也被下狱治罪而死，但是这场事件却成了汉匈关系的转折点，汉武帝时代西汉与匈奴之间爆发的长达四十四年的拉锯战争从此拉开序幕。

从某种意义上说，“马邑之谋”的失败是必然的。因为按照汉武帝和王恢的精心布局，他们是想毕其功于一役，通过一次诱敌深入的“斩首行动”，从而一劳永逸地解决汉朝的边患问题。

要知道，匈奴是一个从战国后期就开始壮大的游牧民族，就算汉武帝通过“马邑之谋”成功俘获了匈奴单于，歼灭了单于主力，匈奴之患就能彻底解决吗？这显然是不切实际的。

一个单于倒下，还会有新的单于出现，单于所携带的十几万兵力也不过是匈奴全部兵力的一部分。“马邑之谋”就算成功，也只能对匈奴造成一次重创，却并不能从根本上解决匈奴之患。后来，武帝用了四十多年的时间来和匈奴打仗，即便最后汉朝差点被战争拖垮，匈奴问题也只是得到了暂时性的解决而已，并不能从根本上瓦解匈奴势力。因此，“马邑之谋”从一开始就注定只是这场旷日持久战争的开始，也只是一个战争的序幕而已。

随着“马邑之谋”事件的发生，汉匈关系也彻底走向了决裂，匈奴开始频繁侵袭汉朝边境。

元光六年（前129年），匈奴入侵上谷郡，大肆劫掠，目的就是报马邑之仇。汉武帝亲自部署作战计划，他派车骑将军卫青出上谷，骑将军公孙敖出代郡，轻车将军公孙贺出云中，骁骑将军李广出雁门，四路大军各万人反击匈奴。

汉武帝时代的名将卫青也在这场战役中脱颖而出，他所率领的一路大军直捣匈奴单于王庭所在地龙城，斩首七百，这也是四路大军中唯一取得胜利的一支。

卫青所率领的这支主力部队虽然杀敌不多，但是却极大地震慑了匈奴，也给予了汉武帝出击匈奴的巨大信心。这是汉武帝向匈奴发起的第一次主动出击的军事战争，汉匈战争正式开始。

从元光六年（前129年）到征和三年（前90年），在这四十年的时间里，汉朝和匈奴之间正式展开了旷日持久的战争。这期间，发生的规模较大的战争有十余次，汉朝主动出击的有九次，其中关系到整个战局走势的有三次。

元朔二年（前127年），卫青率兵击败楼烦白羊王，收复河套地区，设朔方郡（治所在今内蒙古杭锦旗北）、五原郡（治所在今内蒙古五原），并从内地招募十万人移民到那里。

河套地区在当时称作河南地，是匈奴人的发祥地之一，同时也是秦汉王朝北境线上的军事战略要地。当年秦始皇就派蒙恬北击匈奴，把匈奴人驱逐出了河南地，并采取了“徙民实边”的办法，征发了数十万百姓在此屯垦戍守，从此这里也就得名“新秦中”。如今，汉武帝再次将河南地收复，并效仿秦始皇的办法，从内地迁徙十万百姓到这里居住，在此设立朔方郡、朔方城。这在军事战略上意义重大。

元狩二年（前121年），霍去病两次出兵陇西（今甘肃临洮），大败匈奴。匈奴浑邪王杀休屠王，率部四万余人降汉。此役之后，汉朝在河西陆续设立酒泉、武威、张掖、敦煌四郡，这就是历史上的河西四郡。

此次战役影响同样巨大。第一，这场战役使得匈奴内部出现了严重的内讧；第二，这场战役也切断了匈奴和西域之间的联系；第三，这场战役也开辟了汉朝与西域往来的道路。

元狩四年（前119年），卫青率军出塞千余里，重创单于部，追至窴（音同“填”）颜山赵信城（今蒙古杭爱山南），歼敌一万九千人；霍去病率军出塞两千余里，大败左贤王部，封狼居胥山（今蒙古肯特山），筑坛祭天以告成功，临瀚海（今贝加尔湖）而还。

这场战役史称汉匈“漠北之战”，是汉匈战争史上规模最大的一场战役，不仅规模空前，而且也是汉军远征所到达的最远之处，汉、匈双方都伤亡巨大。经此漠北一战，匈奴一蹶不振，出现了“漠南无王庭”的局面，匈奴势力开始大范围退缩。经过此次大决战，危害汉朝百余年的匈奴边患基本得到解决，这场漠北之战也是汉武帝发动的反击匈奴战争的最高峰。

当时在匈奴就流传有一首歌谣，歌谣道：“失我焉支山，使我妇女无颜色。失我祁连山，使我六畜不蕃息。”这首匈奴歌谣便反映了这一局面。

汉武帝的开疆拓土之战，不仅仅局限于和匈奴之间发生的战争，汉武帝还向周边其他区域积极用兵和扩张。

前文中讲到，在秦末动乱之际，南海郡尉赵佗割据自立。汉朝建立之后，虽然赵佗一度宣布自己臣属于汉朝，但南海郡仍处于半独立状态。除了南越之外，闽越和东瓯也在秦末动乱之际走向独立，并获得了汉朝的册封。从汉朝建立以来，这三个封国一直游离于中原王朝统治之外，处于半独立状态。

汉武帝采取剿抚并用的政策，先后灭掉了南方三个小王国，并且将十万东越人迁徙到了江淮之间，与汉人融合。元鼎五年（前112年），汉武帝出兵平定了南越丞相吕嘉发动的叛乱，并在百越地区设置了儋耳、珠崖、南海、苍梧、郁林、合浦、交阯、九真、日南九郡，百越地区从此彻底归属汉朝中央政府管辖。

在西南地区，汉武帝派遣唐蒙出使西南夷，夜郎归附，后又派司马相如出使巴蜀，收降了邛、莋（音同“昨”）等民族。汉朝先后在西南地区设置了牂牁（音同“臧苛”）、越嶲（音同“袭”）、沈黎、汶山、武都诸郡，通过设郡将这些地区收归中央管辖。在这之后，汉朝还出兵征服滇国，以该地为益州郡（治所在今云南晋宁东）。

在东北地区，也存在一个如同南越一样的半独立政权，这就是卫氏朝鲜。卫氏朝鲜由秦末汉初之际燕人卫满所建，定都平壤，汉惠帝时曾向汉朝称藩。汉武帝时期，卫满之孙卫右渠不奉汉诏，汉武帝便从海陆两道分兵进攻朝鲜，卫氏朝鲜遂被灭。之后，汉朝在此地设置了真番、临屯、乐浪、玄菟四郡，这也标志着朝鲜半岛汉江以北地区正式成为汉朝的管辖区域。

汉武帝还把目光投向了遥远的西域。在先秦、秦汉时代，西域是当时中国人所能想到的世界的最远端，《山海经》更是向世人描绘了西方昆仑神山的神妙。

汉武帝起初对西域产生兴趣，是因为他打听到西域有一个国家叫大月氏，和匈奴有世仇。于是，汉武帝就产生了联合大月氏共同对付匈奴的想法。建元三年（前138年），汉武帝派遣张骞率领一百多名随行人员，以匈奴人堂邑父①为向导，自长安出发前往大月氏，这是张骞第一次出使西域。司马迁把张骞的这一壮举称作“凿空”。

张骞历经千难万险，终于找到了大月氏，但是月氏人已经被匈奴逼得西

①《史记·大宛列传》注引《汉书音义》：“堂邑氏，姓；胡奴甘父，字。”因以主人堂邑氏姓为姓，故名叫堂邑父。

迁到今乌兹别克斯坦一带。元朔三年（前126年），张骞历时十二载，终于回到了长安，虽然联络大月氏共同抗击匈奴的战略目标没有达成，但是张骞把他在西域的所见所闻都上奏给了汉武帝，他也因功受到了朝廷的封赏。

元狩四年（前119年），张骞被拜为中郎将，率领三百余人第二次出使西域。张骞此次西行的目的和上一次有所不同，一来是为了联络乌孙，召其东归，“以断匈奴右臂”，二来是为了向西域诸国宣扬国威。元鼎二年（前115年），张骞一行回到长安，并带来了乌孙的使者。张骞的这次出使让汉朝在西域声威大震。

经过张骞的两次出使西域，汉朝的势力开始在西域逐步渗透，而匈奴的势力则渐渐从西域退出。可以说，张骞出使西域最开始的战略目的虽然都失败了，但是汉朝经营西域的最终目的却实现了。由张骞开辟的这条通往西域的大道，就是举世闻名的丝绸之路。

不过，汉朝对西域的经营远没有停止，张骞出使西域只是一个开始而已。之后，汉朝又主持了在西域的屯田，汉宣帝神爵二年（前60年）又在西域设置了西域都护府，以郑吉为第一任西域都护。关于汉朝对西域的经营，《汉书·郑吉传》中说：“汉之号令班西域矣，始自张骞而成于郑吉。”

以上就是汉武帝在武功方面的主要成就。

汉武帝时代的文治武功建设非常之多，他在加强中央集权和财政方面亦有重大变革，这里我们无法逐一全部盘点。但是，汉武帝留给世人最鲜明最深刻的一个印象就是他的武功，他也时常被后世批判为“穷兵黩武”。可以说，汉武帝身后这个“武”的谥号，实在是恰如其分，也是他一生的写照。

《董仲舒传》："尊儒"的真相

《董仲舒传》记述了董仲舒的生平事迹和著作文章，尤其是详细记载了有关"天人三策"的内容，是后世研究董仲舒及其思想主张的重要文献。由于董仲舒在汉代思想学术史上占有重要地位，班固特别给董仲舒设置了单人独传。

司马迁和班固对董仲舒的不同态度

在思想学术上对司马迁产生影响的有两个极为重要的人物，这两人都是司马迁的老师，一个是董仲舒，另一个则是孔安国。其中，尤以董仲舒对司马迁的影响最大。

司马迁曾求学于董仲舒，而且对董仲舒的一些思想也是非常推崇的，董仲舒的学术思想也确实对司马迁产生了深远影响。然而我们翻阅《史记》会发现，司马迁却并未给他的这位老师单独立传，只是把董仲舒的事迹设置在了《儒林列传》里，篇幅也不过三百余字。

而且就连董仲舒的准确名字，司马迁都没在《史记》中记载清楚。《史记·儒林列传》只记载："董仲舒，广川人也。"董仲舒究竟是名仲舒，还是字仲舒，后人一直搞不清楚。

不过，按照汉代的取名习惯来看，仲舒更有可能是字，而非名。原因就在"仲"这个字上，它可以表明他在家中排行老二，而且也常常被用作取字。这在当时非常普遍，这样的例子也有很多。比如，儒学之宗孔子就是名丘，字仲尼；东汉著名医学家张仲景也是名机，字仲景；还有汉末三国时期江东的孙氏家族，孙策字伯符，孙权字仲谋，孙翊字叔弼，孙氏兄弟几人就是按照伯仲叔季的长幼顺序来取字的。

还有一个可能的原因，董仲舒毕竟是司马迁的老师，如果直呼其名会显得不够尊重，尊称其字显然更为恰当。

因此，仲舒更有可能是字，而非名。当然，这也只是一种逻辑推测，没有实据，归根结底这都是司马迁留下的糊涂账。

司马迁为何会在《史记》中对他的老师董仲舒记载得如此轻疏马虎呢？

原因其实并不复杂。董仲舒是司马迁同时代的人，司马迁写完《史记》的时候董仲舒还在世，司马迁受时代所限还认识不到董仲舒对整个汉代乃至中国历史所具有的重要意义。因此，司马迁在《史记》中并未给董仲舒设专传。

反观《汉书》我们会发现，《汉书》绝大多数篇目都是多人合传，而班固不仅给董仲舒专门设传，而且给他的待遇也是超越汉代绝大多数历史人物的，他给董仲舒写的传记是单人独传。

班固为何会在《汉书》中给予董仲舒如此超规格的待遇呢？原因就是，到了班固的时代，儒学已经成为官方正统思想，并且持续了上百年，而班固本人及其家族有着深厚的儒学积淀，班固编撰过《白虎通义》，可谓经学研究大家。也正因如此，班固要比司马迁更加深刻地认识到了董仲舒对整个汉代历史的重要性，他对董仲舒的推崇也要远远超过司马迁。

在《汉书·董仲舒传》的赞语中，班固列举了刘向、刘歆和刘向曾孙刘龚等人对董仲舒的评价。其中刘向的评价是最高的，刘向认为董仲舒有“王佐之材”，而刘歆、刘龚则认为“仲舒遭汉承秦灭学之后，《六经》离析，下帷发愤，潜心大业，令后学者有所统壹，为群儒首”。

刘向、刘歆和刘龚的观点虽然有所出入，但对董仲舒的整体评价是一致的，都充分肯定了董仲舒儒学的正宗地位。班固先后列举刘向、刘歆和刘龚对董仲舒的评价，而刘向父子又是汉代的经学权威，这其实也就意味着刘向、刘歆和刘龚的观点代表了班固对董仲舒的评价。正是由于对董仲舒的学术地位有着充分的认识，班固这才把董仲舒从《史记·儒林列传》中请了出来，为他单独立传。

班固对董仲舒推崇的另外一个原因就是，董仲舒所构建的天人感应理论与班固在《汉书》中所体现出来的天人观是一致的。

我们翻阅《汉书·董仲舒传》会发现，其篇幅非常之长，多达七千字，而《史记·儒林列传》中对董仲舒的记载却仅有三百余字，二者简直不可同日而语。一个很重要的区别就在于，《汉书·董仲舒传》将集中体现董仲舒天人感应理论的“天人三策”作了全面而完整的记录，而《史记》却没有将“天人三策”的相关内容写进去。这就是班固相较于司马迁更为推崇董仲舒的第二点原因。

班固之所以高度重视董仲舒的“天人三策”，主要原因有二：一是“天人三策”中的天人感应理论与班固的天人观是相通的；二是班固充分认识到了“天人三策”所宣扬的天人感应理论对西汉武帝以后政治和思想文化领域所产生的极其重要的影响。①

历史学家黄朴民也认为，《汉书》为董仲舒单独列传，说明以董仲舒为代表的儒学完全战胜了黄老学说，成为当时思想界的主导学说。②

那么，“天人三策”究竟讲了哪些内容呢？它又对中国历史产生了哪些重要影响呢？

董仲舒和他的“天人三策”

十年寒窗无人问，一举成名天下知，用这句话来形容董仲舒的人生是再

① 汪高鑫：《中国史学思想史散论》，北京，北京师范大学出版社，2010，第228—229页。
② 黄朴民：《天人合一——董仲舒与汉代儒学思想》，长沙，岳麓书社，1999，第37页。

合适不过的了。

董仲舒在发迹之前，只是汉景帝时代的一个普通博士，虽然他门下也有不少弟子，但是他向来都很低调，把全部的心思都用在了做学问上。

关于董仲舒读书还有一个很有名的成语典故，这就是“目不窥园”。根据史书记载，董仲舒在钻研学问的时候，专心致志，以至于三年时间都没踏进自家后花园一步。《汉书》称之为“三年不窥园，其精如此”。这个故事后来就衍化成了一个成语，就是“目不窥园”，形容一个人专心致学、心无旁骛。

建元元年（前140年）十月，汉武帝登基即位。汉武帝是一位一心希望自己能有所作为的皇帝，因此即位不久他就下了一道诏令，要求各地方长官向朝廷推举贤良方正的学者，到都城长安献计献策。

向朝廷推举贤良方正的做法并非汉武帝开创的，汉文帝时代就有过两次这样的诏令，这一制度也就是后世所俗称的察举制。到了汉武帝元光元年（前134年），岁举孝廉成为定制，这也就标志着岁举孝廉制度的正式确立。

按照当时的规定，被举荐的贤良学士会被统一安排入朝，由皇帝提出问题，并把问题写在简策之上让贤良学士们作答，这叫“策问”；针对皇帝提出的问题，贤良学士们又把答案写在简册上，这叫“对策”。[①]

当时，参加“对策”的有上百人，董仲舒就在其中。汉武帝设问，众人便各抒己见，对皇帝的设问发表着各自的见解。汉武帝连续进行了三次“策问”，董仲舒也是一次不落地回答了三次，进行了三次“对策”。董仲舒依靠这三篇“对策”，最终脱颖而出，获得了汉武帝的青睐，而这三篇“对策”就是著名的“天人三策”了。

“天人三策”的理论非常庞杂，这里就不细讲了。简单来说，其思想核

① 阎步克：《察举制度变迁史稿》，北京，北京师范大学出版社，2021，第5页。

心可以归纳为六个方面：

一是针对政权合法性问题，提出了“改正朔，易服色，以顺天命”的思想；

二是针对中央集权的需要，提出了“大一统”和“独尊儒术”的思想；

三是针对皇权政治的需要，提出了“君权神授”和“天人合一”的思想；

四是针对人才选拔问题，提出了“兴太学，举贤良”的建议；

五是针对社会矛盾和社会治安问题，提出了限制豪强侵占土地、禁止官吏与民争利、降低赋税、减轻徭役等建议；

六是针对社会人伦的需要，提出了“三纲五常”，强调以德治国，注重“礼义”和“教化”。

这就是“天人三策”的思想内核，是董仲舒从一个儒生的角度向汉武帝开出的治国药方，也就是以儒学治国。

“独尊儒术”

汉武帝的文治建设，虽然没有他征伐四夷那般轰轰烈烈，让人气血荡漾，但是就对后世的影响而言，汉武帝的一系列思想文化建设活动却对后来整个中国历史的走向产生了深远的影响。

汉武帝的文治建设，最为重要的举措就是我们今人所说的“罢黜百家，独尊儒术”了，他把儒学尊奉为国家的正统思想，进而影响了中国后世两千年。

董仲舒的“天人三策”虽然要点很多，但是其中意义最为重大的就是后世所俗称的“罢黜百家，独尊儒术”。这一主张的提出，可谓石破天惊，是中国政治思想史上的一声惊雷。

不过，这里需要指出的是，我们在历史教科书上所看到的“罢黜百家，独尊儒术”的提法出自近代[①]，在汉武帝的时代其实并不存在，这个提法也并不准确。事实上，首倡尊儒的董仲舒是否真的提出过“罢黜百家，独尊儒术”，都是一个至今仍在探讨的问题。

一个必须澄清的事实是，无论《史记》还是《汉书》，以及今天我们所能看到的全部汉代史籍，都没有提及“罢黜百家，独尊儒术”这一主张。

班固在《汉书·武帝纪》中的说法是“罢黜百家，表章六经”，在《汉书·董仲舒传》中的说法是“推明孔氏，抑黜百家”，而《史记》则根本没有类似的说法。

那么，汉武帝是否真的实行过“罢黜百家，独尊儒术”的政策呢?

笔者认为，“独尊儒术”是真实存在的，也有其历史必要性，而“罢黜百家”则并不存在，也不具备推行它的历史必要性，更准确的说法应为“兼济百家”。

《史记·龟策列传》记载：“至今上即位，博开艺能之路，悉延百端之学，通一伎之士咸得自效，绝伦超奇者为右，无所阿私。”《汉书·武帝纪》也记载，汉武帝曾发布过《求贤诏》：“盖有非常之功，必待非常之人，故马或奔踶而致千里，士或有负俗之累而立功名。夫泛驾之马，跅驰之士，亦在御之而已。其令州郡察吏民有茂材异等可为将相及使绝国者。”可见，汉武帝的思想是博杂的，选拔人才亦是不拘一格。

而就董仲舒个人的思想而论，他所谓的“推明孔氏，抑黜百家”，我们也不能简单地把它等同为今人所言的“罢黜百家，独尊儒术”。

按照徐复观先生的观点，董仲舒在“天人三策”中所言的“诸不在六艺之科孔子之术者，皆绝其道，勿使并进”，实际是针对当时流行的纵横家和法家之术而言的。董仲舒反对纵横家，是为了寻求政治上的安定；他反对法家，是

① “罢黜百家，独尊儒术”是近代的说法。1916年，易白沙先生在《青年杂志》上发表了题为《孔子平议》的文章，称“罢黜百家，独尊儒术，利用孔子为傀儡，垄断天下之思想，使失其自由”。

为了反对当时以严刑峻法为代表的法治；他推明孔氏，是想以德治来扭转当时的法治；他主张的“皆绝其道，勿使并进”，指的也是不在六艺之外设立博士学说。总之，董仲舒的建议并不是要禁止诸子百家在社会上流通。[①]

笔者认为，汉武帝推行尊儒政策是有其现实必要性的。秦汉时代是中国历史上大一统时代的开始，大一统也成为那个时代的主题，国家要管理如此庞大的帝国，在意识形态领域进行学术、思想的规范和统一是必然的。

从整个中国古代学术思想的流变来看，中国的学术发展是有其特定规律可循的。什么规律呢？就是学术要为封建专制制度服务。汉武帝之后，诸子百家的学说的确出现了停滞甚至断绝的现象，但这绝不是董仲舒的“天人三策”和汉武帝推行的尊儒政策所造成的，造成这一现象的根本原因是中国古代专制政体的发展。诚如徐复观所言，“阻碍学术发展的，是专制政治；决定学术发展方向的，是专制政治下的社会动态和要求”。[②]

因此，汉武帝“独尊儒术”是真实存在的，但“罢黜百家”实际上是一种从结果推断原因的错误推论。

纵观汉武帝时代的一系列变革，其核心就是维护政权的稳定和加强中央集权，比如改革官制，推行“推恩令”和“附益之法”，将天下划分十三州，设立刺史制度等，这些我们在历史教科书上都学到过。而汉武帝“独尊儒术”，其实质就是从意识形态上对各种学术思想进行统一，其目的也是让儒术更好地服务于中央集权，因为只有在意识形态上对民众的思想进行规范，才能让被统治者更心悦诚服于国家的各项体制和政策。

从这个角度上说，汉武帝“独尊儒术”实际上是大一统中央集权日臻完善和成熟之后的必然结果。

汉武帝以后的帝制时代，儒学长期承担着意识形态领域的说服工作。而

① 徐复观：《两汉思想史》（第一卷），北京，九州出版社，2014，第172页。
② 徐复观：《两汉思想史》（第一卷），北京，九州出版社，2014，第174页。

董仲舒在儒学扮演帝国意识形态角色的历史过程中所起的作用，在于他改造先秦儒学，使它更能适应帝国的需要，使儒学成为主导帝国统治秩序的核心思想，能更有效扮演帝国意识形态的角色。①

事实上，汉武帝对儒学主要是持利用的态度，其实他并非真心尊儒。

《史记·儒林列传》和《汉书·儒林传》均记载了一个叫申公的儒家学者，汉高祖时代他就曾随老师浮邱伯受到皇帝召见，汉文帝时代被拜为博士，其门下弟子前后多达千人。汉武帝执政初期，申公已经是一个年逾八旬的学者了，汉武帝非常隆重地把申公迎接到了京师长安，并向他询问治理国家的办法。申公给汉武帝的回答是："为治者不在多言，顾力行何如耳。"意思是治理国家要少说话，多做事。

对于申公的回答，史书记载汉武帝的表现是"默然"，这个"默然"显得意味深长。汉武帝执政初期就已经有了尊儒的想法，而且他渴望儒家学者能给他建言献策，说一番具体的施政办法，而申公却只给了汉武帝这么一句"敷衍"的回答，这让汉武帝非常不满。但是，碍于申公是个名满天下的大学者，汉武帝不便发作，所以只好"默然"。从这件事就可以看出，汉武帝并没有虚心学习儒家精义的诚恳态度，他只是想从儒家这里获取治国的方法。

后来，汉武帝的曾孙汉宣帝也曾吐露过心迹。汉武帝驾崩后，汉昭帝刘弗陵继位，但七年后便以弱冠之年驾崩，其后汉武帝曾孙刘病已继位，这就是历史上的汉宣帝。《汉书·元帝纪》记载，"柔仁好儒"的汉元帝还在当太子时，曾向父亲汉宣帝提建议说："陛下持刑太深，宜用儒生。"汉宣帝怒道："汉家自有制度，本以霸王道杂之，奈何纯任德教，用周政乎？且俗儒不达时宜，好是古非今，使人眩于名实，不知所守，何足委任。"意思是，我们有自己的制度，霸道跟王道杂用实行，怎么能够纯粹只用道德来教化呢？你是准备实行周代所行的政治制度吗？更何况儒家不合时宜，喜欢是

① 林聪舜：《儒学与汉帝国意识形态》，上海，上海人民出版社，2017，第156页。

古非今，让人困惑于名分，怎么能把治国重任委任于他们呢？最后，汉宣帝感叹道："乱我家者，太子也。"

从这两件事都可以看出，汉武帝对儒家只是持利用的态度，"霸、王道杂之"才是真正的"汉家制度"，也就是我们后世所说的外儒内法、内圣外王。

对于儒家思想在汉武帝一朝的影响，历史学家张荫麟在《中国史纲》中有一段十分精辟的分析和总结：

武帝虽然推崇儒家，却不是一个儒家的忠实信徒。他所最得力的人物，不是矩范一代的真儒董仲舒，也不是"曲学阿世"的伪儒公孙弘；而是"以峻文决理著""以鹰隼击杀显"的酷吏义纵、王温舒之徒，是商人出身的搜括能手桑弘羊、孔仅等。在庙谟国计的大节上，他受儒家的影响甚小，儒家说，"远人不服，则修文德以来之"，他却倾全国的力量去开边，他对匈奴的积极政策，董仲舒是曾婉谏过的。儒家说，"国不以利为利，以义为利"，他的朝廷却"言利事析秋毫"。他的均输、平准和盐铁政策正是董仲舒所谓"与民争利业"，违反"天理"的。①

《霍光传》《昭帝纪》《宣帝纪》（上）："巫蛊之祸"与西汉王朝的转型

汉武帝持续四十年的对外征战导致其晚年出现了严重的社会危机，作为托孤辅政大臣的霍光前后秉政二十余年，对昭宣时代的政策转向和中兴做

① 张荫麟：《中国史纲》，北京，中华书局，2009，第209页。

出了突出贡献，汉朝最终也在汉宣帝的时代迎来了全盛的局面。《昭帝纪》《宣帝纪》详尽记述了昭宣时代四十年间发生的历史大事；《霍光传》则记述了霍光在这一历史时期擅权专政的历史，后世把这四十年的汉朝历史称作“昭宣盛世”，又称“昭宣中兴”。

“巫蛊之祸”事件

汉武帝晚年，汉朝发生了两起重要的政治事件。这两起事件不仅在当时影响重大，而且对整个西汉后期的政治都产生了深远影响。

这两起事件就是“巫蛊之祸”和《轮台诏》的颁发，关于昭宣时代的历史也要从这里讲起。

“巫蛊之祸”发生在征和二年（前91年）。但是在这前一年，“巫蛊之祸”的先兆就已经显现了。

征和元年（前92年）冬十一月，大汉建章宫发生了一件离奇的事：一个男子挟剑进入了中龙华门，这一幕刚好被汉武帝看见。汉武帝命人抓捕这个挟剑男子，这名男子转身就逃，并且在一大群侍卫的追赶之下成功逃脱。晚年的汉武帝本就生性多疑，他确信这个挟剑闯宫的人一定是要谋害自己。

晚年的汉武帝体弱多病，经常疑神疑鬼。他做梦会梦到一群木偶人拿着剑攻击他，梦醒之后惊出一身冷汗，身体更是每况愈下。他坚信这是有人在用巫蛊谋害自己。

什么是巫蛊，简单来说就是一种诅咒，是用填埋木偶人的方式对仇敌进行诅咒。吕思勉对此有一个解释：“蛊之道多端，武帝时所谓巫蛊者，则为祝诅及埋偶人。”[①]

于是，汉武帝派出大量骑士在三辅地区搜查，整个长安城也被封闭了起来，搜查了整整11天才解禁。班固在《汉书·武帝纪》中描述完这一事件之

① 吕思勉:《秦汉史》，上海，上海古籍出版社，2005，第128页。

后，又补充了三个字——“巫蛊起”，这也意味着“巫蛊之祸”自此而始。

最先卷入“巫蛊之祸”的，并非后来的戾太子刘据，而是丞相公孙贺和他的家族。征和二年（前91年），公孙贺的儿子公孙敬声被人告发用巫蛊诅咒汉武帝，并且与阳石公主私通。汉武帝大为震惊，派酷吏杜周调查此事，结果坐实了公孙敬声的罪状。最后，公孙贺父子被杀，公孙家族被灭族，受牵连的还有卫氏家族，阳石公主、诸邑公主（皇后卫子夫之女）以及卫青的长子卫伉全部被杀。

事情并未就此平息，在这个关键时刻，一个重要人物出场了，此人就是江充。他向汉武帝奏言，说汉武帝的疾病都是由巫蛊造成的。于是汉武帝就让江充“为使者治巫蛊”，在整个皇宫和长安搜查巫蛊者。由于江充经常用严刑拷打的方式强迫他人服罪，很多人都被屈打成招，并且相互诬告，受牵连的人越来越多。到最后，“坐而死者前后数万人”，整个长安城都笼罩在白色恐怖之下，数以万计的人都因“巫蛊之祸”而死。

然而江充并不止步于此，他又把矛头对准了太子刘据。江充带人亲赴太子宫，掘得桐木人、帛书，并向武帝奏言太子大逆不道。太子刘据无法面见汉武帝，为了自保只好愤然起兵，矫诏斩杀江充。汉武帝派丞相刘屈氂（音同“毛”）率兵镇压，双方血战五天，死亡数万人，太子刘据最终兵败自杀，皇后卫子夫也畏罪自杀。

太子刘据死后，“巫蛊之祸”还在继续蔓延，太子门客和参与太子反叛的人都被灭族。后来，汉武帝发现巫蛊案大有隐情，丞相刘屈氂被杀，李广利家族也被治罪，曾经和太子为敌的人也被治罪处死。一直到征和三年（前90年），“巫蛊之祸”才算彻底平息。

这里还有个小插曲值得一提。

我们知道，司马迁除了写有一部皇皇五十二万多字的《史记》之外，还有一篇非常有名的《报任安书》，乃是司马迁写给友人任安的一封回信。在这封书信里，司马迁回忆了自己的列祖列宗直至父亲，向任安介绍了自己的家族从古至今传承的责任——记史，同时又陈述了他的个人困境，最后才委婉地回绝了任安的求助。

那么，我们不禁要问，任安到底有何事要向司马迁求助呢？司马迁又为何如此为难，不愿意去帮助自己的这位老友呢？答案其实就在“巫蛊之祸”这场政治事件中。

在“巫蛊之祸”中，司马迁的好友任安担任北军使者护军，太子刘据曾向他请兵，任安表面上接受了太子发兵的命令实际上却选择了按兵不动。事后，汉武帝追究此事，认为任安是坐山观虎斗，“怀诈，有不忠之心”，便将他论罪处斩。

任安没有办法，他知道自己的好友司马迁是中书令，属于内廷官员，深受汉武帝的宠幸，他就希望司马迁能出面帮他在汉武帝面前说情。但是，司马迁当初就是因为替李陵辩解才被处以宫刑的，如今司马迁知道自己身负撰史重任，他不愿意再冒这一次险，这才写下了这封《报任安书》，委婉地回绝了好友任安的请求。

从征和元年（前92年）到征和三年（前90年），在这三年的时间中，汉廷的大量中高层官员被血洗，数万人受牵连被杀。在京师地区发生这样大规模的流血事件，在整个中国古代史上都是罕见的。

关于“巫蛊之祸”，《汉书·武帝纪》《汉书·武五子传》《汉书·蒯伍江息夫传》《汉书·公孙刘田王杨蔡陈郑传》均有详细记述。

“巫蛊之祸”与儒生政治的开启

按照传统的观点，“巫蛊之祸”被视为一次统治阶层的政治暴动，但是有些学者通过深入研究之后发现，“巫蛊之祸”并没有表面上看起来的那么简单。

由“巫蛊之祸”导致的最直接的结果就是卫氏和李氏两大家族的倒台，与此同时大量中高层官员被政治清洗，统治集团上层出现了明显的真空和断裂。有空缺，就会有填充，谁来填充上层统治集团的这一空白呢？答案是儒生集团。

前文中我们讲过，汉武帝把儒学定为国家的官方意识形态，但是需要指出的是，汉武帝并没有真正去实施过儒学政治，儒学在汉武帝时代只是一个标杆和旗号。

如何来证明这一点呢？从当时儒生在官僚集团中所占的人数比例就能看出。在汉武帝半个多世纪的统治期内，只有寥寥6位儒生进入了权力金字塔的顶端，成为三公九卿或京城高官，在官僚集团中所占的比例是很小的。即便是首倡尊儒的董仲舒，在向汉武帝进献过“天人三策”之后，也并没能触摸到上层统治集团的门槛，他只是被任命为江都国相。

反观汉武帝之后的时代会发现，儒生集团开始大量涌入统治集团上层。汉昭帝统治的13年间，只有1位儒生进入高层官员之列；而到了汉宣帝时代则发生了明显变化，汉宣帝统治的25年间，已经有12位儒生成为朝廷重臣，随后的元帝一朝只有16年，却有11位儒生成为朝廷重臣。

汉元帝之后，儒生在统治集团中的参与度和影响力又有了进一步的提升。元帝后的三任皇帝统治期间，11位丞相中有7位是儒生，如果再算上新莽时代，可以发现在身份明确的97位高官中有33人是儒生，其在官僚集团中所占的人数比例之高由此可见一斑。

我们可以发现，汉武帝以后儒生集团的政治影响力是直线上升的，无论是绝对数量还是各位皇帝统治下儒生官员的数量，都与汉武帝时代及之前的汉代有了飞跃式的增长。这些新崛起的儒生集团的门徒们在西汉王朝后半期甚至新莽时代，都取得了仕途上的巨大成功，儒生集团从此真正成了一股颇具竞争力的政治力量，并活跃于后世历代王朝中。

而开启儒生政治历史的标志性事件，并非我们通常所认为的董仲舒提出“天人三策”和汉武帝推行“独尊儒术”，而是一场发生在汉武帝晚年的流血政治事件，这就是“巫蛊之祸”。正是“巫蛊之祸”的爆发，给予了新儒生集团上升的阶梯，汉初以来的军功受益阶层至此走向瓦解，而汉帝国的儒生政治也从此拉开序幕。汉朝的这种政治转型无疑就是以“巫蛊之祸”为历史标志点的。①

这是“巫蛊之祸”对整个汉代政治所产生的深远影响，而就当时的政局而言，“巫蛊之祸”所导致的最直观的结果无疑就是汉昭帝的即位了。

汉昭帝即位与霍光的掌权

历史学界有观点认为，“巫蛊之祸”之前汉武帝就已经有了废黜太子的想法。原因是汉武帝一生秉持酷吏政治，推行严刑峻法，而太子刘据则偏好保守政策，在治国理念上父子之间已经产生了裂痕。故而“巫蛊之祸”的发生或许是有预谋的，背后的操刀者就是汉武帝本人，他想借助“巫蛊之祸”来除掉太子集团。②

太子刘据集团的势力在当时已经羽翼丰满，汉武帝或许是害怕太子势力威胁到自己的统治，所以才借巫蛊之名行废太子之实，并进而清除了卫氏集团和所有与卫氏集团有牵连的人。

当然，这种观点主要还是基于推理分析，并没有实据。但是，无论汉武帝此前是否有废太子之意，随着“巫蛊之祸”的发生，一个亟待解决的问题摆在了汉武帝和汉帝国的面前，这就是继承人的选择问题，即应该选立谁为储君。

从后来发生的历史事实我们知道，汉武帝的幼子刘弗陵最终成了汉王朝

---

① 蔡亮著，付强译:《“巫蛊之祸”与儒生帝国的兴起》，北京，北京师范大学出版社，2021，第120—143页。

② 蒲慕州:《“巫蛊之祸”的政治意义》,《历史语言研究所集刊》，1986（3）。

的继任者。

汉武帝一生有六个儿子，长子刘据已殁，次子齐怀王刘闳早死，三子燕王刘旦和四子广陵王刘胥则行为多不法，对储君之位早有觊觎之心。所以，汉武帝当时的选择只有五子昌邑王刘髆（音同“博”）和幼子刘弗陵。

相比于年幼的刘弗陵，刘髆要年长许多，而且他又是汉武帝最宠幸的李夫人所生，无疑是当时最合适的皇位继承人。但是，汉武帝是个权力欲极强的人，晚年的他更是敏感多疑，他害怕选择刘髆做储君会让李氏家族坐大。当时，丞相刘屈氂和李广利就曾密谋拥立刘髆，结果汉武帝将刘屈氂腰斩示众，李广利家族也被治罪，当时出征在外的李广利本人也投降了匈奴。

所以，汉武帝当时唯一的选择只有幼子刘弗陵了。

但是，晚年的汉武帝仍然痴迷于神仙之术，渴望求得长生，因此他即便心中已经选定了刘弗陵，也没有着急册封他为太子。一直到汉武帝临终之际，他才正式册立刘弗陵为太子，并委任了以霍光为首的四位辅政大臣。

在经过一番临终托孤之后，汉武帝最终病逝于五柞宫，享年七十岁。就在汉武帝驾崩的第二天，刘弗陵正式登基称帝，这就是汉昭帝。

这一皇位交替的过程，无疑就是“巫蛊之祸”的余波所造成的，这也是“巫蛊之祸”所造成的一次显而易见的政治变动。

在这场“巫蛊之祸”中，没有特定的斗争目标，也没有谁是真正的赢家，所有参与者都在这场政治变动中落败了，而最后的胜利者竟是汉昭帝刘弗陵。

按照《汉书·昭帝纪》中的记载，汉昭帝刘弗陵即位之时，年仅八岁。而根据西汉学者褚少孙的记载，汉昭帝即位时更是只有五岁①。在这场政治大变动中，最后的胜利者竟是一个黄髫小儿，这是让所有人都始料未及的。

---

①《史记·外戚世家》记载：“昭帝立时，年五岁耳。”此为褚少孙所补。

因此，在当时就有人怀疑，汉武帝托孤的背后是有阴谋的。汉武帝临终任命的四位辅政大臣分别是霍光、金日磾、桑弘羊、上官桀，这四人此前从未担任过实权要职，无一例外都是政治新秀。汉武帝不仅把皇位传给不满十岁的幼子，而且还把辅政大权交给四个名不见经传的政治新秀，汉武帝一生叱咤风云，临终托孤却如此草率，这实在让很多人都捉摸不透。

《汉书·霍光传》就记载，卫尉王莽[①]的儿子王忽在汉武帝身边担任侍中，汉武帝临终之际他就随侍身边，汉武帝驾崩后他就对外扬言："安得遗诏封三子事！群兒自相贵耳。"意思是，汉武帝根本没有遗诏，是霍光等人矫诏自封爵位。

后来，燕王刘旦也对汉昭帝刘弗陵的皇位合法性表示质疑，甚至认为刘弗陵并非汉武帝所生。言下之意，他其实就是认为新帝刘弗陵是霍光的私生子，一切都是霍光搞的阴谋。

难道汉昭帝即位真的是霍光精心设计的阴谋吗？根据目前我们所能看到的史料，我们无法判断。吕思勉在《秦汉史》中也说："然则昭帝之立，果武帝意与否，信不可知矣。"[②]吕思勉一方面对昭帝即位的合法性表示怀疑，同时也表示事情真相已经无从查证了。

不管怎样，一个无可争议的历史结果就是，这个被《汉书》称作"不学无术"的霍光，最终成了西汉王朝的最高掌权者。从公元前87年成为辅政大臣到公元前68年霍光去世，霍光一直牢牢掌控着西汉的政局。这无疑也是"巫蛊之祸"的政治余波所造成的。

而在霍光掌权的这二十年时间里，之前那些累世身居高位的名门望族几乎消失殆尽了，大部分被提拔起来的高层官员都是贫寒出身。

实际上，霍光虽是霍去病的异母弟，但他也是贫寒出身，他在朝中并没

① 汉代重名现象很普遍，此王莽非后来篡汉之王莽。

② 吕思勉：《秦汉史》，上海，上海古籍出版社，2005，第132页。

有什么政治根基和家族背景。霍光骤然掌权之后，他为了巩固自己来之不易的权位，就只能利用“巫蛊之祸”所造成的高层权力真空大力提拔朝中的中低层贫寒子弟，并把世袭权贵子弟驱赶出权力中枢。这或许就是霍光能够独掌大权二十年的秘密所在。

从这个角度来说，“巫蛊之祸”以及由它所造成的一系列政治变动，其实可以看作西汉上层权力结构的一次重组过程。在霍光辅政和汉宣帝统治时期，那些出身贫寒的新儒生集团获得了更好的上升阶梯和更高的话语权，他们一旦身居要职，就会继续传播其儒家学说，并为后来的儒生提供政治便利，一个属于儒生政治的时代随即拉开帷幕。①

《轮台诏》改变汉朝国策了吗?

汉武帝晚年时期发生的另外一起重要政治事件就是《轮台诏》的颁发。

《轮台诏》，更广泛的叫法是《轮台罪己诏》，说的是在征和四年（前89年），搜粟都尉桑弘羊和丞相、御史向汉武帝奏言，请求在西域轮台地区屯田，并修筑亭障、道路等设施，于是汉武帝便下诏否决了轮台屯田的提案，并对过往的战争失利表示悲痛，同时制定了一系列与民休息的战略方针。有关此次《轮台诏》的具体内容，班固在《汉书·西域传》中作了详细而全面的记述。

《轮台诏》表面上看起来似乎很简单，但是到了一千多年后，司马光在《资治通鉴》中却有了另外一番说法。

《轮台诏》的颁发本来没有明确的时间点，《资治通鉴》则给予了明确的记录——在征和四年（前89年）的三月的二十九日，是在汉武帝在石闾山祭祀完地神之后。而且，《资治通鉴》也没有详细记载《轮台诏》的具体内

① 蔡亮著，付强译:《“巫蛊之祸”与儒生帝国的兴起》，北京，北京师范大学出版社，2021，第149页，第201页。

容，更没有提及有关轮台的任何信息。司马光甚至认为《轮台诏》都算不上是诏书，而只是一种口谕。

口谕的内容是：

朕即位以来，所以狂悖，使天下愁苦，不可追悔。自今事有伤害百姓，糜费天下者，悉罢之！

之后，丞相田千秋又奏言，请求罢停方士的一系列求神活动，汉武帝又下口谕：

向时愚惑，为方士所欺。天下岂有仙人，尽妖妄耳！节食服药，差可少病而已。

这两段文字就是《资治通鉴》中记载的所谓《轮台诏》，但是想必读者也能看得到，其内容有丝毫涉及轮台的吗？没有！只有“罪己”而无“轮台”，又怎么能称得上是《轮台罪己诏》呢？

现代学者田余庆先生根据《资治通鉴》中的这几段记载，佐以《汉书·西域传》的记载，指出汉武帝为了吸取“亡秦之迹”，于征和四年（前89年）在政治上改弦易辙，由横征暴敛、穷兵黩武转向“守文”和与民休息，从而稳定了时局，促成了后来的“昭宣中兴”，并使西汉王朝的统治再延续近百年之久。[①]

田余庆先生的这一研究成果影响很大，而且被当今的很多通史类著作和历史教材所采用，《轮台诏》促成了汉朝国策转向的这一观点也得到了许多学者和大众的认可，产生了非常普遍的社会影响。

① 田余庆：《论〈轮台诏〉》，《历史研究》，1984（02）。

但是经过前面的对比分析会发现，《汉书·西域传》中所记载的《轮台诏》内容，和《资治通鉴》中所记载的《轮台诏》内容明显存在着很大的抵牾，那么，田余庆先生的这一立论真的能站得住脚吗？

关于汉武帝颁发的《轮台诏》，这些年在学术界和大众间讨论的声音很高，讨论的焦点就是《轮台诏》的颁发，是否可以被看作汉武帝晚年改弦易辙发生政治转向的转折点。对此，历史学者辛德勇提出了自己的质疑，并作出了新的解释。他认为汉武帝只是就李广利西征失败而下的《轮台诏》，根本谈不上什么国策调整，司马光是出于政治目的才在《资治通鉴》中编造了所谓的“罪己诏”，进而也就推翻了田余庆先生所得出的历史结论。[1]

这其中详细的论证，本书不去细讲，有兴趣的读者可以自己去看。本书的主题是“二十四史”，所以笔者就从史学史和文献学的角度来说一下这个问题。

第一，《资治通鉴》不是一般性的史料。这体现在三点：第一，它所采用的史料并非一手史料；第二，它采用了大量非正史材料文献；第三，它是一部撰写给帝王阅读的书籍，带有强烈的政治寓意和政治意图。正是由于《资治通鉴》不是一般性的史料，所以我们在使用它的时候一定要慎之又慎，尤其是它所记述的战国、秦汉的历史，司马光那个时代所能看到的史料不会比司马迁、班固更多。另外，在《制造汉武帝》这本书中，作者还进一步指出，《资治通鉴》对征和四年（前89年）的纪事，也采用了属于小说性质的《汉武故事》，是通过裁剪拼缀的办法点窜而成的。

第二，《轮台诏》最原始的史料是在《汉书·西域传》中，而记载王朝关键大事的帝纪中却没有记载。

从《汉书》开始，“二十四史”的帝纪部分就是编年体王朝大事记，它

---

① 辛德勇：《制造汉武帝》（增订本），北京，生活·读书·新知三联书店，2018，第17–20、83–89页。

不记录某一具体历史事件的细节，但是却会把影响到王朝国运兴衰的事件用编年体的方式梳理出来，尤其是这种有关国策制定和推行的敕令诏书，正史是不会遗漏的。

如果说《轮台诏》真的关系到国家政策的调整和转向，班固没有理由不在《武帝纪》中记录。但是，班固偏偏把《轮台诏》记入了《西域传》中，并且是记录在李广利西征失利之后，还表示这是“哀痛之诏”。这就说明，这篇《轮台诏》，就是汉武帝针对此前的李广利战争失利和屯田问题而下的体恤民情的诏书，是就事论事，并不涉及国策的调整，所以班固才没有把《轮台诏》记入《武帝纪》中，而是记录在了《西域传》中。也就是说，在班固的眼中，《轮台诏》只是跟西域有关，而和国家大政无关。

关于这一问题，历史学界一直以来质疑的声音都不少。

北京大学历史学者陈苏镇表示，“轮台之诏并未全盘否定武帝数十年的开边事业，更未否定其全部事业”“他（汉武帝）只是推迟了征服匈奴的时间，放慢了经营西域的节奏，使百姓得以喘息，使国力得以恢复，使对外战争引起的社会矛盾得以缓解”[①]；复旦大学（原武汉大学）历史学者鲁西奇也表示，“武帝晚年，即使曾有改弦易辙、全面调整政策的想法，但实际上其大部分精力都放在安排继位者，并为继位者准备辅政班底方面，也不太可能全面考虑并真正实施其政策调整”[②]。

笔者是比较认同辛德勇、陈苏镇和鲁西奇这些前辈学者的观点的，即《轮台诏》中的内容是汉武帝针对轮台地区军事部署所作出的一些局部性的调整政策，不涉及国家大政方针的转变，更不涉及治国路线的根本性调整和转向。

不过，笔者同时又认为，《轮台诏》的颁发虽然没有导致汉朝国策的转向，但是后来发生的历史事实证明，汉武帝之后汉朝政治确实发生了调整，

① 陈苏镇：《〈春秋〉与“汉道”：两汉政治与政治文化研究》，北京，中华书局，2020，第338页，第344页。

② 鲁西奇：《何草不黄：〈汉书〉断章解义》，桂林，广西师范大学出版社，2015，第128页。

只不过《轮台诏》的颁发并不是这一政治调整的标志点。

可能有的读者会觉得这种说法很矛盾，但其实并不矛盾，且待笔者道来。

从《轮台诏》到盐铁会议

对汉武帝一朝政治趋向认识最清楚也最有发言权的，莫过于当时那个时代的人。

就在汉武帝去世后六年，也就是汉昭帝始元六年（前81年），汉昭帝召开了一场关乎国策制定的重要会议，这就是历史上著名的盐铁会议。在这场会议上，60多位贤良学士和以御史大夫桑弘羊为首的财政大臣们展开了论辩，主题是政府对盐、铁、酒的专营和均输制度的存废，其本质是对汉武帝时期推行的各项政策进行总的评价。

在盐铁会议上，就汉武帝时代的一些政策问题，多有讨论。贤良文学集团就对武帝时代的政治作了如下总结：

当公孙弘之时，人主方设谋垂意于四夷，故权谲之谋进，荆、楚之士用，将帅或至封侯食邑，而克获者咸蒙厚赏，是以奋击之士由此兴。其后，干戈不休，军旅相望，甲士糜弊，县官用不足，故设险兴利之臣起，磻溪熊罴之士隐。泾、渭造渠以通漕运，东郭咸阳、孔仅建盐、铁，策诸利，上下兼求，百姓不堪，抏弊而从法，故憯急之臣进，而见知、废格之法起。杜周、咸宣之属，以峻文决理贵，而王温舒之徒以鹰隼击杀显。其欲据仁义以道事君者寡，偷合取容者众。①

这段文字从政治、军事、财政、司法等多个角度对汉武帝一朝的政治作

①《盐铁论·刺复》。

了总结。而且，汉武帝所推行的一系列财政改革以及严刑峻法，其实都是为了应对长期以来的对外战争。事实上，政治、军事、财政、司法这四方面是有相互因缘关系的，军事政策的调整也必然导致财政和司法的调整。而我们反观《汉书·西域传》中所记录的《轮台诏》，并没有涉及财政和司法方面太多的内容。

盐铁会议主要是针对汉朝的财政问题展开的一次辩论，由此可见，在汉武帝颁布《轮台诏》之后乃至到汉昭帝时代，汉朝的财政政策并没有发生根本性的转向。如果汉朝的财政政策在《轮台诏》颁布之后已经发生调整，那么盐铁会议也就没有召开的现实必要了。

在汉武帝的托孤大臣中，有一个人是汉武帝推行一系列财政改革的重要帮手，此人就是桑弘羊。汉武帝选用桑弘羊这样的“兴利之臣”，意图是再明显不过的了，就是希望霍光、桑弘羊等人继续秉持既定的财政政策。

而在盐铁会议当中，桑弘羊作为政府的代表，他也在处处维护既定的财政政策。盐铁会议的召开也并没能从根本上改变汉武帝以来的财政政策，只是废除了酒和关内冶铁的官营政策，其余政策照旧。

司法方面，“巫蛊之祸”发生后，汉朝的酷吏政治大有愈演愈烈之势，即便是汉武帝颁布了《轮台诏》之后，“巫蛊之祸”的余波仍在继续影响着汉武帝晚年的政治。《汉书·循吏传》中就总结说“武帝末，用法深”。可见，《轮台诏》的颁发非但没有对汉武帝晚年的司法状况产生根本性的影响；相反，汉武帝晚年的司法越发严苛了，刑法的严苛程度有增无减。[①]

事实上，相比于《轮台诏》的内容，盐铁会议上对汉武帝一朝政治的总结和反思要更加深刻得多，其意义也要更为深远。然而，即便是盐铁会议都没能真正改变汉朝的国策，又遑论《轮台诏》呢？

---

① 杨勇:《再论汉武帝晚年政治取向——一种政治史与思想史的联合考察》,《清华大学学报》（哲学社会科学版），2016。

因此，《轮台诏》的颁发并没有让汉朝的政策发生真正意义上转向，这一点是可以明确的。汉武帝在《轮台诏》中提出的改革措施，其实也只是局部性、临时性、有限度的一次政策调整，是绝不能上升到整个国家根本性大政方针层面上的。

从更为广阔的历史视野来看，汉武帝之后汉朝是不是就真的没有调整过国策呢？显然不是。在霍光主政的二十年（前87年—前68年）时间里，汉朝的国策确实在悄悄发生着转变。

霍光在主政期间，经常以皇帝的名义发布各种恤民诏令，推行了一系列与民休息的政策。汉武帝时代著名酷吏杜周之子——谏议大夫杜延年，为人宽厚，执法宽松，他看到国家长期以来对外征战损耗巨大，就多次向霍光进言，请求恢复汉文帝时代"俭约宽和"的执政理念，以此来"顺天心，说民意"。霍光对他的意见十分看重，就采纳了他的建言。正是由于霍光主政期间所推行的一系列与民休息的政策，西汉的社会经济才得以恢复，社会逐渐安定，并迎来了"昭宣中兴"。

霍光主政期间倡导轻徭薄赋、与民休息，他的政绩在历史上是有目共睹的。班固在《汉书·昭帝纪》的赞语里说：

承孝武奢侈余敝师旅之后，海内虚耗，户口减半，光知时务之要，轻徭薄赋，与民休息。至始元、元凤之间，匈奴和亲，百姓充实。举贤良、文学，问民所疾苦，议盐、铁而罢榷酤，尊号曰"昭"，不亦宜乎！

这是《汉书·昭帝纪》里的赞语，但是班固竟然在属于汉昭帝的赞语里特意提到了"光"，这等于说是班固承认了昭帝时代的政治成就主要都是霍光做出的，霍光才是汉昭帝时代的主角。

霍光做了什么呢？"轻徭薄赋，与民休息""匈奴和亲，百姓充实”“问民所疾苦”，这些无不跟汉武帝时代的政策形成了鲜明的对比。

因此，笔者认为，汉朝国策确实在汉武帝之后发生了调整，但是这和《轮台诏》的颁发关系并不大，真正助推了汉朝国策转向的应该是霍光以及他主政期间推行的一系列轻徭薄赋的政策，而汉朝国策真正大规模发生根本性的转向则是在后来的汉宣帝时代。

我们可以把“巫蛊之祸”和《轮台诏》的颁发结合起来看。事实上，“巫蛊之祸”和《轮台诏》的颁发都不能看作汉朝政治转向的标志点，它们只是汉朝政治转向的先兆和契机。国策转变的过程不是一蹴而就的，而是一个循序渐进的过程，甚至转变过程中还会出现一些反复和倒退，真正完成政治转向的时间点是后来的汉宣帝时代。

《霍光传》《昭帝纪》《宣帝纪》（中）：霍光弄权

霍光的权臣之路

汉武帝临终托孤和汉昭帝即位的前前后后，有着太多的历史谜团。

比如，汉昭帝的母亲钩弋夫人的死因之谜。《史记·外戚世家》中的说法是被汉武帝赐死的，原因是担心“主少母壮”，重蹈吕氏之祸的覆辙；而《汉书·外戚传》的说法则是钩弋夫人犯了过错，忧郁而死。

再比如，汉昭帝刘弗陵是钩弋夫人怀孕14个月生的，这显然违背了现代生理学常识。

还有，汉武帝为何要选定不满10岁的幼子刘弗陵做皇位继承人，以及临终托孤给四个在朝中没什么根基的政治新秀来担当辅政大臣，这些也都是值得推敲的。虽然后人也能给出看似合理的解释，但都是基于推理得出的，并没有人知道真实原因。

这些历史谜团注定很难被完全解开了，但不管历史真相究竟如何，一个明确的历史结果就是，霍光主导了后汉武帝时代西汉王朝的历史走向，汉朝也迎来了一个新的盛世——昭宣中兴。

按照《汉书·霍光金日磾传》的记载，在五柞宫的病榻之上，霍光谨慎地向汉武帝询问："如有不讳，谁当嗣者？"意思是，如果陛下您不幸驾鹤西去，谁来做您的继承人呢？

弥留之际的汉武帝交代道："君未谕前画意邪？立少子，君行周公之事。"在此之前，汉武帝曾让黄门画师画了一幅《周公负成王朝诸侯》的画，并把此画赏赐给了霍光。此时汉武帝的这番话的意思就是，以前我不是送给你一幅《周公负成王朝诸侯》的画吗？你还不理解我的意思吗？就是要立幼子刘弗陵，你来当周公！

这个故事的真实性，同样也是值得怀疑的。汉武帝一生深谙帝王之术，他晚年一直担心立刘弗陵会"主少母壮"，汉朝会再度出现吕后专政的祸患。然而他在临终之际，却又把辅政大权交给霍光，让霍光去做周公一样的人物，难道他就不担心霍光专权吗？这不是前后矛盾了吗？汉武帝一生都在搞中央集权，即便他相信霍光的忠诚，也不太可能真的把国家最高权力交给霍光，让霍光去当周公，这事怎么想都觉得蹊跷。

所谓的"周公负成王朝诸侯图"一事，恐怕也是霍光自编自导的一个故事，是他后来为自己专权所找的说辞。当然，历史的痕迹早已被擦洗得一干二净，我们只能推测和怀疑，却很难去论证。

如果真的有汉武帝委任霍光做周公一事的话，那么霍光的主政地位从汉昭帝即位一开始就应该是确定的。但是历史的事实是，汉昭帝即位之后，四位辅政大臣之间的关系是十分微妙的，之后又发生了霍光和上官桀之间的争斗。

按照汉武帝的临终安排，霍光为大司马、大将军，金日磾为车骑将军，上官桀为左将军，桑弘羊为御史大夫。

在这四位辅政大臣之中，最先退出的是金日磾。汉昭帝即位一年多，金日磾就因病去世了。

金日磾的去世，也立刻让辅政大臣之间的矛盾浮出水面，矛盾的焦点就在霍光和上官桀之间。

桑弘羊是四位辅政大臣中地位最低的，别看他在汉武帝时期是搞财政的能手，但实际上他的官阶和品位都不高，一直到汉昭帝时代他才开始显贵起来，不然《史记》和《汉书》也不至于不给他立传。

汉昭帝即位的第六年，召开了著名的盐铁会议。前面说过。盐铁会议是一次治国路线之争，但其实它同时也是一场权力之争。盐铁会议的背后，其实正是霍光借助贤良文学的民间力量来对以桑弘羊为首的官僚势力实施的一次打压。①

通过一场会议辩论的形式来打压政敌，这是霍光权术的第一次全面展现。桑弘羊是霍光专权道路上必须铲除的政敌，但是霍光并没有直接出面，而是身居幕后，利用手下的爪牙来打击对手，同时借助贤良文学的强大社会舆论力量，从而最终实现其打压政敌的根本目的。②

如此，我们也就能理解，为何贤良文学集团可以在朝堂之上有恃无恐地批评和指摘时政？又是谁给了他们如此之大的勇气？事实上，给贤良文学集团坐镇撑腰的就是霍光本人，是霍光给予了贤良文学批评时政的机会和勇气。

盐铁会议之后，桑弘羊成了社会舆论的打击对象，他在朝中日益受到排挤，地位也每况愈下，最后只能选择投靠上官桀。于是，霍光和上官桀的矛

① 徐复观:《两汉思想史》(第三卷)，北京，九州出版社，2014，第 114 页。

② 束景南，余全介:《盐铁会议的本质》,《中国矿业大学学报》(社会科学版)，2005（12)。

盾便日益凸显化和公开化，这也成为盐铁会议后朝堂上的主要政治矛盾。

霍光和上官桀之间的关系非常微妙，因为他们之间的矛盾此前并不凸显，甚至一度结为同盟。为什么这么说呢？因为霍光和上官桀是儿女亲家。

《汉书·霍光传》和《汉书·外戚传》详细地记录了霍光和上官桀之间的争斗。

在被任命为辅政大臣之前，上官桀的儿子上官安就已经娶了霍光的长女，霍光和上官桀已经结为了亲家。汉昭帝即位之后，“政事一决于光”，但是霍光毕竟精力有限，有些时候他不在朝中，朝政大事便由上官桀全权负责。

霍光以文见长，上官桀以武见长，二人一文一武，相得益彰，如果他们自始至终都能通力协作的话，还真能在后世传为美谈。然而，在权力面前所有人都不能独善其身，都会沦为棋子，这种二元权力结构注定不会长久，霍光和上官桀的“蜜月期”并没能维持多久。

两人的儿女生有一女，比汉昭帝年纪略小几岁，祖父上官桀立刻就有了想法，想把这个孙女嫁给皇帝做皇后。结果没想到，霍光立刻否决了上官桀的想法。

霍光也是有他自己的想法的。他认为这个外孙女一旦做了皇后，那么上官家族的势力必然膨胀，到时候自己一把手的地位可就不保了。

上官桀在霍光这里碰了一鼻子灰，转而便去结交汉昭帝的姐姐盖长公主，最终成功地把自己的孙女送上了皇后宝座。

霍光预想的没错，上官桀的孙女被立为皇后之后，上官家族便开始无法无天起来。尤其是上官桀的儿子上官安，自以为女儿成了皇后，自己就是国丈，十分狂傲骄纵，他在殿上受到赏赐，出来就对宾客说：“与我婿饮，大乐！”意思是，和我的女婿（指汉昭帝）喝酒，真是快活！

上官桀的孙女能成为皇后，有一个不得不提的中间人，这个人就是盖长公主的情人丁外人。上官安和丁外人交好，就让丁外人帮他谋划女儿立后之事，并且许诺事成之后，凭借上官家族的地位，一定会帮他向朝廷讨要爵位。丁外人也正是受了上官安的蛊惑，这才在盖长公主耳边吹枕边风，最终上官氏被立为婕妤，不久又升为皇后。

到了该兑现承诺的时候了，上官桀和上官安父子就为丁外人向朝廷请封，结果却遭到了一把手霍光的严词拒绝，因为汉朝有“非功不侯”的祖制。上官父子退而求其次，又为丁外人讨要光禄大夫的爵位，结果霍光还是坚决拒绝。

如此一来，霍光就不只是在得罪上官家族了，而且连盖长公主也得罪了。此时，盐铁会议后失势的桑弘羊及其同伙，与对汉昭帝继位心怀不满、图谋夺位的燕王刘旦开始聚到一起，逐渐形成了一个以扳倒霍光为共同目的的政治集团——倒霍集团。

这对于霍光来说是一个极大的威胁，这个集团有外戚势力、宗藩势力、后宫势力，而汉昭帝则还是个孩子，霍光可谓孤军奋战。以一人之力对抗如此之大的集团势力，谈何容易。这也是霍光掌权之路上所面临的最大的一次危机！

从力量对比上来看，霍光的胜算并不大。不过，事情的转机却让所有人都始料未及，这个转机就是汉昭帝刘弗陵的一番话。

上官桀父子、盖长公主和桑弘羊在朝中开始给霍光罗织罪名，然后他们又联络燕王刘旦，把诬告霍光的罪状都告诉了燕王刘旦，让刘旦以宗亲藩王的身份向朝廷弹劾霍光。

于是，元凤元年（前80年），也就是盐铁会议后的第二年，燕王刘旦就给汉昭帝上书，声称霍光调集军队图谋造反。当时的汉昭帝年仅13岁，却异常聪慧，他一眼看穿了燕王刘旦是在诬告，认为霍光调动军队不需要10天的时间，而在这么短的时间内，远在燕国（国都蓟城，今北京）的刘旦不可能知道，更不可能来得及上书，一定是一场预先安排好的阴谋。事实上，这道上书很可能就不是刘旦上奏的，多半是上官氏父子所为。

一场酝酿已久的政治阴谋，就这样被汉昭帝的一番话给粉碎掉了。自此以后，朝中但凡有人说霍光的坏话，汉昭帝就会发怒说："大将军霍光是忠臣，是受先帝嘱托来辅佐朕的，再有人敢诬告大将军，就治他的罪。"

倒霍集团见形势对己方愈来愈不利，又不甘心坐以待毙，就伺机发动政变。他们谋划让盖长公主置酒请霍光赴宴，等霍光到来后，让伏兵即席杀之，然后废黜汉昭帝，拥立燕王刘旦为帝。燕王刘旦也向上官桀等人承诺，事成之后封上官桀为王，其余各人均有封赏。

然而，上官桀等人的阴谋还没付诸实施，就被人告发了。当时，担任稻田使者的燕仓发现了上官桀父子的阴谋，就把此事告诉了自己的上司大司农杨敞，杨敞又把此事告诉了谏议大夫杜延年，杜延年再将此事告诉了霍光。

元凤元年（前80年）九月，盖长公主、燕王刘旦、左将军上官桀、车骑将军上官安、御史大夫桑弘羊、丁外人皆以谋反罪被族诛。

十月，霍光以汉昭帝的名义下诏，历数了上官桀等人的谋反罪状，并对立功者予以封赏。此外，霍光还特意赦免了一部分人，以稳定民心。赦免人员包括：燕王太子刘建、盖长公主的儿子文信、宗室子弟，燕王刘旦、上官桀父子等罪臣的父母、同胞兄弟姐妹当连坐的，都免为庶人，还有的官吏受到上官桀等人的牵连，但其罪行因未被发觉而没有受到拘捕的，不再追究其罪责。

这封诏书用意很明显，霍光封赏有功之臣，其实就是想扩大自己的势力，赦免一些无关紧要的人，就是想为自己在朝中收揽人心。

历经这次谋反事件，霍光意识到了培植亲信的重要性，他开始加紧营建自己的政治集团，并提拔和重用了一大批人物。这些人包括：酷吏张汤之子张安世、御史大夫杜周之子杜延年、京兆尹隽不疑、大司农杨敞、水衡都尉赵充国、宗正刘德（楚元王刘交曾孙）、长史田延年，等等。霍光还积极提拔下层官员，凡参加朝廷考试合格的人，或派到地方任职，职务最高为县令，或交丞相、御史任用，一年后将其为官情况奏闻朝廷，有罪者要依法惩治。

汉武帝临终托孤时提拔的四位辅政大臣，如今只剩下了霍光一人，朝中已经没有了可以牵制霍光的政治势力。虽然当时外朝还有名义上号称“百官之首”的丞相田千秋，但是田千秋唯霍光马首是瞻，对政事基本不发表意见，百官以下“视丞相亡如也”，百官都不太瞧得起这位丞相，没把他当成真正的丞相。

霍光真正做到了“威震海内”，真正做到了大权独揽，真正在朝中建立起了不可一世的绝对权威，就连皇帝都得听命于他，他成了汉朝真正意义上的最高统治者，也是中国进入帝制时代后第一个真正意义上的权臣。

昌邑王刘贺被废的真相

元平元年（前74年）的四月十七日，年仅21岁的汉昭帝走到了生命的尽头。

汉昭帝在位十三年，这十三年是汉朝进入后汉武帝时代之后拨乱反正、改弦更张的过渡时期。

由于汉昭帝即位之时非常年幼，所以汉昭帝时代的政治成就几乎可以等同于是霍光的，班固也是毫不讳言，堂而皇之地在《汉书·昭帝纪》的赞语里大力吹捧霍光的功绩。可以说，霍光很好地完成了这一过渡时期的历史使命，汉朝也开始从汉武帝晚年的政治乱局中步入了正轨。

对于汉昭帝的英年早逝，现代很多人都表示怀疑，认为恐怕是霍光加害所致。毕竟汉昭帝从小就表现得十分聪慧，而且已经及冠，早就到了可以亲政的年纪，霍光却迟迟不肯归政于汉昭帝，这让人难免怀疑霍光为了继续擅权揽政，要刻意加害汉昭帝。

虽然霍光专政期间确实有很多历史疑案，但是关于汉昭帝之死，笔者认为和霍光并无关系，原因有以下两点。

第一，汉昭帝的身体一直都不太好，体弱多病。《汉书》中有很多关于汉昭帝身体抱恙寻医问药的记载，汉昭帝并非毫无征兆就驾崩的。

第二，汉昭帝驾崩对霍光一点好处都没有。汉昭帝的皇后上官氏是霍光的外孙女，上官皇后此时正值育龄期，正是哺育皇嗣的时候，只要假以时日，小皇子就会降生，霍光的地位将更加稳固，他根本没必要杀害汉昭帝。而且，后来被霍光拥立的刘贺和汉宣帝刘询都是十七八岁的人，和汉昭帝在年岁上并没有相差太多，霍光害死21岁的汉昭帝，然后再拥立一个与汉昭帝年纪相差无几的新皇帝，这完全没必要。

由于汉昭帝膝下无子，他又突然驾崩，没有留下遗诏，谁来继承皇位立刻成了摆在霍光和群臣面前的一道亟待解决的难题。

按照当时多数人的意见，汉武帝第四子广陵王刘胥是最合适的皇位继承人，他也是当时汉武帝的几个儿子中唯一健在的。之所以众人会推举广陵王刘胥，主要依据的还是西周以来的宗法制原则，即有嫡立嫡、无嫡立长的嫡长子继承制，刘胥自然也就成了最合适的新君人选。

但是，霍光有自己的盘算，当时的刘胥已经是一个四五十岁的中年人，已经具备了一定的政治势力和权术手段，他当了皇帝，霍光根本没办法控制他。所以，霍光就搬出了汉武帝，说先帝早就说过“广陵王胥多过失”，以“王本以行失道，先帝所不用”为理由，否决了立刘胥为新君的提案。

既然刘胥不能被立为新君，那该立谁为新君呢？霍光很快就物色好了人选，他就是昌邑王刘贺，也就是后来俗称的海昏侯。

刘贺是谁？他是汉武帝第五子刘髆之子，刘髆在天汉四年（前97年）被封为昌邑王，后元元年（前88年）薨，其子刘贺继位，成为新一代的昌邑王。从血缘上讲，刘贺是汉武帝的孙子，也是汉昭帝的侄子。

霍光用上官皇后的名义下诏，派代理大鸿胪职务的少府史乐成、宗正刘德、光禄大夫丙吉、中郎将利汉用七辆驿车去昌邑国（国都在今山东巨野）迎接刘贺。

就这样，昌邑王刘贺被选定为汉朝的新一任皇帝。

刘贺的即位过程和汉朝的另外一个皇帝非常相像，没错，他就是汉文帝刘恒。他们都是人在家中坐，福从天上来，自己什么都没做就意外地被拥立为皇帝。

不过，刘贺终究不是汉文帝刘恒，刘恒在得知自己“被即位”之后，他是满怀疑虑，小心谨慎，经过了一番侦查之后才上路的。而且，刘恒还没进入长安城，就在长安城外的渭桥边和以周勃为首的功臣集团来了一场正面较量，并取得了对周勃的完全压制，从而避免了让自己沦为周勃等人的傀儡。

而刘贺在得知自己“被即位”之后是什么表现呢？按照《汉书·武五子传》的记载，征召刘贺继承皇位的诏书送到昌邑国的时候，天色已经很晚了，刘贺难以抑制内心的兴奋和激动，在烛光下打开诏书，一遍又一遍地阅读。然后，刘贺便连夜收拾行囊，第二天中午就正式出发了，黄昏时分就到了定陶，沿途不断有随从人员的马匹累死。

从昌邑国到长安的路途上，刘贺还有一系列荒唐之举。刘贺行至济阳，派人索求长鸣鸡，并在途中购买用多根竹子合制而成的积竹杖。经过弘农时，刘贺又派一名叫作善的奴仆用有帘幕遮闭的车运载随行的美女。到了湖县，朝廷派来迎接的使者听说了刘贺的胡作非为，就拿此事来责备昌邑国相安乐，刘贺知道后不仅不认错，反而矢口否认。

这就是刘贺在得知自己被拥立为新君后的所有反应和表现，和刘恒相比简直是天差地别。而刘贺当时所面对的对手是权倾朝野的霍光，和当年的周勃相比是有过之而无不及的，刘贺完全没有把霍光看成自己的对手，更没有意识到霍光的强大。

昌邑王刘贺被拥立为帝之后，依然我行我素，没过多久，他的皇帝生涯就做到头了。

元平元年（前74年）的六月二十八日，刘贺在位仅仅27天，就被废黜了。他也成为中国历史上在位时间最短的皇帝之一，史称汉废帝。

我们翻看《汉书》的目录会发现，在十二帝纪中，是没有汉废帝的位置的。可见在汉朝人的心目中，刘贺的帝王身份是不被承认的。事实上，刘贺在后来的历史上也一直是以负面形象示人的。

我们不禁要问，刘贺到底做了什么事，竟然会让他在位仅仅27天就被废黜了呢？

刘贺被废黜的时候，霍光公布了刘贺这27天来的所有罪状。《汉书·霍光传》记载了废黜刘贺的连名奏书，其中指摘刘贺的罪状有荒淫、失礼、不孝这几类，另外他还指派下属征发物品，合计有1127起。当时已经成为皇太后的上官氏也看不下去了，怒声说道："为人臣子，怎么可以如此悖乱？"

现在很多文章上都说，刘贺在位27天，做了1127件荒唐事。这种说法是不严谨的，刘贺被废黜的主要罪状其实是淫乱、失礼和不孝，以及他下发的1127条公文指令。

刘贺的这些罪状可信吗？对此，清人方濬颐就说："昌邑受玺才二十七日，而连名奏书所陈罪状累累，信乎否乎？"①

方濬颐的疑问，其实也代表了阅读这段历史的很多人的心中困惑。这些罪状除了几件特别违背人伦的事，比如奸淫汉昭帝的后宫宫人，大多是一些涉及生活作风问题的琐事。我们不禁要问，生活作风不良，难道就要被废黜吗？

另外，奏书上还说，刘贺在27天的时间里下达了1127条诏令，平均每

---

①（清）方濬颐：《二知轩诗文集》卷二《霍光论》。

天就要下达42条，一天除去吃饭和睡觉的时间，按12小时算，他平均每小时就要下达三四条诏令，这可信吗？如果真的是这样，我反倒觉得刘贺精力过人，而且还是个超级工作狂，他哪有其他时间去干那些荒淫不法的事呢？

所以，笔者认为，连名奏书上指控刘贺的罪状，恐怕都是捏造的，真所谓“欲加之罪，何患无辞”！这些罪状根本不是刘贺被废黜的真正原因。

那么，刘贺被废黜的原因究竟是什么呢？

政治问题还是要从政治上找原因。刘贺被废黜的真相其实就是，刘贺上位之后做了一系列人事上的调整，大力提拔和重用来自昌邑国的老下属，而这明显侵犯了霍光的利益，也侵犯了长安众多旧官僚的利益。

比如，当时的太仆丞张敞就曾向朝廷谏言，他说了这样一句话：“国辅大臣未褒，而昌邑小辇先迁，此过之大者也。”（《汉书·赵尹韩张两王传》）意思是，刘贺上位之后首先想到的不是褒奖那些拥立他的国辅大臣，而是大力升迁那些来自昌邑国的属官，这是刘贺最大的过失。

张敞的这句话，其实就点出了当时朝局中的根本矛盾所在，就是以刘贺为首的昌邑集团和长安旧官僚集团之间的矛盾。

也正因如此，霍光在废黜刘贺的时候，群臣都噤声不语，没有一个人站出来替刘贺说话。一方面，群臣都忌惮霍光的权势；另一方面，群臣也担心刘贺继续这么胡来，长安城的天恐怕就要变了，大家的既得利益都将不保。

这才是刘贺被废黜的真相。

刘贺被废黜之后，他的两百余名昌邑旧臣也被血洗诛杀，这就更说明了问题的本质，以霍光为首的长安旧官僚集团不希望看到新皇帝的藩国亲信势力崛起。这两百多名昌邑旧臣在临死前大声呼号着说：“当断不断，反受其乱。”这话同样意味深长。可见，以刘贺为首的昌邑集团已经在暗中图谋推翻霍光的统治了，假以时日，他们必然会对霍光的专政地位发起冲击，甚至会发动政变。嗜权如命的霍光自然更不可能容得下刘贺。

刘贺被废黜之后，昌邑国也被撤销，改设为山阳郡，朝廷赐予刘贺两千户汤沐邑。之后，刘贺又被迁徙到豫章郡海昏县，封为海昏侯，最终病逝于此。一直到两千多年后的2011年，海昏侯刘贺的墓葬才被考古学者发现，并惊艳世界。

刘贺被废黜，在西汉历史上是一件大事，而且只要仔细推敲，就会发现疑点甚多。刘贺被废黜，其实并不是表面上看起来那么简单，而是当时残酷的政治斗争所致，刘贺也是霍光专权路上的一个牺牲品。然而，后世人却极少怀疑刘贺被废黜一事，这是什么原因呢？

原因或有三点。

其一，事实的真相被霍光和其同党掩盖了。霍光主政20年，宣帝即位之后，他也把持朝政达6年，他完全有时间和办法来篡改、销毁对其不利的证据，甚至就连班固都未必知情。

其二，之后继位的汉宣帝没必要为汉废帝刘贺平反。汉宣帝是戾太子刘据之孙，而刘贺则是老昌邑王刘髆之孙，汉宣帝是因为刘贺被废机缘巧合之下才被迎立为帝的。换句话说，刘贺的废帝身份绝不能改变，否则就会有损汉宣帝的皇位合法性。

其三，刘贺被废黜的事情成为后世儒家鼓吹君权神授、天人感应的绝佳例证。汉武帝以后，儒家学说成为官方的正统思想，而儒家的君权神授、天人感应的学说也日渐深入人心。按照儒家的这种学说，天子无德则丧其天命，刘贺正是因为无德才丧失天命、丢掉皇位的。后世信奉儒家的臣子在劝诫帝王的时候，时常会找一些古代的案例作例证，而汉废帝刘贺被废黜则是少有而绝佳的例证，汉废帝刘贺的事经常被一些臣僚和儒生搬出来论证这类儒家学说。如此一来，汉废帝因为无德被废黜的印象就这样深深根植于后世人心中，自然也就很少会有人怀疑此事了。[①]

《霍光传》《昭帝纪》《宣帝纪》（下）：西汉的全盛时代

汉宣帝的韬晦之道

汉昭帝和汉宣帝统治的时代，在历史上被称作“昭宣中兴”，也称作“昭宣之治”。虽然后世将汉昭帝和汉宣帝相提并论，但是实际上汉昭帝的贡献是很微弱的，只是空有名分而已，而真正将西汉盛世推向顶峰的实则是汉宣帝。

元平元年（前74年）六月二十八日，昌邑王刘贺被废黜，皇位再次空悬。

在刘贺被废黜后的一个月时间，汉朝是没有皇帝的，一直到七月二十五日，汉朝的新一任皇帝才被正式确立，此人当时名叫刘病已，也就是历史上的汉宣帝。

从六月二十八日到七月二十五日，汉朝竟然有长达近一个月时间是没有皇帝的，这在整个中国历史上都是少有的事情。究其原因，就在于皇位继承人选实在是个让所有朝臣都感到棘手的难题。

汉昭帝驾崩，无子嗣；燕王刘旦谋反，其子孙自然也无法作为皇位的候选人；而广陵王刘胥此前已经被排除在皇位候选人之外，这个时候也更是无法回头再选立刘胥为新君。

① 廖伯源:《制度与政治：政治制度与西汉后期之政局变化》，北京，中华书局，2017，第88—89页。

霍光和群臣商议了很久都没有个结果。这个时候，光禄大夫、给事中丙吉站了出来，他向霍光奏言，请立时年18岁的皇曾孙刘病已。

丙吉口中的皇曾孙刘病已是什么人呢？当时恐怕就连霍光自己都不是特别清楚。不过，在了解过刘病已的身世之后，霍光感觉此人是皇位的绝佳人选。

关于刘病已的早年身世，《汉书·宣帝纪》的开篇作了很详细的记述。

刘病已是戾太子刘据的孙子，是汉武帝的曾孙，所以当时也被称作皇曾孙。戾太子刘据娶了史良娣，史良娣生下了皇孙刘进。皇孙刘进又娶了王姓女子，王姓女子生下的就是刘病已。

按年龄算，刘病已的年纪只比汉昭帝刘弗陵小了几岁，但是从辈分上来算，他们之间是爷孙辈的关系，汉昭帝刘弗陵是刘病已的叔爷爷。

刘病已刚出生一个月，就发生了“巫蛊之祸”大案，刘据全家遇难，刘病已也被关进了郡邸狱。因此，汉宣帝可以看作中国历史上唯一一个囚徒出身的皇帝，这样的人生经历在历代所有帝王中都是绝无仅有的。

刘病已刚出生不久就遭此大难，能活下来的概率是很低的，幸得廷尉监丙吉的格外照料，刘病已才大难不死。

刘病已在牢狱中生活了4年，一直到他4岁时才被赦免，并被收入掖庭抚养。当时掖庭令张贺是戾太子刘据的老部下，他感念故主恩情，便自掏腰包让刘病已读书。刘病已长大之后，张贺想将自家女儿许配给刘病已，遭到弟弟张安世的反对而作罢。张贺便为刘病已说媒，将其下属许广汉的女儿许平君许配给了刘病已。

刘病已生在牢狱，长在掖庭，是吃百家饭、穿百家衣长大的，所以他身上深染来自民间底层的习气。他喜好游侠，喜好斗鸡走马，还喜欢四处游历，他也更懂得民间疾苦和民生百态。

对于霍光来说，他之所以对选立新君如此纠结，最大的原因就是自己想继续擅权揽政，他不希望拥立的新君像刘贺那样和自己作对，他希望自己能牢牢地控制住新皇帝。而刘病已出身民间，卫氏家族也早已败落，刘病已的背后没有一丁点家族势力可言，这对于霍光来说可谓天赐的礼物，霍光这才立刻相中了刘病已。

刘病已无疑是最佳的皇位继承人人选，也是摆在霍光面前的唯一选择。

就这样，一个来自乡野的少年被迎入了未央宫，在觐见上官太后，行过一番仪式之后，正式即位称帝，这就是汉宣帝。后来汉宣帝又将自己的名字改为刘询。

汉宣帝刚一即位，就发现自己处在一个极其尴尬的处境之中——自己虽然贵为九五之尊，但是霍光和霍氏家族的势力已经掌握了朝堂内外的大权，自己根本没有一丁点实权，形同傀儡。

经过多年的经营，霍氏家族已经在朝中结成了一张密不透风的大网。不但霍氏子弟占据着朝廷要职，就连朝中许多重臣也都出自霍光门下，用《汉书·霍光传》上的话说就是“党亲连体，根据于朝廷”。

对于汉宣帝来说，刘贺的下场就是前车之鉴，能否处理好自己和霍光之间的关系，关系到他是否能坐稳这个皇位。

转过年来，也就是本始元年（前73年）春，霍光郑重地提出归政于汉宣帝，汉宣帝连忙谦让，拒绝了霍光的请求。并且，汉宣帝还特意下诏，对霍光、张安世等人大加封赏，明确表示以后朝中各项事务都务必先向霍大将军报告，然后再上奏。

霍光是真心归政吗？显然不是。汉宣帝是真心不想亲政吗？当然也不是。

此次归政事件，其实是霍光对汉宣帝的一次试探。如果汉宣帝表现出想要主政的意愿，那么霍光很可能会准备再搞一次废帝事变，给汉宣帝罗织一些无端的罪名，这对于霍光来说简直易如反掌。

汉宣帝此前从未涉足政治，他也从未见识过政治斗争的残酷，霍光的这一试探对于汉宣帝而言无疑是个巨大的考验。然而，汉宣帝的表现却让人十分值得称道，他在短短几个月时间里就已经看清了朝堂的形势，他知道满朝皆是霍光的人，此时自己必须向霍光低头隐忍，否则必将重蹈海昏侯刘贺的覆辙。所以，汉宣帝明确拒绝了霍光的归政之请，同时还把霍光和他在朝中的亲信全部封赏了个遍。汉宣帝此举其实就是在向霍光示好，此举在一定程度上也降低了霍光的防备之心。

我们把汉宣帝和昌邑王刘贺放在一起对比，就会发现他们二人被拥立为帝之后面临的处境是完全一致的，但是他们的应对措施却大相径庭，这也直接导致了二人命运的不同。

昌邑王刘贺在自己脚跟还没站稳的情况下，就迫不及待地任用来自昌邑国的亲信集团，这不仅得罪了霍光，也得罪了长安旧官僚。而汉宣帝刘病已不是对权力没有想法，他也想掌权，但他的策略却是示弱和讨好，用糖衣炮弹来麻痹对手，先稳定住自己的皇位。

这叫什么？这就叫韬光养晦，后来三国时魏国的司马懿、北周武帝宇文邕、唐宣宗李忱，都是靠这种方式成功的。

从此以后，汉宣帝时时刻刻都在夹着尾巴做人，不敢有丝毫张扬，面对霍光更是毕恭毕敬。《汉书·霍光传》记载："光每朝见，上虚己敛容，礼下之已甚。"

汉宣帝和霍光之间的这种关系，一直持续到霍光病逝以后。汉宣帝在位的第六年，也就是地节二年（前68年），霍光病重逝世。当时，汉宣帝和上官太后都出席了霍光的丧礼，丧礼办得十分隆重，丧礼的规格和丧葬用品都是超规格的，全都比照天子的待遇。

有人可能会问，霍光都死了，怎么汉宣帝还如此谦卑恭敬呢？这是因为，霍光本人虽然死了，但他的势力还在，霍氏集团仍然牢牢掌控着朝政，汉宣帝做这些其实都是给霍氏子孙看的。正所谓行百里者半九十，此时汉宣帝距离真正亲政最多只走完一半的路。

汉宣帝夺权

等到霍光下葬完毕，汉宣帝的夺权斗争开始了。汉宣帝用的不是毕其功于一役的办法，而是用温水煮青蛙的方式，对霍氏集团动起了刀子。

霍光把持朝政时期，所有政事都是先呈奏给霍光，然后再汇报给皇帝，这就导致皇帝不能获取第一手的政事信息，也妨碍了皇帝直接掌控朝政。霍光去世之后，霍家人就想继续控制这个特权，因为只有这样才能继续保持霍氏家族在朝中的地位。但是汉宣帝没有给霍家人这个机会，他任命魏相为丞相，从而打通了自己和外朝官员之间的联系，大臣可以直接向皇帝奏事，或是单独面见皇帝。而霍氏家族中并没有一个像霍光一样可以独当一面的人物，面对汉宣帝和外朝大臣的联合反制，霍氏家族根本无计可施。

夺回了皇权，汉宣帝在军权上也采取了反制措施。在魏相的建议下，汉宣帝让张安世顶替了霍光大将军的位置，给予霍光儿子霍禹以大司马的职位，且无印绶。从级别上讲，大司马和大将军平级，但汉宣帝此举实际上是剥夺了大司马的军事指挥权。

除此之外，汉宣帝还做了一系列人事调整，都是针对霍氏集团成员的。霍光女婿、度辽将军范明友不再担任未央卫尉，调任光禄勋；霍光次婿，中郎将、羽林监任胜调离中央，出任安定太守；霍光外甥女婿，给事中、光禄大夫张朔调离中央，出任蜀郡太守；霍光孙女婿、中郎将王汉调离中央，出任武威太守；霍光大女婿邓广汉，不再担任长乐卫尉，调任少府。如此一来，霍氏集团长期以来所掌握的军事调动和指挥大权，也被汉宣帝逐一剥夺了。与此同时，汉宣帝开始大力提拔自己的亲信势力，重用许氏、史氏外戚集团，也就是汉宣帝的皇后、祖母家族的人。

汉武帝去世以后，汉朝皇权就一直旁落，汉宣帝亲政之后就竭力扭转这种局面，汉宣帝采取的针对霍氏集团的这一系列打击措施，其实就是在效仿汉武帝的做法，目的就是要加强中央集权。

就这样，围绕在汉宣帝身边的帝党集团最终取代了霍氏集团。以霍禹、霍山为首的霍氏集团眼看着自己手中的权力越来越少，自然也不会善罢甘休，一场阴谋随之来临。

在说这场阴谋之前，还要说另外一件事。汉宣帝亲政之后，政事一律经由丞相魏相向皇帝禀奏，如此一来，汉宣帝就获悉了大量有关霍氏家族的不法之举。其中有一件事让汉宣帝如鲠在喉，这就是霍光的妻子霍显[①]毒杀许皇后许平君一案。

许平君是汉宣帝的民间结发妻子，而且她还诞下一子，名叫刘奭（音同“事”），也就是后来的汉元帝。汉宣帝登基之后，许平君也跟着入了宫，成为婕妤。

群臣为了巴结霍光，就向汉宣帝上奏，请求册立霍光的小女儿霍成君为皇后。汉宣帝没有表态，而是下了一道诏书，“上乃召求微时故剑”。文字表面上说的是，朕曾经有过一把旧剑，非常想念，希望有人可以帮他找回来。大臣们见状，立刻明白了皇上的意思，皇上找的哪是什么剑，而是属意把皇后之位留给自己的结发妻子。这也是“故剑情深”这一典故的来历。

汉宣帝用“故剑情深”这种隐晦的方式来表达自己的立后意愿，其实就是顾忌霍光的权势。不过，霍光对此事并无任何干涉，群臣也就遵从皇上的心意，一起拥立许平君为皇后。

霍光虽然不在意，但是霍光的老婆霍显可就在意了。霍显一心想把自己的女儿霍成君扶上皇后之位，于是她就买通御医淳于衍，在许皇后临盆之际，下毒将其毒杀。霍光得知后，把此事压了下去，不许人议论，然后顺

① 名显，姓不知，故称霍显。

水推舟，把女儿霍成君送入宫，立为皇后，这就是汉宣帝的第二任皇后霍皇后。

如今，汉宣帝已经亲政，关于霍显谋害许皇后的事情也被揭露了出来。

汉宣帝亲政以后，霍氏集团的实权被大大削弱，再加上毒杀许皇后一事被揭露，霍氏子孙更是寝食难安，唯恐大祸临头。这个时候，霍氏集团的首脑霍禹、霍山、霍云等人就开始图谋造反，准备发动政变，废黜宣帝，而立霍禹为天子。

霍禹等人的阴谋还没付诸行动，就被人告发了。于是汉宣帝开始了对霍氏家族的清算，霍禹被腰斩，霍山、霍云自杀，霍显及霍氏子弟都被弃市，只有霍皇后得以幸免，但也被废黜了皇后之位。与此同时，受霍氏牵连的家族多达几千家。

自此，霍氏家族彻底败落，霍氏专擅朝政二十余年的历史画上了句号，旁落二十余年的汉朝皇权也重新回归皇帝之手，汉宣帝终于可以乾纲独断了。

不过，汉宣帝并未抹杀掉霍光的功绩。甘露三年（前51年），汉宣帝接受南匈奴归降，回忆往昔辅佐有功之臣，乃令人画11名功臣图像于麒麟阁，霍光名列功臣之首。因其死后家族谋反，满门抄斩，故不名霍光全名，只尊称其为“大司马、大将军、博陆候，姓霍氏”。

平心而论，汉宣帝对霍光的感情是十分复杂的：一方面他充分认可了霍光二十年来辅弼大汉的功勋，另一方面他对霍光的专权深怀忌惮和戒备。因此，汉宣帝对霍光既尊敬又忌惮，既信任又警惕，他既给了霍光生前身后无限的殊荣，又给了霍氏族人一场血腥的屠戮。

汉宣帝时代的文治和武功

汉朝在汉宣帝的时代迎来了全盛期。这个时代既有“文景之治”时代的文治，又有汉武帝时代的武功，即便放在整个中国古代史上都是一个值得称道的盛世，这就是历史上的“昭宣盛世”，又称“昭宣中兴”。

和历史上很多从小锦衣玉食养在深宫的皇帝不同，汉宣帝出身民间，他对民间的疾苦有着切身的体会，因此他在位期间特别重视民生问题，也十分重视吏治状况。

汉宣帝亲政以后，就给自己定了规矩，要每隔五天就召见一次群臣，听取他们对朝政的意见。他对官员的选任十分看重，凡是任命州刺史、郡太守、封国丞相等高级地方官吏，汉宣帝总是要亲自接见，考察他们的品行和能力，看是否与他们当初说的一致。如果查出有言行不一的，就要追究原因，毫不含糊。

汉宣帝对臣下说过一句名言：“庶民所以安其田里而亡叹息愁恨之心者，政平讼理也。与我共此者，其唯良二千石乎！”意思是，老百姓之所以能安居家乡，没有叹息和抱怨，关键就在于为政公平清明和处理诉讼之事合乎情理。能与我一起做到这一点的，不正是那些优秀的郡太守和封国丞相等秩级二千石的官员吗！

汉宣帝认为，郡太守是治理官吏和百姓的关键人物，如果频繁变动就容易引起治下百姓的不安。百姓们知道他们的郡太守将长期留任，才会服从郡太守的教化。所以，凡地方秩级二千石的官员治理地方有成效的，汉宣帝就一定会颁布诏书加以勉励和奖赏。

正因为如此，汉宣帝一朝的吏治状况是整个汉代中最好的。《汉书·循吏传》中所记载的汉代的循吏有6人，其中有4人就是汉宣帝时代的，分别是黄霸、龚遂、朱邑、王成，其中尤以黄霸名声最响。对于汉宣帝时代循吏辈出的盛景，班固在《汉书·循吏传》中由衷地赞叹说：“是故汉世良吏，于是为盛，称中兴焉。”

吏治是国家治理的根本，而农业则是社会安定的基石。汉宣帝除了重视吏治，也非常重视农业生产。

我们翻看《汉书》中的《昭帝纪》和《宣帝纪》就会发现，昭宣时代国家会经常下发一些减免田赋、口赋的诏令，以减轻农民的负担。从元康二年（前64年）五月至甘露三年（前51年）二月，汉宣帝曾先后五次减免百姓赋税。汉宣帝非常重视扶持弱势群体，经常向他们赈贷钱粮。

从五凤四年（前57年）起，针对当时连年丰收、谷贱伤农的现实，大司农中丞耿寿昌提出建议，在边郡都建造“常平仓”，在谷价便宜时提高粮价予以收购，谷价上涨时减价出售，以平抑物价，保护小农利益，巩固边防，对农业生产和边疆开发都能起到积极作用。此建议得到了汉宣帝的采纳，推行之后，深受百姓欢迎。

元康二年（前64年），汉宣帝为了不扰民，就将自己的名字改为刘询。原因是刘病已的名字都是常用字，百姓不好避讳，经常会无意触犯，这给社会带来了不必要的麻烦。于是汉宣帝下诏，自己改名为刘询，以前所有因为犯讳而被判罪的，一律赦免。从此，刘病已这个带着乡野气息的名字成了历史。

汉宣帝时期，不仅在内政上取得了可以媲美于文景时代的成就，在外交武功上同样取得了不逊于汉武帝时代的成就。

汉武帝时代，汉朝取得了对匈奴的绝对性胜利，匈奴受到了沉重打击，已经无力在汉朝北境频繁骚扰，从此“漠南无王庭”。受挫的匈奴人开始把争夺的重心转向西域，汉朝通往西域的道路受到了严重威胁。为此，汉武帝决定驱逐盘踞在西域的匈奴人，先后派出赵破奴、李广利出征西域，然而汉军最终并没能取得实质性的胜利。

汉朝和匈奴争夺西域的焦点是车师（国都故址在今新疆吐鲁番西北），车师是西域的战略要地，汉朝和匈奴都不愿轻易放弃。地节二年（前68年），郑吉以侍郎的身份率领汉军屯田于渠犁（今新疆库尔勒市南），与匈奴展开了对车师的争夺战。神爵二年（前60年），匈奴发生内乱，匈奴日逐王率领部众数万人投降汉朝，郑吉发兵迎接。自此以后，匈奴在西域的势力彻底瓦解，郑吉兵不血刃最终夺取了车师，威震西域，西域的南北两道也全部被汉朝控制。为了持续统治西域地区，汉朝在西域设置了西域都护府，治所在乌垒城（今新疆轮台县东北），郑吉被任命为第一任西域都护。

从张骞通西域开始，到郑吉就任西域都护，这一过程近八十年，汉朝终于完成了对西域地区的统治。所以，班固在《汉书·郑吉传》中说："汉之号令班西域矣，始自张骞而成于郑吉。"从此，匈奴的势力被驱逐出了西域地区，匈奴再也不敢和汉朝争夺西域。

与此同时，汉宣帝发动了对西域羌人的战争。神爵元年（前61年），居住在青海一带的羌人攻打郡县，起兵反叛。年逾七旬的老将赵充国临危受命，率军平定西羌叛乱，几乎全歼五万羌族军队。此役之后，汉宣帝下诏命赵充国继续率军屯田，并设置金城属国，安置投降的羌人。

根据《汉书·赵充国传》的记载，汉宣帝在给赵充国的勉励诏书中有言："今五星出东方，中国大利，蛮夷大败。"巧合的是，在20世纪90年代，中日联合考古队在新疆尼雅遗址的一座古墓中，发现了一块精美的汉代蜀锦，上面赫然有一句用汉隶织就的文字——"五星出东方利中国"。跨越两千年的历史长河，史书上的文献记录和考古发掘出的蜀锦上的织文就这样完美地对照上了。①

在汉朝、乌孙和周边民族的轮番打击之后，匈奴又遭遇了严重的内部分裂——五单于争位，以及一系列自然灾害，匈奴开始走向衰落。这个时候，汉朝朝廷里有人提议趁此良机出击匈奴，一举消灭匈奴，从而彻底解除匈奴

① 尼雅遗址所出土的这块汉代蜀锦是否和赵充国平定西羌这一历史事件相关联，历史学界还没有定论，更普遍的说法则是认为"五星出东方利中国"是中国古代常用的一种占辞。参见于志勇：《新疆尼雅出土"五星出东方利中国"彩锦织文初析》，《西域研究》，1996（03）。

边患问题。汉宣帝犹豫良久，最终还是听取了御史大夫萧望之的意见，选择了以德服人的方针。

经过五单于争位的混乱之后，匈奴数万人丧生，牲畜损失十之七八，势力已经衰弱到了极点，自然也就不会再对汉朝构成威胁。最终，匈奴分裂为南北两部，北部由至郅单于统领，南部由呼韩邪单于统领。其中，呼韩邪单于的处境尤为艰难，因为他处在至郅单于和汉朝的包围之中。呼韩邪单于无奈，最后只能选择率部主动归附汉朝。

甘露三年（前51年）正月，呼韩邪单于在甘泉宫朝见汉宣帝，正式向汉宣帝称臣，汉宣帝给予了呼韩邪单于大量赏赐。典礼结束之后，汉宣帝登上渭桥，接受了呼韩邪单于和蛮夷诸国数万人的朝拜，他们共同向汉宣帝高呼“万岁”。

呼韩邪单于在长安居住了一个月才返回匈奴，他主动向汉宣帝请示，他和他的后代希望永远居住在漠南的长城脚下。呼韩邪单于的这个请求，换一种理解其实就是，他和他的部众希望能永生永世为大汉王朝戍守国门。

汉武帝穷兵黩武数十年，终其一生都没有让匈奴臣服，然而在汉宣帝时代，匈奴终于归顺汉朝，对汉朝俯首称臣。

呼韩邪归汉事件，不仅是汉匈关系史上的一个转折点，而且也是汉朝达到全盛的一个标志点。以前，自乌孙以西直到安息与匈奴接近的西域各国，全都畏惧匈奴，轻视汉朝；自呼韩邪单于归汉之后，西域诸国全都遵从汉朝号令了。

至此，大漠南北的蒙古高原，丝绸之路的南北两道，以及西域诸国，全都臣服于汉朝的统治，汉宣帝的帝王事业达到了顶峰，汉朝也进入了全盛期。

《元帝纪》：儒家帝国和西汉的衰亡

汉元帝时代是西汉由盛转衰的转折点，汉元帝时代的很多政策都为西汉的灭亡埋下了隐患。《元帝纪》记述了汉元帝在位十六年的历史，并重点指出汉朝的历史自此衰败。

西汉由盛转衰的转折点

诸葛亮在《出师表》中说："亲贤臣，远小人，此先汉所以兴隆也；亲小人，远贤臣，此后汉所以倾颓也。"

其实，准确地说，"亲贤臣，远小人"的现象不独西汉有，东汉光武明章时期也是有的，而"亲小人，远贤臣"的现象也不独东汉才有，西汉也比比皆是。比如汉武帝晚年"巫蛊之祸"的悲剧，不就是他"亲小人，远贤臣"造成的吗？不过，好在昭宣时代统治者及时纠偏，汉朝不至于就此"倾颓"，又重新走向了强盛。然而，经历"昭宣盛世"之后，西汉就再次走上了"亲小人，远贤臣"的老路，而将汉朝引上不归之路的，就是汉宣帝的继任者汉元帝刘奭。

黄龙元年（前49年）十二月，汉宣帝驾崩于未央宫，享年43岁。25岁的太子刘奭于次年即皇帝位，是为汉元帝。

前文中讲过汉宣帝和汉元帝之间的一件事。说的是太子刘奭认为汉宣帝"持刑太深"，建议"宜用儒生"，而汉宣帝则声称汉朝自有家法制度，是"以霸王道杂之"，最后感叹说："乱我家者，太子也！"

从后来发生的历史事实来看，汉宣帝的预言应验了，汉元帝时代确实成了西汉王朝由盛转衰的转折点。

汉元帝时代汉朝由盛转衰，可以体现在如下几个方面。

第一，帝国儒学化。

自汉武帝“独尊儒术”之后，儒学成为官方正统思想，但是在汉武帝之后的较长一段时间内，儒学并没能真正做到“定于一尊”。盐铁会议的召开，其实就是崛起的儒生势力对法家学派发起的一场挑战，并且通过汉朝的官方认可，儒学地位得到了明显的加强和提升。而到了汉宣帝的甘露三年（前51年），西汉政府举行了石渠阁会议，会议结果增设博士至14人，“独尊儒术”的政策得到了进一步的强化和落实，使儒学的统治地位得到了实际确立。

儒学的地位越来越高，儒生群体的规模也越来越大，并且纷纷参政议政，在官僚集团中的影响力也日渐增强。儒生进入官僚集团之后，很快便取得了很高的政治权势，并且垄断了文化教育事业，无论官学还是私学，都以学习儒家经典为主要内容。虽然儒学的统治地位在汉宣帝时代得到了空前加强，但是终宣帝一朝都是秉承着“霸王道杂之”、刑德并用的治国路线。

汉元帝的特点是“柔仁好儒”，他能写一手漂亮的篆书，喜欢各种乐器和音律，是个多才多艺的皇帝。这些本来属于皇帝私人爱好，无可厚非，但是班固在《元帝纪》的赞语中特意提及了这几点，可见汉元帝的这些个人爱好已经影响到了他的施政。

汉元帝执政之后，汉帝国的儒学化倾向更加明显。当然，这种影响在班固看来是消极的，只是班固不好直接批评，他只是指出了一个客观发生的事实——“孝宣之业衰焉”。

汉元帝从小就受到了良好的儒学氛围熏陶，他的老师萧望之也是当世大儒，汉元帝登基后一改“霸王道杂之”的执政风格，专一用儒，西汉社会正式进入儒生政治时代。后来的成帝、哀帝、平帝也都在亦步亦趋地沿袭着汉元帝的国策，最终让汉帝国陷入了无可挽回的衰败境地。

西汉是中国历史进入帝制时代以后唯一被“和平演变”掉的王朝，而且西汉还是个大一统的中央集权王朝。究其原因，其实就是西汉后期的儒生政治发展到极端化之后，由于儒生对现实政治不满，进而采取了利用儒家政治思想对现实政治进行改造和重塑的行为。从这个角度来说，王莽代汉其实就是儒家政治理想付诸实践的一次“实验”，只不过这个“实验”最终失败了。

第二，开启了党争。

汉元帝时代，朝堂上至少活跃着三股政治势力；一是以萧望之为代表的儒生官僚势力；二是以史高为代表的外戚势力；三是以石显、弘恭为首的宦官势力。

汉宣帝临终之际，任命萧望之、周堪、史高为辅政大臣。萧望之和周堪是太子刘奭的老师，是当世儒家学者，也是这三人组的核心。但是从他们辅政以来，朝堂上的争斗就没有停止过。

汉元帝刚即位，萧望之就把宗室刘向引入内朝，让刘向和金敞一起辅佐汉元帝。如此一来，辅政三人组中的史高就被有意地架空了，萧望之、周堪、刘向、金敞组成了新的四人组。《汉书·萧望之传》称：“四人同心谋议，劝道上以古制，多所欲匡正，上甚乡纳之。”

史高为了反制萧望之等人，便又联合同样遭受排挤的宦官势力。当时宦官势力的代表人物是弘恭和石显，弘恭为中书令，石显为仆射，他们“久典枢机，明习文法”，从汉宣帝以来在内朝就掌有权势。

史高和弘恭、石显联合后，就与外朝的萧望之等人形成了分庭抗礼之势，外朝和内朝形成水火之势。

第三，开启了宦官专权。

萧望之向汉元帝建言，选拔贤能的士人进入中书，不应该任用宦官这种刑余之人。萧望之向宦官势力开火，弘恭、石显也不会善罢甘休，便诬告萧望之结党专权，排斥外戚，为臣不忠，诬上不道，请求让谒者“召致廷尉”。

“召致廷尉”的意思是逮捕下廷尉监狱。但是非常吊诡的是，汉元帝竟然不知道“召致廷尉”的意思，就随意批准了弘恭、石显的奏请。

几个月之后，汉元帝看不到萧望之，这才发现萧望之已经被下狱了，就让弘恭、石显立刻放人。弘恭、石显却说，既然已经下狱，如果无罪释放，这样影响不好。汉元帝觉得两人说的在理，就把萧望之罢官，没收他的印绶，周堪、刘向也被免为庶人。如此一来，弘恭、石显的外戚势力就占据了上风。

后来，汉元帝虽然有意让萧望之东山再起，甚至有任命萧望之为丞相的打算，但是萧望之却迫不及待地想为自己平反，汉元帝最终还是对萧望之彻底失去了信任。萧望之以为自己要被逮捕，索性饮鸩自杀。

萧望之自杀，弘恭和周堪不久病死，史高也告老还乡，朝中再无人可以制衡石显，石显又被任命为中书令，顿时成了朝中炙手可热的一号人物，石显也成为两汉历史上第一个专权的宦官。

第四，地方豪强势力坐大，社会矛盾日益尖锐。

秦朝和西汉实行一种特殊的政策，在皇帝的陵寝旁边设置城邑，将六国旧贵族和天下的富户迁徙到关中诸陵定居，这个制度就叫“徙民实陵”，也叫“陵邑制”。

陵邑制起源于西周时期周公旦营建成周洛邑，并将商朝遗民迁徙于成周的制度。秦朝为了统治六国旧贵族便承袭了这一制度。西汉建立之后，刘邦采纳了刘敬的建议，将这一徙民政策进一步发展为陵邑制。《汉书·刘敬传》上说，这一制度乃是汉朝的“强本弱末之术也”。

西汉的陵邑制在当时有几个作用：第一，抑制地方豪强实力，使其宗族亲党分离，以达到强干弱枝的作用；第二，抑制土地兼并，通过迁徙的方式强行将地方豪强手中的土地收回，然后再予以重新分配；第三，西汉陵邑相当于京师长安的“卫星城”，且城池坚固，可以起到拱卫京师和抵御北方草原民族入侵的军事防御功能，具备特定的军事战略意义；第四，充实了关中地区的人口，发展了关中地区的经济；第五，为长安提供了大量人才。在两汉政治史上出身陵邑的政治人物占有很大比例，比如《汉书》的作者班固就出身于扶风安陵。

陵邑制对抑制豪强地主是有很大历史作用的，但是到了汉元帝时期，陵邑制已经难以为继了。多年来关中人口剧增，而土地已经开发殆尽，人地矛盾日益凸显。人地矛盾也让关中的治安状况越来越差，盗贼越来越多，治理难度越来越大。总而言之，陵邑制已经彻底失去了当初“实关中”“强干弱枝”的历史作用。

所以，在永光四年（前40年）九月，汉元帝正式下诏，废除了从汉初就开始实行的陵邑制。汉元帝实行此举虽然是基于现实的无奈选择，但是，陵邑制在汉代毕竟长期担负着抑制豪强地主的历史作用，陵邑制的废除也就等于国家丧失了抑制豪强地主势力发展的手段，豪强地主势力日益膨胀，更加不受节制了。

在汉初，由于刚刚经历秦末大乱，社会经济遭到严重破坏，人口锐减，人丁稀少。虽然当时没有留下确切的人口统计数字，但是经过现代学者考证，西汉初年的人口应在1500万左右。到了西汉末年汉平帝元始二年（2年），西汉政府做了相关的人口统计，全国户口总数为12233062户，合计人口59594978人，实际人口已超6000万，这是我国现存最早的人口统计数字，也是世界上现存最早最完整最精确的人口调查记录。①

在西汉两百年的历史上，除了汉武帝中后期出现了人口停滞和负增长，

① 葛剑雄：《中国人口发展史》，成都，四川人民出版社，2019，第39—42页。

整个西汉的人口一直都是在稳定增长的。到了汉平帝时期，西汉人口达到了巅峰，班固在《汉书·地理志》中称这一时期“天下户口最盛矣”。

人口的持续增长，导致的一个结果就是人地关系紧张，而豪强地主却一直在扩充自己的势力，用各种政治和经济等手段强买或变相霸占土地，也就是我们俗称的土地兼并。遇到灾荒之年，小农阶层就只能通过变卖土地来获取口粮，这也进一步加重了土地兼并现象。这就是史书中所说的“富者田连阡陌，贫者无立锥之地”①。这些破产了的农民，往往又会衍变成为流民，对社会治安构成了严重威胁，并且还导致了国家财政税收的减少，威胁到了国家的稳定和皇权的统治。

汉元帝废除陵邑制，其实就是在社会矛盾变得日益严峻的形势之下所不得不采取的一项政治举措，但废除陵邑制又会进一步加重社会危机，使得社会陷入了一个恶性循环。

事实上，土地兼并问题是中国古代封建社会的一个无法根治的顽疾，国家无论采取任何举措，都无法彻底解决这一问题。从这个角度上讲，我们也就能解释为什么古代封建王朝的统治最多不过三百年的时间，因为越是到王朝后期，土地兼并的问题就越严重，只有大地主阶层和这个王朝被连根推翻，土地才能得以重新分配，土地问题才能得到真正解决。当然，新的王朝建立后，又会出现新的地主阶层，社会又会陷入下一个死循环。

从汉元帝时代开始，西汉王朝就与汉武帝、汉宣帝时代的荣耀渐行渐远了，社会危机积重难返，人心思变，即便后来没有发生王莽篡汉，西汉王朝也很难继续支撑下去。

汉元帝时代的三件大事

汉元帝时代，内患深重，国家战略开始全面收缩，最显著的一个表现就

① 《汉书·食货志》。

是罢弃了从汉武帝时代开始统治的珠崖郡。

汉武帝元封元年（前110年），汉武帝在今天的海南岛设置了珠崖郡和儋耳郡，汉昭帝时期又废儋耳郡，统归于珠崖郡。汉元帝初元三年（前46年），珠崖郡发生了叛乱，汉元帝听取了待诏贾捐之的建议，正式罢弃了珠崖郡。

汉元帝罢弃珠崖郡的原因很简单，珠崖距离长安太过遥远，又经常发生叛乱，每次征讨都劳师动众，靡费甚巨，管理成本过高。昭宣时代，国家强盛，财政宽裕，勉强还能管理得了珠崖郡，但是汉元帝时期国家财政拮据，已经没有能力继续管理珠崖郡了，汉元帝索性就选择了罢弃。而且汉元帝罢弃珠崖郡在当时还被看作一项善政，《汉书·匡衡传》就说："诸见罢珠崖诏书者，莫不欣欣，人自以将见太平也。"

不过，汉元帝时代还是有两件事值得称道的，也是我们今人对那段历史最熟悉的两件事。

其一是西域都护甘延寿和副校尉陈汤矫诏兴兵，带领四万多汉军和西域胡兵，一举平灭匈奴至郅单于。战后，陈汤在给朝廷的上书中喊出了一句震古烁今的名言："明犯强汉者，虽远必诛。"

其二是被写入历史教材的"昭君出塞"。竟宁元年（前33年）春，呼韩邪单于第三次入长安朝汉，并表示愿娶汉女为阏氏。汉元帝也愿意和匈奴缔结姻亲，就从后宫物色了一个名叫王嫱（字昭君）的良家女子，许给了呼韩邪单于。汉元帝认为，此次联姻可以使"保塞传之无穷，边垂长无兵革之事"，为此他还特意把这一年的年号改为了"竟宁"，意即边境安宁之意。呼韩邪单于也把王昭君封为"宁胡阏氏"，意即匈奴得到了昭君，国家就安定了。

在汉代和亲史上，"昭君出塞"意义重大。在此之前，汉朝和匈奴的和亲都是被动的，是用和亲的方式来换取和平，是屈辱的；而"昭君出塞"则开创了一个新的局面，汉朝是以宗主国的身份向臣属国恩赐了这门亲事，姿态和以往完全不同，这不仅不是屈辱，还是一种荣耀。

另外，在中国历史上，能够留下确切名字的女性本就凤毛麟角，就连九五之尊的武则天都没给世人留下名字，而王昭君的名字却流传了两千多年，这足见史学家对她的重视。而且，王昭君的故事还被后世文学家、戏剧家留下了进一步演绎的空间，“昭君出塞”也成为后世家喻户晓的历史故事，它的文化意义同样巨大。

《元后传》《王莽传》：王莽和他的“理想国”

《元后传》《王莽传》记述了西汉元帝、成帝、哀帝、平帝时期王氏外戚家族擅权专政，以及王莽篡汉、亡国身死的历史，是《汉书》除《叙传》外的最末两篇。

西汉末年的外戚之祸

竟宁元年（前33年），在位16年的汉元帝驾崩，太子刘骜继承皇位，是为汉成帝。汉元帝留给汉成帝的，不仅仅是一个积重难返的大汉王朝，而且还有一个女人以及她的家族。

这个女人就是汉元帝的皇后，也是汉成帝的亲生母亲，她就是王政君，一个目睹了从汉元帝到西汉灭亡全过程的女人。

外戚干政是中国历史上普遍存在的一个问题，是历朝历代经常出现的一个政治问题，而尤以两汉时期为烈。外戚干政问题几乎贯穿了整个大汉王朝的始终，甚至几度发展到专擅朝政、废立皇帝的地步，这在其他朝代是不多见的。单就西汉而言，外戚干政就出现了三次高峰，前期有吕氏干政，中期有霍氏干政，后期就是王氏干政了。

而王氏干政要比吕氏干政和霍氏干政对汉朝历史的影响都更为深远。

第一，吕氏干政十余年，霍氏干政二十余年，而王氏干政则历经成帝、哀帝、平帝三朝，直至西汉灭亡，前后长达四十余年。

第二，吕氏干政以吕后为核心，霍氏干政以霍光为核心，吕后和霍光一死，其家族势力也随之败落，专政局面也随之被打破；而王氏家族的核心人物前有王凤，后有王莽，王凤死后，王氏并没有被排挤出朝政，反倒迎来了新的领袖人物王莽，王政君太后虽未像吕后一样掌握实权，但自始至终都身居幕后，为王氏家族攫取利益。

所以，班固在撰述《汉书》的时候，在《外戚传》之外还单独设置了《元后传》和《王莽传》，用来记述王氏家族擅权的历史。

这里我们多说一下《元后传》。《元后传》是汉元帝皇后王政君的传记，但是班固没有把她放在专属后妃的《外戚传》中，却要另外单独立传，这种特殊的处理方法是后世正史中所没有的。那么，班固为什么要这样做呢？

《汉书·元后传》所要表达的主旨就是，到了西汉晚期，成帝、哀帝、平帝在政治上已经处于弱势，权力的重心已经转移至王政君和他的家族身上。在这六十余年间，在元后王政君的庇护下，王氏家族的势力盘根错节，刘姓天下早已为王氏家族所掌控，汉朝的坍塌之势已不可避免。所以，班固特设《元后传》的深刻用意就是，借元后一生事迹来概述西汉后期因外戚势力膨胀而迅速衰亡的历史趋势，元后的一生行事也成为这一历史时期政治危机的集中写照。①

事实上，从汉成帝即位伊始，王氏家族专权的历史就开始了，汉朝天下

① 陈其泰：《〈汉书·元后传〉：西汉后期政治危机的集中写照》，《求是学刊》，2018。

也从此姓了王，和刘姓越来越远了。

王氏家族的第一位领袖人物是王凤。汉成帝即位之时，尊奉王政君为皇太后，以太后的哥哥王凤为大司马大将军、领尚书事。值得一提的是，能把大司马大将军、领尚书事两种职务集于一身的人物，在王凤之前的汉代历史上只有霍光一人，王凤无疑是霍光第二。

汉成帝是中国历史上一个出了名的荒淫成性的皇帝。在还未继承帝位之前，他就已经沉溺酒色，登基之后更是肆无忌惮。汉成帝有一个男宠叫张放，在张放的怂恿之下，汉成帝经常身穿便衣，到宫外游玩，在长安城中斗鸡走马，汉成帝自称是“富平侯”（张放被封富平侯）家人，张放则被人们称作“张公子”。另外，汉成帝还宠幸能歌善舞的赵飞燕，后来又把赵飞燕的妹妹赵合德也引入后宫，赵氏姊妹宠冠后宫。

所以，汉成帝时社会上流传有一首歌谣：“燕燕尾涎涎，张公子，时相见。木门仓琅根，燕飞来，啄皇孙，皇孙死，燕啄矢。”这首歌谣讲的就是汉成帝宠幸张放和赵飞燕姊妹，以至于汉成帝绝后无嗣，这就是后世所谓的“燕啄皇孙”。

也正因为如此，汉成帝无心过问政事，他将权力都交给了王氏家族，也就是他的几个舅舅们，这直接导致了王氏家族的擅权专政。当时甚至出现了王氏一门五人同日封侯的场景，时人将他们并称为“五侯”，分别是平阿侯王谭、成都侯王商、红阳侯王立、曲阳侯王根、高平侯王逢时。

王凤大权独揽，常常有恃无恐，就连汉成帝对他都要忌惮三分。《汉书·元后传》就记载了这样一件事。有一次，汉成帝想要任命刘歆（刘向之子）为中常侍，就在准备任命之时，左右侍臣却提醒汉成帝说：“未晓大将军。”汉成帝说：“这种小事，何须劳烦大将军？”左右侍臣害怕大将军王凤治罪，立马跪拜叩头，坚持恳请汉成帝向大将军汇报。汉成帝不得已，只好去找王凤商量，王凤坚决反对，汉成帝只得作罢。

朝中不少大臣都对王凤的专横跋扈看不下去，京兆尹王章为人正直，上书汉成帝要求罢免王凤，并向朝廷举荐冯野王取代王凤的位置。此事很快就被王凤知晓，他非常恼怒。最后，王章被逮捕入狱，死在狱中，妻儿也被发配，被王章举荐的冯野王也丢了官职。

在汉成帝在位的二十多年时间里，王凤、王音、王商、王根、王莽相继担任大司马大将军、领尚书事，王氏家族封侯者前后也有十人，内外朝臣皆出其门，王氏家族掌握了汉朝的最高权力。

绥和二年（前7年），汉成帝驾崩，汉哀帝刘欣即位。汉成帝无嗣，刘欣是汉元帝次子定陶王刘康之子，后被立为太子。

汉哀帝即位之后，王氏外戚遭到了打压，汉哀帝的母家丁氏和祖母家傅氏开始崛起，傅氏家族共六人被封侯，两人任大司马；丁氏家族两人被封侯，一人任大司马。而且，傅氏家族为了自己的利益，还让汉哀帝娶了祖母傅太后的堂侄女傅氏为皇后。

汉哀帝时期出现了中国古代史上的一桩奇观，那就是有四位太后并立。汉哀帝下诏，祖母傅太后为帝太太后，母亲丁姬为帝太后，王政君为太皇太后，赵飞燕为皇太后。皇帝只有一个，太后却有四个，国家的权柄也不在皇帝手中，而是掌握在这几个外戚家族手中，真是蔚为奇观。这一奇观其实就是西汉末年朝局混乱、外戚争权的一个集中表现。

在傅氏和丁氏外戚势力的合力排挤之下，王氏家族遭到了沉重的打击，王莽本人也辞官回乡了。

那么，王莽最终是如何脱颖而出的呢?

王莽的理想

王莽在王氏家族中是一个特殊的存在，因为他是一个彻彻底底的儒生。也正因为如此，王莽后来不仅能成为专擅朝纲的权臣，而且还得到了举国臣民的一致拥戴。

王莽，字巨君，他是元后王政君的侄子，父亲是王政君的小弟弟王曼。在汉元帝、汉成帝时代，王氏家族异常显贵，王政君的父亲兄弟都先后被封侯。然而，唯独王莽的父亲王曼由于早逝，未被封侯。

王氏子弟都是侯门出身，平时生活都很奢侈，喜好声色犬马。唯独王莽生活简朴，为人谦恭，并且把大把时间和心思都用在了读书上，尤其喜欢研究儒家经学。为此，王莽特地登门求学于沛郡大儒陈参，向他学习《礼经》。王莽对待长辈十分仁孝，他平时会悉心照料母亲和守寡的嫂嫂，并且抚育兄长的遗子。后来大将军王凤病重的时候，王莽在王凤床前亲侍汤药，连续数个月蓬头垢面、衣不解带。

王莽的这些行为很快便为他获取了名望，人们都把他看作是王家的另类，一位实实在在的道德楷模。

王凤临终前，感念于王莽的孝行，特意嘱托皇太后王政君和外甥汉成帝，让他们对王莽多加关照。其实，王凤当时是有意栽培和提拔王莽的，只不过自己已经来不及办理此事了。

在这之后，王莽的人生开始走上了快车道，24岁被任命为黄门郎，30岁又被封为新都侯，成为王氏家族第十位封侯的人。

之后，王莽的地位越来越高，声望也与日俱增。尤其是他身居高位，却总能礼贤下士，清廉简朴，常常救济穷苦百姓，这种品行让他获得了越来越高的声望。

可以说，王莽能够异军突起，绝不是因为他的家族势力。他本来是没有机会被封侯的，他完全是靠自己的个人能力以及高尚品德赢得了世人的尊重和赞赏，这才让他的官位和声望与日俱增，引得朝野赞叹。

汉成帝绥和元年（前8年），王莽正式接替王根继任为大司马。然而他并不像自己的伯父王凤那样专横跋扈，而是始终保持着谦恭的姿态，招纳贤良，举荐士人，生活简朴。这些行为都为王莽积攒了极高的声望。

绥和二年（前7年），汉成帝驾崩，汉哀帝即位。在傅氏和丁氏外戚集团的排挤之下，王莽最终解甲归田，主动辞去官位回归乡里。

就在王莽辞官回乡期间，他做了一件让所有人都震惊的事情，可谓惊世骇俗，震动朝野。有一次，王莽的儿子把一个奴婢杀死了，这件事在当时不算什么大事，奴婢在当时被看作可以随意买卖的私有财产，富户人家杀死一个奴婢基本没什么人会追究。但是，王莽非要追究此事，认为儿子杀人就得血债血偿，必须以死抵罪。于是，王莽就这样把自己的儿子逼迫而死。

这件事之后，王莽的声望就更高了，朝野臣民一致请愿，为王莽喊冤叫屈，歌颂王莽的圣贤品德，朝廷没办法，只能将王莽召回朝堂。《汉书·王莽传》记载，王莽逼令儿子自杀之后，“吏上书冤讼莽者以百数……贤良周护、宋崇等对策深颂莽功德，上于是征莽”。

唐代诗人白居易曾写过一首诗，诗中曰：

周公恐惧流言日，王莽谦恭未篡时。
向使当初身便死，一生真伪复谁知？

这几句诗其实就是说，王莽所有的谦恭姿态以及他所有的高尚品德都是装出来的，是表演给世人看的，等到他真正大权独揽的时候，他才露出了将要篡权夺位的真面目。

白居易的观点也代表了很多古人的看法。那么，王莽的所作所为真的都是装出来的吗？

王莽的所作所为的确有作秀的成分，但是这并不能说王莽就是一个虚伪的人。要知道，一个人可以作秀一时，但是如果他几十年如一日都这样做，这还能说是作秀吗？而且，王莽在发迹之前只是王氏家族里一个不起眼的小人物，他并不知道自己日后会位极人臣，难道他会从一开始就做好伪装几十年的准备了吗？

或许，包括白居易在内的所有人都错了。王莽的所有行事作风都不是在表演和作秀，而是骨子里的儒家信仰让他这么去做的，即便是有作秀的成分，那也是他内心对儒学的崇高信仰促使他严格约束自己的行为的。

在强大的舆论压力之下，汉哀帝征召王莽还朝。此时的朝堂，傅氏和丁氏两位太后已经病逝，而汉哀帝也在王莽回京的第二年驾崩，王莽在回乡的这几年反倒让他声望日隆。如此一来，整个大汉王朝又成王氏家族的了。

元寿二年（前1年），汉哀帝驾崩，王莽重新被任命为大司马，领尚书事。国不可一日无君，王莽当即决定，迎立年仅9岁的中山王刘衎为帝，是为汉平帝。

此时的汉王朝，内有王政君太皇太后，外有王莽，而皇帝则是一个年仅9岁的黄髫少年。任何人看在眼里都清楚，此时的汉王朝已经彻彻底底不再姓刘了，而是姓王了。不过，对于王莽的专政，朝野上下并没有太多反对的声音，因为王莽是世人交口称颂的圣贤，可谓众望所归。

王莽当政之后，他开始积极培植自己的个人势力，把堂弟王舜、王邑引为腹心，任命亲信甄丰、甄邯主管监察，平晏掌管内务，刘歆负责文牍工作，孙建为王莽个人的爪牙。

与此同时，王莽也在排斥异己势力，对所有潜在的政敌予以坚决的打击，尤其是严防汉平帝母家的外戚势力。《汉书·王莽传》记载，王莽当时采取的策略是“附顺者拔擢，忤恨者诛灭”。通俗点说，就是“顺我者昌，逆我者亡”，整个朝堂都是王莽的心腹，不允许存在任何敌对势力。

或许有人会认为，王莽的政治野心现在不就都显露无遗了吗？怎么还能称他有崇高的儒家信仰呢？

依笔者所见，王莽其实是一个实用主义至上的儒家理想主义者，王莽所表现出的种种政治野心并非为了满足他个人的权力欲，而是希望建立一个他所期望的儒家理想社会。而要建立这样一个儒家理想社会或者说是国家，那就需要拥有绝对的权力，乃至是皇权。

可能有人觉得笔者这样的说法很荒诞，放在其他朝代这或许是个很荒诞的说法，但是放在西汉社会，尤其是汉元帝以后的西汉后期，这一点都不荒诞。

前面我们讲过了，从汉元帝开始，太学扩招，博士增至14人，经学的发展也迎来了高峰，国家的意识形态已经被儒家彻底掌控。这些儒家学者们，利用他们头脑中的儒学理念纷纷参政议政，他们从儒家理论出发，对国家和社会提出了各种各样的儒学化的改造设想。总而言之，汉元帝以后的汉朝，已经彻底成为一个儒学王朝了。

而且，元帝、成帝、哀帝、平帝四帝时期，各种灾害频发，还出现了各种异常的天象，而社会上则是土地兼并，四处都是流民，豪强地主豢养着不计其数的奴婢。社会民众对于西汉王朝的信心已经日益崩溃，社会上到处都充斥着一种末世的恐慌感。

前文中讲过，东汉初年社会上充斥着一股“宣汉”的思潮。事实上，在东汉建国之前的西汉末年，社会上广泛流行着一股“厌汉”的思潮，人们已经彻底厌倦了西汉王朝的统治。

按照儒家天人感应的理论，种种异象似乎都在象征着要改朝换代，人们渴望出现一位如同上古三皇五帝一样的圣王，来解救这个病入膏肓的社会和陷入苦海的黎民大众。

儒家的终极理想是什么？就是“致君尧舜上，再使风俗淳”，要通过禅让，让圣人来治理社会。这就是当时儒学给社会开出的药方，而从后来发生的历史事实来看，王莽最终成了这张药方中的药引子。

王莽是儒家的忠实信徒，他甚至认为这是“天将降大任于是人也”，所以他要排除万难，为天下黎民建立一个新社会。这种历史的使命感长期萦绕在王莽的心中，促使他一步步攫取权力，最终成为帝国的主宰，因为只有这样，他才能真正地去改造社会，才能把他所掌握的儒家理论付诸实践。

儒家理想政治的“试验田”

元始元年（1年），朝臣们一直向太后奏言，王莽的功绩堪比萧何、霍光，犹如周公在世，王莽经过再三推辞，还是被朝廷授予了“安汉公”的荣誉称号。同时，王莽和孔光、王舜、甄丰共同成为“四辅”，共同辅佐汉平帝。

元始四年（4年），太保王舜带着群臣百官及八千民众，集体向太皇太后王政君请愿，要求尊封王莽为“宰衡”。什么是“宰衡”呢？商代名臣伊尹曾为“阿衡”，周公曾为“太宰”，现在把王莽尊为“宰衡”，言外之意就是王莽功盖伊尹、周公。

在此之前，人们把王莽比作周公，如今连周公都配不上王莽了，那谁还能配得上王莽，岂不是就只有尧舜了？

无论是“安汉公”还是“宰衡”，其用意都是一致的，就是造势，表明王莽的功绩已经和尧舜别无二致了。

与此同时，各地纷纷向朝廷上报各种灵异和祥瑞，好事者制造出各种谶语，匈奴、羌人等外族也纷纷遣使表示归顺。

造势运动此起彼伏，一浪高过一浪，王莽真正成了世人心目中的大圣人。

元始五年（5年），汉平帝病逝（有史料说是被王莽毒杀）。由于汉元帝绝后，王莽遂从宗室中找出了汉宣帝的玄孙、年仅两岁的刘婴，把他扶上帝位，这就是历史上的孺子婴。

次年，居摄元年（6年），孺子婴即位称帝，王莽代理天子朝政，称

“假皇帝”，臣民则称王莽为摄皇帝，王莽自称“予”。此时的王莽离真皇帝就只差一步了。

初始元年（8年），王莽正式代汉自立，他派王舜逼迫王政君交出传国玉玺。王政君大怒，取出玉玺，重重地摔在了地上，然后便痛哭流涕。

在王政君的哭声中，西汉王朝走完了最后的一段路。

第二年，王莽改年号为始建国，历史翻开了新的一页，这就是历史上的新朝，历史上也称之为“新莽”。

王莽是通过禅让的方式最终实现改朝换代的，这是中国进入帝制时代后的第一次禅让，然而它也是唯一的一次和平禅让。而在王莽之后，历史上所有的禅让都成为改朝换代的一种必要的流程和仪式，是以禅让之名行篡位之实，背后的流血和牺牲自然也是无法避免的。

从这个角度来说，王莽代汉实际上也为后世篡位者实施改朝换代提供了一个极具可操作性的模板，即用儒家的最高政治理想的方式来掩盖改朝换代背后的所有阴谋、流血和谎言。

通过和平禅让的方式，王莽终于从“假皇帝”变成为真皇帝。接下来他要将把自己心中的理想蓝图全部付诸实践，他要建立一个天下太平的国家。

于是，在王莽的主持之下，一场亘古未有、史无前例的改革运动如火如荼地开展了。后世把王莽主持的这场改革称作“王莽改制”，也称“托古改制”。

王莽主持的这场改革运动内容很多，但是其核心精神就是两个字：复古。而他所要构建的理想型社会，就是儒家所倡导和向往的周朝社会，这就是他心目中的“理想国”。

在政治上，王莽“改正朔，易服色”，恢复了周朝的五等爵制；在经济上，把天下田改称为“王田”，废除土地私有，全部收归国有，恢复周朝的井田制。

这些举措无疑都体现了儒家的平均主义的社会理想，但同时也侵犯了大地主和大商人的利益。

此外，王莽改制的措施多如牛毛，比如频繁地改动官职名称，改地名，改行政区划，发行各种钱币。更严重的是，王莽政策还经常朝令夕改。整个社会一时间很难接受王莽的所有改革，王莽的朝令夕改更是让百姓无所适从，社会秩序顿时变得异常混乱。

在王莽推行新政之际，各种自然灾害频发，甚至出现了黄河决口，天下动荡，国库耗尽。与此同时，各地开始出现了农民起义，形成了绿林和赤眉两大起义浪潮。

就这样，国内矛盾越来越激化，王莽为了转移视线，主动挑起了与四周各民族的斗争。他故意贬低附属国的地位，把匈奴单于改名为"降奴服于"，改高句丽为"下句丽"。然后，他便连续发动了对东北、西南和匈奴的战争。这些战争并没有取得胜利，反而使得民众苦不堪言，进一步激化了国内矛盾。当时广大农民"摇手触禁，不得耕桑，徭役烦剧"，到新莽末年，"流民入关者数十万人，饥死者什七八"。

地皇四年（23年），延续了十五年的新朝走向了覆灭，王莽也被起义军所杀，他的身体被肢解成了大大小小的碎块，下场十分凄惨。那些曾经歌颂过王莽的百姓，如今却恨不得把他削肉剔骨，史称"百姓共提击之，或切食其舌"。

王莽的失败，宣告了儒家理想主义政治理念的失败。从这个角度来讲，王莽是一个殉道者。

但是，儒家思想毕竟统治了中国两千多年，王莽的失败却没有让后世的儒家学者对理想政治失去信心。这是一个值得深入研究的问题。

当然，从新莽政权被推翻的那天起，王莽就被钉在了历史的耻辱柱上，后世的那些史书和文人只说王莽是大奸似忠，他表现出来的所有道德品行都是伪装出来的，是个板上钉钉的伪君子。

也许正是王莽留给世人的这个刻板的伪君子印象，导致后世儒家学者极少去反思这个问题——儒家的政治理想是否能行得通？